DE

LA SAGESSE,

TROIS LIVRES,

PAR PIERRE CHARRON,

PARISIEN, CHANOINE THÉOLOGAL ET CHANTRE DANS L'ÉGLISE CATHÉDRALE DE CONDOM.

Nouvelle Édition,

PUBLIÉE

AVEC DES SOMMAIRES ET DES NOTES EXPLICATIVES,

HISTORIQUES ET PHILOSOPHIQUES,

PAR AMAURY DUVAL,

MEMBRE DE L'INSTITUT.

> Nostre livre instruit à la vie civile, et forme un homme pour le monde, c'est à dire à la sagesse humaine.
> PRÉFACE DE L'AUTEUR.

TOME PREMIER.

Paris.

RAPILLY, PASSAGE DES PANORAMAS, N° 43.

1827

CHARRON.

I.

ON TROUVE CHEZ LE MÊME LIBRAIRE.

Traité d'économie politique, par J.-B. Say; cinquième édition, augmentée d'un volume. 3 vol. in-8°.   18 fr.

Poésies de Marie de France, poëte anglo-normand du treizième siècle, avec des notes par de Roquefort. 2 gros vol. in-8°.   16 fr.

Supplément au Glossaire de la langue romane, par de Roquefort. 1 vol. in-8°.   7 fr.

Essai historique sur la constitution et le gouvernement anglais, par John Russell. 1 vol. in-8°.   5 fr.

De l'Esprit, par Helvétius. 2 vol. in-18.   6 fr.

Le Prince, par Machiavel; nouvelle traduction. 1 vol. in-18.   3 fr.

OEuvres complètes de madame Cottin; nouvelle édition, enrichie de cinq belles gravures. 5 vol. in-8°.   25 fr.

OEuvres complètes de Clément Marot; nouvelle édition, ornée d'un beau portrait. 3 vol. in-8°.   21 fr.

OEuvres complètes de madame Riccoboni, avec six belles gravures. 6 vol. in-8°.   30 fr.

Histoire de François Ier et de Charlemagne, par Gaillard. 7 vol. in-8°.   35 fr.

PARIS. — IMPRIMERIE DE CASIMIR, RUE DE LA VIEILLE-MONNAIE, N° 12.

PIERRE CHARRON.

VIE DE CHARRON.

Tant que la philosophie n'employa dans notre France, pour répandre ses principes et ses leçons, que la langue des Latins, elle n'eut qu'un assez petit nombre de sectateurs, disséminés dans les cloîtres et dans les universités. Au seizième siècle, Montaigne la *popularisa*, pour ainsi dire, en écrivant en langue vulgaire, et avec une liberté inusitée, sur des sujets dont la discussion avait été jusques-là comme interdite à quiconque n'avait pas pris dans quelques facultés les grades de docteur, ou pour le moins de bachelier.

Charron, l'ami, et si l'on veut le disciple du philosophe gascon, osa déchirer, à son exemple, quelques-uns des voiles qui cachaient à la plupart des hommes, d'importantes vérités. Avant ces deux écrivains, le peuple ne puisait guères son instruction et toute sa morale, que dans de vieux poèmes romanesques, dans des fabliaux ou contes, dont la grossièreté et l'indécence n'étaient pas les moindres défauts, dans d'insipides allégories, dans des drames absurdes, tirés des mystères de la religion. On peut donc regarder Montaigne et Charron, comme les pères de la philosophie moderne: ils établirent la liberté de penser et d'écrire en religion, en morale, en politique.

Le dix-septième siècle usa de cette liberté, mais avec prudence, comme le prouvent les ouvrages de Descartes, de Gassendi, de Pascal, de La Rochefoucauld, etc. : ceux-ci eurent pour successeurs, dans le dix-huitième, les Bayle, les Voltaire, les Rousseau, les Diderot, les Helvétius, et beaucoup d'autres à qui l'on a reproché d'avoir ébranlé les bases de l'ordre social, par l'audace de leurs opinions.

Que cette accusation soit fondée ou non, c'est ce qu'il n'est pas de notre sujet d'examiner ici. Toujours est-il vrai, que ni Montaigne, ni Charron ne pouvaient prévoir que cette liberté de penser, qu'ils cherchaient à introduire dans la philosophie, parce qu'il n'y a que ce moyen d'arriver à la vérité, amènerait, tout en détrônant l'erreur et les superstitions, des discordes et des révolutions générales; toujours est-il vrai qu'on ne saurait, sans injustice, leur imputer les maux, soit réels, soit imaginaires, que l'on assure en être résultés.

Mais c'est du second de ces auteurs seulement, que nous devons en ce moment nous occuper. Notre tâche, en publiant ses ouvrages, doit être d'abord de le faire connaître de nos lecteurs. Quoique théologien, il fut philosophe ; c'est dire qu'il mérite l'intérêt, c'est avoir fait en quelques mots son éloge.

Pierre CHARRON naquit à Paris, en 1541. Son père, libraire dans cette ville, eut vingt-cinq enfans; quatre, d'une première femme; vingt-un, d'une seconde : celle-ci fut la mère de Charron. Ses parens, quoiqu'ils pussent difficilement soutenir une famille si nombreuse, résolurent de ne rien négliger pour son éducation : ils avaient reconnu en lui un esprit docile et prématuré, des dispositions peu ordinaires.

Ce fut dans l'université de Paris, alors florissante, que Charron fit ses premières études. En très-peu de tems, il apprit le grec, le latin ; mais il se distingua surtout dans le cours qui portait le nom fastueux de *philosophie*, et dans lequel on n'enseignait guères qu'une logique imparfaite, une métaphysique obscure, une physique erronée. Quoique dans la suite de sa vie il reconnut tous les vices de la logique de l'école, il ne laissa pas (tant les impressions que l'on reçoit dans le jeune âge sont durables !), de rester asservi à la *méthode* qu'on y enseignait. Dans ses sermons, comme dans ses ouvrages philosophiques, il divisait, subdivisait, à la manière d'Aristote, les propositions les plus simples et les plus claires ; et, à force de vouloir mettre de l'ordre dans ses discussions, il y introduisait souvent le désordre et l'obscurité. L'esprit se fatigue à le suivre dans le labyrinthe de ses argumens, et oublie, ou ne peut plus distinguer le but qu'il s'était d'abord proposé d'atteindre C'est là le véritable défaut des écrits de Charron, comme nous aurons plus d'une occasion de le remarquer ; défaut bien racheté par des qualités éminentes que nous signalerons avec plus d'empressement encore.

Charron, après avoir terminé son cours scolastique à Paris, alla étudier la jurisprudence dans les universités d'Orléans et de Bourges, où il se fit recevoir *docteur ès-droits*. De retour à Paris, il exerça pendant cinq à six ans, la profession d'avocat. Mais, comme

dit, dans un style un peu vieilli, son premier biographe (1) : « Prévoyant que le chemin qu'il falloit
» tenir pour s'advancer au palais luy seroit long et dif-
» ficile, pour n'avoir alliance ni cognoissance avec des
» procureurs et solliciteurs de procez, et ne pouvant
» s'abbaisser et captiver jusques-là, que de les cour-
» tiser, caresser et rechercher, pour estre par eux em-
» ployé aux affaires (tant il avoit l'âme noble et géné-
» reuse!) il quitta ceste vacation, et s'addona à bon
» escient à l'estude de la théologie et à la lecture des
» pères et docteurs de l'église ; et, parce qu'il avoit la
» langue bien pendue, et qu'il s'estoit formé un style
» libre et relevé par-dessus le commun des théolo-
» giens, il s'exerça à la prédication de la parole de
» Dieu, par permission des curez et pasteurs, où
» incontinent il parut et s'acquist une merveilleuse
» réputation entre les plus doctes de ce tems-là,
» mesme à l'endroit de plusieurs évesques et grands
» prélats qui estoient lors en cette ville, et y avoit
» presse entre eux à qui le pourroit avoir en son éves-
» ché ou diocèse ».

Ainsi la fortune de Charron, devenu prêtre, fut dès-lors assurée. La reine Marguerite le choisit pour son prédicateur ordinaire; et Henri IV, même avant son abjuration, prenait plaisir à l'entendre prêcher, assistait souvent à ses sermons. Aussi les faveurs de l'église, les bénéfices venaient-ils, pour ainsi dire, le chercher. Il fut successivement théologal de Bàzas, d'Acqs, de

---

(1) La Roche-Maillet, avocat, ami intime de Charron.

Leictoure, d'Agen, de Cahors et de Condom, chanoine et écolâtre de l'église de Bordeaux.

Tant de succès n'éblouirent point Charron. Il aimait la méditation et la solitude, et résolut, en conséquence, de se renfermer dans un cloître. Ses biographes écrivent tous, qu'il avait fait vœu d'être Chartreux, et que, pour l'accomplir, il se présenta au prieur d'une Chartreuse qui refusa de le recevoir, parce qu'il était alors âgé de quarante-huit ans, et qu'à cet âge, il n'aurait pu s'accoutumer aux austérités qu'exigeaient les instituts de l'ordre. Rebuté par les Chartreux, il tenta d'entrer chez les Célestins ; et il éprouva les mêmes refus, appuyés sur les mêmes motifs. Il paraît que le vœu que Charron avait fait, troublait sa conscience, puisque, pour le tranquilliser, il fallut que plusieurs graves docteurs de Sorbonne déclarassent que, vu les obstacles qui s'opposaient à son admission dans un cloître, il pouvait vivre en séculier dans le monde. Le vœu de Charron, et ensuite ses scrupules surprendront peut-être ceux qui ne connaissent de cet écrivain que son *Traité de la Sagesse;* que ce livre, où il se montre souvent au-dessus des préjugés, et professe une grande indépendance d'opinions. Mais il faut observer que, jusqu'alors, Charron n'avait été que prédicateur et théologien, qu'il ne connaissait point encore Montaigne, ou que du moins il n'avait point encore formé avec lui cette liaison intime, qui en fit un des fervens apôtres de la liberté de penser, de la *philosophie*.

Ce fut en 1589, peu après la publication de la seconde édition des *Essais*, que Charron devint véritablement l'élève de Montaigne. Le théologien profita des leçons du gentilhomme, et put se dire à son tour philosophe. Il se pénétra si bien des maximes, des opinions de son maître, qu'il crut dans la suite qu'elles lui appartenaient en propre : et quelquefois, sans même s'en douter, il fut plagiaire.

La mort put seule interrompre les douces relations de nos deux philosophes, leurs savans entretiens. Montaigne mourut en 1592., et, par une clause de son testament, permit à son ami de porter les armes de sa maison. Une telle concession a paru *puérile*, et surtout peu philosophique. Il serait possible pourtant d'en trouver le motif dans un sentiment louable et touchant. Montaigne ne laissait aucun enfant mâle ; en accordant à un étranger, le droit dont un héritier de son nom aurait seul pu jouir, ne semblait-il pas prononcer une adoption, se donner un fils ?

Il paraît que Charron, quoiqu'il eût beaucoup prêché, beaucoup écrit, n'avait encore fait imprimer aucun ouvrage. Mais, en 1594, il publia, à Bordeaux, son livre des *Trois Vérités*, auquel il ne crut pas devoir mettre son nom. Dans cet ouvrage, qui fut bien accueilli, et réimprimé plusieurs fois en peu d'années, on reconnaît l'esprit méthodique de Charron. Dans la première partie, ou *Vérité*, il combat les athées ; dans la seconde, les payens, les juifs et les mahométans ; dans la troisième, les hérétiques ou schismatiques. C'est cette troisième *Vérité* qui fit tout le succès de l'ouvrage. Charron y réfutait avec force, le petit *Traité de l'Église*, de l'immortel ami de Henri IV, Duplessis Mornay; livre très-favorable à la cause du protestantisme, et qui avait produit une grande sensation dans le public.

Il y a, dans ces trois Vérités, d'excellens argumens; mais l'abus que fait l'auteur, des formes qu'enseignait l'école, leur ôte toute leur force : il procède toujours par trois, quatre, six *raisons*; et ces raisons n'offrent souvent rien qui puisse convaincre. Jamais il ne s'adresse à l'imagination, au sentiment. C'est donc uniquement un livre de théologie, dont la lecture serait fort insipide aujourd'hui.

En 1595, Charron fut appelé à Paris comme député à l'Assemblée-Générale du Clergé, qui avait été convoquée dans cette ville. Cette Assemblée l'élut pour secrétaire, et il se distingua dans ses fonctions. On l'invita à prêcher dans plusieurs églises de Paris, et il reparut avec éclat sur ce premier théâtre de sa réputation.

De retour à Cahors, où il exerçait les fonctions de théologal, il employa plusieurs années à rédiger ou plutôt à corriger deux ouvrages qu'il livra à l'impression en 1600. Le premier était un recueil de *Discours chrétiens* sur l'Eucharistie, la Rédemption, la Communion des Saints, etc., ouvrage purement théologique; l'autre était son fameux *Traité de la Sagesse*. On serait fondé à croire qu'ayant senti d'avance que ce dernier ouvrage pourrait exciter du scandale dans une certaine classe d'hommes, et éprouver de leur part de violentes attaques, il avait cru devoir lui donner pour escorte ses *Discours chrétiens*. Ceux-ci répondaient de l'orthodoxie de l'auteur, dont, il faut bien en convenir, le Traité de la Sagesse pouvait au moins faire douter. Cette précaution lui servit peu : on ne remarqua point tout ce que son ouvrage contenait de juste, de vrai, d'utile en morale, en politique; mais on lui reprocha amèrement d'avoir exposé les argumens des athées et des impies, avec bien plus d'énergie qu'il n'en avait mis à les combattre ; d'avoir dit que les religions en général étaient une invention des hommes, et de n'avoir point excepté la religion chrétienne ; d'avoir prétendu que l'immortalité de l'ame ne pouvait être que très-faiblement prouvée, quoiqu'elle fût universellement crue, etc., etc. Cependant il ne paraît pas, comme l'ont avancé quelques écrivains, et Voltaire entre autres, que l'auteur ait été persécuté : tout se borna à des critiques, dont quelques unes furent assez violentes.

Charron, pour éloigner sans doute l'orage qui se préparait à fondre sur lui, corrigea les passages qui avaient été le plus censurés, adoucit quelques expressions qui avaient paru trop hardies ; mais, en même tems, il développa ses opinions dans un assez grand nombre de chapitres qu'il intercala dans son ouvrage, et qui ne le cèdent nullement aux autres par la force du raisonnement et l'énergie du style. Enfin, dans une analyse qu'il fit lui-même de son livre, et qu'il intitula *Petit traité de Sagesse*, il réfuta les principales critiques de ses adversaires.

En 1603 il était venu à Paris pour y faire réimprimer son ouvrage avec toutes ces corrections et additions : déjà son manuscrit était livré à l'imprimeur, et plusieurs feuilles tirées, lorsqu'un jour (le 16 novembre 1603), en passant de la rue Saint-Jean-de-Beauvais dans la rue des Noyers, il tomba mort frappé d'apoplexie. Il fut enterré dans l'église de Saint-Hilaire, où reposaient ses père et mère et un grand nombre de ses frères et sœurs. Il était alors dans la soixante-troisième année de son âge.

Par le testament qu'il avait écrit de sa main, plus d'un an avant sa mort, il faisait des legs à de pauvres écoliers et à de pauvres filles à marier; mais il donnait le reste de ses biens à l'époux de la fille de Montaigne. C'était un dernier acte de reconnaissance envers son maître en philosophie.

Voici le portrait que fait de lui La Roche-Maillet, cet avocat son ami, que nous avons déjà eu occasion de citer : « Il estoit de médiocre taille, assez gras et
» replet; il avoit le visage tousjours riant et gai, et
» l'humeur joviale; le front grand et large, le nez droit
» et un peu gros par le bas, les yeux de couleur perse
» ou céleste, le teint fort rouge ou sanguin, et les
» cheveux et la barbe tout blancs, quoiqu'il n'eust at-
» teint que l'aage de 62 ans et demi... Il avoit l'action
» belle, la voix forte, bien intelligible et de longue
» durée, et le langage masle, nerveux et hardy. Il
» n'estait subject à maladie, et ne se plaignoit d'au-
» cune incommodité de vieillesse, fors qu'environ trois
» semaines avant de mourir, il sentoit par fois en che-

» minant une douleur dans la poitrine avec une courte-
» haleine qui le pressait, et ceste douleur luy passoit
» après qu'il avoit respiré une bonne fois à son aise,
» et qu'il s'estoit un peu reposé. »

Après sa mort, ses adversaires ne ménagèrent plus rien pour empêcher que l'édition nouvelle du livre *de la Sagesse* fût continuée. On souleva contre l'ouvrage l'Université, la Sorbonne, le Châtelet, le Parlement; les feuilles imprimées furent saisies; on fit même intervenir l'imprimeur de la première édition de Bordeaux, qui réclama contre la réimpression pour son intérêt particulier. Mais, grâce aux soins et aux démarches de La Roche-Maillet, ce fut le président Jeannin qui se chargea du rapport de l'affaire au Conseil-d'État; et bientôt après, la publication de l'ouvrage fut permise. Le savant et judicieux magistrat qui l'avait examiné avec soin, ne l'avait considéré, comme il le déclara hautement, que comme *un Livre d'État*, dans lequel la religion n'était nullement intéressée, et il se contenta d'y faire quelques légères corrections dont l'éditeur profita.

Ce dénouement irrita de plus en plus la haine fanatique des persécuteurs. On continua d'écrire contre Charron et son ouvrage; le Jésuite Garasse se distingua surtout dans cette polémique, par l'âpreté et la grossièreté de ses censures. Dans sa *Somme théologique*, qui parut en 1625, il ne se contenta pas d'attaquer le Livre *de la Sagesse*, il n'épargna même pas celui des *Trois Vérités*, que l'on avait regardé jusques-là comme très-orthodoxe. « J'ai défini, dit-il, l'A-

» théisme brutal, assoupi ou mélancolique, une cer-
» taine humeur creuse qui a transféré le Diogénisme
» dans la Religion Chrétienne, par laquelle humeur
» un esprit accoquiné à ses mélancolies langoureuses
» et truandes, se moque de tout par une gravité som-
» bre, ridicule et pédantesque. Ceux qui ont lu *la Sa-*
» *gesse* et les *Trois Vérités*, entendront bien ce que
» je veux dire par ces paroles ; car voilà l'humeur de
» cet écrivain naïvement dépeinte..... De notre tems
» le Diable, auteur de l'Athéisme, a suscité deux es-
» prits profanes, chrétiens en apparence, et athéistes
» en effets, pour faire, à l'imitation de Salomon, une
» *Sagesse* ou une *Sapience,* l'un milanais (*Cardan*),
» l'autre parisien (*Charron*), qui l'a fait en sa lan-
» gue maternelle ; tous deux également pernicieux et
» grands ennemis de Jésus-Christ et de l'honnêteté
» des mœurs, etc. » C'est avec cette aménité que s'ex-
primaient les censeurs de Charron. Mais il trouva d'ar-
dens défenseurs parmi des hommes aussi vénérables
par leur état que par leur savoir, tels que le prieur
Ogier, le docte Naudé, etc. ; et les injures des Garasse finirent par être totalement oubliées. Mais ce
fut surtout au siècle de la philosophie en France, qu'on
apprit à apprécier notre auteur. Cette tolérance universelle que l'on voulait établir, qui était comme le
fondement de toutes les nouvelles doctrines, il en
avait d'avance senti le besoin, et prouvé l'utilité.

Sans doute Charron est un imitateur, et même quelquefois un copiste de Montaigne ; les maximes, les
opinions que le philosophe gascon avait disséminées
dans ses immortels *Essais,* son élève les a recueillies,

coordonnées, classées dans un ordre méthodique. L'un écrivait sans plan, et peut-être sans but ; il retraçait, comme elles se présentaient, toutes les idées que lui fournissait sa vive et féconde imagination : l'autre, plus sérieux et plus froid, n'employait d'idées et d'images que ce qu'il en fallait pour résoudre le problème qu'il s'était proposé. Celui-là composait moins pour le public que pour son propre délassement ; l'autre était un auteur de profession.

Mais ce serait une grande erreur de croire, ainsi que des écrivains qui n'ont pas lu le *Traité de la Sagesse* avec toute l'attention que l'ouvrage exige, que Charron n'a fait que mettre en œuvre les pensées d'autrui ; qu'il a tout emprunté de Plutarque, de Sénèque et de Montaigne. Charron est souvent original et jamais bizarre ; mais, au reste, ce n'est pas dans un livre de morale et de sagesse qu'il faut demander de l'originalité : la précision et la clarté sont bien préférables ; et ces deux qualités, notre auteur les possédait à un degré éminent. Qui, mieux que lui, a défini les diverses espèces de gouvernemens, indiqué les avantages ou les vices de la plupart des institutions sociales ? Qui a mieux parlé, après Montaigne, de l'éducation des enfans ? Quand il retrace le danger des passions, le bonheur que procurent la modération et la sagesse, son style est nerveux, vif, animé : on croit lire Sénèque.

Concluons que tout esprit impartial doit rester convaincu qu'après les *Essais* de Montaigne, le *Traité de la Sagesse* est le plus précieux monument philosophique que nous ait laissé le dix-septième siècle.

AVERTISSEMENT
DE L'ÉDITEUR
SUR CETTE NOUVELLE ÉDITION.

On a pu voir dans la *Vie de Charron*, que cet auteur n'a jamais donné qu'une édition de son *Traité de la Sagesse.* Elle parut à Bordeaux, en 1601, chez René Milanges. Les bibliophiles la recherchent, parce qu'elle contient les passages que l'auteur crut devoir supprimer par la suite, ou adoucir, ou rectifier.

La seconde édition, dont il ne put voir que les premières feuilles, parut à Paris, en 1604, avec les corrections qu'il avait faites à la première, et aussi avec des augmentations considérables. Quoiqu'elle soit bien imprimée et très-exacte, elle fut peu recherchée : le public voulait avoir le livre tel qu'il était d'abord sorti des mains de l'auteur. Aussi toutes les éditions qui s'en firent en différens pays (et il s'en fit un grand nombre), furent calquées sur celle de 1601.

Mais il résultait de là que les acquéreurs de ces éditions étaient privés des additions très-nombreuses que contenait l'édition de 1604; additions dans lesquelles Charron ne s'était montré ni moins philosophe, ni moins hardi que dans les passages qui avaient scandalisé les dévots, et attiré sur l'ouvrage les censures de la Sorbonne.

Pour satisfaire tous les goûts, il n'y avait qu'un moyen; c'était de réimprimer l'édition corrigée et augmentée, en y joignant les passages réformés ou modifiés. C'est ce qu'on fit dans les éditions de 1607, 1613, 1618, etc. C'est ce qu'on a fait bien mieux encore dans l'excellente édition en quatre volumes in-12, qui a paru à Dijon, en 1801. Le texte a été imprimé d'après un exemplaire de l'édition de 1604, corrigé de la main même de La Roche-Maillet, et l'on y a joint au bas des pages, sous le titre de *variantes*, les passages que Charron avait corrigés ou adoucis. « Par ce moyen, dit avec raison l'éditeur, on a sous les yeux l'édition complète, telle que l'auteur se proposait de la donner quelque tems avant sa mort, et le texte original de 1601 dans toute sa pureté ».

Cette édition m'ayant paru la meilleure de toutes, je l'ai choisie pour texte. Mais voici ce qui distingue celle que j'offre, en ce moment, au public.

1°. Chaque chapitre du Traité de *la Sagesse* est précédé d'un SOMMAIRE qui donne une idée de ce qu'il contient. C'est ainsi que, dans mon édition de Montaigne, j'ai placé de courtes analyses en tête des chapitres, et d'honorables approbations me donnent le droit d'attacher quelque prix à ce travail.

2°. Dans aucune édition de *la Sagesse,*

on ne trouve la traduction des nombreux passages grecs et latins dont le texte est parsemé : non seulement j'ai traduit ces passages, mais j'indique les auteurs et les ouvrages d'où ils ont été tirés.

3°. Quoiqu'il y ait dans Charron beaucoup moins de phrases obscures et de mots surannés ou bizarres que dans Montaigne, j'en ai trouvé cependant un assez bon nombre qui auraient pu arrêter les lecteurs peu accoutumés au style de nos vieux écrivains : j'en ai placé au bas des pages de courtes explications.

4°. Charron jusqu'à présent n'avait point trouvé de commentateurs, et peut-être aucun philosophe ne méritait plus d'en avoir. J'ai développé et quelquefois combattu ses opinions dans mes notes. J'ai dit ailleurs (1) que je me trouve possesseur des commentaires inédits de feu Naigeon, membre de l'Institut,

---

(1) Voyez l'*avertissement* qui précède le troisième volume de Montaigne.

tant sur l'auteur des *Essais*, que sur son disciple Charron. Son travail sur ce dernier philosophe surtout est immense, et prouve son érudition et le cas qu'il faisait de notre auteur. J'ai puisé, autant que j'ai pu, dans cette mine abondante ; mais j'ai dû y laisser enfoui tout ce qui aurait pu occasionner le scandale, ou l'improbation d'une classe nombreuse de lecteurs.

5°. Je ne sais pourquoi, même dans les meilleures éditions de Charron, on ne trouve point son *Petit Traité de Sagesse*, qui est comme une déclaration de ses principes, par laquelle il se proposait de terminer l'édition de son ouvrage commencée sous ses yeux, mais qui fut interrompue par sa mort. Ce Traité ne fut publié qu'en 1606, et séparément. Je ne pouvais rejeter cet opuscule de Charron, que je regarde comme partie intégrante, ou plutôt comme un complément de son grand ouvrage.

D'après tout ce que je viens d'exposer, les justes appréciateurs des travaux des gens de lettres, me sauront quelque gré, je l'espère, de la peine que j'ai prise pour rendre cette nouvelle édition d'un livre célèbre, aussi complète, aussi exacte qu'elle peut l'être, et la lecture de l'ouvrage, aussi agréable qu'utile. Mais je dois dire, en finissant, que j'ai trouvé un collaborateur zélé dans un homme de lettres (1), que ne rebutent jamais les recherches les plus pénibles. Il a partagé avec zèle le travail long et fastidieux qu'exigeait la tâche assez difficile que je m'étais imposée.

---

(1) M^r. Éloi Johanneau, qui s'occupe avec succès de recherches archéologiques et historiques. On lit avec intérêt dans les recueils consacrés à l'érudition, un grand nombre de savantes dissertations dont il est auteur.

A MONSEIGNEVR,

MONSEIGNEVR

LE DVC D'ESPERNON,

PAIR ET COLOMNEL DE L'INFANTERIE DE FRANCE[1].

MONSEIGNEVR,

Tous sont d'accord, que les deux plus grandes choses qui tiennent plus du ciel, et sont plus en lustre, comme les deux maistresses du monde, sont LA VERTV ET LA BONNE FORTVNE, LA SAGESSE ET LE BONHEVR. *De leur preferance il y a de la dispute; chascune a son pris, sa dignité, son excellence. A* LA VERTV ET SAGESSE *comme plus laborieuse, suante, et hazardeuse, est deuë par precipu l'estime, la recompense: A* L'HEVR ET BONNE FORTVNE, *comme plus haute et diuine, est deuë propre-*

---

[1] Peut-être aurais-je dû, pour l'honneur de Charron et de la philosophie, supprimer cet *Épître dédicatoire*, honteux monument d'une basse flatterie ; mais on la trouve dans les deux premières éditions, les seules authentiques du traité de

ment *l'admiration et l'adoration. Ceste cy par son esclat touche et rauit plus les simples et populaires; celle là est mieux apperceuë et recognue des gens de jugement. Rarement se trouuent elles ensemble en mesme subject, au moins en pareil degré, et rang, estant toutes deux si grandes, qu'elles ne peuuent s'approcher et mesler sans quelque jalousie et contestation de la primauté. L'vne n'a point son*

---

la Sagesse, et les éditeurs modernes, qui tous l'ont omise, ont agi contre les intentions de l'auteur, et n'ont ainsi donné que des éditions incomplètes.

Ce *duc d'Espernon* (son vrai nom était *la Valette*), dut son titre, les nombreuses places qu'il occupait, et ses immenses richesses, aux faveurs du prodigue Henri III. Voltaire l'a condamné à une infâme célébrité, en le nommant parmi les *mignons* de ce roi.

> Quelus et Saint-Maigrin, Joyeuse et d'Espernon,
> Jeunes voluptueux qui régnaient sous son nom,
> D'un maître efféminé corrupteurs politiques,
> Plongeaient dans les plaisirs ses langueurs léthargiques.
> (LA HENRIADE, ch. Ier., v. 30 et suiv.)

Après la mort de Henri III, d'Espernon servit tour-à-tour la Ligue et Henri IV, qui eut beaucoup de peine à lui accorder sa confiance. Il avait de la bravoure, mais plus encore d'orgueil et d'avarice. Dans tous les pays qu'il fut appelé à soumettre ou seulement à gouverner, il se rendit coupable, où d'inutiles cruautés, ou d'exorbitantes concussions. (Voyez son histoire dans toutes les biographies).

Voilà l'homme à qui Charron dédie, *consacre* son livre; car, dit-il, *au Sage la* SAGESSE..... Quel Sage, grand Dieu, que ce duc d'Espernon!

DÉDICATOIRE.

lustre, et ne peut bien trouuer son jour en la presence de l'autre : mais venans à s'entre bien entendre et unir, il en sort une harmonie tres melodieuse, c'est la perfection. De cecy vous estes, MONSEIGNEVR, un exemple tres riche et des plus illustres, qui soit apparu en nostre France, il y a fort long temps. LA BONNE FORTVNE ET LA SAGESSE se sont tousiours tenus par la main, et conjointement se sont faits valoir sur le theatre de vostre vie. Vostre BONNE FORTVNE a estonné et transy tous par sa lueur et splendeur ; VOSTRE SAGESSE est recognue et admirée par tous les mieux sensez et judicieux. C'est elle qui a bien sceu mesnager et maintenir ce que la BONNE FORTVNE vous a mis en main. Par elle vous avez sceu non seulement bien remplir, conduire et releuer la bonne fortune, mais vous vous l'estes bastie et fabriquée, selon qu'il est dict, que le Sage est artisan de sa fortune ; vous l'auez attirée, saisie, et comme attachée et obligée à vous. Ie scay auec tous, que le zele et la devotion à la vraye religion, la vaillance et suffisance militaire, la dexterité et bonne conduicte en toutes affaires, vous ont acquis l'amour et l'estime de nos Rois, la bien-veillance des peuples, et la gloire partout. Mais j'ose et veux dire que c'est vostre Sagesse qui a la meilleure part en tout cela, qui couronne et parfaict toutes choses. C'est pourquoi justement et très à propos, ce liure de Sagesse vous est dedié et consacré, car au Sage la Sagesse. Vostre nom mis icy au front est le vray titre et sommaire de ce liure : c'est une belle et douce harmonie, que du modele oculaire auec le discours *verbal*, *de la practique auec la theorique. S'il est permis de parler de moy, je diray confidemment,* MONSEIGNEVR, *auec vostre permission, que du premier jour que j'eu ce bien de vous voir et considerer seulement des yeux, ce que je fis fort attentiuement, ayant auparauant la teste pleine du bruit de vostre nom, je fus touché d'une inclination, et despuis ay tousiours porté en mon cœur, une entiere affection et desir à vostre bien, grandeur et prosperité. Mais estant de ceux qui n'ont que les desirs en leur pouuoir, et les mains trop courtes pour venir aux effects, je l'ay voulu dire au monde, et la publier par cest offre que je vous fais tres humblement, certes de tres riche estoffe, car qu'y a-il de plus grand en vous au monde, que la Sagesse ? Mais qui meriteroit d'estre plus elabouré et releué pour vous estre presenté. Ce qui pourra estre auec le tems qui afine et recuit toutes choses : et de vray voici un subject infini, auquel l'on peut adjouster tousjours : mais tel qu'il est je me fie, qu'il sera humainement receu de vous, et peut estre employé à la lecture de Messeigneurs vos enfans, qui après l'idée vive, et patron animé de Sagesse en vous, y trouueront quelques traits et lineamens : et de ma part je demeurerai tousiours,*

MONSEIGNEVR,

Vostre tres humble
et tres-obeissant seruiteur,

CHARRON.

PRÉFACE

DE LA SECONDE ÉDITION,

Où est parlé du nom, subject, dessein et methode de cet œuvre, avec advertissement au lecteur.

---

* Il est icy requis dés l'entrée de sçavoir que c'est que sagesse, et comment nous entendons la traitter en cet œuvre, puis qu'il en porte le nom et le

---

* *Variante tirée de la préface de la première édition.* — Il est requis avant tout œuvre, sçavoir que c'est que sagesse, et comment nous entendons la traitter en ce livre, puis qu'il en porte le nom et le titre. Or dés l'entrée nous advertissons que nous ne prenons icy ce mot subtilement au sens hautain et enflé des theologiens et philosophes (qui prennent plaisir à descrire et faire peinture des choses qui n'ont encores esté veues, et les relever à telle perfection, que la nature humaine ne s'en trouve capable, que par imagination) pour une cognoissance parfaite des choses divines et humaines, ou bien des premieres et plus hautes causes et ressorts de toutes choses : laquelle reside en l'entendement seul, peut-estre sans probité (qui est principalement en la volonté), sans utilité, usage, action, sans compaignée et en solitude; et est plus que très rare et difficile, c'est le souverain bien et la perfection de l'entendement humain : ny au sens trop court, bas et populaire, pour discretion, circonspection, comportement advisé et bien

titre. Tous en general au premier et simple mot de sagesse, conçoivent facilement et imaginent quelque qualité, suffisance ou habitude non commune ny populaire, mais excellente, singuliere,

reglé en toutes choses, qui se peut trouver avec peu de pieté et preud'hommie, et regarde plus la compaignée et l'autruy que soy-mesme. Mais nous le prenons en sens plus universel, commun et humain, comprenant tant la volonté que l'entendement, voire tout l'homme en son dedans et son dehors, en soy seul, en compaignée, cognoissant et agissant. Ainsi nous disons que sagesse est preude prudence, c'est à dire preud'hommie avec habilité, probité bien advisée. Nous sçavons que preud'hommie sans prudence est sotte et indiscrette ; prudence sans preud'hommie n'est que finesse : ce sont deux choses les meilleures et plus excellentes, et les chefs de tout bien ; mais seules et separées, sont defaillantes, imparfaites. La sagesse les accouple, c'est une droitture et belle composition de tout l'homme. Or elle consiste en deux choses, bien se cognoistre, et constamment estre bien reglé et moderé en toutes choses par toutes choses : j'entends non seulement les externes qui apparoissent au monde, faits et dits; mais premierement et principalement les internes, pensées, opinions, creances desquelles (ou la feinte est bien grande, et qui enfin se descouvre) sourdent les externes. Je dis constamment, car les fols parfois contrefont, et semblent estre bien sages. Il sembleroit peut-estre à aucuns qu'il suffiroit de dire que la sagesse consiste à estre constamment bien reglé et modéré en toutes choses, sans y adjouster bien se cognoistre : mais je ne suis pas de cet advis; car advenant que par une grande bonté, douceur et soupplesse de nature, ou par une attentive imitation d'autruy, quelqu'un se comportat

et relevée par dessus le commun et ordinaire, soit en bien ou en mal : car il se prend et usurpe (peut-estre improprement) en toutes les deux façons : *sapientes sunt ut faciant mala* [1] : et ne

moderement en toutes choses, ignorant cependant et mescognoissant soy-mesme, et l'humaine condition, ce qu'il a et ce qu'il n'a pas ; il ne seroit pourtant sage, veu que sagesse n'est pas sans cognoissance, sans discours, et sans estude. L'on n'accordera pas peut-estre cette proposition : car il semble bien que l'on ne peut reiglement et constamment se comporter par-tout sans se cognoistre, et suis de cet advis. Mais je dis que, combien qu'ils aillent inseparablement ensemble, si ne laissent-ils d'estre deux choses distinctes : dont il les faut separement exprimer en la description de sagesse, comme ses deux offices, dont se cognoistre est le premier, et est dit le commencement de sagesse. Parquoy nous disons sage, celuy qui cognoissant bien ce qu'il est, son bien et son mal, combien et jusques où nature l'a estrené et favorisé, et où elle lui a deffailly, estudie par le benefice de la philosophie, et par l'effort de la vertu, à corriger et redresser ce qu'elle luy a donné de mauvais, reveiller et roidir ce qui est de foible et languissant, faire valoir ce qui est bon, adjouter ce qui deffaut, et tant que faire se peut la secourir ; et par tel estude se regle et conduict bien en toutes choses.

Suivant cette briefve declaration, nostre dessein en cet œuvre de trois livres est premierement enseigner l'homme à se bien cognoistre, et l'humaine condition, le prenant en tout sens, et regardant à tous visages ; c'est au premier livre : puis l'instruire à se bien regler et moderer en toutes choses ; ce que

---

[1] « Ils ne sont sages que pour faire le mal ». Jérémie, chap. VI, v. 22.

signifie pas proprement qualité bonne et louable, mais exquise, singuliere, excellente en quoy que ce soit, dont se dit aussi bien sage tyran, pyrate, voleur, que sage roy, pilote, capitaine,

---

nous ferons en gros par advis et moyens generaux et communs au second livre, et particulierement au troisiesme, par les quatre vertus morales, soubs lesquelles est comprise toute l'instruction de la vie humaine, et toutes les parties du devoir et de l'honneste. Voilà pourquoy cet œuvre, qui instruit la vie et les mœurs, à bien vivre et bien mourir, est intitulé sagesse, comme le nostre precedent, qui instruisoit à bien croire, a esté appellé verité, ou bien les trois verités, y ayant trois livres en cettuy-cy comme en celuy-là. J'adjouste icy deux ou trois mots de bonne foy ; l'un, que j'ai questé par-cy par-là, et tiré la plus part des matériaux de cet ouvrage des meilleurs autheurs qui ont traitté cette matiere morale et politique, vraye science de l'homme, tant anciens, specialement Seneque et Plutarque, grands docteurs en icelle, que modernes. C'est le recueil d'une partie de mes estudes ; la forme et l'ordre sont à moi. Si je l'ay arrangé et ageancé avec jugement et à propos, les sages en jugeront : car meshuy en ce subject autres ne peuvent estre mes juges, et de ceux-là volontiers recevrai la reprimande ; et ce que j'ay prins d'autruy, je l'ay mis en leurs propres termes, ne le pouvant dire mieux qu'eux. Le second, que j'ay icy usé d'une grande liberté et franchise à dire mes advis, et à heurter les opinions contraires, bien que toutes vulgaires et communement receues, et trop grandes, ce m'ont dit aucuns de mes amys, ausquels j'ay respondu que je ne formois icy où instruisois un homme pour le cloistre, mais pour le monde, la vie commune et civile ; ny ne faisois icy le theologien, ny le cathe-

c'est à dire suffisant, prudent, advisé : non simplement et populairement, mais excellemment. Parquoy s'oppose à la sagesse, non seulement la folie, qui est un desreglement et desbauche ; et la sagesse est un reglement bien mesuré et proportionné : mais encores la bassesse et simplicité commune et populaire ; car la sagesse est relevée, forte et excellente : ainsi sagesse, soit en bien ou en mal, comprend deux choses ; suffisance, c'est la provision et garniture de tout ce qui est requis

---

drant, ou dogmatisant, ne m'assujettissant scrupuleusement à leurs formes, regles, style, ains usois de la liberté academique et philosophique. La foiblesse populaire, et delicatesse feminine, qui s'offense de cette hardiesse et liberté de paroles, est indigne d'entendre chose qui vaille. A la suite de cecy, je dis encores que je traitte et agis icy non pedantesquement, selon les regles ordinaires de l'eschole, ny avec estendue de discours, et appareil d'eloquence, ou aucun artifice. La sagesse, *quæ si oculis ipsis cerneretur, mirabiles excitaret amores sui*, n'a que faire de toutes ces façons pour sa recommandation, elle est trop noble et glorieuse ; les verités et propositions y sont espesses, mais souvent toutes seches et crues, comme aphorismes, ouvertures et semences de discours. J'y ay parsemé des sentences latines, mais courtes, fortes et poetiques, tirées de très bonne part, et qui n'interrompent, ny ne troublent le fil du texte françois. Car je n'ay pu encores estre induict à trouver meilleur de tourner toutes telles allegations en françois (comme aucuns veulent) avec tel dechet et perte de la grace et energie qu'elles ont en leur naturel et original, qui ne se peut jamais bien representer en autre langage.

et necessaire, et qu'elle soit en haut et fort degré. Voilà ce qu'au premier son et simple mot de sagesse, les plus simples imaginent que c'est : dont ils advouent qu'il y a peu de sages, qu'ils sont rares, comme est toute excellence, et qu'à eux de droit appartient de commander et guider les autres ; que ce sont comme oracles, dont est le proverbe, *en croire et s'en remettre aux sages :* mais bien definir la chose au vray, et la distinguer par ses parties, tous ne le sçavent, ny n'en sont d'accord, et n'est pas aysé : autrement le commun, autrement les philosophes, autrement les theologiens en parlent : ce sont les trois estages et classes du monde : ces deux procedent par ordre, regles et preceptes, la premiere confusement et fort imparfaitement.

Or nous pouvons dire qu'il y a trois sortes et degrés de sagesse, divine, humaine, mondaine, qui respondent à Dieu, nature pure et entiere, nature vitiée et corrompue : de toutes ces trois sortes, et de chacune d'icelles discourent et parlent toutes ces trois classes du monde que nous avons dit, chacune selon sa portée et ses moyens : mais proprement et formellement le commun, c'est à dire, le monde de la mondaine, le philosophe de l'humaine, le theologien de la divine.

La mondaine est plus basse (qui est diverse selon les trois grands chefs de ce bas monde : opulence, volupté, gloire, ou bien avarice, luxure, ambition : *Quidquid est in mundo, est concupiscentia oculorum, concupiscentia carnis, superbia vitæ* [2] : dont est appelée par S. Jacques de trois noms, *terrena, animalis, diabolica* [3]) est reprouvée par la philosophie, et theologie qui la prononce folie devant Dieu, *stultam fecit Deus sapientiam hujus mundi* [4] : or n'est il point parlé d'elle en ce livre, que pour la condamner.

La plus haute, qui est la divine, est définie et traittée par les philosophes et theologiens un peu diversement. Je dedaigne et laisse icy tout ce qu'en peut dire le commun, comme prophane, et trop indigne pour estre ouy en telle chose. Les philosophes la font toute speculative, disent que c'est la cognoissance des principes, premieres causes, et plus hauts ressorts de toutes choses, et en fin de la souveraine qui est Dieu, c'est la metaphysique. Cette cy reside tout en l'entende-

---

[2] » Tout ce qui est dans le monde, est concupiscence des yeux, ou concupiscence de la chair, ou orgueil de la vie ». St.-Jean, Épitre I, chap. II, v. 16.

[3] « Terrestre, animale, diabolique ». Ép. de St. Jacques, chap. III, v. 16.

[4] « Dieu a fait de la sagesse de ce monde, une folie ». St.-Paul, aux Corinthiens, Ép. I, chap. III, v. 19. — Ici Charron a altéré le texte. Voici ce qu'on lit dans St.-Paul, *loc. cit.* : *Sapientia enim hujus mundi stultitia est apud Deum;* ce qui présente un tout autre sens.

ment, c'est son souverain bien et sa perfection, c'est la premiere et plus haute des cinq vertus intellectuelles [5], qui peut estre sans probité, action, et sans aucune vertu morale. Les theologiens ne la font pas du tout tant speculative, qu'elle ne soit aussi aucunement pratique : car ils disent que c'est la cognoissance des choses divines, par lesquelles se tire un jugement et reiglement des actions humaines, et la font double : l'une acquise par estude, et à peu prés celle des philosophes que je viens de dire : l'autre, infuse et donnée de Dieu, *desursùm descendens*. C'est le premier des sept dons du Sainct Esprit, *Spiritus Domini Spiritus sapientiæ,* qui ne se trouve qu'aux justes et nets de peché, *in malevolam animam non introibit sapientia* [6]. De cette sagesse divine n'entendons aussi parler icy, elle est en certain sens et mesure traittée en ma premiere verité, et en mes discours de la divinité.

Parquoy s'ensuit que c'est de l'humaine sagesse que nostre livre traitte, et dont il porte le nom, de laquelle il faut icy avoir une briefve et generale peinture, qui soit comme l'argument et le sommaire de tout cet œuvre. Les descriptions communes sont diverses et toutes courtes. Au-

---

[5] *Voyez* St. Thomas, 1 quest. 57, 2 quest. 2, 19.
[6] « La sagesse n'entrera point dans un ame malveillante ». La Sagesse, chap. 1, v. 4.

cuns, et la plus part pensent que ce n'est qu'une prudence, discretion et comportement advisé aux affaires et en la conversation. Cecy est digne du commun, qui r'apporte presque tout au dehors, à l'action, et ne considere gueres autre chose que ce qui paroit : il est tout aux yeux et aux oreilles, les mouvemens internes le touchent et luy poisent fort peu : ainsi selon leur opinion la sagesse peut estre sans pieté et sans probité essentielle ; c'est une belle mine, une douce et modeste finesse. D'autres pensent que c'est une singularité farouche et espineuse, une austerité refrongnée d'opinions, mœurs, paroles, actions, et forme de vivre, qui pource appellent ceux qui sont feruz et touchés de cette humeur, philosophes, c'est à dire en leur jargon, fantasques, bigearres, heteroclites. Or telle sagesse, selon la doctrine de nostre livre, est plustot une folie et extravagance. Il faut donc apprendre que c'est d'autres gens que du commun : sçavoir est des philosophes et theologiens, qui tous deux l'ont traittée en leurs doctrines morales : ceux-là plus au long, et par exprès comme leur vray gibbier, leur propre et formel sujet, car ils s'occupent à ce qui est de la nature, et au faire : la theologie monte plus haut, s'attend et s'occupe aux vertus infuses, theoriques et divines, c'est à dire à la sagesse divine et au croire. Ainsi ceux-là s'y sont plus arrestés et plus estendus, reglans et instruisans non seulement le particulier, mais aussi le commun, et le public : enseignans ce qui est bon et utile aux familles, communautés, republiques et empires. La theologie est plus chiche et taciturne en cette part, visant principalement au bien et salut eternel d'un chascun. Davantage, les philosophes la traittent plus doucement et plaisamment, les theologiens plus austeremment et sechement. La philosophie qui est l'ainée, comme la nature est l'ainée de la grace, et le naturel du surnaturel, semble suader gratieusement et vouloir plaire en profitant, comme la poësie :

... Simul et jucunda, et idonea dicere vitæ....
Lectorem delectando pariterque monendo [7].

Revetue et enrichie de discours, de raisons, inventions, et pointes ingenieuses, exemples, similitudes : parée de beaux dires, apophtegmes, mots sententieux, ornée d'eloquence et d'artifice. La theologie qui est venue après, toute refrongnée, semble commander et enjoindre imperieusement et magistralement : et de fait la vertu et probité des theologiens est toute chagrine, austere, subjette, triste, craintive et populaire : la

---

[7] « Dire des choses à la fois agréables, et utiles à la vie..., plaire au lecteur, et lui donner en même temps des avis ». Horace, Art poét. v. 334 et 344.

philosophique, telle que ce livre enseigne, est toute gaye, libre, joyeuse, relevée, et s'il faut dire, enjouée, mais cependant bien forte, noble, genereuse et rare. Certes les philosophes ont esté excellens en cette part, non seulement à la traitter et enseigner, mais encores à la presenter vivement et richement en leurs vies nobles et heroïques. J'entends ici philosophes et sages, non seulement ceux qui ont porté le nom de sages, comme Thales, Solon, et les autres qui ont esté d'une volée, et du temps de Cyrus, Cresus, Pisistratus : ny aussi ceux qui sont venus après, et ont enseigné en public, comme Pythagoras, Socrates, Platon, Aristote, Aristippe, Zenon, Antisthenes, tous chefs de part, et tant d'autres leurs disciples, differents et divisés en sectes; mais aussy tous ces grands hommes qui faisoient profession singuliere et exemplaire de vertu et sagesse, comme Phocion, Aristides, Pericles, Alexandre, que Plutarque appelle philosophe aussy bien que roy, Epaminondas, et tant d'autres Grecs : les Fabrices, Fabies, Camilles, Catons, Torquates, Regules, Lelies, Scipions, romains, qui pour la plus part ont esté generaux d'armées. Pour ces raisons je suy et employe en mon livre plus volontiers, et ordinairement les advis et dires des philosophes, sans toutesfois obmettre ou rejetter ceux des theologiens : car aussi en substance sont-ils tous d'accord, et fort rarement differents, et la theologie ne dedaigne point d'employer et faire valoir les beaux dires de la philosophie. Si j'eusse entreprins d'instruire pour le cloistre et la vie consiliaire, c'est à dire professions des conseils evangeliques, il m'eust fallu suivre, *adamussim*, les advis des theologiens ; mais nostre livre instruit à la vie civile, et forme un homme pour le monde, c'est à dire à la sagesse humaine et non divine.

Nous disons donc naturellement et universellement, avec les philosophes et les theologiens, que cette sagesse humaine est une droitture, belle et noble composition de l'homme entier, en son dedans, son dehors, ses pensées, paroles, actions, et tous ses mouvemens ; c'est l'excellence et perfection de l'homme comme homme, c'est à dire selon que porte et requiert la loy premiere fondamentale et naturelle de l'homme, ainsi que nous disons un ouvrage bien fait et excellent, quand il est bien complet de toutes ses pieces, et que toutes les regles de l'art y ont esté gardées : celuy est homme sage qui sait bien et excellemment faire l'homme : c'est à dire, pour en donner une plus particuliere peinture, qui se cognoissant bien et l'humaine condition se garde et preserve de tous vices, erreurs, passions, et defauts tant internes, siens et propres, qu'externes, communs et populaires; maintenant son esprit net, libre, franc, universel, considerant et jugeant de toutes choses, sans s'obliger ny jurer à aucune, visant tousjours et se reglant en toutes choses selon nature, c'est à dire la raison, premiere et universelle loi et lumiere inspirée de Dieu, qui esclaire en nous, à laquelle il ploye et accommode la sienne propre et particuliere, vivant au dehors et avec tous, selon les loix, coutumes et ceremonies du pays où il est, sans offense de personne, se portant si prudemment et discretement en tous affaires, allant tousjours droit, ferme, joyeux et content en soy-mesme, attendant paisiblement tout ce qui peut advenir, et la mort en fin. Tous ces traits et parties, qui sont plusieurs, se peuvent pour facilité racourcir et rapporter à quatre chefs principaux, cognoissance de soy, liberté d'esprit nette et genereuse, suyvre nature, (cettuy-cy a très grande estendue, et presque seul suffiroit) vray contentement : lesquels ne se peuvent trouver ailleurs qu'au sage. Celuy qui faut en l'un de ces points, n'est point sage. Qui se mescognoit, qui tient son esprit en quelque espece de servitude, ou de passions, ou d'opinions populaires, le rend partial, s'oblige à quelque opinion particuliere, et se prive de la liberté et jurisdiction de voir, juger, examiner toutes choses : qui heurte et va contre nature, soubs quelque pretexte que ce soit, suivant plustost l'opinion ou la passion, que la raison, qui bransle au manche, troublé, inquieté, mal content, craignant la mort, n'est point sage. Voicy en peu de mots la peinture de sagesse et de folie humaine, et le sommaire de ce que je pretends traitter en cet œuvre, spetialement au second livre, qui par exprés contient les regles, traits et offices de sagesse, qui est plus mien que les deux autres, et que j'ai pensé une fois produire seul. Cette peinture verbale de sagesse est oculairement representée sur la porte et au frontispice de ce livre [8], par une femme toute nue en un

---

[8] Dans l'édition de 1604, dans celles des Elzévirs, et dans quelques autres, on voit, au frontispice, la figure que Charron décrit. Nous n'avons pas cru devoir la faire copier. C'est une estampe allégorique assez mal composée : l'explication qu'en donne ici Charron, offre beaucoup plus d'intérêt que l'estampe, qui même n'aura sans doute été exécutée qu'après sa mort, et d'après *la peinture verbale* que d'avance il en faisait ici. Dans les éditions des Elzévirs, on trouve, à la suite de la préface, une explication encore plus détaillée. Quoique, très probablement elle ne soit point sortie de la plume de Charron, nous la rapporterons comme *variante*.

EXPLICATION DE LA GRAVURE.

« Tout au plus haut, et sur l'inscription du liure, la Sagesse est representée par vne belle femme toute nuë, sans que ses hontes paroissent, *quasi non essent*, en son simple naturel, *quia puram naturam sequitur*, au visage sain, masle, joyeux, riant, regard fort et magistral : corps droit, les pieds joints,

vuide ne se tenant à rien, en son pur et simple naturel, se regardant en un miroir, sa face joyeuse,

sur vn Cube, les bras croisez, comme s'embrassant elle mesme, comme se tenant à soy, sur soy, en soy, contente de soy : Sur sa teste vn couronne de Laurier, et d'Oliuier, c'est victoire et paix : vne espace ou vuide à l'entour, qui signifie liberté : se regardant dedans vn miroir assez esloigné d'elle, soustenu d'une main sortant d'un nuage, dans la glace duquel paroist vne autre femme semblable à elle : Car tousiours elle se regarde et se cognoist. A son costé droit ces mots, IE NE SÇAY, qui est sa devise; Et au costé gauche ces autres mots: PAIX ET PEU, qui est la devise de l'Autheur signifiée par vne raue mise en pal, entortillée d'un rameau d'Oliuier, et enuironnée de deux branches de Laurier en Ouale.

« Au dessoubs, y a quatre petites femmes, laides, chetiues, ridées, enchaisnées, et leurs chaisnes se rendent et aboutissent au Cube qui est soubs les pieds de la Sagesse, qui les mesprise, condamne et foule aux pieds, desquelles deux sont du costé droict de l'inscription du liure, sçauoir Passion et Opinion. La Passion, maigre, au visage tout alteré : l'Opinion, aux yeux esgarez, volage, estourdie, soustenue par nombre de personnes, c'est le Peuple. Les deux autres sont de l'autre costé de l'inscription : sçauoir, Superstition, au visage transi, joignant les mains comme vne seruante qui tremble de peur, Et la Science, vertu ou preud'hommie artificielle, acquise, pedantesque, serue des loix et coustumes, au visage enflé, glorieux, arrogant, auec les sourcils releuez, qui lit en vn liure où y a escrit, OUY, NON, Cette figure est aussi expliquée par le Sonet suiuant.

SONET.

La Sagesse est à nud, droicte et sans artifice,
  D'Oliue et de Laurier son chef est verdoyant.

riante et masle, droite, les pieds joints sur un cube, et s'embrassant, ayant soubs ses pieds enchainées quatre autres femmes comme esclaves, sçavoir passion au visage alteré et hydeux; opinion aux yeux esgarés, volage, estourdie, soutenue par des testes populaires; superstition toute transsie, et les mains jointes; vertu ou preud'hommie et science pedantesque au visage enflé, les sourcils relevés, lisant en un livre, où est escript, ouy, non. Tout cecy n'a besoin d'autre explication que de ce que dessus, mais elle sera bien au long au second livre.

Pour acquerir et parvenir à cette sagesse, il y a deux moyens : le premier est en la conformation originelle, et trempe premiere c'est à dire au temperament de la semence des parens, puis

---

    Son mirouër est tenu des doigs du foudroyant,
    Et s'eslesue au dessus du Cube de justice.
Sous ses pieds au carcan, les meres de tout vice
    Forcenant de despit, grommelant, aboyant,
    Contr'elle en vain l'effort de leur rage employant,
    Tant de Sagesse est fort et ferme l'édifice.
La Passion s'anime impetueusement;
    Le Peuple fauorise et porte obstinément
    La folle Opinion, sourde aveugle et perverse :
Tremblante, sans sçauoir, la Superstition
    S'estrangle d'elle mesme; et la Presomption
    De la Pedanterie est mise à la renverse.

                            C. D. F. E. D. B.
Superanda omnis fortuna ferendo est.

au laict nourricier, et premiere education, d'où l'on est dit bien nay ou mal nay, c'est à dire bien ou mal formé et disposé à la sagesse. L'on ne croit pas combien ce commencement est puissant et important, car si on le savoit, l'on y apporteroit autre soin et diligence que l'on ne fait. C'est chose estrange et deplorable qu'une telle nonchalance de la vie, et bonne vie de ceux que nous voulons estre d'autres nous-mesmes. És moindres affaires nous y apportons du soin, de l'attention, du conseil : icy au plus grand et noble, nous n'y pensons point, tout par hazard et rencontre. Qui est celuy qui se remue, qui consulte, qui se met en devoir de faire ce qui est requis, de se garder et preparer comme il faut, pour faire des enfans masles, sains, spirituels, et propres à la sagesse ? Car ce qui sert à l'une de ces choses, sert aux autres, et l'intention de nature vise ensemble à tout cela. Or c'est à quoy on pense le moins ; à peine pense-t-on tout simplement à faire enfans, mais seulement, comme bestes, d'assouvir son plaisir : c'est une des plus remarquables et importantes fautes qui soit en une republique, dont personne ne s'advise, et ne se plaint, et n'y a aucune loy, reglement, ou advis public là dessus. Il est certain que si l'on s'y portoit comme il faut, nous aurions d'autres hommes que nous n'avons. Ce qui est requis en cecy, et à la premiere nourriture, est briefvement dit en nostre troisiesme livre, chapitre XIV.

Le second moyen est en l'estude de la philosophie, je n'entends de toutes ses parties, mais de la morale (sans toutesfois oublier la naturelle) qui est la lampe, le guide, et la regle de nostre vie, qui explique et represente très bien la loy de nature, instruit l'homme universellement à tout, en public et en privé, seul, et en compagnie, à toute conversation domestique et civile, oste et retranche tout le sauvagin qui est en nous, adoucit et apprivoise le naturel rude, farouche et sauvage, le duict et façonne à la sagesse. Bref c'est la vraye science de l'homme; tout le reste au pris d'elle, n'est que vanité, au moins non necessaire, ny beaucoup utile : car elle apprend à bien vivre, et bien mourir, qui est tout; elle enseigne une preude prudence, une habile et forte preud'hommie, une probité bien advisée. Mais ce second moyen est presque aussi peu pratiqué, et mal employé que le premier : tous ne se soucient gueres de cette sagesse, tant ils sont attentifs à la mondaine. Voilà les deux moyens de parvenir et obtenir la sagesse, le naturel, et l'acquis. Qui a esté heureux au premier, c'est à dire, qui a esté favorablement estrené de nature, et est d'un temperament bon et doux, lequel prodoit une grande bonté et douceur de mœurs, a grand marché du second; sans grande peine, il se trouve tout porté à la sagesse. Qui autrement, doit avec grand et laborieux estude et exercice du second rabiller et suppléer ce qui luy defaut, comme Socrates un des plus sages disoit de soy, que par l'estude de la philosophie il avoit corrigé et redressé son mauvais naturel.

Au contraire il y a deux empeschemens formels de sagesse, et deux contremoyens ou acheminemens puissans à la folie, naturel, et acquis. Le premier, naturel, vient de la trempe et temperament originel, qui rend le cerveau ou trop mol, et humide, et ses parties grossieres et materielles, dont l'esprit demeure sot, foible, peu capable, plat, ravallé, obscur, tel qu'est la pluspart du commun : ou bien trop chaud, ardent et sec, qui rend l'esprit fol, audacieux, vicieux. Ce sont les deux extremités, sottise et folie, l'eau et le feu, le plomb et le mercure, mal propres à la sagesse, qui requiert un esprit fort, vigoureux, et genereux, et neantmoins doux, soupple, et modeste : toutesfois ce second semble plus aysé à corriger par discipline que le premier. Le second, acquis, vient de nulle ou bien de mauvaise culture, et instruction, laquelle entre autres choses consiste en un heurt et prevention jurée de certaines opinions, desquelles l'esprit s'abbreuve, et prend une forte teinture : et ainsi se rend inhabile et incapable de voir et trouver mieux, de s'eslever et enrichir : l'on dit d'eux qu'ils sont feruz *9 et touchés, qu'ils ont un heurt *10 et un coup à la teste : auquel heurt si encores la science est jointe, pource qu'elle enfle, apporte de la presomption et temerité, et preste armes pour soustenir et defendre les opinions anticipées ; elle acheve du tout de former la folie, et la rendre incurable : foiblesse naturelle, et prevention acquise sont desja deux grands empeschemens ; mais la science, si du tout elle ne les guarit, ce que rarement elle fait, elle les fortifie et rend invincibles : ce qui n'est pas au deshonneur ny descry de la science, comme l'on pourroit penser, mais plustot à son honneur.

La science est un très bon et utile baston, mais qui ne se laisse pas manier à toutes mains : et qui ne le sçait bien manier, en reçoit plus de dommage que de profit ; elle enteste et affolit (dit bien un grand habile homme) les esprits foibles et malades, polit et parfait les forts et bons naturels : l'esprit foible ne sait pas posseder la science, s'en escrimer, et s'en servir comme il faut ; au rebours elle le possede et le regente,

---

*9 Frappés, atteints de folie, timbrés.
*10 On dirait aujourd'hui : *qu'ils ont martel en tête.*

dont il ploye et demeure esclave sous elle, comme l'estomach foible chargé de viandes qu'il ne peut cuire ny digerer : le bras foible qui n'ayant le pouvoir ny l'adresse de bien manier son baston trop fort et pesant pour luy, se lasse et s'estourdit tout : l'esprit fort et sage le manie en maistre, en jouyt, s'en sert, s'en prevaut à son bien et advantage, forme son jugement, rectifie sa volonté, en accommode et fortifie sa lumiere naturelle, et s'en rend plus habile : ou l'autre n'en devient que plus sot, inepte, et avec cela presomptueux. Ainsi la faute ou reproche n'est point à la science, non plus qu'au vin, ou autre très bonne et forte drogue, que l'on ne pourroit accommoder à son besoin ; *non est culpa vini, sed culpa bibentis*[11]. Or à tels esprits foibles de nature, preoccupez, enflez, et empeschez de l'acquis, comme ennemis formels de sagesse, je fay la guerre par exprés en mon livre ; et c'est souvent sous ce mot de *pedant*[12], n'en trouvant point d'autre plus propre, et qui est usurpé en ce sens par plusieurs bons autheurs. En son origine grecque, il se prend en bonne part ; mais és autres langues posterieures, à cause de l'abus et mauvaise façon de se prendre et porter aux lettres et sciences, vile,

---

*[11] « La faute n'est pas au vin, mais au buveur ».

[12] Ce mot, ainsi que *pedagogue*, ne signifiait en effet dans l'origine, que *précepteur d'enfant.*

sordide, questueuse *13, querelleuse, opiniastre, ostentative, et presomptueuse, praticquée par plusieurs, il a esté usurpé comme en derision et injure : et est du nombre de ces mots qui avec laps de temps ont changé de signification, comme tyran *14, sophiste, et autres. Le sieur du Bellay aprés tous vices notés, conclud, comme par le plus grand : *mais je hay par sur tout un savoir pedantesque*, et encores

> Tu penses que je n'ay rien de quoy me vanger,
> Sinon que tu n'es faict que pour boire et manger.
> Mais j'ay bien quelque chose encore plus mordante,
> C'est, pour le faire court, que tu es un pedante 15.

Peut-estre qu'aucuns s'offenseront de ce mot, pensant qu'il les regarde, et que par iceluy j'ay voulu taxer et attaquer les professeurs de lettres et instructeurs ; mais ils se contenteront s'il leur plait, de cette franche et ouverte declaration, que je fais icy, de ne designer par ce mot aucun estat de robbe longue, ou profession litteraire, tant s'en faut, que je fais par tout si grand cas

---

*13 Mercenaire, du latin *quæstuosa*, avide de gain.

14 On sait qu'en effet *tyran* était pris en grec autrefois pour *roi*, quoique le mot soit évidemment dérivé de τύρω, tourmenter, vexer, pressurer le peuple comme on pressure un fromage, qui se dit τυρός, en grec : ce qui prouve l'opinion peu avantageuse que les anciens peuples républicains avaient de la royauté, puisqu'ils la confondaient avec la tyrannie.

*15 Un pédant.

des philosophes, et m'attaquerois moy-mesme, puis que j'en suis et en fais profession, mais une certaine qualité et degré d'esprits que j'ay depeints cy-dessus, sçavoir, qui sont de capacité et suffisance naturelle fort commune et mediocre, et puis mal cultivés, prevenus, et aheurtés à certaines opinions, lesquels se trouvent soubs toute robbe, en toute fortune et condition vestue en long et en court : *vulgum tàm chlamidatos, quàm coronam voco* [16]. Que l'on me fournisse un autre mot qui signifie ces tels esprits, je le quitteray *[17] très volontiers. Aprés cette mienne declaration, qui s'en plaindra, s'accusera, et se monstrera trop chagrin. On peut bien opposer au sage d'autres que pedant, mais c'est en sens particulier, comme le commun, le prophane et populaire, et le fais souvent : mais c'est comme le bas au haut, le foible au fort, le plat au relevé, le commun au rare, le valet au maistre, le prophane au sacré : comme aussi le fol, et de fait au son des mots c'est son vray opposite ; mais c'est comme le dereglé au reglé, le glorieux opiniastre au modeste, le partisan à l'universel, le prevenu et atteint au libre, franc,

---

[16] « J'appelle vulgaire aussi bien ceux qui portent une couronne, que ceux qui ne sont vêtus que d'une chlamide ». Sénèque, *de Vitá beatá*, chap. II.

*[17] Je le laisserai pour prendre cet autre mot.

et net, le malade au sain ; mais le pedant, au sens que nous le prenons, comprend tout cela, et encores plus, car il designe celuy, lequel non seulement est dissemblable et contraire au sage, comme les precedens, mais qui roguement et fierement luy resiste en face, et comme armé de toutes pieces s'éleve contre luy et l'attaque, parlant par resolution et magistralement. Et pource qu'aucunement il le redoute, à cause qu'il se sent descouvert par luy, et veu jusques au fond et au vif, et son jeu troublé par luy, il le poursuit d'une certaine et intestine hayne, entreprend de le censurer, descrier, condamner, s'estimant et portant pour le vray sage, combien qu'il soit le fol non pareil.

Aprés le desscin et l'argument de cet œuvre, venons à l'ordre et à la méthode. Il y a trois livres : le premier est tout en la cognoissance de soy, et de l'humaine condition preparative à la sagesse, ce qui est traitté bien amplement par cinq grandes capitales considerations, dont chascune en a plusieurs soubs soy. Le second contient les traits, offices et regles generales et principales de sagesse. Le tiers contient les regles et instructions particulieres de sagesse, et ce par l'ordre et le discours des quatre vertus principales et morales, prudence, justice, force, temperance : soubs lesquelles est comprise toute l'instruction de la vie humaine, et toutes les parties du devoir et de l'honneste. Au reste je traitte et agis icy non scolastiquement ou pedantesquement, ny avec estendue de discours, et appareil d'eloquence, ou aucun artifice. La sagesse (*quæ si oculis ipsis cerneretur, mirabiles excitaret amores sui*[18]) n'a que faire de toutes ces façons pour sa recommandation, elle est trop noble et glorieuse : mais brusquement, ouvertement, ingenuement : ce qui (peut-estre) ne plaira pas à tous. Les propositions et verités y sont espesses, mais souvent toutes seches et crues, comme aphorismes, ouvertures et semences de discours.

Aucuns* trouvent ce livre trop hardy et trop libre à heurter les opinions communes, et s'en offensent. Je leur responds ces quatre ou cinq

---

[18] Laquelle, si l'on pouvait la contempler des yeux du corps, exciterait en nous de merveilleux transports d'amour ». Cicéron, *de Offic.* L. I, chap. v. — Cette pensée est de Platon, comme le dit Cicéron lui-même.

* *Variante.* Le dernier alinéa de cette préface, et les trois alinéa commençant à *Aucuns trouvent* etc., et finissant par ces mots : *à qui la dira,* formaient *l'Advertissement de l'autheur,* qui était destiné par lui à être mis en tête de l'édition qu'il donnait en 1603. Bastien l'a mis séparément à la tête de la sienne. L'édition de Dijon a négligé cette variante. Mais cet avertissement ne manque pas à toutes les éditions postérieures à 1601, comme le dit Bastien, puisqu'il se trouve fondu dans cette préface de la deuxième édition.

mots. Premierement que la sagesse qui n'est commune ny populaire, a proprement cette liberté et authorité, *jure suo singulari,* de juger de tout (c'est le privilege du sage et spirituel, *spiritualis omnia dijudicat, et à nemine judicatur* [19]), et en jugeant, de censurer et condamner (comme la plus part erronnées) les opinions communes et populaires. Qui le fera doncq? Or ce faisant ne peut qu'elle n'encoure la male-grace et l'envie du monde.

D'ailleurs je me plains d'eux et leur reproche cette foiblesse populaire, et delicatesse feminine, comme indigne et trop tendre pour entendre chose qui vaille, et du tout incapable de sagesse: les plus fortes et hardies propositions sont les plus seantes à l'esprit fort et relevé, et n'y a rien d'estrange à celuy qui sçait que c'est que du monde: c'est foiblesse de s'estonner d'aucune chose, il faut roidir son courage, affermir son ame, l'endurcir et acerer à jouyr, sçavoir, entendre, juger toutes choses, tant estranges semblent-elles: tout est sortable et du gibbier de l'esprit, mais qu'il ne manque point à soy-mesme: mais aussi ne doit-il faire ny consentir qu'aux bonnes et belles, quand tout le monde en par-

---

[19] « L'homme spirituel juge de tout, et n'est jugé de personne ». S. Paul, Ép. Ire. aux Corinthiens, chap. II, v. 15.

leroit. Le sage monstre egalement en tous les deux son courage : ces delicats ne sont capables de l'un ny de l'autre, foibles en tous les deux.

Tiercement en tout ce que je propose, je ne pretends y obliger personne ; je presente seulement les choses, et les estalle comme sur le tablier. Je ne me metz point en cholere si l'on ne m'en croit, c'est à faire aux pedans. La passion temoigne que la raison n'y est pas, qui se tient par l'une à quelque chose, ne s'y tient pas par l'autre. Mais pourquoy se courroucent-ils ? est-ce que je ne suis pas par tout de leur advis ? Je ne me courrouce pas de ce qu'ils ne sont du mien : de ce que je dis des choses qui ne sont pas de leur goust ny du commun ? et c'est pourquoy je les dis : Je ne dis rien sans raison, s'ils la sçavent sentir et gouster ; s'ils en ont de meilleure qui destruise la mienne, je l'escouteray avec plaisir, et gratification à qui la dira. Et qu'ils ne pensent me battre d'authorité, de multitude d'allégations d'autruy, car tout cela a fort peu de crédit en mon endroit, sauf en matiere de religion, où la seule authorité vaut sans raison : C'est là son vray empire, comme par tout ailleurs la raison sans elle, comme a très bien recogneu saint Augustin. C'est une injuste tyrannie et folie enragée de vouloir assubjettir les esprits à croire et suivre tout ce que les anciens ont dit, et ce que le peuple tient, qui ne sçait ce qu'il dit ny ce qu'il fait : Il n'y a que les sots qui se laissent ainsi mener, et ce livre n'est pas pour eux ; s'il estoit populairement receu et accepté, il se trouveroit bien descheu de ses pretentions : Il faut ouyr, considerer et faire compte des anciens, non s'y captiver qu'avec la raison : et quand on les voudroit suivre, comment fera-t-on ? Ils ne sont pas d'accord. Aristote qui a voulu sembler le plus habile, et a entreprins de faire le procez à tous ses devanciers, a dit de plus lourdes absurdités que tous, et n'est point d'accord avec soy-mesme, et ne sçait quelquefois où il en est, tesmoin les matieres de l'ame humaine, de l'éternité du monde, de la generation des vents, et des eaux, etc. Il ne se faut pas esbahir si tous ne sont de mesme advis, mais bien se faudroit-il esbahir si tous en estoient : Il n'y a rien plus seant à la nature, et à l'esprit humain que la diversité. Le sage divin S. Paul nous met tous en liberté par ces mots : Que chacun abonde en son sens, et que personne ne juge ou condamne celuy qui fait autrement, et est d'advis contraire [20] : et le dit en matiere bien plus forte et chatouilleuse, non en fait et observation externe, où nous disons qu'il se faut conformer au commun, et à ce qui est prescript au

---

[20] St. Paul, aux Romains, chap. XIV, v. 5.

PRÉFACE.

coustumier [21]: mais encores en ce qui concerne la religion, sçavoir en l'observance religieuse des viandes et des jours. Or toute ma liberté et hardiesse n'est qu'aux pensées, jugemens, opinions, esquelles personne n'a part ny quart que celuy qui les a chascun en droit soy.

Nonobstant tout cela, plusieurs choses qui pouvoyent sembler trop crues et courtes, rudes et dures pour les simples (car les forts et relevés ont l'estomach assez chaud pour cuire et digerer tout), je les ay pour l'amour d'eux expliquées, esclaircyes, addoucyes en cette seconde edition, reveue et de beaucoup augmentée.

Bien veüx-je advertir le lecteur [22] qui entreprendra de juger de cet œuvre, qu'il se garde de tomber en aucun de ces sept mescontes, comme ont fait aucuns en la premiere edition, qui sont de rapporter au droit et devoir ce qui est du fait : au faire ce qui est du juger : à resolution et determination ce qui n'est que proposé, secoué et disputé problematiquement et academiquement : à moy et à mes propres opinions, ce qui est d'autruy, et par rapport : à l'estat, profession et condition externe, ce qui est de l'esprit et suffisance interne : à la religion et creance divine, ce qui

---

[21] Par la coutume, par l'usage.

[22] Voyez la dernière variante.

est de l'opinion humaine : à la grace et operation surnaturelle, ce qui est de la vertu, et action naturelle et morale. Toute passion et preoccupation ostée, il trouvera en ces sept points bien entendus, de quoy se resoudre en ses doutes, de quoy respondre à toutes les objections que luy-mesme et d'autres luy pourroyent faire, et s'esclaircir de mon intention en cet œuvre. Que si encores après tout, il ne se contente et ne l'approuve, qu'il l'attaque hardiment et vivement (car de mesdire seulement, de mordre et charpenter le nom d'austruy, il est assés aisé, mais trop indigne et trop pedant), il aura tot ou une franche confession et acquiescement (car ce livre fait gloire et feste de la bonne foy et de l'ingenuité), ou un examen de son impertinence et folie.

DE LA SAGESSE.

LIVRE PREMIER,
QUI EST LA COGNOISSANCE DE SOY, ET DE L'HUMAINE CONDITION.

CHAPITRE PREMIER,
ET PRÉFACE A TOUT CE LIVRE.

Exhortation à s'estudier et cognoistre.

SOMMAIRE. — La connaissance de soi-même est la première de toutes les connaissances. Elle est nécessaire à tout le monde. Il n'est point de route plus facile et plus prompte pour s'élever à la connaissance de Dieu. — C'est la meilleure disposition à la Sagesse. — Difficulté qu'on éprouve à s'étudier soi-même et à se bien connaître. — Sujet et division du premier livre.

Exemples : Inscription du temple d'Apollon. — Socrate. — Pompée et les Athéniens.

LE plus excellent et divin conseil, le meilleur et le plus utile advertissement de tous, mais le plus mal pratiqué, est de s'estudier et apprendre à se cognoistre : c'est le fondement de sagesse et acheminement à tout bien : folie non pareille que d'estre attentif et diligent à cognoistre toutes autres choses plustost que soy-mesme : la vraye science et le vray estude de l'homme, c'est l'homme.

Dieu, nature, les sages, et tout le monde presche l'homme et l'exhorte de fait et de parole à s'estudier et cognoistre. Dieu eternellement et sans cesse se regarde, se considere et se cognoist. Le monde a toutes ses vues contrainctes au dedans, et ses yeux ouverts à se voir et regarder. Autant est obligé et tenu l'homme de s'estudier et cognoistre, comme il luy est naturel de penser, et il est proche à soy-mesme*[1]. Nature taille à tous cette besogne. Le mediter et entretenir ses pensées est chose sur toutes facile, ordinaire, naturelle, la pasture, l'entretien, la vie de l'esprit, *cujus vivere est cogitare*[2]. Or, par où commencera, et puis continuera-t-il à mediter, à s'entretenir plus justement et naturellement que par soy-mesme? Y a-t-il chose qui lui touche de plus près? Certes, aller ailleurs et s'oublier est chose denaturée et tres injuste. C'est à chascun sa vraye et principale vacation, que

---

*[1] Et comme chose qui le touche de près.

[2] « Pour l'esprit, penser c'est vivre ». — Aristote avait dit à peu près dans le même sens : *vita est mentis actio.* Metaphys. L. XI, c. 9.

se penser et bien tenir à soy. Aussi voyons-nous que chaque chose pense à soy, s'estudie la premiere, a des limites à ses occupations et desirs. Et toy, homme, qui veux embrasser l'univers, tout cognoistre, controller et juger, ne te cognois et n'y estudies : et ainsi en voulant faire l'habile et le scindic de nature *3, tu demeures le seul sot au monde. Tu es la plus vuide et necessiteuse, la plus vaine et miserable de toutes, et néantmoins la plus fiere et orgueilleuse. Parquoy, regarde dedans toy, recognois-toy, tiens-toy à toy : ton esprit et ta volonté, qui se consomme ailleurs, ramene-le à soy-mesme. Tu t'oublies, tu te respands, et te perds au dehors, tu te trahis et te desrobes à toy-mesme, tu regardes tousjours devant toy, ramasse-toy et t'enferme dedans toy : examine-toy, espie-toy, cognoy-toy *4.

> Nosce teipsum, nec te quæsieris extra.
> Respue quod non es, tecum habita, et
> Noris quam sit tibi curta suppellex.
> Tu te consule.
> Teipsum concute, numquid vitiorum
> Inseverit olim natura, aut etiam consuetudo mala 5.

*3 *Le scindic de nature,* pour le syndic, le juge et le censeur de la nature.

*4 C'est le fameux Γνῶθι σεαυτὸν, (*nosce te ipsum*), qui, suivant Juvénal (sat. XI), *e cœlo descendit*. On sait que c'était là une des sentences des sept sages de la Grèce.

5 « Connais-toi toi-même, et ne te cherche pas hors de toi. Dédaigne ce que tu n'es pas; habite avec toi, et tu

Par la cognoissance de soy, l'homme monte et arrive plustost et mieux à la cognoissance de Dieu, que par toute autre chose, tant pour ce qu'il trouve en soy plus de quoy le cognoistre, plus de marques et traits de la divinité, qu'en tout le reste qu'il peuct cognoistre; que pour ce qu'il peut mieux sentir, et sçavoir ce qui est et se remue en soy, qu'en toute autre chose. *Formasti me et posuisti super me manum tuam, ideo mirabilis facta est scientia tua,* (id est, *tui*) *ex me*[6]: Dont estoit gravée en lettres d'or sur le frontispice du temple d'Apollon, dieu (selon les payens) de science et de lumiere, cette sentence, *cognoy-toy,*

---

verras combien ton avoir est peu de chose. Consulte-toi ; scrute ton intérieur pour savoir si la nature ou quelque mauvaise habitude n'aura pas greffé en toi quelque vice » —Tout ce passage est composé de vers et bouts de vers pris dans Horace, Juvénal et Perse, et que Charron a réunis, sans s'embarrasser du rhythme. Voici comment il faut lire les derniers vers qu'il a étrangement défigurés. Ils se trouvent dans les *Satires* d'Horace, L. I, Sat. III, v. 36 et suiv.

> Denique te ipsum
> Concute num qua tibi vitiorum inseverit olim
> Natura, aut etiam consuetudo mala, namque
> Neglectis urenda filix innascitur agris.

Le bout de vers *nec te quæsiveris extra,* est pris de Perse, Sat. I, v. 7.

[6] « Tu m'as formé, et tu as posé ta main sur moi; c'est pourquoi la connaissance que j'ai acquise de toi, est devenue admirable ». Psalm. 138.

comme une salutation et un advertissement de Dieu à tous, leur signifiant que pour avoir accez à la divinité et entrée en son temple, il se faut cognoistre; qui se mescognoist en doit estre debouté, *si te ignoras, o pulcherrima! egredere; et abi post hædos tuos*[7].

Pour devenir sage et mener une vie plus reglée et plus douce, il ne faut point d'instruction d'ailleurs que de nous. Si nous estions bons escholiers, nous apprendrions mieux de nous que de tous les livres. Qui remet en sa memoire et remarque bien l'excez de sa cholere passée, jusques ou cette fievre l'a emporté, verra mieux beaucoup la laideur de cette passion, et en aura horreur et hayne plus juste, que de tout ce qu'en dient Aristote et Platon : et ainsi de toutes les autres passions, et de tous les bransles et mouvemens de son ame. Qui se souviendra de s'estre tant de fois mesconté en son jugement, et de tant de mauvais tours que lui a fait sa memoire, apprendra à ne s'y fier plus. Qui notera combien de fois il luy est advenu de penser bien tenir et entendre une chose, jusques à la vouloir pleuvir *[8], et en respondre à autrui et à soy-mesme, et que le temps luy a puis fait voir du contraire, apprendra à se deffaire de ceste arrogance importune, et quereleuse presumption, ennemie capi-

---

7 « Si tu t'ignores toi-même, ô très-belle, sors, et vas après tes chevreaux ». Cantic. 1, v. 7.

*8 Garantir.

tale de discipline et de verité. Qui remarquera bien tous les maux qu'il a couru, ceux qui l'ont menacé, les legeres occasions qui l'ont remué d'un estat en un autre, combien de repentirs luy sont venus en la teste, se préparera aux mutations futures, et à la recognoissance de sa condition, gardera modestie, se contiendra en son rang, ne heurtera personne, ne troublera rien, n'entreprendra chose qui passe ses forces : et voilà justice et paix par-tout. Bref nous n'avons point de plus beau miroir et de meilleur livre que nous-mesmes, si nous y voulions bien estudier comme nous devons, tenant tousjours l'œil ouvert sur nous et nous espiant de près.

Mais c'est à quoy nous pensons le moins, *nemo in sese tentat descendere* [9]. Dont il advient que nous donnons mille fois du nais*[10] en terre, et retombons tousjours en mesme faute, sans le sentir, ou nous en etonner beaucoup. Nous faisons bien les sots à nos despens : les difficultés ne s'apperçoivent en chaque chose, que par ceux qui s'y cognoissent; car encores faut-il quelque degré d'intelligence à pouvoir remarquer son ignorance : il faut pousser à une porte pour sçavoir qu'elle est close. Ainsi de ce que chascun se voit si resolu et satisfait, et que chascun pense estre

---

[9] « Personne ne tente de descendre en soi-même ». Juv.

*[10] *Nais* pour *nez* : cette orthographe existe encore dans notre mot *punais* pour *pue nez,* nez qui pue.

suffisamment entendu, signifie que chascun n'y entend rien du tout : car si nous nous cognoissions bien, nous pourvoyrions bien mieux à nos affaires : nous aurions honte de nous et nostre estat, et nous rendrions bien autres que ne sommes. Qui ne cognoist ses defauts, ne se soucie de les amender ; qui ignore ses nécessités, ne se soucie d'y pourvoir; qui ne sent son mal et sa misere, n'advise point aux réparations, et ne court aux remedes, *deprehendas te oportet priusquàm emendes; sanitatis initium, sentire sibi opus esse remedio* [11]. Et voicy nostre malheur : car nous pensons toutes choses aller bien et estre en seureté : nous sommes tant contents de nous-mesmes, et ainsi doublement miserables. Socrates fut jugé le plus sage des hommes, non pour estre le plus sçavant et plus habile, ou pour avoir quelque suffisance pardessus les autres, mais pour mieux se cognoistre que les autres, en se tenant en son rang, et en faisant bien l'homme*[12]. Il estoit le roy des hommes, comme on dit que les borgnes sont roys parmy les aveugles, c'est à dire doublement privés de sens : car ils sont de nature foibles et miserables, et avec ce ils sont orgueilleux, et ne sentent pas leur mal. Socrates n'estoit que

---

[11] « Il faut que tu t'observes, avant que de t'amender; le commencement de la santé, c'est de sentir qu'on a besoin de remède ».

*[12] Et en se comportant en homme.

borgne : car estant homme comme les autres, foible et miserable, il le sçavoit bien, et recognoissoit de bonne foy sa condition, se regloit et vivoit selon elle. C'est ce que vouloit dire l'auteur de toute verité à ceux qui, pleins de presumption, par mocquerie luy ayant dict, nous sommes donc, à ton dire, aveugles ? Si vous l'estiez, dict-il, c'est à dire le pensiez estre, vous y verriez; mais pource que vous pensez bien y voir, vous demeurez du tout aveugles [13] : car ceux qui voyent à leur opinion sont aveugles en verité; et qui sont aveugles à leur opinion, ils voyent. C'est une miserable folie à l'homme de se faire beste pour ne se cognoistre pas bien homme, *homo enim cum sis, id fac semper intelligas* [14]. Plusieurs grands, pour leur servir de bride et de regle, ont ordonné qu'on leur sonnast souvent aux oreilles qu'ils estoient hommes. O le bel estude, s'il leur entroit dedans le cœur comme il frappe à leur oreille ! Le mot des Atheniens à Pompeius le Grand : *Autant es-tu dieu comme tu te recognois homme*, n'estoit pas trop mal dict : au moins c'est estre homme excellent, que de se bien cognoistre homme.

La cognoissance de soy (chose très difficile et rare, comme se mesconter et tromper très facile) ne s'ac-

---

[13] Joann. Evangel. C. IX, v. 41.

[14] « Car, puisque tu es homme, fais toujours en sorte de bien comprendre ce qu'est l'homme ».

quiert pas par autruy, c'est à dire par comparaison, mesure, ou exemple d'autruy;

Plus aliis de te, quam tu tibi credere noli [15].

moins encores par son diré et son jugement, qui souvent est court à voir, et desloyal ou craintif à parler; ny par quelque acte singulier, qui sera quelquesfois eschappé sans y avoir pensé, poussé par quelque nouvelle, rare et forte occasion, et qui sera plustost un coup de fortune, ou une saillie de quelque extraordinaire enthousiasme, qu'une production vrayement nostre. L'on n'estime pas la grandeur, grosseur, roideur d'une riviere, de l'eaue qui lui est advenue par une subite alluvion et desbordement des prochains torrens et ruisseaux; un fait courageux ne conclut pas un homme vaillant, ny un œuvre de justice l'homme juste; les circonstances, et le vent des occasions et accidens nous emportent et nous changent : et souvent l'on est poussé à bien faire par le vice mesme. Ainsi l'homme est-il tres difficile à cognoistre. Ny aussi par toutes les choses externes et adjacentes au dehors; offices, dignités, richesses, noblesse, grace, et applaudissement des grands ou du peuple. Ny par ses desportemens faits en public : car comme estant en eschec, l'on se tient sur ses gardes, se retient,

---

[15] « Ne t'en rapporte pas tant aux autres sur toi, qu'à toi-même ».

se contrainct; la crainte, la honte, l'ambition, et autres passions, luy font jouer ce personnage que vous voyez. Pour le bien cognoistre, il le faut voir en son privé et en son à tous les jours. Il est bien souvent tout autre en la maison, qu'en la rue, au palais, en la place; autre avec ses domestiques qu'avec les estrangers. Sortant de la maison pour aller en public, il va jouer une farce : ne vous arrestez pas là; ce n'est pas luy, c'est tout un autre; vous ne le cognoistriez pas *16.

La cognoissance de soy ne s'acquiert point par tous ces quatre moyens, et ne devons nous y fier; mais par un vray, long et assidu estude de soy, une serieuse et attentifve examination non seulement de ses paroles et actions, mais de ses pensées plus secrettes (leur naissance, progrez, durée, repetition) de tout ce qui se remue en soy, jusques aux songes de nuict, en s'espiant de près, en se tastant souvent et à toute heure, pressant et pinssant jusques au vif. Car il y a plusieurs vices en nous caches, et ne se sentent à faute de force et de moyen, ainsi que le serpent venimeux qui, engourdi de froid, se laisse manier sans danger. Et puis il ne suffit pas de recognoistre sa

---

*16 Toutes ces idées se trouvent dans Montaigne, en divers endroits, mais plus particulièrement dans le chapitre 1er. du livre II des Essais, qui a pour titre, *de l'inconstance de nos actions.*

faute en destail et en individu, et tacher de la reparer; il faut en general recognoistre sa foiblesse, sa misere, et en venir à une reformation et amendement universel.

Or, il nous faut estudier serieusement en ce livre premier à cognoistre l'homme, le prenant en tout sens, le regardant à tous visages, lui tastant le poux, le sondant jusques au vif, entrant dedans avec la chandelle et l'esprouvette, fouillant et furettant par tous les trous, coings, recoings, destours, cachots et secrets, et non sans cause : car c'est le plus fin et feinct, le plus couvert et fardé de tous, et presque incognoissable. Nous le considererons donc en cinq manieres representées en cette table, qui est le sommaire de ce livre.

CINQ CONSIDERATIONS DE L'HOMME

ET DE L'HUMAINE CONDITION.

I. Naturelle, par toutes les pieces dont il est composé, et leurs appartenances.

II. Naturelle et morale, par comparaison de luy avec les bestes.

III. Par sa vie en blot *17.

IV. Morale, par ses mœurs, humeurs, conditions, qui se rapportent à cinq choses.
- 1. Vanité.
- 2. Foiblesse.
- 3. Inconstance.
- 4. Misere.
- 5. Presumption.

V. Naturelle et morale, par les differences qui sont entre les hommes en leurs
- 1. Naturels.
- 2. Esprits et suffisances.
- 3. Charges et degrés de superiorité et inferiorité.
- 4. Professions et conditions de vie.
- 5. Advantages et desadvantages naturels, acquis et fortuits.

---

*17 *En blot* pour en bloc.

PREMIERE CONSIDERATION DE L'HOMME,
Qui est naturelle par toutes les pieces dont il est composé.

CHAPITRE II.*

De la formation de l'homme.

SOMMAIRE. — Dieu ne créa l'homme qu'après tous les autres objets de la création, parce qu'il voulait qu'il fût le plus parfait de ses ouvrages. C'est, en effet, un abrégé du monde. — Pourquoi il le fit nu, faible, mais droit et regardant le ciel. — Ce ne fut qu'après avoir formé son corps qu'il lui donna une ame. — De même, dans cette autre création de l'homme (la génération), l'ame ne s'insinue dans le corps que lorsqu'il est entièrement organisé. Opinion de l'auteur sur la manière dont se forme et s'anime le fœtus.

Exemples : Moïse. — Dauphin, Serpent ou Basilic, Lion, Aigle, le Roi des Abeilles. — Adam.

ELLE est double et doublement considerable, premiere et originelle, une fois faite immédiatement de

---

* Ce chapitre, qui ne se trouve point dans la première édition, a été ajouté par l'auteur. — Dans la seconde édition de la Sagesse, non-seulement il y a de nombreuses additions et des suppressions que nous aurons soin d'indiquer ; mais l'ordre des matières est presque entièrement changé.

Dieu en sa creation surnaturelle, seconde et ordinaire en sa generation naturelle.

Selon la peinture que nous donne Moyse [1] de l'ouvrage et creation du monde (la plus hardie et riche piece que jamais homme a produit en lumiere, j'entends l'histoire des neuf premiers chapitres de Genese, qui est du monde nay et renay) l'homme a esté fait de Dieu non seulement après tous les animaux, comme le plus parfait, le maistre et surintendant de tous, *ut præsit piscibus maris, volatilibus cœli, bestiis terræ* [2] : Et en mesme jour que les quadrupedes et terrestres, qui s'approchent plus de luy (bien que les deux qui luy ressemblent mieux sont pour le dedans le pourceau, pour le dehors le singe) mais encores après tout fait et achevé, comme la closture, le sceau et cachet de ses œuvres, aussi y a-t-il empreint ses armoiries et son pourtrait,

Exemplumque Dei quisque est in imagine parva.

Signatum est super nos lumen vultus tui [3]. Comme une recapitulation sommaire de toutes choses, et un abbregé du monde, qui est tout en l'homme, mais raccourci et en petit volume, dont il est appellé le petit

---

[1] Gen. 1, 2, etc.

[2] « Pour qu'il présidât aux poissons de la mer, aux oiseaux du ciel, aux animaux terrestres ». Gen. I, v. 25.

[3] « Tout homme est en petit l'image de Dieu. —Tu as fait reluire sur nous l'éclat de ta face radieuse ». Psalm. IV. 7.

monde, et l'univers peust estre appellé le grand homme. Comme le nœud, le moyen, et lien des anges et des animaux, des choses celestes et terrestres, spirituelles et corporelles. Et en un mot la derniere main, l'accomplissement, le chef-d'œuvre, l'honneur et le miracle de nature. C'est pourquoy Dieu l'ayant fait avec deliberation et apparat, *et dixit faciamus hominem ad imaginem et similitudinem nostram* [4], s'est reposé. Et ce repos encores a esté fait pour l'homme, *Sabbathum propter hominem, non contra* [5]. Et n'a depuis rien fait de nouveau, sinon se faire homme luy-mesme : et ç'a esté encores pour l'amour de l'homme, *propter nos homines, et propter nostram salutem* [6]. Dont se voit qu'en toutes choses Dieu a visé à l'homme, pour finalement en luy et par luy, *brevi manu* [7], rapporter tout à soy, le commencement et la fin de tout.

Tout nud, affin qu'il fust plus beau, estant poli ; net, delicat, à cause de son humidité deliée, bien temperée et assaisonnée [8].

Droit, tenant et touchant fort peu en terre, la teste

---

[4] Et il dit : « Faisons l'homme à notre image et à notre ressemblance ». Johan.

[5] « Le sabbat a été fait pour l'homme et non contre lui ». Mat. XII.

[6] « A cause de nous et pour notre salut ».

[7] « D'une main courte » (immédiatement).

[8] *Voyez* la Variante de la page 29. On y trouvera, en grande partie, ce paragraphe et le suivant ; mais avec de nombreuses différences dans le style.

droicte en haut tendant au ciel, où il regarde, se voit et se cognoist comme en son miroir : tout à l'opposite de la plante qui a sa teste et racine dedans la terre, aussi est l'homme une plante divine, qui doit fleurir au ciel : La beste comme au milieu, est de travers, ayant ses deux extremités vers les bords ou extremités de l'horizon, plus ou moins. La cause de cette droicture, après la volonté de son maistre ouvrier, n'est proprement l'ame raisonnable, comme il se voit aux courbés, bossus, boiteux; ny la ligne droicte de l'espine du dos, qui est aussi aux serpens; ny la chaleur naturelle ou vitale, qui est pareille ou plus grande en certaines bestes, combien que tout cela y peut par avanture servir de quelque chose : mais ceste droicture est deue et convient à l'homme, et comme homme qui est le saint et divin animal :

Sanctius his animal mentisque capacius altæ [9] ;

et comme roy d'icy bas : aux petites et particulieres royautés y a certaine marque de majesté, comme il se voit au daulphin couronné, au serpent basilizé, au lyon avec son collier, sa couleur de poil et ses yeux, en l'aigle, au roy des abeilles. Ainsi l'homme, roy universel d'icy bas, marche la teste droicte, comme un maistre en sa maison, regente tout et en vient à bout par amour ou par force, domptant ou apprivoisant.

---

[9] « Animal plus saint que les autres, et plus capable d'une haute intelligence ».

Son corps fut basty le premier de terre vierge, rousse, dont il en eut son nom propre *Adam* [10], car l'appellatif estoit desja *Is* [11], et icelle mouillée non de pluye encores, mais d'eau de fontaine.

.... Mixtam fluvialibus undis,
Finxit in effigiem [12].

Par raison le corps est l'aisné de l'ame, comme la matiere de sa forme; le domicile doit estre fait et dressé avant y demourer, l'attelier avant que l'ouvrier y puisse ouvrer. Puis l'esprit y fut par le souffle divin decoulé et insinué, et ainsi ce corps animé et fait vivant, *inspiravit in faciem ejus spiraculum vitae, etc.* [13]

En la generation et conformation ordinaire et naturelle, qui se fait de semence au ventre de la femme, le mesme ordre se garde. Le corps est formé le premier par la force tant elementaire de l'energie et vertu formatrice qui est en la semence, aydant aucunement la chaleur de la matrice, que celeste, qui est l'influence et vertu du soleil, *sol et homo generant hominem* [14]. Et de tel ordre que les sept premiers jours

---

[10] *Adam* en hébreu signifie, en effet, *homme roux*, et *adama* terre rousse. *Voyez* Gen. c. II.

[11] *Is* ou plutôt *ish*, en hébreu, signifie *esse, est, ens, essentia*.

[12] « Il le forma à son image, en mêlant la terre avec de l'eau de fleuve ».

[13] « Il souffla sur sa face l'esprit de la vie ». Gen. II, 7.

[14] « Le soleil et l'homme engendrent l'homme ».

les semences du pere et mere se prennent, s'unissent et caillent ensemble, comme cresme, et s'en fait un corps, c'est la conception, *nonne sicut lac mulsisti me, et sicut caseum me coagulasti?*[15] Les sept d'après, cette semence se cuit, espessit, et change en masse de chair et de sang informe, rudiment et matiere propre du corps humain : Les sept troisiesmes suivans, de cette masse est fait et formé le corps en gros, dont environ le vingtiesme jour sont produits les trois nobles et heroïques parties, le foye, le cœur, le cerveau, distantes en longueur ovale, ou, comme disent les Hebreux, se tenant par joinctures deliées, qui puis se remplissent de chair, à la façon d'un formy, où y a trois parties plus grosses joinctes par entre-deux deliés : Les sept quatriesmes, qui finissent près du 30e. jour, tout le corps s'acheve, se parfait, articule, organise, dont il commence n'estre plus embryon, mais capable, comme une matiere preparée à sa forme, de recevoir l'ame : laquelle ne faut à s'insinuer dedans, et s'en investir vers le 37 ou 40e. jour, après les cinq sepmaines achevées. Doublant ce terme, c'est à dire au troisiesme mois, cet enfant animé se remue et se fait sentir, le poil et les ongles luy commencent à venir. Triplant ce terme qui est au neufviesme mois, il sort et se produit en lumiere. Ces termes ne sont

---

[15] « Ne m'as-tu pas trait comme du lait, et ne m'as-tu pas coagulé comme du fromage ? » Job. C. x, 10.

pas si justement prefix, qu'ils ne puissent un peu se haster et tarder, selon la force ou foiblesse de la chaleur, tant de la semence que de la matrice ; car estant forte elle haste, estant foible elle retarde, dont les semences moins chaudes et plus humides d'où sont conceues les femelles, ont leurs termes plus longs, et ne sont animées qu'au 80°. jour et encores après, et ne se remuent qu'au 4°. mois, qui est près d'un quart plus tard que les masles.

CHAPITRE III *.

Distinction premiere, et generalle de l'homme.

SOMMAIRE. — Première distinction de l'homme en deux parties, le corps et l'ame. Autre distinction : on peut remarquer dans l'homme trois choses, l'esprit, l'ame et la chair. Utilité de cette distinction.

L'HOMME, comme un animal prodigieux, est fait de pieces toutes contraires et ennemies. L'ame est comme un petit dieu, le corps comme une beste, un fumier. Toutesfois ces deux parties sont tellement

---

* Ce chapitre est le neuvième de la première édition.

accouplées, « ont tel besoing l'une de l'autre pour faire leurs fonctions,

> Alterius sic
> Altera poscit opem res, et conjurat amicè [1],

et s'embrassent si bien l'une l'autre avec toutes leurs querelles, qu'elles ne peuvent demeurer sans guerre, ni se separer sans tourment et sans regret ; et comme tenant le loup par les oreilles, chascune peust dire à l'autre, je ne puis avec toy ny sans toy vivre, *nec tecum possum vivere nec sine te* [2].

Mais pource que derechef en cette ame il y a deux parties bien differentes*, « la haute, pure, intellectuelle et divine, en laquelle la beste n'a aucune part; et la basse, sensitive et bestiale, qui tient du corps et de la matiere », l'on peut par une distinction plus morale et politique, remarquer trois parties et degrés en l'homme : L'esprit, l'ame, la chair, dont l'esprit et la chair tiennent les bouts et extremités, « comme

---

[1] « Ainsi l'une requiert le secours de l'autre, et toutes deux concourent ensemble au même but ». Hor. Art poët. v. 410.

[2] L'auteur a traduit ce passage, avant de le citer. On pourrait le traduire ainsi de nouveau en un vers :

> Avec toi, ni sans toi je ne puis exister.

* *Variante.* Il semble, pour mieux et plus expressement representer recognoistre l'homme, qu'au premier coup l'on peut remarquer trois choses en l'homme, l'esprit, l'ame, etc.

le ciel et la terre; l'ame mitoyenne, où se font les meteores, le bruit et la tempeste». L'esprit la très haute et très heroïque partie, parcelle, scintille, image et defluxion de la divinité, est en l'homme comme un roy en la republique; ne respire que le bien, et le ciel, où il tend tousjours : la chair au contraire, comme la lie d'un peuple tumultuaire et insensé, le marc et la sentine de l'homme, partie brutale, tend tousjours au mal et à la matiere : l'ame au milieu comme les principaux du populaire, est indifferente entre le bien et le mal, le merite et le demerite; est perpetuellement sollicitée de l'esprit et de la chair, et selon le party où elle se range, est spirituelle et bonne, ou charnelle et mauvaise. Icy sont logées toutes les affections naturelles qui ne sont vertueuses ny vicieuses [3], comme l'amour de ses parens et amis, crainte de honte, pitié des affligés, desir de bonne reputation.

Cette distinction aidera beaucoup à cognoistre l'homme, et discerner ses actions, pour ne s'y mescompter, comme l'on fait jugeant par l'escorce et apparence, pensant que ce soit de l'esprit ce qui est de l'ame, voire de la chair, et attribuant à la vertu ce qui est de la nature ou du vice. Combien de bonnes et de

---

[3] *Vertueuses ny vicieuses* : la pitié, l'émulation ne sont-elles pas au-dessus de ce sentiment difficile à définir qui est entre le vice et la vertu?

belles actions produites par passion, ou bien par une inclination et complaisance naturelle : *ut serviant genio, et suo indulgeant animo?* [4]

---

[4] « Pour obéir à son goût, et par complaisance pour ses penchants ».

CHAPITRE IV [*].

Du corps, et premierement de toutes ses parties et assiette d'icelles.

SOMMAIRE. — Division du corps en ses parties internes, plurielles et singulières, c'est-à-dire uniques, en ses quatre régions ; en ses parties externes singulières, doubles et pareilles.

[**] LE corps humain est basti d'un très grand nombre de pieces internes et externes, lesquelles sont presque

---

[*] Ce chapitre et le suivant formaient le dixième de la première édition.

[**] *Variantes.* Ayant à parler de toutes les pieces de l'homme, faut commencer par le corps, comme par le plus facile et apparent, et qu'il est aussi l'aisné de l'ame, comme le domicile doit estre fait et dressé avant qu'y demeurer, et l'attelier avant que l'ouvrier y entre pour y ouvrer.

Le corps humain est formé avec le temps, et de tel ordre

LIVRE I, CHAPITRE IV.

toutes rondes et orbiculaires, ou approchantes de cette figure.

Les internes sont de deux sortes : les unes en nombre et quantité respandues par tout le corps, sçavoir : les *os* qui sont comme la base et soubstien de tout le bastiment : dedans iceux pour leur nourriture la *mouelle* : les *muscles* pour le mouvement et la force : les *venes* sortans du foye, canaulx du sang premier et naturel :

---

que premierement sont basties les trois plus nobles et heroïques parties ; le foye, le cœur, le cerveau, distantes en long, et se tenant par joinctures desliées, qui puis se remplissent tout à la façon d'un formy (*a*), où y a trois parties plus grosses et enflées, joinctes par entre-deux desliées. Selon ces trois parties principales viennent à considerer trois estages en l'homme (image raccourcie du monde) qui respondent aux trois estages et regions de l'univers. La basse du foye, racine des venes, officine des esprits naturels, et le lieu de l'ame concupiscible; en laquelle sont contenus le ventricule, ou l'estomach, les boyaux, les reins, la ratte, et toutes les parties genitales, respond à la region elementaire où se font toutes les generations et corruptions. Celle du milieu où maistrise le cœur, la tige des arteres, et des esprits vitaux, et le siege de l'ame irascible, separée de celle d'en bas par la toile tendue du diaphragme, et de celle d'en haut par le destroit de la gorge, en laquelle sont aussi les poulmons, respond à la region ætherée. Celle d'en haut, où loge le cerveau spongieux, source des nerfs et esprits animaux, du mouvement et sentiment, et le throsne de l'ame raisonnable, *ubi sedet pro tribunali*, respond à la region celeste et intellectuelle.

(*a*) D'une fourmi.

arteres venans du cœur, conduicts du second sang plus subtil et vital, ces deux allans plus haut que le foye et le cœur, leurs sources sont plus estroittes que celles qui vont en bas, pour ayder à monter le sang, car le destroit plus serré sert à faire monter les liqueurs : les *nerfs*, procédans par couples, instrumens du sentiment, mouvement et force du corps, et conduicts des esprits animaux, dont les uns sont mols, et y en a sept paires, qui servent au sentiment de la teste, veue, ouye, goust, parole; les autres durs en 30 paires, procédans par l'espine du dos aux muscles : les *tendons, ligamens, cartilages* : les quatre humeurs, le *sang*, la *bile jaulne* ou *cholere*, qui ouvre, pousse, penetre, empesche les obstructions, jette les excremens, apporte allegresse : la *bile noire* et aspre, ou *melancolie*, qui provoque l'appetit à toutes choses, modere les mouvemens subits : la *pituite* douce, qui adoucit la force des deux biles et toutes ardeurs : les *esprits*, qui sont les fumées sortans de la chaleur naturelle et de l'humeur radicale, et sont en trois degrés d'excellence, le naturel, vital, animal : la *gresse*, qui est la partie plus espesse et grasse du sang.

Les autres sont singulieres (sauf les roignons et couillons qui sont doubles) et assignées en certain lieu. Or il y a quatre lieux ou regions, comme degrés au corps, officines et atteliers de nature, où elle exerce ses facultés et puissances. La premiere et plus basse est pour la generation en laquelle sont les parties genitales servans à icelle. La seconde d'après, en laquelle sont les entrailles, *viscera*, sçavoir l'*estomach*, tirant plus au costé gauche, rond, plus estroit au fond qu'en haut, ayant deux orifices ou bouches, l'un en haut, pour recevoir, l'autre en bas qui respond aux boyaux pour jetter et se descharger. Il reçoit, assemble, mesle et cuit les viandes, et en fait *chyle*, c'est à dire suc blanc propre pour la nourriture du corps, et lequel encores s'élaboure dedans les *venes meseraiques*, par où il passe pour aller au foye. Le *foye* chaud et humide, plus au costé droit, officine du sang, principe des venes, le siege de la faculté naturelle, nourriciere ou ame vegetative, fait et engendre le sang du chyle, qu'il attire des venes meseraiques, et reçoit en son sein par la *vene porte*, qui entre en son creux, et puis l'envoye, et distribue par tout le corps, par le moyen de la grande *vene cave* qui sort de sa bosse et des branches d'icelle, qui sont en grand nombre, comme les ruisseaux d'une fontaine : la *ratte* à main gauche, qui reçoit la descharge et les excremens du foye : les *reins*, les *boyaux*, qui se tenans tous en un, mais distingués par six differences et six noms, égalent sept fois la longueur de l'homme, comme la longueur de l'homme egale sept fois la longueur du pied. En ces deux premieres parties qu'aucuns prennent pour une (combien qu'il y aye deux facultés bien differentes, l'une generative pour l'espece, l'autre nutritive de l'individu), et la font respondre à la partie plus basse et elementaire de l'univers, lieu de generation et corruption, est l'ame concupiscible.

La troisiesme comparée à la region ætherée, separée des precedentes par le diaphragme, et de celle d'en haut par le destroit de la gorge, en laquelle est l'ame irascible, et les parties pectorales, *præcordia*, sçavoir le *cœur*, très chaud, situé environ la cinquiesme coste, ayant sa pointe soubs la mammelle gauche, origine des arteres, qui tousjours se mouvent et font le *pouls*, par lesquelles comme canaulx il envoye et distribue par tout le corps le sang vital qu'il a cuit, et par iceluy l'esprit et la vertu vitale. Les *poulmons* de substance fort mole, rare et spongieuse, soupple à attirer et pousser comme soufflets, instrumens de la respiration, par laquelle le cœur se rafraichit, attirant le sang, l'esprit et l'air, et se deschargeant des fumées et excremens qui le pressent, et de la voix, par le moyen de l'*aspre artere* *¹.

La quatriesme et plus haute qui respond à la region celeste, est la teste, qui contient le *cerveau*, froid et spongieux, enveloppé de deux membranes, l'une plus dure et espesse, qui touche au test, *dura mater;* l'autre plus douce et deliée, qui luy est contiguë, *pia*

---

*¹ La *trachée artère*, comme on l'appelle aujourd'hui : *aspre* ou *ápre* est la traduction de l'adjectif grec τραχυς, εῖα, dont nous avons depuis francisé la forme féminine en *trachée*.

mater. D'iceluy sortent et derivent tous les nerfs et la mouelle qui descend et decoule au long de l'espine du dos. Ce cerveau est le siege de l'ame raisonnable, la source de sentiment et mouvement, et des très nobles esprits animaux, faits des esprits vitaux, lesquels montés du cœur par les arteres au cerveau, sont cuits, recuits, elabourés et subtilisés par le moyen d'une multiplicité de petites et subtiles arteres, comme filets diversement tissues [*2], repliées, entrelassées par plusieurs tours et retours, comme un labyrinthe et double retz, *rete mirabile*, dedans lequel cet esprit vital estant retenu, sejournant, passant et repassant souvent, s'affine, subtilise et perfectionne, et devient animal, spirituel en souverain et dernier degré.

Les externes et patentes. Si elles sont singulieres, sont au milieu, comme le *nez*, qui sert à la respiration, odorat et consolation du cerveau, et à la descharge d'iceluy, tellement que par luy l'air entre et sort, et en bas aux poulmons, et en haut au cerveau. La *bouche* qui sert au manger et au parler, dont elle est de plusieurs pieces, qui servent à ces deux : au dehors des *levres*, au dedans de la *langue* extremement soupple, qui juge des saveurs : des *dens* pour mouldre et briser les morceaux : le *nombril*, les deux *sentines* et voyes de descharge.

Si elles sont doubles et pareilles, sont collaterales.

[*2] Tissues diversement comme filets.

et esgales, comme les deux *yeux*, plantés au plus haut estage, comme sentinelles, composés de plusieurs et diverses pieces, trois humeurs, sept tuniques, sept muscles [3], diverses couleurs avec beaucoup de façon et d'artifice. Ce sont les premieres et plus nobles pieces externes du corps, en beauté, utilité, mobilité, activité, mesmes au fait d'amour, ὡς ἴδων, ὡς ἐμάνην [4], sont au visage ce que le visage est au corps, sont la face de la face, et pource qu'ils sont tendres, delicats et pretieux, ils sont munis et remparés de toutes parts, de *pellicules, paulpieres, sourcils, cils* et *poils*. Les *oreilles* en mesme hauteur que les yeux, comme les escoutes du corps, portieres de l'esprit, receveurs et juges des sons qui montent tousjours : elles ont leurs advenues et entrées obliques et tortueuses, affin que l'air et le son n'entrassent tout à coup, dont le sens de l'ouye en pourroit estre blessé, et n'en pourroit si bien juger. Les *bras* et *mains*, ou-

---

[3] Ce nombre *sept* tient à des allégories anciennes, plutôt qu'à la réalité. Il en est de même de ce que l'auteur dit, d'après les croyances populaires de son tems, des *boyaux distingués par six différences et six noms, égalant sept fois la longueur de l'homme, et de la longueur de l'homme qui égale sept fois la longueur du pied.* — On sent bien que tout cela n'est pas rigoureusement vrai, et que ce sont des approximations en nombres ronds et symboliques.

[4] « Dès que je le vis, quel trouble s'éleva dans mon ame ! » Théoc. Idyl. II, v. 82.

vrieres de toutes choses, instrumens universels. Les *jambes* et *pieds*, soubstiens et colomnes de tout le bastiment.

CHAPITRE V.*

Des proprietés singulieres du corps humain.

SOMMAIRE. — Propriétés particulières et avantageuses du corps humain; ses gestes et mouvemens divers.

Sommaire de la Variante. — Singularités du corps humain : ses avantages; ses pièces les plus nobles; son excellence; sa stature droite; ses attitudes et ses gestes.

Le corps humain a plusieurs singularités, dont les unes luy sont peculieres privativement des autres animaux. Les premieres et principales sont la parole, la

---

*Comme nous l'avons dit, ce chapitre, avec le précédent, formait le dixième de la première édition.

** *Variante.* L'homme en son corps a plusieurs choses qui luy sont peculieres privativement aux bestes. 1. Stature droitte, 2. forme belle, 3. visage proprement dit, 4. nudité naturelle, 5. mouvement tant divers des membres, 6. souplesse et mobilité de la main ouvriere de tant de choses, c'est un miracle, 7. grosseur et abondance de cerveau, 8. le ge-

stature droitte, la forme et le port, dequoy les sages, mesme les stoïques, ont fait tant de cas, qu'ils ont dit valoir mieux estre fol en la forme humaine, que

nouil, qui est en l'homme seul au devant, 9. si grande longueur du pied au devant, et qui est si court au derriere, 10. saignée du nez, chose estrange, veu qu'il a la teste droitte et les bestes baissée, 11. rougir à la honte, 12. pallir à la crainte, 13. les causes ou raisons de toutes ces singularités sont belles, mais ne sont de ce nostre pris faict (*a*).

Les biens du corps sont la santé, la beauté, l'alegresse, la force, la vigueur, l'adresse et disposition; mais la santé passe tout.

Les principales et plus nobles pieces des externes, sont les sens corporels; et des internes, le cerveau, le cœur, le foye, et puis les genitoires et les poulmons.

L'excellence du corps est generalement en la forme, droitture, et port d'iceluy : specialement et particulierement en la face et aux mains, qui sont les deux parties que nous laissons par honneur nues. Certe les sages mesme stoïques, ont tant fait de cas de la forme humaine, qu'ils ont dit vouloir mieux estre fol en la forme humaine, que sage en la forme brutale, preferans la forme corporelle à la sagesse.

Le corps de l'homme touche fort peu la terre; il est droit, tendu au ciel, où il regarde, se voit et se cognoist, comme en son miroir : les plantes tout au rebours ont la teste et racine toute dedans la terre, les bestes comme au milieu l'ont entre deux, mais plus et moins. La cause de cette droitture n'est pas proprement l'ame raisonnable, comme il se voit aux

(*a*) C'est-à-dire « mais ne sont pas pour cela notre prix fait. »— Bastien a mis *nostre prins faict*, quoiqu'on lise *nostre pris faict* dans la première et la seconde éditions.

sage en la forme brutale : la main c'est un miracle ; celle du singe est peu de cas : après sont la nudité naturelle, le rire et pleurer, le sens du chatouillement, sourcil en la paupiere basse de l'œil, nombre visible, la pointe du cœur en la partie senestre, le

---

courbés, bossus, boiteux; non la ligne droitte de l'espine du dos, qui est aussi aux serpents; non la chaleur naturelle ou vitale, qui est pareille ou plus grande en certaines bestes, combien que tout cela y peut servir de quelque chose : cette droitture convient à l'homme, et comme homme, et comme roy d'icy bas. Aux petites et particulieres royautés y a une marque et majesté, comme il se voit au daulphin couronné, au serpent basilizé (*b*), au lyon avec son collier, sa couleur de poil, et ses yeux, en l'aigle, au roy des abeilles. Mais l'homme roy universel d'icy bas marche la teste droitte, comme un maistre en sa maison, regente tout et en vient à bout par amour ou par force, domptant ou apprivoisant.

Comme il y en a qui ont des contenances, gestes et mouvemens artificiels et affectés, aussi y en a qui en ont de si naturels et si propres, qu'ils ne les sentent ny ne les recognoissent point, comme pencher la teste, rincer (*c*) le nais.

(*b*) « Au serpent orné d'une couronne royale comme le *basilic* » qui tire son nom de cette croyance superstitieuse et populaire : ce nom signifie *le royal* en grec. Le peuple croit encore que le basilic ou *serpent basilisé*, naît d'un œuf de coq, et qu'il habite au fond d'un puits.

(*c*) Froncer le nez, rechigner. *Rincer*, du latin *ringi* qui a le même sens. L'édition de Bastien et celle de Dijon écrivent *le nez*; mais ce n'est pas là l'orthographe de Charron : la première édition écrit toujours *le nais*; parce qu'on prononçait ainsi, et que le mot vient de *nasus*. Cependant l'orthographe de ce mot, comme de plusieurs autres, varie dans le cours de l'ouvrage, et quelquefois dans le même chapitre.

genoüil au devant, palpitation du cœur, les artueils*¹ des pieds plus longs que des mains, saignée du nez, chose estrange, veu qu'il a la teste droitte, et la beste l'a baissée, rougir à la honte, pallir à la crainte, estre ambidextre, disposé en tout temps aux œuvres de Venus, ne remuer les oreilles, qui signifie aux animaux les affections internes; mais l'homme les signifie assez par le rougir, pallir, mouvemens des yeux et du nez.

Les autres luy sont singulieres, non du tout, mais par excellence et advantage, car elles se trouvent és animaux, mais en moindre degré; sçavoir: multitude de muscles et de poils en la teste; soupplesse et facilité du corps et de ses parties à tout mouvement et en tout sens; elevation des tetins; grosseur et abondance de cerveau; grandeur de vessie; forme de pied, longue au devant, courte au derriere; abondance, clarté et subtilité de sang; mobilité et agilité de langue; multitude et variété de songes, telle qu'il semble estre seul songeant; esternuement; bref tant de remuemens des yeux, du nez, des levres.

Il y a aussi des contenances propres et singulieres, mais differentes: les unes sont des gestes, mouvemens

---

Mais tous en avons, qui ne partent point de nostre discours, ains d'une pure, naturelle et prompte impulsion, comme mettre la main au devant en nos cheutes.

*¹ Les orteils.

et contenances artificielles et affectés ; d'autres en ont de si propres et si naturelles, qu'ils ne les sentent ny ne les recognoissent point, comme pancher la teste, rincer [2] le nez. Mais tous en ont qui ne partent point du discours, ains d'une pure, naturelle et prompte impulsion, comme mettre la main au devant aux cheutes.

---

[2] Voyez la note de la page 31.

CHAPITRE VI[*].

Des biens du corps, santé et beauté, et autres.

SOMMAIRE. — Des différens biens du corps, c'est la santé qui est préférable à tout. La beauté vient après ; on en distingue de plusieurs sortes : la principale est celle du visage, qui a sept singularités ; sa description. De la beauté du corps et de celle de l'esprit.

Exemples : Socrates, Platon, Aristote, Cyrus, Alexandre, César, Scipion. — Indiens, Espagnols, Italiens. — Socrates.

LES biens du corps sont la santé, beauté, allegresse, force, vigueur, addresse et disposition ; mais la santé est la premiere et passe tout. La santé est le plus beau et le plus riche présent que nature nous sache

---

[*] C'est le XIe. chap. de la première édition.

faire, preferable à toute autre chose, non seulement science, noblesse, richesses, mais à la sagesse mesme, ce disent les plus austeres sages ; c'est la seule chose qui merite que l'on employe tout, voire la vie mesme, pour l'avoir; car sans elle la vie est sans goust, voire est injurieuse; la vertu et la sagesse ternissent et s'esvanouissent sans elle : quel secours apportera au plus grand homme qui soit, toute la sagesse, s'il est frappé du haut mal, d'une apoplexie ? Certes je ne luy puis preferer aucune chose que la seule preud'hommie, qui est la santé de l'ame. Or elle nous est commune avec les bestes, voire le plus souvent plus advantageuse, forte et vigoureuse en elles qu'en nous. Or combien que ce soit un don de nature, *gaudeant benè nati*[1], octroyé en la premiere conformation, si est-ce que ce qui vient après le laict, le bon reiglement de vivre qui consiste en sobrieté, mediocre exercice, se garder de tristesse et toute sorte d'émotion, la conserve fort. La maladie et la douleur sont ses contraires, qui sont les plus grands, et peut-estre les seuls maux de l'homme, desquels sera parlé cy après : mais en cette conservation les bestes aussi, suivant simplement nature qui a donné la santé, ont l'advantage; l'homme s'y oublie souvent, et puis le paye en son temps.

La beauté vient après, qui est une piece de grande

---

[1] « Que ceux qui sont heureusement nés s'en réjouissent ».

recommandation au commerce des hommes. C'est le premier moyen de conciliation des uns avec les autres, et est vray-semblable que la premiere distinction qui a esté entre les hommes, et la premiere consideration qui donna preéminence aux uns sur les autres, a esté l'advantage de la beauté : c'est aussi une qualité puissante ; il n'y en a point qui la passe en credit, ny qui ayt tant de part au commerce des hommes. Il n'y a barbare si resolu qui n'en soit frappé. Elle se presente au devant, elle seduit et preoccupe le jugement, donne des impressions, et presse avec grande authorité, dont Socrates l'appelloit une courte tyrannie; Platon, le privilege de nature; car il semble que celuy qui porte sur le visage les faveurs de la nature imprimées en une rare et excellente beauté, ayt quelque legitime puissance sur nous, et que tournant nos yeux à soy, il y tourne aussi nos affections et les y assujettisse malgré nous. Aristote dit qu'il appartient aux beaux de commander, qu'ils sont venerables après les Dieux, qu'il n'appartient qu'aux aveugles de n'en estre touchés. Cyrus, Alexandre, Cæsar, trois grands commandeurs des hommes, s'en sont servis en leurs grandes affaires, voire Scipion le meilleur de tous. Beau et bon sont confins, et s'expriment par mesmes mots en grec [2] et en l'escriture saincte. Plusieurs grands philosophes ont acquis leur

---

[2] Καλός, en grec, a, en effet, cette double signification

sagesse par l'entremise de leur beauté : elle est considerée mesmes et recherchée aux bestes.

Il y a diverses considerations en la beauté. Celle des hommes est proprement la forme et la taille du corps, les autres beautés sont pour les femmes. Il y a deux sortes de beauté : l'une arrestée, qui ne se remue point, et est en la proportion et couleur due des membres, un corps qui ne soit enflé ni bouffi, auquel d'ailleurs les nerfs ne paroissent point, ny les os ne percent point la peau; mais plein de sang, d'esprits et en bon-point, ayant les muscles relevés, le cuir poly, la couleur vermeille : l'autre mouvante, qui s'appelle bonne grace, qui est en la conduicte du mouvement des membres, sur-tout des yeux : celle-là seule est comme morte, cette-cy est agente et vivante. Il y a des beautés rudes, fieres, aigres; d'autres douces, voire encores fades.

La beauté est proprement considerable au visage. Il n'y a rien de plus beau en l'homme que l'ame, et au corps que le visage, qui est comme l'ame raccourcie; c'est la monstre et l'image de l'ame, c'est son escusson à plusieurs quartiers, representant le recueil de tous les titres de sa noblesse, planté et colloqué sur la porte et au frontispice, afin que l'on sçache que c'est là sa demeure et son palais; c'est par luy que l'on cognoist la personne; c'en est un abregé : c'est pourquoy l'art qui imite nature, ne se soucie pour representer la personne, que de peindre ou tailler le visage.

LIVRE I, CHAPITRE VI.

Au visage humain il y a plusieurs grandes singularités qui ne sont point aux bestes, (aussi à vray dire elles n'ont point de visage) ny au reste du corps humain. 1. Nombre et diversité de pieces et de façon en icelles; aux bestes le menton, les joues, le front n'y sont point, et beaucoup moins de façon. 2. Varieté de couleurs, car en l'œil seul le noir, le blanc, le verd, le bleu, le rouge, le cristalin. 3. Proportion, les sens y sont doubles, se respondans l'un à l'autre, et se rapportans si bien, que la grandeur de l'œil est la grandeur de la bouche³, la largeur du front est la longueur du nais, la longueur du nais est celle du menton et des levres. 4. Admirable diversité des visages, et telle qu'il ne s'en trouveroit deux semblables en tout et par-tout : c'est un chef-d'œuvre qui ne se trouve en toute autre chose. Cette diversité est très utile, voyre necessaire à la societé humaine : premierement pour s'entre-recognoistre, car maux infinis, voyre la dissipation *4 du genre humain s'ensuivroit si l'on venoit à se mesconter *5 par la semblance de visages; ce seroit une pire confusion beaucoup que celle de Babel : l'on prendroit sa fille pour sa seur, pour une estrangere, son ennemy pour son amy. Si nos faces n'estoient semblables, l'on ne sçauroit dis-

---

³ Tout ceci n'est pas toujours vrai.

*4 La dispersion.

*5 Se méprendre par la ressemblance.

cerner l'homme de la beste; si elles n'estoient dissemblables, l'on ne sçauroit discerner l'homme de l'homme. C'est aussi un grand artifice de nature qui a posé en cette partie quelque secret de contenter un ou autre en tout le monde. Car de cette diversité vient qu'il n'y a personne qui ne soit trouvé beau par quelqu'un. 5. Dignité et honneur en sa figure ronde, en sa forme droitte et haut elevée, nue et descouverte, sans poil, plume, escaille, comme aux bestes, visant au ciel. 6. Grace, douceur, venusté plaisante et agreable jusques à crocheter les cœurs et ravir les volontés, comme a esté dit cy-dessus. Bref le visage est le throsne de la beauté et de l'amour, le siege du ris et du baiser, deux choses très propres à l'homme, très agreables, les vrays et plus exprès symboles d'amitié et de bonne intelligence. 7. Finalement il est propre à tous changemens, pour declarer les mouvemens internes et passions de l'ame, joye, tristesse, amitié, hayne, envie, malice, honte, cholere, despit, jalousie et autres : il est comme la monstre de l'horloge, qui marque les heures et momens du temps, estans les mouvemens et roues cachés au dedans : et comme l'air qui reçoit toutes les couleurs et changemens du temps, monstre quel temps il fait; aussi dit-on l'air du visage, *corpus animum tegit, et detegit; in facie legitur homo* [6].

---

[6] « Le corps couvre l'ame et la découvre. On lit l'homme

La beauté du visage gist en un front large et quarré, tendu, clair et serein; sourcils bien rangés, menus et deliés; l'œil bien fendu, gay et brillant; je laisse la couleur en dispute : le naîs bien vuidé, bouche petite, levres coralines, menton court et forchu, joues relevées, et au milieu le plaisant gelasin *7, oreille ronde et bien troussée, le tout avec un teint vif, blanc et vermeil. Toutesfois cette peincture n'est pas reçue par-tout; les opinions de beauté sont bien différentes selon les nations. Aux Indes la plus grande beauté est en ce que nous estimons la plus grande laideur, sçavoir en couleur basanée, levres grosses et enflées, naîs plat et large, les dents teintes de noir ou de rouge, grandes oreilles pendantes; aux femmes, front petit et velu, les tetins grands et pendans, afin qu'elles puissent les bailler à leurs petits par dessus les espaules, et usent de tout artifice pour parvenir à cette forme : sans aller si loin, en Espagne la beauté est vuidée et estrillée; en Italie grosse et massive : aux uns plaist la molle, delicate et mignarde; aux autres, la forte, vigoureuse, fiere et magistrale.

La beauté du corps, specialement du visage, doibt selon raison demonstrer et tesmoigner une beauté en

---

sur sa face ». — On trouve la même pensée dans Cicéron : *Corpus est quasi vas animi, aut aliquod receptaculum*, etc. Tusc. I.

*7 L'agréable petite fossette qui se fait au milieu des joues, quand on rit; du grec γελασινος, rieur, γελάω, je ris.

l'ame [8] (qui est une qualité et reiglement d'opinions et de jugemens avec une fermeté et constance), car il n'est rien plus vray-semblable que la conformité et relation du corps à l'esprit : quand elle n'y est, il faut penser qu'il y a quelque accident qui a interrompu le cours ordinaire, comme il advient, et nous le voyons souvent. Car le laict de la nourrice, l'institution premiere, les compagnies apportent de grands changemens au naturel originel de l'ame, soit en bien soit en mal : Socrates confessoit que la laideur de son corps accusoit justement la laideur naturelle de son ame, mais que par institution il avoit corrigé celle de l'ame. C'est une foible et dangereuse caution que la mine ; mais ceux qui dementent leur bonne physionomie, sont plus punissables que les autres ; car ils falsifient et trahissent la promesse bonne que nature a planté en leur front, et trompent le monde *.

---

[8] L'auteur de l'*Analyse de la Sagesse de Charron*, imprimée en 1763, et auquel j'emprunterai quelques observations morales, prétend qu'*on a remarqué que presque toutes les jolies femmes n'avaient point de caractère !* Ce n'est guère galant, et il méritait de rencontrer une belle femme qui lui prouvât le contraire.

* *Variante.* Nous debvrions, selon le conseil de Socrates, nous rendre plus attentifs et assidus à considerer les beautés des esprits, et y prendre le mesme plaisir que nous faisons aux beautés du corps, et par là, nous approcher, rallier, conjoindre et concilier en amitié ; mais il faudroit à cela des yeux propres et philosophiques.

CHAPITRE VII*.

Des vestemens du corps.

SOMMAIRE. — L'usage de se vêtir n'est pas naturel, mais bien celui d'aller nu. C'est à tort qu'on allègue que c'est pour cacher les parties honteuses, et pour se préserver du froid; la nature ne connaît point de parties honteuses, et on va nu ou vêtu sous un même climat [1].

Exemples : Massinissa, César, Annibal, Severus, Platon, Varron.

IL y a grande apparence que la façon d'aller tout nud, tenue encores par une grande partie du monde, soit l'originelle des hommes; et l'autre de se vestir, artificielle et inventée pour esteindre la nature, comme ceux qui par artificielle lumiere veulent esteindre celle du jour. Car nature ayant suffisamment pourveu partout toutes les autres creatures de couverture, il n'est pas à croire qu'elle ayt pirement traitté l'homme, et l'ayt laissé seul indigent et en estat qu'il ne se puisse maintenir sans secours estranger [2] : et sont des re-

---

* C'est le quatorzième chap. de la première édition.

[1] Montaigne a traité le même sujet dans son chapitre 25 du livre 1er. : *De l'usage de se vestir.*

[2] « Or, tout estant exactement fourny ailleurs (parmi les

proches injustes que l'on fait à nature comme marastre. Si originellement les hommes eussent esté vestus, il n'est pas vray-semblable qu'ils se fussent advisés de se dépouiller et mettre tous nuds, tant à cause de la santé qui eust esté extremement offensée en ce changement, que pour la honte : et toutesfois il se fait et garde par plusieurs nations, et ne faut alleguer que c'est pour cacher les parties honteuses, et contre le froid (ce sont les deux raisons pretendues ; contre le chaud il n'y a point d'apparence), car nature ne nous a point apprins y avoir des parties honteuses, c'est nous-mesmes qui par notre faute nous nous le disons. *Quis indicavit tibi quod nudus esses, nisi quod ex ligno quod praeceperam tibi ne comederes, comedisti* [3] *?* et nature les a desja assez cachées, mises loin des yeux, et à couvert : et au pis aller ne faudroit couvrir que ces parties là seulement, comme font aucuns en ces pays où ils vont tous nuds, où d'ordinaire ils ne les couvrent pas : et qu'est-cela que l'homme n'osant se montrer nud au monde, luy qui

autres animaux) de filet et d'aiguille pour maintenir son estre, il est mescreable que nous soyons seuls produicts en estat defectueux et indigent, et en un estat qui ne se puisse maintenir sans secours estrangier ».

MONTAIGNE, t. I, p. 407 de notre édition.

[3] « Qu'est-ce qui t'a indiqué que tu étais nu ? N'est-ce pas parce que tu as mangé du fruit de l'arbre dont je t'avais défendu de manger? » Gen. C. III, v. 11.

fait le maistre, se cache soubs la despouille d'autruy, voire s'en pare? Quant au froid et autres necessités particulieres et locales, nous sçavons que sous mesme air, mesme ciel, on va nud et habillé, et nous avons bien la plus delicate partie de nous toute descouverte; dont un gueux interrogé, comme il pouvoit aller ainsi nud en hyver, respondit que nous portons bien la face nue, que luy estoit toute face[4]; et plusieurs grands alloient tousjours teste nue, Massinissa, Cesar, Annibal, Severus; et y a plusieurs nations qui vont à la guerre et combattent tous nuds. Le conseil de Platon pour la santé est de ne couvrir la teste ny les pieds. Et Varron dict que quand il fut ordonné de descouvrir la teste en la presence des Dieux et du magistrat, ce fut plus pour la santé et s'endurcir aux injures du temps, que pour la reverence. Au reste l'invention des couverts et maisons contre les injures du ciel et des hommes, est bien plus ancienne, plus naturelle et universelle que des vestemens, et commune avec plusieurs bestes; mais la recherche des alimens marche bien encores devant. De l'usage des vestemens, comme des alimens, cy-après [5].

---

[4] Montaigne cite le même trait, p. 409 de notre édition des Essais.

[5] Liv. III, chap. XXXIX et XL.

CHAPITRE VIII.*

De l'ame en general.

Sommaire.—De l'origine et de la fin des ames ; de leur entrée dans les corps, et de leur sortie ; d'où elles y viennent ; quand elles y entrent ; et où elles vont, quand elles en sortent ; de leur nature, état et action, et s'il y en a plusieurs en l'homme, ou une seule. Le siége de l'ame est le cerveau, et non pas le cœur. Ses trois facultés, l'entendement, la mémoire et l'imagination. Si l'ame raisonnable est organique, et a besoin d'un instrument corporel, ou organe, pour faire ses fonctions. Du tempérament du cerveau, et des facultés de l'ame. L'entendement est sec dans la vieillesse et dans le Midi : la mémoire est humide dans l'enfance et dans les régions du Nord ; l'imagination est chaude dans l'adolescence et dans les pays situés entre le Nord et le Midi. Comparaison des tempéramens. Il n'y a que trois tempéramens et trois facultés de l'ame. Propriétés et actions de ces facultés, avec l'ordre d'agir ; comparaison de ces facultés en prééminence et dignité. Trois images ou comparaisons de ces facultés. L'ame est, de sa nature, savante, et non par le bénéfice des sens. De l'unité et de la pluralité des ames. Quand et comment l'ame est unie au corps. L'immortalité de l'ame est utilement crue, mais faiblement prouvée.

Sommaire *du même Chapitre* [1], *d'après la première édition.*
— La définition de l'ame est très-difficile. Il est aisé de

---

* Ce chap. VIII est le quinzième de la première édition.
[1] Nous le mettons en note, comme *Variante.*

dire ce qu'elle n'est pas, et mal aisé de dire ce qu'elle est. De sa nature et de son essence; de ses facultés et de ses actions; de son unité; de son origine; de son entrée et de son existence dans le corps; de son siége et de ses instrumens; de l'exercice de ses facultés; de sa séparation du corps, naturelle et ordinaire; de son immortalité, et des preuves en sa faveur; de sa séparation non naturelle; de son état après la mort.

Exemples : Aristote. — Les Grecs, les Arabes, les Égyptiens, les Stoïciens, Philon, les Manichéens, les Priscillianistes. — Tertullien, Apollinaris, les Lucifériens. — Les Pythagoriciens et Platoniciens, Origènes. — Saint Augustin et saint Grégoire, Daniel, Zacharie, Esdras, Ezéchiel, saint Paul. — Jean Lescot, Cardan. — Les Académiciens, les Stoïciens, les Égyptiens. — Nabuchodonosor.

**Voicy une matiere difficile sur toutes, traittée et agitée par les plus sçavans et sages de toutes nations, specialement Ægyptiens, Grecs, Arabes et Latins,

---

** *Variante.* Voicy une matière difficile sur toutes, traittée et agitée par les plus sçavans et sages, mais avec une grande diversité d'opinions, selon les diverses nations, religions, professions et raisons, sans accord et resolution certaine. Les principaux poincts sont de l'origine et de la fin des ames, leur entrée et sortie des corps d'où elles viennent, quand elles y entrent, et où elles vont quand elles en sortent; de leur nature, estat, action, et s'il y en a plusieurs en l'homme ou une seule.

De l'origine des ames humaines, il y a de tout tems eu

par ces derniers plus maigrement, comme toute la philosophie, mais avec grande diversité d'opinions, selon les diverses nations, religions, professions, sans

---

très grande dispute et diversité d'opinions entre les philosophes et les theologiens. Il y a eu quatre opinions célebres : selon la premiere qui est des Stoïciens, tenue par Philon juif, puis par les Manichéens, elles sont extraites et produictes comme parcelles de la substance de Dieu, qui les inspire aux corps : la seconde d'Aristote, tenue par Tertullien, Apollinaris, les Luciferiens et autres chrestiens, dit qu'elles viennent et dérivent des ames des parens avec la semence, ainsi que les corps, à la façon des ames brutales, vegetatives et sensitives : la troisiesme des Pythagoriciens et Platoniciens, tenue par plusieurs rabins et docteurs juifs, puis par Origene et autres docteurs chrestiens, dit qu'elles ont esté du commencement toutes creées de Dieu, faites de rien, et reservées au ciel, puis envoyées icy-bas, selon qu'il est besoing aux corps formés et disposés à les recevoir : la quatriesme receue en la chrestienté, est qu'elles sont creées de Dieu et infuses aux corps preparés, tellement que sa creation et infusion se fasse en mesme instant. Ces quatre opinions sont affirmatives : car il y en a une cinquiesme plus retenue qui ne definist rien, et se contente de dire que c'est une chose secrette et incognue aux hommes, de laquelle opinion ont esté SS. Augustin, Gregoire de Nice et autres, qui toutesfois ont trouvé les deux dernieres affirmatives plus vraysemblables que les deux premieres.

Le siege de l'ame raisonnable, *ubi sedet pro tribunali* (a), c'est le cerveau et non pas le cœur, comme avant Platon et

(a) « Où elle siége comme sur un tribunal ».

LIVRE I, CHAPITRE VIII. 47

accord ny resolution certaine. La generale cognoissance et dispute d'icelle, se peut rapporter à ces dix points. Définition, essence ou nature, facultés et ac-

---

Hippocrates, l'on avoit pensé communément; car le cœur a sentiment et n'est capable de sapience. Or le cerveau qui est beaucoup plus grand en l'homme qu'en tous autres animaux, pour estre bien fait et disposé, afin que l'ame raisonnable agisse bien, doibt approcher de la forme d'un navire, et n'estre point rond, ny par trop grand, ou par trop petit, bien que le plus grand soit moins vicieux; composé de substance et de parties subtiles, delicates et desliées, bien joinctes et unies sans separation, ny entre-deux, ayant quatre petits creux ou ventres, dont les trois sont au milieu rangés de front et collateraux entre eux, et derriere eux, tirant au derriere de la teste, le quatriesme seul, auquel se faict la preparation et concoction des esprits vitaux, pour estre puis (*b*) faicts animaux, et portés aux trois creux de devant, ausquels l'ame raisonnable faict et exerce ces facultés, qui sont trois, entendement, mémoire, imagination, lesquelles ne s'exercent point separement et distinctement, chascune en chascun creux ou ventre, comme aucuns vulgairement ont pensé, mais communement et par ensemble toutes trois en tous trois et chascun d'eux, à la façon des sens externes qui sont doubles, et ont deux creux, en chascun desquels le sens s'exerce tout entier : d'où vient que celuy qui est blessé en l'un ou deux de ces trois ventres, comme le paralytique, ne laisse pas d'exercer toutes les trois, bien que plus foiblement, ce qu'il ne feroit si chascune faculté avoit son creux à part.

Aucuns ont pensé que l'ame raisonnable n'estoit point or-

(*b*) Pour être ensuite faits.

tions, unité ou pluralité, origine, entrée au corps, residence en iceluy, siege, suffisance à exercer ses fonctions, sa fin et separation du corps.

---

ganique, et n'avoit besoing pour faire ses fonctions d'aucun instrument corporel, pensant bien par là prouver l'immortalité de l'ame : mais sans entrer en un labyrinthe de discours, l'experience oculaire et ordinaire dement cette opinion, et convainq du contraire : car l'on sçait que tous hommes n'entendent ny ne raisonnent de mesme et esgalement, ains avec tres grande diversité : et un mesme homme aussi change, et en un temps raisonne mieux qu'en un autre, en un aage, en un estat et certaine disposition qu'en un autre, tel mieux en santé qu'en maladie, et tel autre mieux en maladie qu'en santé : un mesme en un temps prevaudra en jugement, et sera foible en imagination. D'où peuvent venir toutes ces diversités et changemens sinon de l'organe et instrument changeant d'estat? Et d'où vient que l'yvrognerie, la morsure du chien enragé, une fievre ardente, un coup en teste, une fumée montant de l'estomach, et autres accidens, feront culbutter, et renverseront entierement le jugement, tout l'esprit intellectuel, et toute la sagesse de Grece, voire contraindront l'ame de desloger du corps? Ces accidens purement corporels ne peuvent toucher ny arriver à cette haute faculté spirituelle de l'ame raisonnable, mais seulement aux organes et instrumens, lesquels estans detraqués et desbauchés, l'ame ne peut bien et reglement agir, et estans par trop forcés et violentés, est contraincte de s'absenter et s'en aller. Au reste se servir d'instrument ne prejudicie point à l'immortalité, car Dieu s'en sert bien et y accommode ses actions. Et comme selon la diversité de l'air, region et climat, Dieu produict hommes fort divers en esprit et suffisance naturelle; car en Grece et

Il est premierement très difficile de definir et bien dire au vray que c'est que l'ame, comme generalement toutes formes, d'autant que ce sont choses re-

---

en Italie, il les produict bien plus ingenieux qu'en Moscovie et Tartarie : aussy l'esprit (*c*), selon la diversité des dispositions organiques, des instrumens corporels, raisonne mieux ou moins. Or l'instrument de l'ame raisonnable, c'est le cerveau et le temperament d'iceluy, duquel nous avons à parler.

Temperament est la mixtion et proportion des quatre premieres qualités, chaud, froid, sec et humide, ou bien une cinquiesme et comme l'harmonie resultante de ces quatre. Or du temperament du cerveau vient et depend tout l'estat et l'action de l'ame raisonnable : mais ce qui cause et apporte une grande misere à l'homme, est que les trois facultés de l'ame raisonnable, entendement, memoire, imagination, requierent et s'exercent par temperamens contraires. Le temperament de l'entendement est sec, d'où vient que les advancés en aage prevalent en entendement par dessus les jeunes, d'autant que le cerveau s'essuye et s'asseiche tousjours plus : aussi les melancholiques secs, les affligés indigens, et qui sont à jeun (car la tristesse et le jeusne desseiche), sont prudens et ingenieux. *Splendor siccus, animus sapientissimus. Vexatio dat intellectum* (*d*). Et les bestes de temperament plus sec, comme fourmis, abeilles, elephans, sont prudentes et inge-

---

(*c*) Cette phrase est ainsi bouleversée dans l'édition de Bastien, par la transposition d'une ligne : « aussy l'esprit selon la diversité des dispositions organiques des moins. Or l'instrument de l'ame raisonnable instrumens corporels, raisonne mieux, ou c'est le cerveau, et le temperament d'iceluy, duquel nous avons à parler ».

(*d*) « Tempérament sec, esprit très-sage. Les peines qu'on éprouve augmentent l'intelligence ».

latives, qui ne subsistent point d'elles-mesmes, mais sont parties d'un tout, c'est pourquoy il y a une telle et si grande diversité de definitions d'icelle, des-

---

nieuses (comme les humides, tesmoin le pourceau, sont stupides, sans esprit); et les meridionaux, secs et modérés en chaleur interne du cerveau, à cause du violent chaud externe. Le temperament de la memoire est humide, (d'où vient que les enfans l'ont meilleure que les vieillards), et le matin après l'humidité acquise par le dormir de la nuit, plus propre à la memoire, laquelle est aussi plus vigoureuse aux septentrionaux. J'entends icy une humidité non aqueuse, coulante, en laquelle ne se puisse tenir aucune impression; mais aërée, gluante, grasse et huileuse, qui facilement reçoit et retient fort, comme se voit aux peintures faites en huile. Le temperament de l'imagination est chaud, d'où vient que les freneticques, maniaques et malades de maladies ardentes, sont excellens en ce qui est de l'imagination, poësie, divination, et qu'elle est forte en la jeunesse et adolescence (les poëtes et prophetes ont fleury en cet aage), et aux lieux mitoyens entre septentrion et midy.

De la diversité des temperamens, il advient que l'on peut estre mediocre en toutes les trois facultés, mais non pas excellent, et que qui est excellent en l'une des trois, est foible ès autres. Que les temperamens de la memoire et l'entendement soient fort differens et contraires; cela est clair, comme le sec et l'humide : de l'imagination qu'il soit contraire aux autres il ne le semble pas tant; car la chaleur n'est pas incompatible avec le sec et l'humide, et toutesfois l'experience monstre que les excellens en l'imagination sont malades en l'entendement et memoire, et tenus pour fols et furieux; mais cela vient que la chaleur grande qui sert à l'imagination, con-

quelles n'y en a aucune receue sans contredit : Aristote en a refusé douze qui estoient devant luy, et n'a peu bien establir la sienne.

somme et l'humidité qui sert à la memoire, et la subtilité des esprits et figures, qui doit estre en la secheresse qui sert à l'entendement, et ainsi est contraire et destruict les autres deux.

De tout cecy il est evident qu'il n'y a que trois principaux temperamens qui servent et facent agir l'ame raisonnable, et distinguent les esprits, sçavoir le chaud, le sec et l'humide : le froid ne vaut à rien, n'est point actif, et ne sert qu'à empescher tous les mouvemens et fonctions de l'ame : et quand il se lit souvent aux autheurs que le froid sert à l'entendement; que les froids de cerveau, comme les melancholiques et les meridionaux, sont prudens, sages, ingenieux; là le froid se prend non simplement, mais pour une grande moderation de chaleur ; car il n'y a rien plus contraire à l'entendement et sagesse que la grande chaleur, laquelle au contraire sert à l'imagination : et selon les trois temperamens il y a trois facultés de l'ame raisonnable. Mais, comme les temperamens, aussi les facultés reçoivent divers degrés, subdivisions et distinctions.

Il y a trois principaux offices et differences d'entendement, inferer, distinguer, eslire. Les sciences qui appartiennent à l'entendement sont la theologie scholastique, la theorique de medecine, la dialectique, la philosophie naturelle et morale. Il y a trois sortes de differences de memoire ; recevoir et perdre facilement les figures ; recevoir facilement et difficilement perdre ; difficilement recevoir et facilement perdre. Les sciences de la memoire sont la grammaire, theorique de ju-

Il est bien aisé à dire ce que ce n'est pas : que ce n'est pas feu, air, eau, ny le temperament des quatre elemens ou qualités, ou humeurs, lequel est tousjours

---

risprudence, et theologie positive, cosmographie, arithmetique.

De l'imagination y a plusieurs differences et en beaucoup plus grand nombre que de la memoire et de l'entendement ; à elle apartiennent proprement les inventions, les faceties et brocards, les poinctes et subtilités, les fictions et mensonges, les figures et comparaisons, la proprieté; netteté, elegance, gentillesse. Parquoy apartiennent à elle la poësie, l'eloquence, musique, et generalement tout ce qui consiste en figure, correspondance, harmonie et proportion.

De tout cecy appert que la vivacité, subtilité, promptitude, et ce que le commun appelle esprit, est à l'imagination chaude ; la solidité, maturité, verité, est à l'entendement sec. L'imagination est active, bruyante; c'est elle qui remue tout et met tous les autres en besongne. L'entendement est action morne et sombre. La memoire est purement passive, et voicy comment : l'imagination premierement recueille les especes et figures des choses tant presentes par le service des cinq sens, qu'absentes par le benefice du sens commun; puis les represente, si elle veust, à l'entendement, qui les considere, examine, cuit et juge : puis elle-mesme les met en depost et conserve en la memoire, comme l'escrivain au papier, pour de rechef, quand besoing sera, les en tirer et extraire (ce que l'on appelle reminiscence), ou bien si elle veust les recommande à la memoire, avant les presenter à l'entendement. Par quoy recueillir, representer à l'entendement, mettre en la memoire, et les extraire, sont tous œuvres de l'imagination. Et ainsi à elle apartient le sens commun, la reminis-

muable, sans lequel l'animal est et vit : et puis c'est accident, et l'ame est substance : Item les mineraux et les choses inanimées ont bien un temperament des

---

cence, et ne sont point puissances separées d'elle, comme aucuns veulent, pour faire plus de trois facultés de l'ame raisonnable.

Le vulgaire, qui ne juge jamais bien, estime et faict plus de feste de la memoire que des deux autres; pource qu'elle en compte fort, a plus de monstre et faict plus de bruit en public; et pense-t-il que pour avoir bonne memoire l'on est fort sçavant, et estime plus la science que la sagesse; c'est toutesfois la moindre des trois, qui peust estre avec la folie et l'impertinence; mais très rarement elle excelle avec l'entendement et sagesse, car leurs temperamens sont contraires. De cette erreur populaire est venue la mauvaise instruction de la jeunesse, qui se voyt par-tout (*e*). Ils sont tousjours après à luy faire apprendre par cœur (ainsi parlent-ils) ce que les livres disent, affin de les pouvoir alleguer, et à luy remplir et charger la memoire du bien d'autruy, et ne se soucient de luy reveiller et esguiser l'entendement, et former le jugement, pour lui faire valoir son propre bien et ses facultés naturelles, pour le faire sage et habile à toutes choses. Aussi voyons-nous que les plus sçavans qui ont tout Aristote et Ciceron en la teste, sont plus sots et plus ineptes aux affaires, et que le monde est mené et gouverné par ceux qui n'en sçavent rien. Par l'advis de tous les sages, l'entendement est le premier, la plus excellente et principale piece du harnois. Si elle joue bien, tout va bien, et l'homme est sage; et au rebours, si elle se mescompte, tout va de travers. En second lieu est l'imagination : la memoire est la derniere.

(*e*) *Voyez* L. III, Chap. xiv.

quatre elemens, et qualités premieres. Ny sang (car il y a plusieurs choses animées et vivantes sans sang, et plusieurs animaux meurent sans perdre goutte de sang). Ny principe ou cause de mouvement (car plu-

---

Toutes ces différences s'entendront peut-estre encores mieux par cette similitude qui est une peincture ou imitation de l'ame raisonnable. En toute cour de justice y a trois ordres et estages : le plus haut, des juges, auquel y a peu de bruit, mais grande action ; car sans s'esmouvoir et agiter, ils jugent, decident, ordonnent, determinent de toutes choses : c'est l'image du jugement plus haute partie de l'ame. Le second, des advocats et procureurs, auquel y a grande agitation et bruit sans action : car ils ne peuvent rien vuider ny ordonner, seulement secouer les affaires : c'est la peincture de l'imagination, faculté remuante, inquiete, qui ne s'arreste jamais, non pas pour le dormir profond ; et faict un bruit au cerveau comme un pot qui boult, mais qui ne resoult et n'arreste rien. Le troisiesme et dernier estage est du greffe et registre de la cour, où n'y a bruit ny action ; c'est une pure passion, un gardoir et reservoir de toutes choses, qui represente bien la memoire.

L'ame, qui est la nature et la forme de tout animal, est de soy toute sçavante (*f*), sans estre apprinse, et ne faut (*g*)

(*f*) Cette assertion est contraire à l'expérience : elle tient à celle des idées innées auxquelles personne ne croit plus. C'est un fait incontestable que toutes les idées viennent des sens. *Voyez* l'Histoire de l'homme par Buffon, Locke, Condillac, Destutt de Tracy, etc. etc.

(*g*) « Ne *fault* point à produire ce qu'elle sçait, et bien exercer ses fonctions comme il *faust* ». — C'est ainsi que Bastien, d'après une édition antérieure sans doute, écrit, dans la même phrase, *fault* par *l*, quand il signifie *faillit*, manquer ; *faust* par *s*, quand il signifie *est*

LIVRE I, CHAPITRE VIII. 55

sieurs choses inanimées meuvent, comme la pierre d'aymant meut le fer ; l'ambre, la paille ; les medicaments, les racines des arbres coupées et seches tirent

---

point à produire ce qu'elle sçait, et bien exercer ses fonctions comme il faut, si elle n'est empeschée, et moyennant que ses instrumens soient bien disposés : dont a esté bien et vrayement dict par les sages que nature est sage, sçavante, industrieuse, et rend habile à toutes choses, ce qui est aisé à monstrer par induction. L'ame vegetative de soy sans instruction forme le corps en la matrice tant excellemment (*h*), puis le nourrit et le faict croistre, attirant la viande, la retenant et cuysant, et rejettant les excremens ; elle r'engendre et refaict les parties qui defaillent : ce sont choses qui se voyent aux plantes, bestes, et en l'homme. La sensitive de soy sans instruction, faict aux bestes et en l'homme remuer les pieds, les mains, et autres membres, les gratter, frotter, secouer, tetter, demener les levres, pleurer, rire. La raisonnable de mesme, non selon l'opinion de Platon, par reminiscence de ce qu'elle sçavoit avant entrer au corps, comme si elle estoit plus aagée que le corps ; ny selon Aristote, par reception et acquisition venant de dehors par les sens, estant de soy une carte blanche

nécessaire; ce qui est contraire à l'étymologie, puisque l'un et l'autre viennent du latin *fallit.* Cette double orthographe d'un même mot aura sans doute été imaginée par le besoin d'en distinguer les deux significations. Mais cette distinction orthographique n'a point lieu dans la première édition ; et je m'y suis conformé dans celle-ci.

(*h*) *Excellemment.* Bastien écrit ce mot *èxcellement;* mais il n'a pas fait attention qu'il était écrit *excellemment* dans la première édition, et qu'on n'a jamais pu l'écrire autrement que par deux *m*, puisqu'il vient d'*excellentement,* du latin *excellente mente,* d'un esprit xcellent.

et meuvent). Ny l'acte ou vie ou energie ou perfection (car ce mot d'Entelechie [1] est diversement tourné et interpreté) du corps vivant : car tout cela est l'ef-

---

et vuide : mais de soy et sans instruction, imagine, entend, retient, raisonne et discourt. Et pource que cette proposition semble plus difficile à croire de la raisonnable que des autres, elle se prouve premierement par le dire des plus grands philosophes, qui tous ont dict que les semences des grandes vertus et sciences estoient esparses naturellement en l'ame ; puis par raison tirée de l'expérience, les bestes raisonnent, discourent, font plusieurs choses de prudence et d'entendement, comme il a esté bien prouvé cy-dessus. Ce qu'advouant mesme Aristote, a rendu la nature des bestes plus excellente que l'humaine, laquelle il faict vuide et ignorante du tout : mais les ignorans appellent cela instinct naturel, qui ne sont que des mots en l'air ; car après ils ne sçavent declarer qu'est-ce qu'instinct naturel. Les hommes melancholiques, maniaques, phrenetiques et atteints de certaines maladies qu'Hippocrates appelle divines, sans l'avoir apprins, parlent latin, font des vers, discourent prudemment et hautement, devinent les choses secrettes et à venir (lesquelles choses les sots ignorans attribueront au diable ou esprit familier) bien qu'ils fussent auparavant idiots et rustiques, et qui depuis sont retournés tels après la guarison. Item y a des enfans qui bientost après estre nays, ont parlé, comme ceux qui sont venus de parens vieils : d'où ont-ils apprins et tiré tout cela, tant les bestes que les hommes?

Si toute science venoit, comme veust Aristote, des sens, il s'ensuivroit que ceux qui ont les sens plus entiers et plus

[1] Ἐντελέχεια signifie, en effet, *perfection*, acte parfait.

fect et l'action de l'ame, et non l'ame, comme le vivre, le voyr, l'entendre est l'action de l'ame : et puis il s'ensuivroit que l'ame seroit accident et non sub-

---

vifs, seroient plus ingenieux et plus sçavans; et se voyt le contraire souvent, qu'ils ont l'esprit plus lourd et sont plus mal-habiles ; et plusieurs se sont privés à escient de l'usage d'iceux, affin que l'ame fist mieux et plus librement ses affaires. Et seroit chose honteuse et absurde, que l'ame tant haute et divine, questast son bien des choses si viles et caduques, comme les sens; car c'est au rebours que les sens ont tout de l'ame, et sans elle ne sont et ne peuvent rien. Et puis enfin que peuvent appercevoir les sens, si non les accidens et superficies des choses? Car les natures, formes, les thresors et secrets de nature, nullement.

Mais on demandera, pourquoy donc ces choses ne se font-elles tousjours par l'ame ? Pourquoy ne faict-elle en tout temps ses propres fonctions, et que plus foiblement et plus mal elle les faict en un temps qu'autre? L'ame raisonnable agit plus foiblement en la jeunesse qu'en la vieillesse ; et au contraire la vegetative, forte et vigoureuse en la jeunesse, est foible en la vieillesse, en laquelle elle ne peust refaire les dents tombées comme en la jeunesse. La raisonnable faict en certaines maladies ce qu'elle ne peust en santé, et au rebours en santé ce qu'elle ne peust en maladie. A quoy pour tout la response (touchée cy-dessus) est que les instrumens, desquels l'ame a besoing pour agir, ne sont ny ne peuvent tousjours estre disposés comme il faut pour exercer toutes fonctions, et faire tous effects, voyre ils sont contraires et s'entr'empeschent : et pour le dire plus court et plus clairement, c'est que le temperament du cerveau, duquel a esté tant parlé cy-dessus, par lequel et selon lequel l'ame agit, est divers

stance : et ne pourroit estre sans ce corps, duquel elle est acte et perfection; non plus que le couvercle d'une maison ne peust estre sans icelle, et un relatif

et changeant; et estant bon pour une fonction d'ame, est contraire à l'autre; estant chaud et humide en la jeunesse, est bon pour la vegetative et mal pour la raisonnable; et au contraire froid et sec en la vieillesse, est bon pour la raisonnable, mal pour la vegetative. Par maladie ardente fort eschaufé et subtilisé, est propre à l'invention et divination, mais impropre à maturité et solidité de jugement et sagesse.

De l'unité et singularité ou pluralité des ames en l'homme, les opinions et raisons sont fort diverses entre les sages. Qu'il y en aye trois essentiellement distinctes, c'est l'opinion des Égyptiens, et d'aucuns Grecs comme Platoniciens. Mais c'est chose estrange qu'une mesme chose aye plusieurs formes essentielles. Que les ames soient singulieres, et à chascun homme la sienne; c'est l'opinion de plusieurs, contre laquelle l'on dict qu'il faudroit ou qu'elle fust toute mortelle, ou bien en partie mortelle en la vegetative et sensitive, et en partie immortelle en la raisonnable, et ainsi seroit divisible. Qu'il n'y en aye qu'une seule raisonnable generalement de tous hommes, c'est l'opinion des Arabes, venue de Themistius grec, mais refutée par plusieurs. La plus commune opinion est qu'il n'y en a en chascun homme qu'une en substance, cause de la vie et de toutes les actions; laquelle est tout en tout, et toute en chaque partie : mais elle est garnie et enrichie d'un très grand nombre de diverses facultés et puissances, merveilleusement differentes, voyre contraires les unes aux autres, selon la diversité des vaisseaux et instrumens où elle est retenue, et des objects qui lui sont proposés. Elle exerce l'ame sensitive et raisonnable au cerveau; la vitale

sans correlatif : bref, c'est dire ce qu'elle faict et est à autruy, non ce qu'elle est en soy.

Mais de dire ce que c'est, il est très mal aysé : l'on

et irascible au cœur ; la naturelle vegetative et concupiscible au foye ; la genitale aux genitoires ; ce sont les principales et capitales, ne plus ne moins que le soleil un en son essence, despartant ses rayons en divers endroicts, eschaufe en un lieu, esclaire en un autre, fond la cire, seiche la terre, blanchist la neige, nourrist la peau, dissipe les nuées, tarrist les estangs : mais quand et comment ; si toute entiere et en un coup, ou si successivement elle arrive au corps ; c'est une question. La commune opinion venue d'Aristote, est que l'ame vegetative et sensitive, qui est toute materielle et corporelle, est en la semence, et avec elle descendue des parens ; laquelle conforme le corps en la matrice, et iceluy faict, arrive la raisonnable de dehors ; et que pour cela il n'y a deux ny trois ames, ny ensemble ny successivement, et ne se corrompt la vegetative par l'arrivée de la sensitive, ny la sensitive par l'arrivée de la raisonnable : ce n'est qu'une qui se faict, s'acheve et se parfaict avec le temps et par degrés (*i*), comme la forme artificielle de l'homme, qui se peindroit par pieces l'une après l'autre, la teste, puis la gorge, le ventre, etc.

(*i*) Cette opinion d'Aristote est aussi celle de Lucrèce, de Voltaire qui l'exposent en très-beaux vers, etc. etc. L'ame est créée ou plutôt développée avec le corps ; elle croît avec lui, et ne se manifeste que par ses organes. Voltaire dit :

Est-ce là ce rayon de l'essence suprême,
 Que l'on nous peint si lumineux ?
Est-ce là cet esprit survivant à lui-même ?...
 Il naît avec nos sens, croît, s'affaiblit comme eux :
  Hélas ! il périra de même.

peust bien dire tout simplement que c'est une forme essentielle vivifiante, qui donne à la plante vie vegetative; à la beste, vie sensitive, laquelle comprend la vegetative; à l'homme, vie intellective, qui comprend

---

Autres veulent qu'elle y entre toute entiere avec toutes ses facultés en un coup, sçavoir lorsque le corps est tout organisé, formé et tout achevé d'estre faict, et qu'auparavant n'y a eu aucune ame, mais seulement une vertu et energie naturelle, forme essentielle de la semence, laquelle agissant par les esprits qui sont en ladite semence, comme par instrumens, forme et bastit le corps, et agence tous les membres; ce qu'estant faict, cette energie s'evanouit et se perd, et par ainsi la semence cesse d'estre semence, perdant sa forme par l'arrivée d'une autre plus noble, qui est l'ame humaine : laquelle faict que ce qui estoit semence est maintenant homme.

L'immortalité de l'ame est la chose la plus universellement, religieusement et plausiblement reçeue par tout le monde (j'entends d'une externe et publique profession, non d'une interne, serieuse et vraye creance, de quoy sera parlé cy-après), *la plus utilement creue, la plus foiblement prouvée et establie par raisons et moyens humains* (k). Il semble y avoir une inclination et disposition de nature à la croire, car l'homme desire naturellement allonger et perpetuer son estre, d'où vient aussi ce grand et furieux soin et amour de nostre posterité et succession. Puis deux choses servent à la faire valoir et rendre plausible : l'une est l'esperance de gloire et reputation, et le desir de l'immortalité du nom, qui, tout vain qu'il est, a un merveilleux credit au monde : l'autre est l'impression que les vices qui se desrobent de la veue et cog-

(k) *Voyez* ci-après, L. II, Chap. v.

les deux autres, comme aux nombres, le plus grand contient les moindres, et aux figures, le pentagone contient le tetragone, et cettuy-cy le trigone. J'ay dit l'intellective plus tost que la raisonnable, qui est comprise en l'intellective, comme le moindre au plus grand : car la raisonnable, en quelque sens et mesure, selon tous les plus grands philosophes, et l'experience se trouve aux bestes, mais non l'intellective qui est plus haute. *Sicut equus et mulus, in quibus non est intellectus* [2]. L'ame donc est non le principe ; ce mot ne convient proprement qu'à l'autheur souverain premier ; mais cause interne de vie, mouvement, sentiment, entendement. Elle meut le corps, et n'est point meue ; ainsi qu'au contraire le corps est meu, et ne meut point : elle meut, dis-je, le corps, et non soy-mesme, car rien ne se meut soy-mesme que Dieu, et tout ce qui se meut soy-mesme est eternel, et maistre de soy : et ce qu'elle meut le corps, ne l'a point de soy, mais de plus haut.

De quelle nature et essence est l'ame, l'humaine s'entend (car la brutale [3] sans aucun doubte est cor-

---

noissance de l'humaine justice, demeurent toujours en butte à la divine, qui les chastiera, voyre (*l*) après la mort.

[2] « Comme le cheval et le mulet, qui n'ont point d'intelligence ».

[3] L'ame des bêtes.

(*1*) Même après la mort.

porelle, materielle, esclose et née avec la matiere, et avec elle corruptible)? C'est une question qui n'est pas si petite qu'il semble. Car aucuns l'affirment corporelle, les autres incorporelle : cecy est fort accordable si l'on ne veut opiniastrer. Qu'elle soit corporelle, voicy de quoy : les esprits et demons bons et meschans qui sont du tout separés de la matiere, sont corporels par le dire de tous les philosophes et principaux theologiens, Tertullien, Origene, sainct Basile, Gregoire, Augustin, Damascene : combien plus l'ame humaine qui a commerce et est joincte à la matiere? Leur resolution est que toute chose creée, comparée à Dieu, est grossiere, corporelle, materielle; Dieu seul est incorporel. Que tout esprit est corps et de nature corporelle. Après l'authorité presque universelle, la raison est irrefragable : tout ce qui est enfermé dedans ce monde fini, est fini, limité en vertu et en substance, borné de superficie, clos et comprins en lieu, qui sont les vrayes et naturelles conditions d'un corps. Car il n'y a que le corps qui aye superficie, qui soit resserré et enfermé en lieu. Dieu seul est par-tout, infini, incorporel; les distinctions ordinaires *circumscriptivè, definitivè, effectivè* [5], ne sont que verbales, et ne destruisent en rien la chose ; car tousjours il demeure vray que les esprits sont tellement en lieu, qu'en ce mesme temps qu'ils sont en

---

[4] « Circonscriptivement, définitivement, effectivement. »

un lieu, ils ne peuvent estre ailleurs, et ne sont en lieu ou infini, ou tres grand ou très petit, mais egal à leur mesurée et finie substance et superficie. Et si cela n'estoit ainsi, les esprits ne changeroient point de lieu, ne monteroient ny ne descendroient, comme l'escriture affirme qu'ils font, et par ainsi seroient immobiles, indivisibles, seroient par-tout indifferemment : or, est-il qu'ils changent de lieu ; le changement convainq qu'ils sont mobiles, divisibles, subjects au temps et à la succession d'iceluy, requise au mouvement et passage d'un lieu à autre, qui sont toutes qualités d'un corps. Mais pource que plusieurs simples, soubs ce mot de corporel, imaginent visible, palpable, et ne pensent que l'air pur, ou le feu hors la flamme et le charbon soient corps, ils ont dict que les esprits, tant separés que humains, ne sont corporels, comme de vray ils ne le sont en ce sens; car ils sont d'une substance invisible, soit aërée, comme veulent la plus part des philosophes et theologiens ; ou celeste, comme aucuns Hebrieux et Arabes, appellans de mesme nom le ciel et l'esprit essence propre à l'immortalité, ou plus subtile et deliée encores, si l'on veut, mais tousjours corporelle; puis qu'elle est finie et limitée de place et de lieu, mobile, subjecte au mouvement et au temps : finalement, s'ils n'estoient corporels, ils ne seroient pas passibles, et capables de souffrir comme ils sont; l'humain reçoit de son corps plaisir, desplaisir, volupté, douleur, aussi bien à son tour, comme le corps de luy, et de ses passions : plus des qualités bonnes et mauvaises, vertus, vices, affections, qui sont tous accidens : et tous tant les separés et demons que les humains sont subjects aux supplices et tourmens : ils sont donc corporels, car il n'y a rien de passible qui ne soit corporel, c'est au corps d'estre subject des accidens.

Or, l'ame a un très grand nombre de vertus et facultés, autant quasi que le corps a de membres : elle en a aux plantes, plus encores aux bestes, et plus beaucoup en l'homme, sçavoir, vivre, sentir, mouvoir, appeter, attirer, assembler, retenir, cuire, digerer, nourrir, croistre, rejetter, voir, oyr, gouster, flairer, parler, spirer, respirer, engendrer, penser, opiner, raisonner, contempler, consentir, dissentir, souvenir, juger; toutes lesquelles choses ne sont point parties de l'ame, car ainsi elle seroit divisible, et seroit establie d'accidens, mais sont ses qualités naturelles. Les actions viennent après, et suivent les facultés, et ainsi sont trois degrés, selon la doctrine du grand sainct Denis, suivie de tous, qu'il faut considerer ès creatures spirituelles trois choses, essence, faculté, operation : par le dernier qui est l'action, l'on cognoist la faculté, et par celle-cy l'essence. Les actions peuvent bien estre empeschées et cesser du tout, sans prejudice aucun de l'ame et de ses facultés, comme la science et faculté de peindre demeure entiere au peintre, encores qu'il aye la main liée, et soit impuissant à peindre : mais si les facultés perissent, il faut que l'ame s'en aille, ne plus ny moins que le feu n'est plus, ayant perdu la faculté de chaufer.

Après l'essence et nature de l'ame aucunement expliquée, il se presente ici une question des plus grandes, sçavoir si en l'animal, specialement en l'homme, il n'y a qu'une ame, ou s'il y en a plusieurs. Il y a diversité d'opinions, mais qui reviennent à trois. Aucuns des Grecs, et à leur suitte presque tous les Arabes, ont pensé (non seulement en chascun homme, mais generalement en tous hommes) n'y avoir qu'une ame immortelle : les Egyptiens pour la plus part ont tenu tout au rebours, qu'il y avoit pluralité d'ames en chascun, toutes distinctes, deux en chaque beste, et trois en l'homme, deux mortelles, vegetative et sensitive, et la troisiesme intellective, immortelle. La tierce opinion, comme moyenne et plus suivie, tenue par plusieurs de toutes nations, est qu'il y a une ame en chaque animal sans plus : en toutes ces opinions il y a de la difficulté. Je laisse la premiere comme trop refutée et rejettée. La pluralité d'ames en chaque animal et homme, d'une part, semble bien estrange et absurde en la philosophie, car c'est donner plusieurs formes à une mesme chose, et dire qu'il y a plusieurs substances et subjects en un, deux bestes en une, trois hommes en un : d'autre part, elle facilite fort la creance de l'immortalité de l'intellectuelle; car estans ainsi trois distinctes, il n'y a aucun inconvenient que les deux meurent, et la troisiesme demeure immortelle. L'unité semble resister à l'immortalité ; car comment une mesme indivisible pourra-t-elle estre en partie mortelle et en partie immortelle ? comme semble toutesfois avoir voulu Aristote. Certes il semble par necessité qu'elle soit ou du tout mortelle ou du tout immortelle, qui sont deux très lourdes absurdités : la premiere abolit toute religion et saine philosophie ; la seconde faict aussi les bestes immortelles. Neantmoins est bien plus vray-semblable qu'il n'y a qu'une ame en chasque animal, la pluralité et diversité des facultés, instrumens, actions n'y deroge point, ny ne multiplie en rien cette unité, non plus que la diversité des ruisseaux l'unité de la source et fontaine, ny la diversité des effects du soleil, eschaufer, esclairer, fondre, secher, blanchir, noircir, dissiper, tarir, l'unité et simplicité du soleil, autrement il y auroit un très grand nombre d'ames en un homme, et de soleils au monde : et cette unité essentielle de l'ame n'empesche point l'immortalité de l'humaine en son essence, encores que les facultés vegetative et sensitive, qui sont accidens, meurent, c'est à dire ne puissent estre exercées hors le corps, n'ayant l'ame subject ni instrument pour ce faire, mais si faict bien tousjours la troisiesme intellectuelle ; car pour elle, n'a point besoing de corps ; combien qu'estant dedans iceluy, elle s'en sert pour l'exercer : que si elle retournoit au corps, elle retourneroit aussi de rechef exercer ses facultés vegetative et sensitive, comme se voit aux ressuscités pour vivre icy bas, non aux ressuscités pour vivre ailleurs, car tels corps n'ont que faire pour vivre de l'exercice de telles facultés. Tout ainsi que le soleil ne manque pas, ains demeure en soy tout mesme et entier; encores que durant une pleine eclipse, il n'esclaire ny eschaufe, et ne face ses autres effects aux lieux subjects à icelle.

Ayant demonstré l'unité de l'ame en chasque subject, voyons d'où elle vient, et comment elle entre au corps. L'origine des ames n'est pas tenue pareille de tous, j'entends des humaines; car la vegetative et sensitive des plantes et des bestes, est par l'advis de tous, toute materielle, et en la semence, dont aussi est-elle mortelle; mais de l'ame humaine, il y a eu quatre opinions celebres. Selon la premiere, qui est des Stoïciens, tenue par Philon, juif, puis par les Manichéens, Priscillianistes, et autres : elle est extraitte et produite comme parcelle de la substance de Dieu, qui l'inspire au corps, prenant à leur advantage les paroles de Moyse, *inspiravit in faciem ejus spiraculum vitæ* [5]. La seconde, tenue par Tertullien, Apollinaris, les Luciferiens, et autres Chrestiens, dict qu'elle vient et derive des ames des parens avec la semence, à la façon des ames brutales. La troisiesme des Pythagori-

---

[5] « Il souffla sur sa face l'esprit de vie. » Gen. c. II, 188.

ciens et Platoniciens, tenue par plusieurs rabins et docteurs juifs, puis par Origene et autres docteurs chrestiens, dit qu'elles ont esté du commencement toutes creées de Dieu, faictes de rien, et reservées au ciel, pour puis estre envoyées icy bas, selon qu'il est besoing, et que les corps sont formés et disposés à les recevoir ; et de là est venue l'opinion de ceux qui ont pensé que les ames estoient icy bien ou mal traittées et logées en corps sains ou malades, selon la vie qu'elles avoient mené là haut au ciel avant estre incorporées : et certes le maistre de sagesse monstre bien qu'il croit que l'ame est l'ainée et avant le corps, *eram puer, bonam indolem sortitus, imò bonus cùm essem, corpus incontaminatum reperi* [6]. La quatriesme receue, et qui se tient en la chrestienté, est qu'elles sont toutes creées de Dieu, et infuses aux corps preparés, tellement que sa creation et infusion se fasse en mesme instant. Ces quatre opinions sont affirmatives : car il y en a une cinquiesme plus retenue, qui ne definit rien, et se contente de dire que c'est une chose secrete et incognue aux hommes, de laquelle ont esté sainct Augustin, Gregoire et autres, qui tou-

---

[6] « J'étais enfant, j'avais reçu en partage un bon naturel; et, comme j'étais bon, je trouvai un corps sans souillure ». Lib. *Sapient.* C. VIII, v. 19 et 20. — Charron a un peu altéré le texte : nous le rétablissons ici : *Puer autem eram ingeniosus, et sortitus sum animam bonam. — Et cum essem magis bonus, veni ad corpus incoïnquinatum.*

tesfois ont trouvé les deux dernieres affirmatives, plus vray-semblables que les deux premieres.

Voyons maintenant quand et comment elle entre au corps, si toute entiere en un coup, ou successivement ; j'entends de l'humaine, car de la brutale n'y a aucune doubte, puis qu'elle est naturelle en la semence, selon Aristote le plus suivi, c'est par succession de temps et par degrés, comme la forme artificielle que l'on feroit par pieces, l'une après l'autre, la teste, puis la gorge, le ventre, les jambes : d'autant que l'ame vegetative et sensitive toute materielle et corporelle, est en la semence, et avec elle descendue des parens, laquelle conforme le corps en la matrice, et iceluy faict, arrive la raisonnable de dehors, et pour cela n'y a ny deux ny trois ames, ny ensemble ny successivement, et ne se corrompt la vegetative par l'arrivée de la sensitive, ni la sensitive par l'arrivée de l'intellectuelle ; ce n'est qu'une qui se fait, s'acheve et parfaict avec le temps prescrit par nature. Les autres veulent qu'elle y entre avec toutes ses facultés en un coup, sçavoir lors que tout le corps est organisé, formé et tout achevé, et qu'auparavant n'y a eu aucune ame, mais seulement une vertu et energie naturelle, forme essentielle de la semence, laquelle agissant par les esprits qui sont en la dicte semence, avec la chaleur de la matrice et sang maternel, comme par instruments, forme et bastit le corps, agence tous les membres, les nourrit, meut, et accroit : ce qu'estant faict, cette energie et forme seminale s'esvanouit et se perd, et par ainsi la semence cesse d'estre semence, perdant sa forme par l'arrivée d'une autre plus noble, qui est l'ame humaine, laquelle faict que ce qui estoit semence ou embryon ne l'est plus, mais est homme.

Estant entrée au corps, faut sçavoir de quel genre et sorte est son existence en iceluy, quelle, et comment elle y faict sa residence. Aucuns philosophes empeschés à le dire, et à bien joindre et unir l'ame avec le corps, la font demeurer et resider en iceluy comme un maistre en sa maison, le pilote en son navire, le cocher en son coche : mais c'est tout destruire, car ainsi ne seroit-elle point la forme ny partie interne et essentielle de l'animal, ou de l'homme, elle n'auroit besoing des membres du corps pour y demeurer, ne se sentiroit en rien de sa contagion, mais seroit une substance toute distincte du corps, subsistant de soy, qui pourroit à son plaisir aller et venir, et se séparer du corps sans distinction d'iceluy, et sans diminution de toutes ses fonctions, qui sont toutes absurdités : l'ame est au corps comme la forme en la matiere, estendue et respandue par tout iceluy donnant vie, mouvement, sentiment, à toutes ses parties, et tous les deux ensemble ne font qu'une hypostase, un subject entier, qui est l'animal, et n'y a point de milieu qui les noüe et lie ensemble; car entre la matiere et la forme, il n'y a aucun milieu, ce dict toute la philosophie : l'ame donc est toute en tout le corps, je n'adjoute point (encores que soit le dire commun) qu'elle est toute en chasque partie du corps; car cela implique contradiction, et divise l'ame.

Or combien que l'ame comme dict est, soit par tout le corps diffuse et respandue, si est ce que pour exploitter et exercer ses facultés elle est plus specialement et expressement en certains endroits du corps qu'ès autres, esquels est dicte avoir son siege, et non y estre toute entiere, car le reste seroit sans ame et sans forme : et comme elle a quatre principales et maistresses facultés, aussi luy donne-t-on quatre sieges, ce sont les quatre regions que nous avons marqué cy-dessus en la composition du corps, les quatre premiers et principaux instrumens de l'ame, les autres se rapportent et dependent de ceux-cy, comme aussi toutes les facultés à celles-cy, sçavoir pour la faculté genitale les genitoires, pour la naturelle le foye, pour la vitale le cœur, pour l'animale et intellectuelle le cerveau.

Il vient *7 maintenant à parler en general de l'exercice de ses facultés : à quoy l'ame est de soy [8] sçavante et suffisante, dont elle ne faut point à produire ce qu'elle sçait, et bien exercer ses fonctions, comme

---

*7 Il convient maintenant de parler.
[8] Voyez la note de la page 54.

il faut, si elle n'est empeschée, et moyennant que ses instrumens soient bien disposés : dont a esté bien et vrayement dict par les sages, que nature est sage, sçavante, industrieuse, suffisante maistresse, qui rend habile à toutes choses, *insita sunt nobis omnium artium ac virtutum semina, magisterque ex occulto Deus producit ingenia* [9] : ce qui est aisé à monstrer par induction : la vegetative sans instruction forme le corps en la matrice tant excellemment, puis le nourrit et le faict croistre, attirant la viande, la retenant et cuisant, puis rejettant les excremens, elle engendre et refaict les parties qui defaillent, ce sont choses qui se voyent aux plantes, bestes, et en l'homme. La sensitive de soy sans instruction faict aux bestes, et en l'homme remuer les pieds, les mains, et autres membres, les gratter, frotter, secouer, demener les levres, tetter, plorer, rire : la raisonnable de mesme, non selon l'opinion de Platon, par reminiscence de ce qu'elle sçavoit avant entrer au corps ; ny selon Aristote, par reception et acquisition, venant de dehors par les sens, estant de soy une carte blanche et vuide, combien qu'elle s'en sert fort, mais de soy sans instruction, imagine, entend, retient, raisonne, discourt. Mais pour ce que cecy semble plus difficile de la raisonnable que des autres, et heurte aucunement

---

9 « Les semences de tous les arts et de toutes les vertus sont en nous ; mais c'est Dieu qui, en secret, produit les talens ».

Aristote, il en sera davantage traitté en son lieu, au discours de l'ame intellective.

Il reste encores le dernier point de l'ame, sa separation d'avec son corps, laquelle est de diverses sortes et genres : l'une et l'ordinaire est naturelle par mort, cette-cy est differente entre les animaux et l'homme : car par la mort des animaux l'ame meurt et est aneantie selon la regle, qui porte que par la corruption du subiect la forme se perd et perit, la matiere demeure. Par celle de l'homme, l'ame est bien separée du corps, mais elle ne se perd, ains demeure, d'autant qu'elle est immortelle.

L'immortalité de l'ame est la chose la plus universellement, religieusement (c'est le principal fondement de toute religion) et plausiblement retenue par tout le monde : j'entends d'une externe et publique profession ; car d'une serieuse, interne et vraye non pas tant, tesmoin tant d'Epicuriens, libertins, et moqueurs ; toutesfois les Saduceens, les plus gros milours*[10] des Juifs n'en faisoient point la petite bouche à la nier : la plus utilement creue, aucunement assez prouvée par plusieurs raisons naturelles et humaines, mais proprement et mieux establie par le ressort de la religion, que par tout autre moyen [11]. Il semble bien y avoir une inclination et

---

*[10] Les plus gros *milords*, c'est-à-dire, docteurs.

[11] Ce passage est un de ceux que Charron avait cru de-

disposition de nature à la croire, car l'homme desire naturellement allonger et perpetuer son estre; d'où vient aussi ce grand et furieux soin et amour de nostre posterité et succession : puis deux choses servent à la faire valoir et rendre plausible; l'une est l'esperance de gloire et reputation, et le desir de l'immortalité du nom, qui tout vain qu'il est, a un merveilleux credit au monde : l'autre est l'impression que les vices qui se derobent de la veue et cognoissance de l'humaine justice, demeurent tousjours en butte à la divine, qui les chastiera, voyre après la mort : ainsi outre que l'homme est tout porté et disposé par nature à la desirer, et par ainsi la croire, la justice de Dieu la conclud.

De là nous apprendrons y avoir trois differences et degrés d'ames, ordre requis à la perfection de l'univers. Deux extremes : l'un de celles qui estans du tout materielles, plongées, enfondrées et inseparables de la matiere; et ainsi avec elle corruptibles : ce sont les brutales *12 : l'autre au contraire de celles qui n'ont aucun commerce avec la matiere et le corps, comme les demons immortels : et au milieu est l'humaine qui comme moyenne n'est du tout attachée à

---

voir adoucir. Il s'expliquait avec bien plus de hardiesse dans la 1re. édition, comme on pourra le voir à la fin de la longue variante citée en note, dans ce chapitre.

*12 Les ames des bêtes.

la matiere, ny du tout sans elle, mais est joincte avec elle, et peust aussi sans icelle subsister et vivre. Cet ordre et distinction est un bel argument pour l'immortalité : ce seroit un vuide, un defaut et deformité trop absurde en nature, honteuse à son autheur, et ruineuse au monde, qu'entre deux extremes, le corruptible et incorruptible, il n'y eust point de milieu, qui fust en partie et l'un et l'autre : il en faut par necessité un qui lie et joigne les bouts, et n'est autre que l'homme. Au dessous les infimes, et du tout materielles, est ce qui n'en a point, comme les pierres : au dessus les plus hautes et immortelles, est l'eternel unique Dieu.

L'autre separation non naturelle ny ordinaire, et qui se faict par bouttées et par fois, est très difficile à entendre, et fort perplexe : c'est celle qui se faict par extase et ravissement, qui est fort diverse, et se faict par moyens fort differens : car il y en a de divine, telle que l'escriture nous r'apporte de Daniel, Zacharie, Esdras, Ezechiel, saint Paul. Il y en a de demoniacle*13 procurée par les demons et esprits bons ou mauvais, ce qui se lit de plusieurs, comme de Jean Duns dit Lescot, lequel estant en son extase

---

*13 Nous remarquerons, une fois pour toutes, que Charron écrit indifféremment *demoniacle* et *demoniaque*, *maniacle* et *maniaque*, etc. Sur certains mots, il n'y avait point encore d'orthographe et sans doute de prononciation, bien arrêtée.

trop longuement tenu pour mort, fut porté et jetté en terre ; mais comme il sentit les coups que l'on luy jettoit, revint à soy et fut retiré ; mais pour avoir perdu le sang et la teste cassée, il mourut tost du tout : Cardan le dit de soy et de son pere [14]. Et demeure bien vérifié autentiquement en plusieurs et divers endroits du monde, de plusieurs et presque tousjours populaires, foibles, et femmes possedées, desquels les corps demeurent non seulement sans mouvement et sans pouls de cœur et des arteres, mais encores sans sentiment aucun des plus cruels coups de fer et de feu ; et puis leurs ames estans revenues, ils sentoient de très grandes douleurs, et racontoient ce qu'elles avoient veu et faict fort loin de là. Tiercement y a l'humaine qui vient ou de la maladie que Hippocrates appelle sacrée, le vulgaire mal caduc, *morbus comitialis* [15], auquel l'on escume par la bouche, qui est sa marque, laquelle n'est point aux possedés, mais en son lieu y a une puante senteur : ou des medi-

---

[14] Le Cardan, dont il est question ici, était fils du célèbre Cardan, ce médecin italien, d'un esprit si bizarre, et qui, comme Socrate, croyait avoir un esprit familier. Ce fils de Cardan, aussi docteur en médecine, eut la tête tranchée à Rome, âgé de 26 ans seulement, pour avoir voulu empoisonner sa tante. *Voyez* dans Bayle, l'article *Cardan*.

[15] « La maladie des comices », c'est-à-dire, le mal caduc, le haut mal ; appelé ainsi, parce que les Romains rompaient leurs comices quand quelqu'un y tombait du haut mal.

caments narcotiques, stupefiants et endormissants. Ou de la force de l'imagination, qui s'efforce et se bande par trop en quelque chose, et emporte toute la force de l'ame. Or, en ces trois genres d'extase et ravissement, divin, demoniacle, humain, la question est, si l'ame est vrayement et realement separée du corps, ou si demeurant en iceluy, elle est tellement occupée à quelque chose externe qui est hors son corps, qu'elle oublie son propre corps, dont il advient une surseance et vacation de ses actions et exercice de ses fonctions. Quant à la divine, l'apostre parlant de soy et de son propre faict, n'en ose rien definir, *si in corpore vel extrà corpus nescio, Deus scit*[16], instruction qui devroit servir pour tous autres, et pour les autres abstractions moindres. Quant à la demoniacle, ne sentir de si grands coups, et rapporter ce qui a esté faict à deux ou trois cents lieues de là, sont deux grandes et violentes conjectures, mais non du tout necessaires; car le demon peut tant amuser l'ame et l'occuper au dedans, qu'elle n'aye aucune action ny commerce avec son corps, pour quelque temps, et cependant l'affoler et lui representer en l'imagination tellement ce qui a esté faict loing de là, qu'elle le puisse bien conter : car d'affirmer que certainement l'ame entiere sorte et abandonne son corps, le-

---

[16] « Si c'est en corps ou sans corps, je n'en sais rien, Dieu seul le sait ». S. Paul. Ép. II, aux Corinth. c. XII, v. 2.

quel ainsi demeureroit mort, il est bien hardi et choque rudement la nature : de dire que non entiere mais la seule imaginative ou intellectuelle est emportée, et que la vegetative demeure, c'est s'embarasser encores plus; car ainsi l'ame unique en son essence, seroit divisée, ou bien l'accident seul seroit emporté et non la substance. Quant à l'humaine, sans-doubte il n'y a point de separation d'ame, mais seulement suspension de ses actions externes et patentes.

Ce que devient l'ame, et quel est son estat après sa separation naturelle par mort, les opinions sont diverses, et ce poinct n'est du subject de ce livre. La metempsycose et transanimation de Pythagoras a esté aucunement embrassée par les Academiciens, Stoiciens, Egyptiens, et autres, non toutesfois de tous en mesme sens; car les uns l'ont admise seulement pour la punition des meschans, comme se lit de Nabuchodonosor changé en bœuf par punition divine. D'autres et plusieurs grands ont pensé que les ames bonnes et excellentes estans separées, devenoient anges, comme les meschantes, diables; il eust esté plus doux de les dire semblables à eux, *non nubent, sed erunt sicut angeli* [17]. Aucuns ont dict que les ames des plus meschans estoient au bout de quelque long

---

[17] « Ils ne se marieront pas, mais ils seront comme des anges ».

temps reduites en rien : mais il faut apprendre la verité de tout cecy, de la religion et des theologiens qui en parlent tout clairement.

CHAPITRE IX*.

De l'ame en particulier, et premierement de la faculté vegetative.

SOMMAIRE. — Des facultés de l'ame ; de sa faculté végétative, et des trois autres sortes de facultés qui en dérivent.

APRÈS la description generale de l'ame en ces dix poincts, il faut en parler particulierement, selon l'ordre de ses facultés, commençant par les moindres, lequel est tel, vegetative, sensitive, apprehensive, ou imaginative, appetitive, intellective, qui est la souveraine et vrayement humaine. Sous chascune y en a plusieurs, qui leur sont subjectes et comme parties d'icelles, comme se verra en les traittant de rang.

De la vegetative plus basse, qui est mesme aux plantes, je n'en veux parler beaucoup, c'est le propre subject des medecins, de la santé et de la maladie.

---

* Ce chapitre ne se trouve point dans la première édition.

Dirons seulement que soubs cette faculté, il y en a trois grandes qui s'entresuivent; car la premiere sert à la seconde, et la seconde à la troisiesme, et non au rebours. La premiere donc est la nourrissante pour la conservation de l'individu, et à icelle plusieurs autres servent, l'attractive de la viande necessaire, la concoctive, la digestive, separant le propre et bon du mauvais et nuisible : la retentive, et l'expulsive des superfluités : la seconde, accroissante pour la perfection et quantité deue à l'individu : la troisiesme est la generative pour la conservation de l'espece. Par où il se voyt que les deux premieres sont pour l'individu, et agissent au dedans de leur propre corps : la troisiesme est pour l'espece, agit et a son effect au dehors en autre corps, dont est plus digne que les autres, et approche de la faculté plus haute qui est la sensitive : c'est un grand tour de perfection de faire une autre chose semblable à soy[1].

---

[1] On ne doit guères regarder ce chapitre que comme une préface. En effet, Charron va traiter dans les autres, des facultés sensitive, générative, etc., qui lui semblent dériver de la faculté végétative.

CHAPITRE X*.

De la faculté sensitive.

SOMMAIRE. — Six choses sont requises pour l'exercice de la faculté sensitive, savoir l'usage des cinq sens, et le *sensorium commune* où tous les objets aperçus par les sens, sont recueillis, comparés et jugés.

EN l'exercice de cette faculté et fonction des sens concurrent ces six, dont y en a quatre dedans et deux dehors. Sçavoir l'ame comme premiere cause efficiente : la faculté de sentir (qui est une qualité de l'ame, et non elle-mesme) c'est à dire appercevoir et apprehender les choses externes, ce qui se faict en cinq façons, dont l'on constitue cinq sens (de ce nombre en sera parlé au chapitre suivant), sçavoir ouyr, voyr, flairer, gouster, toucher.

L'instrument corporel du sens, et y en a cinq, autant que de sens, l'œil, l'oreille, le haut creux du nez qui est l'entrée aux premiers ventricules du cerveau, la langue, la peau universelle du corps.

L'esprit qui derive du cerveau origine de l'ame

---

* Ce chapitre n'est point dans la première édition.

sensitive, par certains nerfs ausdits instrumens, par lequel esprit et instrument, l'ame exerce sa faculté.

L'espece sensible ou l'object proposé à l'instrument, qui est different selon la diversité des sens. L'object de la veue et de l'œil est selon l'advis commun la couleur, qui est une qualité adherente au corps, et y en a six simples, blanc, jaune, rouge, pourpre, verd et bleu : aucuns y adjoustent le septiesme, noir : mais à vray dire ce n'est couleur, ains privation, ressemblant aux tenebres, comme les couleurs plus ou moins à la lumiere : des composées une infinité : mais à mieux dire c'est la lumiere, qui n'est jamais sans couleur, et sans laquelle les couleurs sont invisibles. Or la lumiere est une qualité qui sort du corps lumineux, laquelle se faict voyr, et toutes choses, si estant terminée et arrestée par quelque corps solide, elle rejalit et redouble ses rayons; autrement si elle passe sans estre terminée, elle ne peust estre veue, si ce n'est en sa racine du corps lumineux d'où elle est partie, ny faire voyr les autres choses. De l'ouye et l'oreille c'est le son, qui est un bruit provenant du heurt des deux corps, et est divers, le doux et harmonieux adoucit et appaise l'esprit, et à sa suite le corps; chasse les maladies de tous deux : l'aigu penetrant et ravissant, au rebours trouble et blesse l'esprit. Du goust est la saveur qui est de six especes simples, doux, amer, aigre, verd, salé, aspre : mais il y en a plusieurs composés. Du flairement c'est l'odeur ou senteur, qui est une fumée sortant de l'object odoriferant, montant par le nez aux premiers ventricules du cerveau : le fort et violent nuict fort au cerveau, comme le son mauvais : le temperé et bon au contraire, le resjouit, delecte, et conforte. De l'attouchement est le chaud, froid, sec et humide, doux ou poli, aspre, le mouvement, le repos, le chatouillement.

Le milieu ou l'entredeux dudit object et de l'instrument, qui est l'air non alteré ny corrompu, mais libre et tel qu'il faut.

Ainsi le sentiment se faict quand l'espece sensible se presente par le milieu disposé, à l'instrument sain et disposé, et qu'en iceluy l'esprit assistant la reçoit et apprehende, tellement qu'il y a de l'action et passion, et les sens ne sont pas purement passifs ; car combien qu'ils reçoivent et soient frappés par l'object, si est-ce aussi qu'en quelque sens et mesure ils agissent, en appercevant et apprehendant l'espece [*1] et image de l'object proposé.

Anciennement et auparavant Aristote on mettoit difference entre le sens de la veue et les autres sens, et tenoient tous que la veue estoit active, et se faisoit en jettant hors l'œil, les rayons aux objects externes ; et les autres sens passifs, recevant la chose

---

[*1] Espèce nous paraît signifier ici *forme*. On trouve ce mot employé dans le même sens dix lignes plus bas.

sensible : mais depuis Aristote l'on les a faict tous pareils, et tous passifs, recevant en l'instrument les especes et images des choses ; les raisons des anciens au contraire sont aisées à soudre. Il y a de plus belles et hautes choses à dire des sens cy-après.

Or outre ces cinq sens particuliers qui sont au dehors, il y a au dedans, le sens commun où tous les objects divers apperceus par iceux, sont assemblés et ramassés pour estre puis comparés, distingués, et discernés les uns des autres, ce que ne peuvent faire les particuliers, estant chascun attentif à son object propre, et ne pouvant cognoistre de celuy de son compagnon.

CHAPITRE XI*.
Des sens de nature.

SOMMAIRE. — Importance des sens naturels ; leur nombre, leur capacité à distinguer et à comparer les objets, la comparaison des uns aux autres ; la supériorité de celui de la vue sur les quatre autres ; leur faiblesse et incertitude. Tromperie mutuelle des sens et de l'esprit. Les sens sont communs à l'homme et aux bestes. Le jugement des sens est difficile et dangereux.

TOUTE cognoissance s'achemine en nous par les sens, ce dict-on en l'escole ; mais n'est pas du tout

---

* C'est le douzième de la première édition.

vray, comme se verra après : ce sont nos premiers maistres : elle commence par eux, et se resout en eux : ils sont le commencement et la fin de tout : il est impossible de reculer plus arriere ; chascun d'eux est chef et souverain en son ordre et a grande domination, amenant un nombre infini de cognoissances, l'un ne tient ny ne depend, ou a besoing de l'autre ; ainsi sont-ils egalement grands, bien qu'ils ayent beaucoup plus d'estendue, de suite, et d'affaires les uns que les autres, comme un petit roytelet est aussi bien souverain en son petit destroict*¹, que le grand en un grand estat.

C'est un axiome entre nous, qu'il n'y a que cinq sens de nature, pour ce que nous n'en remarquons que cinq en nous, mais il y en peust bien avoir davantage : et y a grand doubte et apparence qu'il y en a ; mais il est impossible à nous de le sçavoir, l'affirmer, ou nier, car l'on ne sçauroit jamais cognoistre le defaut d'un sens que l'on n'a jamais eu. Il y a plusieurs bestes qui vivent une vie pleine et entiere, à qui manque quelqu'un de nos cinq sens, et peust l'animal vivre sans les cinq sens, sauf l'attouchement, qui seul est necessaire à la vie. Nous vivons très commodement avec cinq, et peut-estre qu'il nous en manque encores un, ou deux, ou trois ; mais ne se peust sçavoir : un sens ne peust descouvrir l'autre :

---

*¹ District, domaine, territoire.

et s'il en manque un par nature, l'on ne le sçauroit trouver à dire. L'homme né aveugle, ne sçauroit jamais concevoir qu'il ne voyt pas, ny desirer de voyr ou regretter la veue : il dira bien, peut-estre, qu'il voudra voyr; mais cela vient qu'il a ouy dire ou apprins d'autruy, qu'il a à dire *² quelque chose : la raison est que les sens sont les premieres portes et entrées à la cognoissance. Ainsi l'homme ne pouvant imaginer plus que les cinq qu'il a, ne sçauroit deviner s'il y en a davantage en nature, mais il y en peust avoir. Qui sçait si les difficultés que nous trouvons en plusieurs ouvrages de nature, et les effects des animaux, que nous ne pouvons entendre, viennent du defaut de quelque sens ³ que nous n'avons pas ? Des proprietés occultes que nous appellons en plusieurs choses, il se peust dire qu'il y a des facultés sensitives en nature, propres à les juger et appercevoir, mais que nous ne les avons pas, et que l'ignorance de telles choses vient de nostre defaut. Qui sçait si c'est quelque sens particulier qui descouvre aux coqs l'heure de minuit et du matin, et les esmeut à chanter, qui achemine les bestes à prendre certaines herbes à leur guarison, et tant d'autres choses comme cela? Personne ne sçauroit dire que ouy, ny que non.

---

*² Qu'il lui manque quelque chose.
³ Les preuves de cette opinion seraient difficiles, mais les conjectures en sa faveur s'offrent en foule.

Aucuns *4 essayent de rendre raison de ce nombre des cinq sens, et prouver la suffisance d'iceux en les distinguant et comparant diversement. Les choses externes, objects des sens, sont ou tout près du corps, ou eslongnées : si *5 tout près, mais qui demeurent dehors, c'est l'attouchement ; s'ils entrent, c'est le goust : s'ils sont plus eslongnés et presens en droicte ligne, c'est la veue : si obliques et par reflexion, c'est l'ouye. On pourroit mieux dire ainsi, que ces cinq sens estans pour le service de l'homme entier, aucuns sont entierement pour le corps : sçavoir le goust et l'attouchement, celuy-là pour ce qui entre, cettuy-cy pour ce qui demeure dehors. Autres premierement et principalement pour l'ame, la veue et l'ouye : la veue pour l'invention ; l'ouye pour l'acquisition et communication ; et un au milieu pour les esprits mitoyens, et liens de l'ame et du corps, qui est le fleurer *6. Plus ils respondent au quatre elemens et leurs qualités : l'attouchement à la terre, l'ouye à l'air, le goust à l'eau et humide, le fleurer au feu ; la veue

---

*4 Quelques-uns.

*5 Si elles sont tout près.

*6 *Fleurer* pour *flairer*. La 1re édition écrit toujours *fleurer*. Dans les édition suivantes où plusieurs mots ont été rajeunis, au moins pour l'orthographe, on trouve tantôt *flairer*, tantôt *fleurer*. Peut-être il eut été bon de conserver l'ancienne manière d'écrire : elle eut du moins prouvé l'origine de notre mot *flairer*.

est composée et a de l'eau et du feu à cause de la splendeur de l'œil : encores disent-ils qu'il y a autant de sens qu'il y a de chefs et genres de choses sensibles, qui sont couleur, son, odeur, saveur, et le cinquiesme, qui n'a point de nom propre, object de l'attouchement, qui est chaud, froid, aspre, rabotteux, poly, et tant d'autres. Mais l'on se trompe, car le nombre des sens n'a point esté dressé par le nombre des choses sensibles, lesquelles ne sont point cause qu'il y en a autant. Selon cette raison, il y en auroit beaucoup plus : et un mesme sens reçoit plusieurs divers chefs d'objects : et un mesme object est apperceu par divers sens : dont le chatouillement des aisselles, et le plaisir de Venus, sont distingués des cinq sens, et par aucuns comprins en l'attouchement : mais c'est plustost de ce que l'esprit n'a peu venir à la cognoissance des choses, que par ces cinq sens, et que nature lui en a autant baillé qu'il estoit requis pour son bien et sa fin.

*Leurs comparaisons sont diverses en dignité et noblesse : la veue excelle sur les autres en cinq choses, s'estend et apperçoit plus loin jusques aux es-

---

* *Variante.* Au reste la veue passe tous les autres en promptitude, allant jusques au ciel en un moment; car elle agist en l'air, peinct de la lumiere sans mouvement : aucun des autres ne peust sans mouvement recevoir : or tout mouvement requiert du temps : et combien que tous soient ca-

toiles fixes : a plus de choses, car à toutes choses par tout y a lumiere et couleur, objects de la veue : est plus exquise, exacte et particuliere, jusques aux choses plus menues et minces : est plus prompte et subite appercevant en un moment jusques au ciel, d'autant que c'est sans mouvement : aux autres sens y a mouvement qui requiert du temps : est plus divine, les marques de divinité sont plusieurs, sa liberté, non pareille aux autres, par laquelle l'œil voyt ou ne voyt, dont il a les paupieres promptes à ouvrir et fermer : sa force à ne travailler et ne se lasser à voyr : son activité et puissance à plaire ou deplaire, et contenter, ou mescontenter, signifier et insinuer les pensers, volontés, affections, car l'œil parle et frappe, sert de langue et de main ; les autres sont purement passifs : la plus noble est la crainte aux tenebres, qui est naturelle, et vient de ce que l'on se sent privé et destitué d'un tel guide, dont l'on desire compagnie pour soulagement : or la veue en la lumiere est au lieu de compagnie : l'ouye en revanche a bien plusieurs singularités excellentes, elle est bien plus spirituelle et servant au dedans : mais la particuliere comparaison de ces deux qui sont les plus nobles, et

---

pables de plaisir et de douleur, si est ce que l'attouchement peust recevoir tres grand douleur et presque point de plaisir ; et le goust au contraire grand plaisir et presque point de douleur. Edit. de 1601, l. 1, ch. 12, §. 4.

du parler, sera au chapitre suivant. Au plaisir et desplaisir, combien que tous en soient capables, si est-ce que l'attouchement peust recevoir très grand douleur et presque point de plaisir ; le goust au contraire grand plaisir et presque point de douleur. En l'organe et instrument, l'attouchement est universel, respandu par tout le corps, pour sentir les coups du chaud et du froid ; les autres sont assignés à certain lieu et membre.

De la foiblesse et incertitude de nos sens viennent ignorance, erreurs, et tout mesconte : car puis que par leur entremise vient toute cognoissance, s'ils nous faillent en rapport, il n'y a plus que tenir : mais qui le peust dire et les accuser qu'ils faillent, puis que par eux on commence à apprendre et cognoistre ? Aucuns ont dict, qu'ils ne faillent jamais, et que quand ils semblent faillir, la faute vient d'ailleurs, et qu'il s'en faut prendre plustost à toute autre chose, qu'aux sens : autres ont dict tout au rebours, qu'ils sont tous faux, et qu'ils ne nous peuvent rien apprendre de certain ; mais l'opinion moyenne est la plus vraye.

Or que les sens soyent faux ou non, pour le moins il est certain qu'ils trompent, voyre forcent ordinairement le discours, la raison : et en eschange sont trompés par elle. Voilà quelle belle science et certitude l'homme peust avoir, quand le dedans et le dehors est plein de fausseté et de foiblesse ; et que ces parties principales, outils essentiels de la science, se trompent l'un l'autre. Que les sens trompent et forcent l'entendement, il se voyt ès sens, desquels les uns eschauffent en furie, autres adoucissent, autres chatouillent l'ame. Et pourquoy ceux qui se font saigner, inciser, cauteriser, destournent-ils les yeux, sinon qu'ils sçavent bien l'authorité grande que les sens ont sur leurs discours? la veue d'un grand precipice estonne celui qui se sait bien en lieu asseuré, et en fin le sentiment ne vainq-il pas et renverse toutes les belles resolutions de vertu et de patience? Qu'aussi au rebours les sens sont pipés par l'entendement, il appert, par ce que l'ame estant agitée de cholere, d'amour, de haine et autres passions, nos sens voyent et oyent les choses autres qu'elles ne sont; voyre quelques fois nos sens sont souvent hebetés du tout par les passions de l'ame : et semble que l'ame retire au dedans et amuse les operations des sens; l'esprit empesché ailleurs, l'œil n'apperçoit pas ce qui est devant, et ce qu'il voyt; la veue et la raison jugeant tout diversement de la grandeur du soleil, des astres, de la figure d'un baston en l'eau.

Aux sens de nature les animaux ont part comme nous, et quelquesfois plus : car aucuns ont l'ouye plus aiguë que l'homme; autres la veue; autres le fleurer*7; autres le goust : et tient-on qu'en l'ouye le

---

*7 Voyez la note *6 ci-dessus.

cerf tient le premier lieu, et en la veue l'aigle, au fleurer le chien, au goust le singe, en l'attouchement la tortue; toutes fois la preéminence de l'attouchement est donnée à l'homme, qui est de tous les sens le plus brutal. Or si les sens sont les moyens de parvenir à la cognoissance, et les bestes y ont part, voyre quelquesfois la meilleure, pourquoy n'auront-elles cognoissance?

Mais les sens ne sont pas seuls outils de la cognoissance, ny les nostres mesmes ne sont pas seuls à consulter et croire; car si les bestes par leurs sens jugent autrement des choses que nous par les nostres, comme elles font, qui en sera creu? Nostre salive nettoye et desseche nos playes, elle tue aussi le serpent[8] : qui sera la vraye qualité de la salive? dessecher, et nettoyer, ou tuer? Pour bien juger des operations des sens, il faut estre d'accord avec les bestes, mais bien avec nous-mesmes; nostre œil pressé et serré voyt autrement qu'en son estat ordinaire; l'ouye resserrée reçoit les objects autrement que ne l'estant; autrement voyt, oyt [*9], gouste un enfant, qu'un homme faict, et cestuy-cy qu'un vieillard, un sain qu'un malade, un sage qu'un fol. En une si grande diversité et contrarieté, que faut-il tenir pour

---

[8] C'est, sans nul doute, une erreur populaire, fondée sur quelque superstition ou allégorie ancienne.

[*9] Cette phrase est ainsi ponctuée dans l'édition de Bastien : *voyt, oyt : gouste*, etc.; mais c'est évidemment une faute.

certain? Voyre un sens dement l'autre; une peincture semble relevée à la veue, à la main elle est platte.

CHAPITRE XII*.

Du voyr, ouyr et parler.

SOMMAIRE. — Comparaison des trois facultés, de voir, d'ouïr et de parler. Prééminence de celle de l'ouïe sur celle de la vue. De la force et de l'autorité de la parole. De la bonne et mauvaise langue. Correspondance de l'ouïe et de la parole.

Exemples : La femme d'Agamemnon. — David. — Gracchus.

CE sont les trois plus riches et excellens joyaux corporels de tous ceux qui sont en monstre, et y a dispute sur leurs preéminences. Quant à leurs organes, celuy de la veue est, en sa composition et sa forme, admirable, et d'une beauté vive et esclatante, pour la grande variété et subtilité de tant de petites pieces, d'où l'on dict que l'œil est une des parties du corps, qui commencent les premieres à se former, et la derniere qui s'acheve. Et pour cette mesme cause est-il delicat, et, dict-on, subject à six vingt¹ maladies.

---

* C'est le treizième de la première édition.

¹ Cette croyance populaire tient aux allégories de l'an-

Puis vient celuy du parler; mais en récompense l'ouye a plusieurs grands advantages. Pour le service du corps, la veue est beaucoup plus necesssaire. Dont il [2] importe bien plus aux bestes que l'ouye : mais pour l'esprit, l'ouye tient le dessus. La veue sert bien à l'invention des choses, qui par elle ont esté presque toutes descouvertes; mais elle ne mene rien à perfection : davantage la veue n'est capable que des choses corporelles et d'individus, et encores de leur crouste et superficie seulement; c'est l'outil des ignorans et des imperites, *qui moventur ad id quod adest, quodque præsens est* [3].

L'ouye est un sens spirituel, c'est l'entremetteur et l'agent de l'entendement, l'outil des sçavans et spirituels, capable non-seulement des secrets et intérieurs des individus, à quoy la veue n'arrive pas;

---

cienne mythologie : les 120 (= 12 × 10), maladies de l'œil, sont peut-être la même allégorie que celle des douze travaux d'Hercule ou du soleil, œil du monde, dans les douze signes du Zodiaque. Par conséquent ce nombre est imaginaire, et cette croyance superstitieuse comme tant d'autres.

[2] *Il* se rapporte à *l'œil* nommé dans les phrases qui précèdent médiatement celle où il est question de *la vue*, à laquelle ce pronom devrait se rapporter : l'auteur a suivi la construction logique ou mentale, au lieu de la construction grammaticale. Ce qui arrive souvent aussi à Montaigne, son contemporain et son modèle.

[3] « Qui se meuvent vers ce qui est devant eux, vers ce qui est présent. »

mais encores des especes, et de toutes choses spirituelles et divines, ausquelles la veue sert plustost de destourbier *4 que d'ayde; dont il y a eu non-seulement plusieurs aveugles grands et sçavans, mais d'autres encores qui se sont privés de veue à escient, pour mieux philosopher, et nul jamais de sourd. C'est par où l'on entre en la forteresse, et s'en rend-on maistre : l'on ploye l'esprit en bien ou en mal, tesmoin la femme du roi Agamemnon, qui fut contenue au devoir de chasteté au son de la harpe⁵; et David, qui par mesme moyen chassoit le mauvais esprit de Saül, et le remettoit en santé; et le joueur de fleutes, qui amolissoit et roidissoit la voix de ce grand orateur Gracchus. Bref, la science, la verité et la vertu n'ont point d'autre entremise ni d'entrée en l'ame, que l'ouye : voyre la chrestienté enseigne que la foy et le salut est par l'ouye, et que la veue y nuict plus qu'elle n'y aide; que la foy est la creance des choses qui ne se voyent, laquelle est acquise par l'ouye : et elle appelle ses apprentifs et novices auditeurs Κατηχουμένους⁶. Encores adjousteray-je ce mot, que l'ouye apporte un grand secours aux tenebres et aux endor-

---

*4 D'obstacle, d'empêchement; du latin *disturbare*.

⁵ La musique produit aujourd'hui un effet tout contraire.

⁶ Catéchumènes, qui sont catéchisés, c'est-à-dire, instruits des premiers principes. Du grec, κατηχέω, je catéchise, j'enseigne les élémens de la religion.

mis, affin que par le son ils pourvoyent à leur conservation. Pour toutes ces raisons, les sages recommandent tant l'ouye, la garder vierge et nette de toute corruption, pour le salut du dedans, comme pour la seureté de la ville l'on faict garde aux portes et murs, affin que l'ennemy n'y entre.

La parole est peculierement donnée à l'homme, present excellent et fort necessaire. Pour le regard de celuy d'où elle sort, c'est le truchement et l'image de l'ame, *animi index et speculum* [7], le messager du cueur, la porte par laquelle tout ce qui est dedans sort dehors, et se met en veue : toutes choses sortent des tenebres et du secret, viennent en lumiere, l'esprit se faict voyr ; dont disoit un ancien à un enfant, parle affin que je te voye, c'est-à-dire, ton dedans : comme les vaisseaux se cognoissent s'ils sont rompus, ouverts ou entiers, pleins ou vuides par le son, et les metaux par la touche, ainsi l'homme par le parler : de toutes les parties du corps qui se voyent et se monstrent au dehors, celle qui est plus voisine du cueur, c'est la langue par sa racine : aussi ce qui suit de plus près la pensée, c'est la parole : de l'abondance du cueur la bouche parle[8]. Pour le regard de celuy qui la reçoit, c'est un maistre puissant et un regent imperieux, qui, entré en la forteresse, s'empare du mais-

---

[7] « L'indicateur et le miroir de l'ame. »
[8] *Ex abundantiâ cordis os loquitur.* Math. C. XII, v. 34.

tre, l'agite, l'anime, l'aigrist, l'appaise, l'irrite, le contriste, le resjouit, lui imprime toute telle passion qu'il veut, manie et paistrit l'ame de l'escoutant, et la plie à tous sens, le faict rougir, blaismir, pallir, rire, plorer, trembler de peur, tremousser d'estonnement, forcener de cholere, tressaillir de joie, outrer et transir de passion. Pour le regard de tous, la parole est la main de l'esprit, par laquelle, comme le corps par la sienne, il prend et donne, il demande conseil et secours, et le donne. C'est le grand entremetteur et courretier : par elle le trafficq se faict, *merx à Mercurio* [9], la paix se traicte, les affaires se manient, les sciences et les biens de l'esprit se debitent et distribuent ; c'est le lien et le ciment de la societé humaine (moyennant qu'il soit entendu : car, dict un ancien, l'on est mieux en la compagnie d'un chien cognu, qu'en celle d'un homme duquel le langage est incognu, *ut externus alieno non sit hominis vice* [10]) : bref l'outil et instrument à toutes choses

---

[9] « *Merx*, commerce, vient de *Mercurius*, Mercure ». C'est le contraire : *merx* ne vient pas de *Mercurius*; c'est *Mercurius* qui vient de *merx, cis*, et de la finale *urio*, formée du latin *uro* : il signifie par conséquent le Dieu qui recherche la marchandise et le lucre. Mercure est, en effet, à la fois le patron du commerce et le dieu des voleurs.

[10] « De manière qu'un étranger n'est pas un homme pour celui qui ne l'entend pas. »

bonnes et mauvaises. *Vita et mors in manibus linguæ* [11] : il n'y a rien meilleur ny pire que la langue : la langue du sage, c'est la porte d'un cabinet royal, laquelle s'ouvrant, voila incontinent mille choses diverses se representent toutes plus belles l'une que l'autre, des Indes, du Peru*[12], de l'Arabie. Ainsi le sage produict et faict marcher en belle ordonnance sentences et aphorismes de la philosophie, similitudes, exemples, histoires, beaux mots triés de toutes les mines et thresors vieux et nouveaux, *qui profert de thesauro suo nova et vetera* [13], qui servent au reiglement des mœurs, de la police, et de toutes les parties de la vie et de la mort, ce qu'estant desployé en son temps et à propos, apporte avec plaisir une grande beauté et utilité : *mala aurea in lectis argenteis, qui loquitur verbum in tempore suo* [14]. La bouche du meschant c'est un trou puant et pestilentieux; la langue mesdisante, meurtriere de l'honneur d'autruy, c'est une mer et université de maux, pire que le fer, le feu, la poison, la mort, l'enfer. *Lingua ignis est, universitas iniquitatis...*

---

[11] « La vie et la mort sont au pouvoir de la langue ». Prov. C. XVIII, v. 21.

*[12] *Pérou.*

[13] « Qui tire de son trésor des choses nouvelles et anciennes. ».

[14] « Les paroles dites à propos, sont comme des pommes d'or sur des lits d'argent ». Prov. C. XXV, v. 11.

inquietum malum, plena veneno mortifero[15]. — *Mors illius, mors nequissima; et utilis potiùs infernus quàm illa*[16].

Or ces deux l'ouye et la parole, se respondent et rapportent l'une à l'autre, ont un grand cousinage ensemble, l'un n'est rien sans l'autre; comme aussi par nature, en un mesme subject l'un n'est pas sans l'autre. Ce sont les deux grandes portes par lesquelles l'ame faict tout son trafficq, et a intelligence par tout; par ces deux les ames se versent les unes dedans les autres, comme les vaisseaux en appliquant la bouche de l'un à l'entrée de l'autre; que si ces deux portes sont closes comme aux sourds et muets, l'esprit demeure solitaire et miserable. L'ouye est la porte pour entrer; par icelle l'esprit reçoit toutes choses de dehors, et conçoit comme la femelle : la parole est la porte pour sortir; par icelle l'esprit agist et produict comme masle : par la communication de ces deux, comme par le choc et heurt roides des pierres et fers, sort et saille le feu sacré de verité. Car se frottans et limans l'un contre l'autre, ils se desrouillent, se purifient et s'esclaircissent, et toute cognoissance vient

---

[15] « La langue est un feu, un monde d'iniquités, un mal qui tourmente; elle est pleine d'un venin mortel ». Jacob. Ep. III, C. III, v. 6 et 8.

[16] « La mort qu'elle cause est une mort très-malheureuse, et le tombeau vaut encore mieux ». Eccl. C. XXVIII, v. 25.

à perfection : mais l'ouye est la premiere, car il ne peust rien sortir de l'ame qu'il ne soit entré devant, dont tout sourd de nature est aussi muet; il faut premierement que l'esprit se meuble et se garnisse par l'ouye, pour puis*17 distribuer par la parole, dont le bien et le mal de la parole, et presque de tout lhomme, depend de l'ouye : qui bien oyt bien parle, et qui mal oyt mal parle. De l'usage et reigle de la parole cy-après 18.

*17 Pour ensuite distribuer, etc.
18 Au Livre III, c. 43.

CHAPITRE XIII*.

Des autres facultés, imaginative, memorative, appetitive.

SOMMAIRE. — Tous les objets aperçus par les sens, restent, comme autant d'images, empreints dans le cerveau.

La faculté phantastique ou imaginative ayant recueilli et retiré les especes et images apperceues par les sens, les retient et reserve : tellement qu'estans les objects absens et eslongnés, voyre l'homme dormant, et les sens clos et assoupis, elle les represente à l'esprit et à la pensée, *phantasmata, idola, seu ima-*

* Ce chapitre ne se trouve point dans la première édition.

gines dicuntur[1], et faict à peu près au dedans à l'entendement, ce qu'au dehors l'object avoit faict aux sens.

La faculté memorative est le gardoir et le registre de toutes ces especes et images, apperceues par les sens, retirées et comme scellées par l'imagination.

La faculté appetitive cherche et poursuit les choses qui semblent bonnes et convenables.

---

[1] « Et c'est ce qu'on appelle des fantômes, des spectres ou des images.

CHAPITRE XIV[*].

De la faculté intellective et vrayement humaine.

SOMMAIRE. — Le cerveau est le siége et l'instrument de la faculté intellective. L'ame raisonnable est organique. Du tempérament du cerveau dépendent les facultés de l'ame. Il n'y a que trois tempéramens, et trois sortes d'entendemens. Propriétés des facultés de l'ame, et leur ordre. Leur comparaison en dignité. Image des trois facultés de l'ame. Son action et son moyen d'agir par le ministère des sens.

DEUX choses sont à dire avant tout autre discours, son siege ou instrument, et son action. Le siege de

---

[*] Ce chapitre n'est point dans la première édition.

l'ame raisonnable, *ubi sedet pro tribunali* [1], est le cerveau et non pas le cueur, comme, avant Platon et Hippocrates, l'on avoit communement pensé ; car le cueur a sentiment, mouvement, n'est capable de sapience. Or le cerveau, qui est beaucoup plus grand en l'homme, qu'à tous autres animaux, pour estre bien faict et disposé, affin que l'ame raisonnable agisse bien, doibt approcher de la forme d'un navire, et n'estre point rond, ny par trop grand, ou par trop petit, bien que le plus grand soit moins vitieux, estre composé de substances et de parties subtiles, délicates et deliées, bien joinctes et unies sans separation ny entre-deux, ayant quatre petits creux ou ventres, dont les trois sont au milieu, rangés de front et collateraux entre eux, et derriere eux, tirant au derriere de la teste, le quatriesme seul, auquel se faict la preparation et conjonction des esprits vitaux, pour estre puis faicts animaux, et portés aux trois creux de devant, ausquels l'ame raisonnable faict et exerce ses facultés, qui sont trois, entendement, memoire, imagination, lesquelles ne s'exercent point separement et distinctement, chascune en chascun creux ou ventre, comme aucuns ont vulgairement pensé, mais communement et par ensemble toutes trois en tous trois, et en chascun d'eux, à la façon des sens externes qui sont doubles, et ont deux creux, en

---

[1] « Où elle siége comme sur un tribunal ».

chascun desquels le sens s'exerce tout entier. D'où vient que celuy qui est blessé en l'un ou deux de ces trois ventres, comme le paralytique, ne laisse pas d'exercer toutes les trois, bien que plus foiblement, ce qu'il ne feroit si chascune faculté avoit son creux à part.

Aucuns ont pensé que l'ame raisonnable n'estoit point organique, et n'avoit besoing, pour faire ses fonctions, d'aucun instrument corporel, pensant par là bien prouver l'immortalité de l'ame : mais sans entrer en un labyrinthe de discours, l'experience oculaire et ordinaire dement cette opinion, et convainq du contraire; car l'on sçait que tous hommes n'entendent ny ne raisonnent de mesme et egalement, ains avec très grande diversité; et un mesme homme aussi change, et en un temps raisonne mieux qu'en un autre, en un aage, en un estat et certaine disposition, qu'en un autre, tel mieux en santé qu'en maladie, et tel autre mieux en maladie qu'en santé : un mesme en un temps prevaudra en jugement, et sera foible en imagination. D'où peuvent venir ces diversités et changemens, sinon de l'organe et instrument, changeant d'estat? et d'où vient que l'yvrognerie, la morsure du chien enragé, une fievre ardente, un coup en la teste, une fumée montant de l'estomach, et autres accidens, feront culbuter et renverseront entierement le jugement, tout l'esprit intellectuel et toute la sagesse de Grece, voyre contraindront l'ame de desloger du corps ? Ces accidens purement corporels ne peuvent toucher n'y arriver à cette haute faculté spirituelle de l'ame raisonnable, mais seulement aux organes et instrumens, lesquels estant detraqués et desbauchés, l'ame ne peust bien et reiglement agir, et estant par trop forcée et violentée, est contraincte de s'absenter et de s'en aller. Au reste, se servir d'instrument ne prejudicie point à l'immortalité; car Dieu s'en sert bien, et y accommode ses actions. Et comme selon la diversité de l'air, region et climat, Dieu produict les hommes fort divers en esprit et suffisance naturelle, car en Grece et en Italie il les produict bien plus ingenieux qu'en Moscovie et Tartarie : aussi l'esprit, selon la diversité des dispositions organiques, des instrumens corporels, raisonne mieux ou moins. Or l'instrument de l'ame raisonnable, c'est le cerveau et le temperament d'iceluy, duquel nous avons à parler.

Temperament est la mixtion et proportion des quatre premieres qualités, chaud, froid, sec et humide ; ou bien une cinquiesme resultante, comme l'harmonie de ces quatre. Or, du temperament du cerveau vient et depend tout l'estat et l'action de l'ame raisonnable ; mais ce qui cause et apporte une grande misere à l'homme, est que les trois facultés de l'ame raisonnable, entendement, memoire, imagination, requierent et s'exercent par temperamens contraires. Le temperament qui sert et est propre à l'entendement est sec, d'où vient que les advancés en aage prevalent en entendement par dessus les jeunes, d'autant que le cerveau s'essuye et s'asseche tousjours plus; aussi les melancholiques secs, les affligés, indigens, et qui sont à jeun (car la tristesse et le jeusne desseche), sont prudens et ingenieux, *splendor siccus; animus sapientissimus... Vexatio dat intellectum*[2]; et les bestes du temperament plus sec, comme fourmis, abeilles, elephans, sont prudentes et ingenieuses; comme les humides, tesmoin le pourceau, sont stupides, sans esprit; et les meridionaux, secs et modérés en chaleur interne du cerveau, à cause du violent chaud externe.

Le temperament de la memoire est humide, d'où vient que les enfans l'ont meilleure que les vieillards, et le matin après l'humidité acquise par le dormir de la nuict, plus propre à la memoire, laquelle est aussi plus vigoureuse aux Septentrionaux : j'entends ici une humidité non aqueuse, coulante en laquelle ne se puisse tenir aucune impression, mais aërée, gluante, grasse et huileuse, qui facilement reçoit et retient fort, comme se voyt aux peinctures faictes en huile : le temperament de l'imagination est chaud, d'où vient que les frenetiques, maniacles et malades de maladies

---

[2] « Tempérament sec, esprit très-sage... Les abstinences et austérités donnent de l'intelligence ». — Je traduis ici plutôt d'après ce qui précède, que d'après le sens littéral des paroles.

ardentes, sont excellens en ce qui est de l'imagination, poësie, divination, et qu'elle est forte en la jeunesse et adolescence (les poëtes et prophetes ont fleuri en cet aage), et aux lieux metoyens *3, entre Septentrion et Midy.

De la diversité des temperamens, il advient qu'on peust estre mediocre en toutes les trois facultés, mais non pas excellent, et que qui est excellent, en l'une des trois, est foible ès autres. Que les temperamens de la memoire et l'entendement soient fort differens et contraires, cela est clair, comme le sec et l'humide, de l'imagination : qu'il soit contraire aux autres, il ne le semble pas tant, car la chaleur n'est pas incompatible avec le sec et l'humide, et toutesfois l'experience monstre que les excellens en l'imagination sont malades en l'entendement et memoire, et tenus pour fous et furieux : mais cela vient que la chaleur grande qui sert l'imagination, consomme et l'humidité qui sert à la memoire, et la subtilité des esprits et figures, qui doit estre en la secheresse qui sert à l'entendement, et ainsi est contraire et destruit les deux autres.

De tout cecy il est evident qu'il n'y a que trois principaux temperamens, qui servent et fassent agir l'ame raisonnable, et distinguent les esprits; sçavoir le chaud, le sec et l'humide. Le froid ne vaut à rien, n'est point actif, et ne sert qu'à empescher tous les

---

*3 Mitoyens.

mouvemens et fonctions de l'ame : et quand il se lit souvent aux autheurs que le froid sert à l'entendement, que les froids de cerveau, comme les melancholiques et les meridionaux, sont prudens, sages, ingenieux, là le froid se prend non simplement, mais pour une grande moderation de chaleur. Car il n'y a rien plus contraire à l'entendement et sagesse, que la grande chaleur, laquelle au contraire sert à l'imagination ; et selon les trois temperamens, il y a trois facultés de l'ame raisonnable : mais comme les temperamens, aussi les facultés reçoivent divers degrés, subdivisions et distinctions.

Il y a trois principaux offices et differences d'entendement, inferer, distinguer, eslir. Les sciences qui appartiennent à l'entendement sont la theologie scholastique, la theorique de medecine, la dialectique, la philosophie naturelle et morale. Il y a trois sortes de differences de memoire, recevoir et perdre facilement les figures, recevoir facilement et difficilement perdre : difficilement recevoir et facilement perdre. Les sciences de la memoire sont la grammaire, theorique de jurisprudence et theologie positive, cosmographie, arithmetique. De l'imagination y a plusieurs differences, et en beaucoup plus grand nombre que de la memoire et de l'entendement : à elle appartiennent proprement les inventions, les faceties et brocards, les poinctes et subtilités, les fictions et mensonges, les figures et comparaisons, la propriété, netteté, elegance, gentillesse. Parquoy appartiennent à elle la poësie, l'eloquence, musique, et generalement tout ce qui consiste en figure, correspondance, harmonie et proportion.

De toute cecy appert que la vivacité, subtilité, promptitude, et ce que le commun appelle esprit, est à l'imagination chaude; la solidité, maturité, verité, est à l'entendement sec: l'imagination est active, bruyante; c'est elle qui remuë tout, et met tous les autres en besongne: l'entendement est morne et sombre: la memoire est purement passive, et voicy comment. L'imagination, premierement, recueille les especes et figures des choses tant presentes, par le service des cinq sens, qu'absentes, par le benefice du sens commun; puis les represente, si elle veust; à l'entendement, qui les considere, examine, cuit et juge; puis elle-mesme les met en depost et conserve en la memoire, comme l'escrivain au papier, pour de rechef, quand besoing sera, les tirer et extraire (ce que l'on appelle reminiscence); ou bien si elle veust les recommande à la memoire avant les presenter à l'entendement. Parquoy recueillir, representer à l'entendement, mettre en la memoire, et les extraire, sont tous œuvres de l'imagination; et ainsi à elle se rapportent le sens commun, la phantasie, la reminiscence, et ne sont puissances separées d'elle, comme aucuns veulent, pour faire plus de trois facultés de l'ame raisonnable.

Le vulgaire, qui ne juge jamais bien, estime et faict plus de feste de la memoire que des deux autres, pource qu'elle en conte fort, a plus de monstre, et faict plus de bruit en public. Et pense-t-il que pour avoir bonne memoire l'on est fort savant, et estime plus la science que la sagesse ? c'est toutesfois la moindre des trois, qui peust estre avec la folie et l'impertinence. Mais très rarement elle excelle avec l'entendement et sagesse, car leurs temperamens sont contraires. De cette erreur populaire est venue la mauvaise instruction de la jeunesse qui se voyt par tout[4] : ils sont tousjours après pour lui faire apprendre par cueur (ainsi parlent-ils) ce que les livres disent, affin de les pouvoir alleguer, et à lui remplir et charger la memoire du bien d'autruy, et ne se soucient de lui resveiller et aiguiser l'entendement, et former le jugement pour lui faire valoir son propre bien et ses facultés naturelles, pour le faire sage et habile à toutes choses. Aussi voyons-nous que les plus sçavants qui ont tout Aristote et Ciceron en la teste, sont les plus sots et les plus ineptes aux affaires ; et que le monde est mené et gouverné par ceux qui n'en sçavent rien. Par l'advis de tous les sages, l'entendement est le premier, la plus excellente et la principale piece du harnois : si elle jouë bien, tout va bien, et l'homme est sage ; et au rebours, si elle se mesconte, tout va

---

4 Voyez ci-après, l. III, chap. 14.

de travers : en second lieu est l'imagination ; la memoire est la dernière.

Toutes ces differences s'entendront, peut-estre, encores mieux par cette similitude, qui est une peincture ou imitation de l'ame raisonnable. En toute cour de justice y a trois ordres et estages : le plus haut, des juges, auquel y a peu de bruit, mais grande action; car sans s'esmouvoir et agiter, ils jugent, decident, ordonnent, determinent de toutes choses, c'est l'image du jugement, plus haute partie de l'ame : le second, des advocats et procureurs, auquel y a grande agitation et bruit sans action ; car ils ne peuvent rien vuider, ni ordonner, seulement secouer les affaires, c'est la peincture de l'imagination, faculté remuante, inquiette, qui ne s'arreste jamais, non pas pour le dormir profond, et faict un bruit au cerveau comme un pot qui bout, mais qui ne resout et n'arreste rien. Le troisiesme et dernier estage est du greffe et registre de la cour, où n'y a bruit ny action; c'est une pure passion, un gardoir et reservoir de toutes choses, qui represente bien la memoire.

Son action est la cognoissance et l'intelligence de toutes choses : l'esprit humain est capable d'entendre toutes choses visibles, invisibles, universelles, particulieres, sensibles, insensibles. *Intellectus est omnia* [5].

---

[5] « L'intelligence est tout », c'est-à-dire, comprend tout, s'étend à tout.

Mais soi-mesme, ou point selon aucuns (tesmoin une si grande et presqu'infinie diversité d'opinions d'iceluy, comme s'est veu cy-dessus, des doubtes et objections qui croissent tous les jours) ou bien sombrement, imparfaictement et indirectement par reflexion de la cognoissance des choses à soi-mesme, par laquelle il sent et cognoist qu'il entend, et a puissance et faculté d'entendre, c'est la maniere que les esprits se cognoissent. Le premier souverain esprit, Dieu, se cognoist premier, et puis en soy toutes choses; le dernier humain tout au rebours, toutes autres choses plustost que soy, et en icelles, comme l'œil en un miroir : comment pourroit-il agir en soy sans moyen et en droitte ligne ?

Mais la question est du moyen par lequel il cognoist et entend les choses. La plus commune opinion venue d'Aristote, est que l'esprit cognoist et entend par le ministere des sens, que de soy il est comme une carte blanche et vuide, qu'il ne luy arrive rien qui ne soit passé par les sens, *nil est in intellectu, quod non fuerit in sensu* [6]. Mais elle est premierement fausse; car, comme tous les sages ont dict, ainsi qu'il a esté

---

[6] « Il n'y a rien dans l'intellect (l'esprit), qui n'y soit arrivé par les sens. — Cette importante opinion d'Aristote, qui ne paraît pas avoir prévu toutes les conséquences qu'on en pouvait tirer, est devenu la base de tous les systèmes modernes d'idéologie.

touché cy-dessus, et renvoyé en ce lieu, les semences de toutes sciences et vertùs sont naturellement esparses et insinuées en nos esprits, dont ils peuvent vivre riches et joyeux de leur propre; et pour peu qu'ils soyent cultivés, ils foisonnent et abondent fort. Puis elle est injurieuse à Dieu et à nature ; car c'est rendre l'ame raisonnable de pire condition que toute autre chose, que la vegetative et sensitive, qui s'exercent d'elles-mesmes, et sont sçavantes à faire leurs fonctions, comme a esté dict. Que les bestes lesquelles sans discipline des sens cognoissent plusieurs choses, les universels par les particuliers, par l'aspect d'un homme cognoissent tous hommes, sont advisés à éviter les dangers et choses invisibles, et poursuivre ce qui leur est convenable pour eux et leurs petits : et seroit chose honteuse et absurde que cette faculté si haute et divine questast et mendiast son bien de choses si viles et caduques, comme sont les sens : et puis enfin que peust l'intellect apprendre des sens, lesquels n'aperçoivent que les simples accidens ; car les formes, natures, essences des choses nullement, moins encores les choses universelles, les secrets de nature, et toutes choses insensibles : et si l'ame estoit sçavante par l'ayde des sens, il s'ensuivroit que ceux qui ont les sens plus entiers et plus vifs, seroient plus ingenieux et plus sçavants, et se voyt le contraire souvent, qu'ils ont l'esprit plus lourd et sont plus mal habiles, et se sont plusieurs privés à escient de l'usage d'iceux, affin que l'ame fist mieux et plus librement ses affaires. Que si l'on dict que l'ame estant sçavante par nature, et sans les sens, tous les hommes seroient sçavants, et tousjours entendroient et raisonneroient de mesme. Or est-il qu'il y en a tant de stupides, et que les entendus font plus foiblement leurs fonctions en un temps qu'en l'autre. L'ame vegetative est bien plus vigoureuse en la jeunesse, jusques à refaire les dents tombées, qu'en la vieillesse; et au rebours l'ame raisonnable agist plus foiblement en la jeunesse qu'en la vieillesse, et en certain estat de santé ou maladie qu'en autre. Mais c'est mal argumenté; car, quant au premier, on dict que la faculté et vertu d'entendre n'est pas donnée pareille à tous, ains avecques grande inequalité, dont est venu ce dire ancien et noble en la bouche des sages, que l'intellect agent est donné à fort peu, et cette inequalité prouve que la science ne vient des sens; car, comme a esté dict, les plus avantagés aux sens, sont souvent les plus desavantagés en science. Quant au second, que l'on ne faict ses fonctions tousjours de mesme, il vient de ce que les instruments, desquels l'ame a besoing pour agir, ne peuvent pas tousjours estre disposés comme il faut; et s'ils le sont pour une sorte de facultés et fonctions, ne le sont pour les autres. Le temperament du cerveau par lequel l'ame agist est divers et changeant, estant chaud et humide : en la jeunesse est bon pour la vegetative, et mal pour la raisonnable ; et au contraire froid et sec en la vieillesse, est bon pour la raisonnable, mal pour la vegetative. Par maladie ardente, le cerveau fort eschauffé et subtilisé, est propre à l'invention et divination, mais impropre à maturité et solidité de jugement et sagesse. Pour tout cela nous ne voulons pas dire que l'esprit ne tire un grand service des sens, et mesmement au commencement, en la descouverte et invention des choses : mais nous disons, pour defendre l'honneur de l'esprit, qu'il est faux qu'il depende des sens, et ne puisse rien sçavoir, entendre, raisonner, discourir sans les sens; car au rebours toute cognoissance vient de luy, et les sens ne peuvent rien sans luy.

Au reste, l'esprit procede diversement et par ordre pour entendre : il entend du premier coup tout simplement et directement ; sçavoir, un lion, puis par conjonction qu'il est fort; car voyant par les effects de la force au lion, il conclud qu'il est fort par division ou negative : il entend que le lievre est craintif; car le voyant fuyr et se cacher, il conclud que le lievre n'est pas fort, parquoy il est peureux. Il cognoist aucuns par similitude, d'autres par un recueil de plusieurs.

CHAPITRE XV[*].

De l'esprit humain, ses parties, fonctions, qualités, raison, invention, vérité.

SOMMAIRE. — Distinction des fonctions de l'entendement. Description générale de l'esprit; son avantage; son désavantage. Diversité et distinction des esprits. L'esprit est un agent perpétuel, universel, prompt et soudain. Son action est de chercher toujours ; mais il agit témérairement; ce qui fait qu'il s'embarrasse. Sa fin est la vérité, laquelle il ne peut acquérir ni trouver. Son autre fin est l'invention, qui imite non-seulement la nature, mais qui la surpasse. L'esprit est très-dangereux; c'est pourquoi il faut le brider et le retenir. Il a ses maladies et ses défauts, les uns accidentels, et provenans de trois causes, du corps, du monde, des passions; les autres naturels.

Exemples : Soulier de Théramène. — Platon, Aristippe, Diogène, Solon, Socrates. — Antigone. — Un roi de Sparte. — Épictète. — La vigne de Zeuxis, la Vénus d'Apelles, la statue de Memnon, la colombe d'Archytas, la sphère de Sapor. — Thucydide. — Aristote, Platon. — Florentins, Suisses et Grisons.

C'EST un fond d'obscurité, plein de creux et de cachots, un labyrinthe, un abysme confus et bien entortillé que cet esprit humain, et l'économie de cette

---

[*] C'est le seizième de la deuxième édition.

grande et haute partie intellectuelle de l'ame, où y a tant de pieces, facultés, actions, mouvemens divers, dont y a aussi tant de noms, et s'y trouvera des doubtes et difficultés *.

Son premier office est de recevoir simplement, et apprehender les images et especes des choses, qui est une passion et impression en l'ame, causée par l'object et presence d'icelles, c'est imagination et apprehension.

La force et puissance de paistrir, traitter et agiter, cuire et digerer les choses receues par l'imagination, c'est raison, λόγος [1].

---

* Cet entendement (ainsi l'appellerons-nous d'un nom general) *intellectus*, *mens*, νοῦς (*a*), est un subject general, ouvert et disposé à recevoir et embrasser toutes choses, comme la matiere premiere, et le miroir de toutes formes, *intellectus est omnia* (*b*). Il est capable d'entendre toutes choses, mais soy-mesme, ou point (tesmoin une si grande et presque infinie diversité d'opinions d'iceluy, de doubtes et objections qui croissent tous les jours), ou bien sombrement, indirectement et par reflexion de la cognoissance des choses à soy-mesme, par laquelle il sent et cognoist qu'il entend, et a puissance et faculté d'entendre : c'est la maniere que les esprits se cognoissent eux-mesmes (*c*).

[1] Ce mot grec est expliqué, ou plutôt traduit, par le mot qui le précède.

(*a*) L'intellect, l'esprit. Νοῦς a le même sens en grec que *mens* en latin.

(*b*) « L'intellect est tout ».

(*c*) Ce passage de l'édition de 1601 a été supprimé en entier dans celle de 1604.

L'action et l'office, ou exercice de cette force et puissance, qui est d'assembler, conjoindre, separer, diviser les choses receues, et y en adjouster encores d'autres, c'est discours, ratiocination, λόγισμος ² διά-νοια quasi διὰ νοῦν ³.

La facilité subtile, et alegre promptitude à faire toutes ces choses, et penetrer avant en icelles, s'appelle esprit, *ingenium*, dont les ingenieux, aigus, subtils, pointus, c'est tout un.

La repetition, et cette action de ruminer, recuire ⁴, repasser par l'estamine de la raison, et encores plus elabourer, pour en faire une resolution plus solide, c'est le jugement.

L'effect en fin de l'entendement, c'est la cognoissance, intelligence, resolution.

L'action qui suit cette cognoissance et resolution qui est à s'estendre, pousser et avancer à la chose cognue, c'est volonté, *intellectus extensus et promotus* ⁵.

Parquoy toutes ces choses, entendement, imagination, raison, discours, esprit, jugement, intelligence, volonté, sont une mesme en essence, mais

---

² Λόγισμος et διάνοια, signifient raisonnement, ou, comme dit l'auteur, ratiocination.

³ Quasi διὰ νοῦν, c'est-à-dire, comme si le mot διάνοια venait de la préposition διὰ, par, et νοῦς, esprit; et il en vient en effet.

⁴ Du latin *recoquere*, cuire une seconde fois.

⁵ « L'intellect qui s'étend au dehors, et se meut en avant ».

toutes diverses en force, vertu et action, tesmoin qu'un est excellent en l'une d'icelles, et foible en l'autre : souvent qui excelle en esprit et subtilité, est moindre en jugement et solidité.

Je n'empesche pas que l'on ne chante les louanges et grandeurs de l'esprit humain, de sa capacité, vivacité, vîtesse : je consens que l'on l'appelle image de Dieu vive, un degoust*6 de l'immortelle substance, une fluxion de la divinité, un esclair celeste auquel Dieu a donné la raison comme un timon animé pour le mouvoir avec reigle et mesure, et que ce soit un instrument d'une complette harmonie; que par luy y a parentage entre Dieu et l'homme ; et que pour le luy ramentevoir il luy a tourné les racines vers le ciel, affin qu'il eust tousjours sa veue vers le lieu de sa naissance; bref qu'il n'y a rien de grand en la terre que l'homme, rien de grand en l'homme que l'esprit. Si l'on monte jusques là, l'on monte au-dessus du ciel : ce sont tous mots plausibles dont retentissent les escholes et les chaires.

Mais je desire qu'après tout cela l'on vienne à bien sonder et estudier à cognoistre cet esprit; car nous trouverons qu'après tout, c'est et à soy et à autruy un très dangereux outil, un furet qui est à craindre, un petit brouillon et troublefeste, un esmerillon facheux

---

*6 *Degoust*, qu'on devrait écrire *degout*, puisqu'il vient de goutte, *gutta*, signifie ici une émanation.

et importun, et qui, comme un affronteur et joueur de passe-passe, sous ombre de quelque gentil mouvement subtil et gaillard, forge, invente, et cause tous les maux du monde, et n'y en a que par luy.

Il y a beaucoup plus grande diversité d'esprits que de corps ; aussi y a-t-il plus grand champ, plus de pieces et plus de façon : nous en pouvons faire trois classes, dont chascune a encore plusieurs degrés *7. En celle d'en bas sont les petits, foibles et comme brutaux, tous voisins des bestes, soit que cela advienne de la premiere trempe, c'est-à-dire de la semence et temperament du cerveau trop froid et humide, comme entre les bestes les poissons sont infimes ; ou pour n'avoir esté aucunement remués et reveillés, mais abandonnés à la rouille et stupidité : de ceux-là ne faut faire mise ny recepte, et ne s'en peust dresser ny establir une compagnie constante ; car ils ne peuvent pas seulement suffire pour eux-mesmes en leur particulier, et faut qu'ils soient tousjours en la tutelle d'autruy : c'est le commun et bas peuple, *qui vigilans stertit, mortua cui vita est, prope jam vivo atque videnti*⁸, qui ne se sent, ne se juge. En celle d'en haut sont les grands et très rares esprits, plustost demons que hommes com-

---

*7 *Voy.* ceci plus développé, au chapitre quarante-troisième.
⁸ « Qui tout en veillant, dort..., dont la vie ressemble à la mort, qui paraît seulement près de vivre et de voir ».

muns, esprits bien nés, forts et vigoureux : de ceux icy ne s'en pourroit bastir en tous les siecles une republique entiere. En celle du milieu sont tous les mediocres, qui sont en infinité de degrés : de ceux icy est composé presque tout le monde : (de cette distinction et autres cy-après plus au long). Mais il nous faut toucher plus particulierement les conditions et le naturel de cet esprit, autant difficile à cognoistre, comme un visage à peindre au vif, lequel sans cesse se remueroit.

Premierement c'est un agent perpetuel : l'esprit ne peust estre sans agir ; il se forge plustost des subjects faux et fantastiques, se pippant *9 à son escient, et allant contre sa propre creance, que d'estre sans agir. Comme les terres oisives, si elles sont grasses et fertiles, foisonnent en mille sortes d'herbes sauvages et inutiles, et les faut assubjectir à certaines semences ; et les femmes seules produisent des amas et pieces de chair informes : ainsi l'esprit, si l'on ne l'occupe à certain subject, il se desbande et se jette dedans le vague des imaginations, et n'est folie ny resverie qu'il ne produise : s'il n'a de but estably, il se perd et s'esgare ; car estre par-tout, c'est n'estre en aucun lieu : l'agitation est vrayement la vie de l'esprit et sa grace ; mais elle doibt venir d'ailleurs que de soy : s'il va tout seul, il ne faict que traîner et languir, et ne

---

*9 Se trompant sciemment.

LIVRE I, CHAPITRE XV.

doibt estre violenté ; car cette trop grande contention d'esprit trop bandé, tendu et pressé, le rompt et le trouble.

Il est aussi universel qui se mesle par-tout ; il n'a point de subject ny de ressort limité ; il n'y a chose où il ne puisse jouer son roolle, aussi bien aux subjects vains et de neant, comme aux nobles et de poids, et en ceux que nous pouvons entendre, que ceux que nous n'entendons ; car recognoistre que l'on ne le peust entendre ny penetrer au dedans, et qu'il faut demeurer au bord et à l'escorce, c'est très beau traict de jugement ; la science, voyre la verité, peuvent loger chez nous sans jugement, et le jugement sans elles ; voyre recognoistre son ignorance, c'est un beau tesmoignage de jugement.

Tiercement, il est prompt et soudain, courant en un moment d'un bout du monde à l'autre, sans arrest, sans repos ; s'agitant, penetrant et perçant par-tout : *Nobilis et inquieta mens homini data est : numquam se tenet, spargitur vaga, quietis impatiens, novitate rerum laetissima : non mirum, ex illo caelesti spiritu descendit, cælestium autem natura semper in motu est* [10]. Cette si grande soudaineté et vîtesse, cette poincte

---

[10] « Un esprit noble et inquiet a été donné à l'homme : ne sachant point s'arrêter, il erre sans cesse, impatient du repos, et ne se plaît que dans la nouveauté. Faut-il s'en étonner ? Il émane de l'esprit divin, et la nature des esprits célestes est d'être toujours en mouvement ».

et agilité est d'une part admirable et des plus grandes merveilles qui soient en l'esprit; mais c'est d'ailleurs chose tres dangereuse, une grande disposition et propension à la folie et manie, comme se dira tantost.

Pour ces trois conditions, d'agent perpetuel sans repos, universel, si prompt et soudain, il a esté estimé immortel, et avoir en soy quelque marque et estincelle de divinité.

Or, son action est tousjours quester, fureter, tournoyer sans cesse comme affamé de sçavoir, enquerir et rechercher, ainsi appelle Homere les hommes ἀλφηςας [11]. Il n'y a point de fin en nos inquisitions : les poursuites de l'esprit humain sont sans terme, sans forme : son aliment est doubte, ambiguité; c'est un mouvement perpetuel, sans arrest et sans but : le monde est une eschole d'inquisition; l'agitation et la chasse est proprement de nostre gibbier : prendre ou faillir à la prinse, c'est autre chose.

Mais il agist et poursuit ses entreprinses temerairement et desreiglement, sans ordre et sans mesure : c'est un outil vagabond, muable, divers, contournable : c'est un instrument de plomb et de cire ; il plie, il s'allonge, s'accorde à tout, plus souple, plus facile que l'eau, que l'air. *Flexibilis, omni humore obsequentior, et ut spiritus qui omni materia facilior, ut tenuior* [12].

---

[11] Ce mot est l'accusatif pluriel d'ἄλφηςής, inventeur.

[12] « Souple et plus obéissant qu'aucun fluide, l'esprit, plus facile que la matière, est aussi bien plus délié ».

C'est le soulier de Theramenes, bon à tous pieds : il ne reste que la suffisance de le sçavoir contourner; il va tousjours, et de tort et de travers, avec le mensonge comme avec la verité. Il se donne beau jeu, et trouve raison apparente par-tout, tesmoin que ce qui est impie, injuste, abominable en un lieu, est pieté, justice, et honneur ailleûrs ; et ne sçauroit nommer une loy, coustume, creance receue ou rejettée generallement par-tout ; les mariages entre les proches, les meurtres des enfans, des parens vieils, communication*.¹³ des femmes, condamnés en un lieu, legitimes en d'autres ¹⁴. Platon refusa la robe brodée et parfumée que lui offrist Dionysius, disant estre homme et ne se vouloir vestir en femme : Aristippus l'accepta, disant que l'accoustrement ne peust corrompre un chaste courage. Diogenes lavant ses choux, et le voyant passer, lui dict : si tu sçavois vivre de choux, tu ne ferois la cour à un tyran : Aristippus lui respond : Si tu sçavois vivre avec les roys, tu ne laverois pas des choux. On preschoit Solon de ne pleurer point la mort de son fils, car c'estoient larmes inutiles et impuissantes. C'est pour cela, dict-il, qu'elles sont plus justes et que j'ai raison de pleurer.

---

*¹³ Communauté des femmes.

¹⁴ Montaigne, dans son chapitre vingt-deux du livre premier, cite les mêmes exemples, mais s'étend bien plus sur l'extrême diversité des lois et des coutumes.

La femme de Socrates redoubloit son deuil de ce que les juges le faisoient mourir injustement. Comment! feist-il, aimerois-tu mieux que ce fust justement? Il n'y a aucun bien, dict un sage, sinon celuy à la perte duquel l'on est preparé, *in aequo enim est dolor amissae rei et timor amittendae* [15]. Au rebours, dict l'autre, nous serrons et embrassons le bien d'autant plus estroict et avec plus d'affection, que nous le voyons moins seur, et craignons qu'il nous soit osté. Un philosophe cynique demandoit à Antigonus une dragme d'argent: ce n'est pas present de roy, respondist-il: donne-moy donc un talent, dict le philosophe: ce n'est pas present pour un cynique. Quelqu'un disoit d'un roy de Sparte fort clement et debonnaire: Il est fort bon; car il l'est mesme aux meschans. Comment seroit-il bon, dict l'autre, puis qu'il n'est pas mauvais aux meschans? Voilà comme la raison humaine est à tous visages, un glaive double, un baston à deux bouts, *ogni medaglia ha il suo riverso.* [16]. Il n'y a raison qui n'en aye une contraire, dict la plus saine et plus seure philosophie: ce qui se monstreroit par tout qui voudroit. Or cette grande volubilité et flexibilité vient de plusieurs causes; de la perpetuelle alteration et mouvement du corps, qui jamais n'est deux fois

---

[15] « Car la crainte de perdre une chose est égale à la douleur qu'on ressent de l'avoir perdue ».

[16] « Toute médaille a son revers ».

en la vie en mesme estat; des objects qui sont infinis, de l'air mesme et serenité du ciel :

> Tales sunt hominum mentes, quali pater ipse
> Juppiter, auctifera lustravit lampade terras [17],

et de toutes choses externes; internement, des secousses et bransles que l'ame se donne elle-mesme par son agitation, et meue par ses propres passions; aussi qu'elle regarde les choses par divers visages, car tout ce qui est au monde a divers lustres et diverses considerations. C'est un pot à deux anses, disoit Epictete; il eust mieux dict à plusieurs.

Il advient de là qu'il s'empestre en sa besongne, comme les vers de soye [18], il s'embarrasse : car comme il pense remarquer de loing je ne sçay quelle apparence de clarté et verité imaginaire, et y veust courir, voicy tant de difficultés qui luy traversent la voye, tant de nouvelles questes l'esgarent et l'enyvrent.

Sa fin à laquelle il vise est double : l'une, plus

---

[17] « Les esprits des hommes sont une émanation de cette même lumière dont Jupiter éclaire la terre ». Lucret.

[18] C'est ainsi qu'on lit dans la première édition, et dans celle de Bastien qui l'a suivie. On a mis dans celle de Frantin, les *vers à soie*. Pour moi, je n'ai pas osé rajeunir, ici ni ailleurs, le style de l'auteur; et je l'aurais d'autant moins fait en cette occasion, qu'il me semble que Charron veut dire que l'homme *s'empêtre en sa besogne, comme le vers s'empêtre de soie.*

commune et naturelle, est la verité où tend sa queste et sa poursuitte. Il n'est desir plus naturel que le desir de cognoistre la verité. Nous essayons tous les moyens que nous pensons y pouvoir servir : mais enfin tous nos efforts sont courts, car la verité n'est pas un acquest, ny chose qui se laisse prendre et manier, et encores moins posseder à l'esprit humain. Elle loge dedans le sein de Dieu, c'est là son giste et sa retraicte : l'homme ne sçait et n'entend rien à droict, au pur et au vray comme il faut, tournoyant tousjours, et tastonnant à l'entour des apparences qui se trouvent par tout, aussi bien au fauls qu'au vray. Nous sommes nais à quester *19 la verité : la posseder appartient à une plus haute et grande puissance. Ce n'est pas à qui mettra dedans, mais à qui fera de plus belles courses. Quand il adviendroit que quelque verité se rencontrast entre ses mains, ce seroit par hazard, il ne la sçauroit tenir, posseder, ny distinguer du mensonge. Les erreurs se reçoivent en nostre ame par mesme voye et conduicte que la verité ; l'esprit n'a pas de quoy les distinguer et choisir : autant peust faire le sot que le sage ; celuy qui dict vray, comme celuy qui dict fauls : les moyens qu'il employe pour la descouvrir, sont raison et experience ; tous deux très foibles, incertains, divers, on-

---

*19 Nés pour chercher la vérité.

doyans. Le plus grand argument de la verité, c'est le general consentement du monde. Or le nombre des fols surpasse de beaucoup celuy des sages : et puis comment est-on parvenu à ce consentement, que par contagion et applaudissement donné sans jugement et cognoissance de cause, mais à la suite de quelques-uns qui ont commencé la danse?

L'autre fin moins naturelle, mais plus ambitieuse, est l'invention, à laquelle il tend comme au plus haut poinct d'honneur, pour se monstrer et faire valoir ; c'est ce qui est plus estimé et semble estre une image de divinité. De cette suffisance d'inventer sont produicts les ouvrages qui ont ravy tout le monde en admiration; et s'ils ont esté avec utilité publique, ils ont deïfié leurs autheurs. Ceux qui ont esté en subtilité seule sans utilité, ont esté en la peincture, statuaire, architecture, perspective, comme la vigne de Zeuxis, la Venus d'Apelles, la statue de Memnon, le cheval d'airain, la colombe de bois d'Archytas, la vache de Myron, la mousche et l'aigle de Montroyal[20], la sphœre de Sapor, roi de Perse, celle d'Ar-

---

[20] Je ne sais quel est ce nom de Montroyal, ni quelles sont ses deux merveilles : les autres sont très-connues. Ce nom de Montroyal serait-il la traduction de celui du célèbre astronome *Regiomontanus?* La première édition ne parle ni de la mouche et de l'aigle de Montroyal, ni de la vache de Myron, ni de la sphère d'Archimède. Ce sont des additions de la seconde.

chimedes et ses autres engins, et tant d'autres. Or l'art et l'invention semblent non seulement imiter nature, mais la passer, et ce non seulement en particulier et individu (car il ne se trouve point de corps d'homme ou beste en nature si universellement bien faict, comme il se peust representer par les ouvriers); mais encores plusieurs choses se font par art, qui ne se font point par nature : j'entends outre les compositions et mixtions, qui est le vray gibbier et le propre subject de l'art, tesmoin les extractions et distillations des eaux et des huiles faictes de simples, ce que nature ne faict point. Mais en tout cela il n'y a pas lieu de si grande admiration que l'on pense; et, à proprement et loyalement parler, il n'y a point d'invention que celle que Dieu revele : car celles que nous estimons et appelons telles, ne sont qu'observations des choses naturelles, argumentations et conclusions tirées d'icelles, comme la peincture et l'optique des ombres, les horloges solaires des ombres des arbres, l'imprimerie des marques et sceaux des pierres precieuses.

De tout cela il est aisé à voyr combien l'esprit humain est temeraire et dangereux, mesmement s'il est vif et vigoureux; car estant si remuant, si libre et universel, et faisant ses remuemens si desreiglement, usant si hardiment de sa liberté par tout, sans s'asservir à rien, il vient à secouer aisement les opinions communes et toutes reigles par lesquelles l'on le veust brider et contraindre, comme une injuste tyrannie : entreprendra d'examiner tout, et juger la pluspart des choses plausiblement receues du monde, ridicules et absurdes, trouvant par tout de l'apparence, passera par dessus tout ; et ce faisant, il est à craindre qu'il s'esgare et se perde : et de faict, nous voyons que ceux qui ont quelque vivacité extraordinaire, et quelque rare excellence, comme ceux qui sont au plus haut estage de la moyenne classe cy-dessus dicte, sont le plus souvent desreiglés en opinions et en mœurs. Il y en a bien peu à qui l'on se puisse fier de leur conduicte propre, et qui puissent sans temerité voguer en liberté de leurs jugemens au-delà les opinions communes. C'est miracle de trouver un grand et vif esprit bien reiglé et moderé ; c'est un très dangereux glaive qui ne le sçait bien conduire, et d'où viennent tous les desordres, revoltes, heresies et troubles au monde, que de là *²¹ ? *magni errores non nisi ex magnis ingeniis : nihil sapientiæ odiosiùs acumine nimio* ²². Sans doubte celuy a meilleur temps, plus longue vie, est plus heureux et beaucoup plus propre au regime de la republique ; dict Thucydide, qui a l'esprit mediocre, voyre au-dessoubs de me-

---

*²¹ C'est-à-dire, si ce n'est dè là.

²² « Les grandes erreurs ne proviennent que des grands génies : il n'y a rien de plus odieux pour la sagesse, que trop d'esprit et de subtilité. »

diocrité, que qui l'a tant eslevé et transcendant, qui ne sert qu'à se donner du tourment et aux autres. Des grandes amitiés naissent les grandes inimitiés ; des santés vigoureuses les mortelles maladies : aussi des rares et vives agitations de nos ames les plus excellentes manies et plus detraquées. La sagesse et la folie sont fort voisines. Il n'y a qu'un demy tour de l'une à l'autre : cela se voyt aux actions des hommes insensés. La philosophie nous apprend que la melancholie est propre à tous les deux. De quoy se faict la subtile folie, que de la plus subtile sagesse ? C'est pourquoy, dict Aristote, il n'y a point de grand esprit sans quelque meslange de folie; et Platon, qu'en vain un esprit rassis et sain frappe aux portes de la poësie. C'est en ce sens que les sages et plus braves poëtes ont approuvé de folier *23 et sortir des gonds quelquesfois. *Insanire jucundum est ; dulce desipere in loco : non potest grande et sublime quidquam nisi mota mens, et quandiù apud se est* 24.

C'est pourquoy on a eu bonne raison de luy donner des barrieres estroites : on le bride et le garotte

---

*23 Faire des folies.

24 « Il est agréable de faire le fou, il est doux de le faire à propos : il n'y a qu'un esprit agité, et hors de soi, qui puisse faire quelque chose de grand et de sublime ». — Une partie de cette citation est prise dans Horace, qui termine son ode à Virgile (L. IV) par ce vers :

Dulce est desipere in loco.

de religions, loix, coustumes, sciences, preceptes, menaces, promesses mortelles et immortelles; encore voyt-on que par sa desbauche il franchist tout, il eschappe à tout, tant il est de nature revesche, fier, opiniastre, dont le faut mener par artifice : l'on ne l'aura pas de force, *naturâ contumax est animus humanus, in contrarium atque arduum nitens, sequiturque facilius quàm ducitur, ut generosi et nobiles equi meliùs facili freno reguntur* [25]. Il est bien plus seur de le mettre en tutelle, et le coucher, que le laisser aller à sa poste *[26] : car s'il n'est bien nay, bien fort et bien reiglé, comme ceux de la plus haute classe qu'avons dict cy-dessus ; ou bien foible, mol et mousse, comme ceux de la plus basse marche, certes il se perdra en la liberté de ses jugemens : parquoy il a besoing d'estre retenu, plus besoing de plomb que d'aisles, de bride que d'esperon : à quoy principalement ont regardé les grands legislateurs et fondateurs d'estats : les peuples fort mediocrement spirituels vivent en plus de repos que les ingenieux. Il y a eu plus de troubles et seditions en dix ans en la seule ville de Florence, qu'en cinq cens ans aux païs des Suysses et Grisons :

---

[25] « L'esprit humain est, de sa nature, opiniâtre ; il tend toujours avec effort à tout ce qui lui résiste ou lui oppose des difficultés ; il suit plus facilement qu'il n'est conduit, semblable à ces coursiers nobles et généreux, qui n'obéissent qu'à un frein doux et facile ». Senec.

[26] A son gré, à sa fantaisie.

et en particulier les hommes d'une commune suffisance sont plus gens de bien, meilleurs citoyens, sont plus souples, et font plus volontiers joug aux loix, aux superieurs, à la raison, que ces tant vifs et clair-voyans, qui ne peuvent demourer en leur peau : l'affinement des esprits n'est pas l'assagissement.

L'esprit a ses maladies, ses defauts et ses tares [*27] aussi bien que le corps, et beaucoup plus, et plus dangereux et plus incurables ; mais pour les cognoistre, il les faut distinguer : les uns sont accidentaux et qui lui arrivent d'ailleurs. Nous en pouvons remarquer trois causes : la disposition du corps, car les maladies corporelles qui alterent le temperament, alterent aussi tout manifestement l'esprit et le jugement : ou bien la substance du cerveau et des organes de l'ame raisonnable est mal composée, soit dès la premiere conformation, comme en ceux qui ont la testè mal faicte, toute ronde ou pointue ou trop petite, ou par accident de heurt ou blessure.

La seconde est la contagion universelle des opinions populaires et erronées, receues au monde, de laquelle l'esprit prevenu et atteinct, ou, qui, pis est, abbreuvé et coiffé de quelques opinions fantasqués, va tousjours et juge selon cela, sans regarder plus avant ou reculer en arriere : or tous les esprits n'ont

---

[*27] Ses déchets, ses faiblesses.

pas assez de force et vigueur pour se garantir et sauver d'un tel deluge.

La troisiesme, beaucoup plus voisine, est la maladie et corruption de la volonté, et la force des passions, c'est un monde renversé : la volonté est née pour suyvre l'entendement comme son guide, son flambeau : mais estant corrompue et saisie par la force des passions, elle force aussi et corrompt l'entendement; et c'est d'où vient la pluspart des fauls jugemens; l'envie, la malice, la hayne, l'amour, la crainte, nous font regarder, juger et prendre les choses toutes autres et tout autrement qu'il ne faut, dont l'on crie tant (juger sans passion); de là vient que l'on obscurcist les belles et genereuses actions d'autruy par des viles interpretations; l'on controuve des causes, occasions et intentions mauvaises ou vaines, c'est un grand vice et preuve d'une nature maligne, et jugement bien malade : il n'y a pas grande subtilité ny suffisance en cela, mais de malice beaucoup. Cela vient d'envie qu'ils portent à la gloire d'autruy, ou qu'ils jugent des autres selon eux, ou bien qu'ils ont le goust alteré et la veue si troublée qu'ils ne peuvent concevoir la splendeur de la vertu en sa pureté naïfve. De cette mesme cause et source vient que nous faisons valoir les vertus et les vices d'autruy, et les estendons plus qu'il ne faut, des particularités tirons des consequences et conclusions generales : s'il est amy, tout luy sied bien, ses vices mesmes seront vertus; s'il est ennemy ou particulier, ou de party contraire, il n'y a rien de bon. Tellement que nous faisons honte à nostre jugement, pour assouvir nos passions. Mais cecy va bien encore plus loing, car la pluspart des impietés, heresies, erreurs en la creance et religion, si nous y regardons bien, est née de la mauvaise et corrompue volonté, d'une passion violente et volupté, qui puis attire à soy l'entendement mesme, *sedit populus manducare et bibere, etc... Quod vult, non quod est, credit qui cupit errare* [28] : tellement que ce qui se faisoit au commencement avec quelque scrupule et doubte, a esté puis tenu et maintenu pour une verité et revelation du ciel : ce qui estoit seulement en la sensualité, a prins place au plus haut de l'entendement : ce qui n'estoit que passion et volupté, a esté faict creance religieuse et article de foy, tant est forte et dangereuse la contagion des facultés de l'ame entre elles. Voylà trois causes externes des fautes et mescomptes de l'esprit, jugement et entendement humain; le corps, mesmement la teste malade, ou blessée, ou mal faicte : le monde avec ses opinions anticipées et suppositions; le mauvais estat des autres facultés de l'ame raisonnable, qui luy sont toutes inferieures. Les premiers defaillans sont pitoyables, et aucuns d'iceux sont curables;

---

[28] « Le peuple cesse de boire et de manger, etc. Celui qui veut errer, croit ce qu'il souhaite et non ce qui est ».

les autres non : les seconds sont excusables et pardonnables : les troisiesmes sont accusables et punissables, qui souffrent un tel desordre chez eux, que ceux qui devoient recevoir la loy, entreprennent de la donner.

Il y a d'autres defauts qui luy sont plus naturels et internes, car ils nayssent de luy et dedans luy : le plus grand et la racine de tous les autres est l'orgueil et la presomption (premiere et originelle faute du monde, peste de tout esprit, et cause de tous maux) par laquelle l'on est tant content de soy, l'on ne veust ceder à autruy, l'on desdaigne ses advis, l'on se repose en ses opinions, et l'on entreprend de juger et condamner les autres, et encore celles que l'on n'entend pas. L'on dict bien vray que le plus beau et heureux partage que Dieu aye faict, est du jugement ; car chascun se contente du sien, et en pense avoir assez. Or cette maladie vient de la mescognoissance de soy : nous ne sentons jamais assez au vray la foiblesse de nostre esprit : ainsi la plus grande maladie de l'esprit c'est l'ignorance, non pas des arts et sciences et de ce qui est dedans les livres, mais de soy-mesme, à cause de quoy ce premier livre a esté faict.

CHAPITRE XVI*.

De la memoire.

SOMMAIRE. — La mémoire n'est pas l'intelligence ; elle est utile aux grands parleurs et aux menteurs.

LA memoire est souvent prinse par le vulgaire pour le sens et entendement : mais c'est à tort; car et par raison comme a esté dict, et par expérience, l'excellence de l'un est ordinairement avec la foiblesse de l'autre. C'est à la verité une faculté fort utile pour le monde, mais elle est de beaucoup au-dessoubs de l'entendement, et est de toutes les parties de l'ame la plus delicate et plus fresle. Son excellence n'est pas fort requise, si ce n'est à trois sortes de gens, aux negotiateurs [1], aux ambitieux de parler (car le magasin de la memoire est volontiers plus plein et fourny que celuy de l'invention : or, qui n'en a demoure court, et faut qu'il en forge et parle de soy); et aux men-

---

* C'est le dix-septième de la première édition.

[1] L'édition de Bastien énonce aussi *trois sortes de gens,* mais elle n'en énumère que deux ; elle omet les *négotiateurs,* qui sont cependant nommés dans la première comme dans la seconde édition. — On trouve, au reste, dans Montaigne, toutes les idées de Charron sur la *mémoire* et sur les *menteurs,* bien mieux développées. *V. les Essais*, L. I, c. 9.

teurs, *mendacem oportet esse memorem*[2]. Le defaut de memoire est utile à ne mentir gueres, ne parler gueres, oublier les offenses. La mediocrité est suffisante par tout.

---

[2] « Il faut qu'un menteur ait de la mémoire ».

CHAPITRE XVII[*].

De l'imagination et opinion.

SOMMAIRE. — L'imagination a des effets bien puissans et merveilleux. Elle agit non-seulement sur nous, mais sur l'ame d'autrui ; c'est d'elle que viennent la plupart des miracles, des visions et des enchantemens ; ce n'est pas la vérité ni la nature des choses qui nous remue l'ame, mais l'opinion. C'est l'opinion qui mène le monde. Presque toutes nos opinions viennent de l'autorité.

Exemples : Lucius Cossitius. — Le fils de Crésus. — Gallus Vibius.

L'IMAGINATION est une très puissante chose, c'est celle qui faict tout le bruict, l'esclat : le remuement du monde vient d'elle (comme nous avons dict cydessus estre la faculté de l'ame seule, ou bien la

---

[*] C'est le dix-huitième de la première édition.

plus active et remuante [1]). Ses effects sont merveilleux et estranges : elle agist non seulement en son corps et son ame propre, mais encore en celle d'autruy : et produict effects contraires. Elle faict rougir, pallir, trembler, tremousser, tressuer, ce sont les moindres et plus doux : elle oste la puissance et l'usage des parties genitales, voire lors qu'il en est plus besoing, et que l'on y est plus aspre, non seulement à soy-mesme, mais à autruy; tesmoin les liaisons dont le monde est plein, qui sont pour la pluspart impressions de l'apprehension et de la crainte : et au contraire sans effort, sans object et en songe, elle assouvist les amoureux desirs, faict changer de sexe; tesmoin Lucius Cossitius, que Pline dict avoir veu estre changé de femme en homme le jour de ses nopces, et tant d'autres : marque honteusement, voire *[2] tue et avorte le fruict dedans le ventre : faict perdre la parole, et la donne à qui ne l'a jamais eue, comme au fils de Cresus : oste le mouvement, sentiment, respiration. Voylà au corps. Elle faict perdre le sens, la cognoissance, le jugement : faict devenir fol et insensé; tesmoin Gallus Vibius, qui, pour avoir trop bandé son esprit à comprendre l'essence et les mouvemens de la folie, disloca et desnoua son jugement si qu'il ne le peust remettre : faict deviner

---

[1] Chap. XV, art. 8.
*[2] Même tue et fait avorter

les choses secrettes et à venir, et cause les enthousiasmes, les predictions et merveilleuses inventions, et ravit en extase : reellement tue et faict mourir; tesmoin celui à qui l'on desbanda les yeux pour luy lire sa grace, et fust trouvé roide mort sur l'eschafaut. Bref c'est d'elle que vient la pluspart des choses que le vulgaire appelle miracles, visions, enchantemens. Ce n'est pas tousjours le diable* ou esprit familier, comme incontinent l'ignorant pense, quand il ne peust trouver le ressort de ce qu'il voyt, ny aussi tousjours l'esprit de Dieu (à ces mouvemens surnaturels on ne touche point ici); mais le plus souvent c'est l'effet de l'imagination, ou celle de l'agent qui dict et faict telles choses, ou du patient et spectateur qui pense voyr ce qui n'est point : ce qui est requis en tel cas, et qui est excellent, est de sçavoir prudemment discerner quel ressort joue, naturel ou surnaturel, vray ou fauls, *discretio spirituum* ³, et ne precipiter son jugement comme faict la pluspart mesmes des populaires *4 qui n'en ont gueres.

En cette partie et faculté d'ame se tient et loge

---

* *Variante.* Ce n'est point le diable ny l'esprit, comme il pense; mais c'est l'effet de l'imagination ou de celle de l'agent qui faict telles choses, ou du patient et spectateur qui pense voyr ce qu'il ne voyt point.

³ « Le discernement des esprits. »

*4 Des gens du peuple.

l'opinion, qui est un vain et leger, crud et imparfaict jugement des choses, tiré et puisé des sens exterieurs, et du bruict commun et vulgaire, s'arrestant et tenant bon en l'imagination, et n'arrivant jamais jusques à l'entendement, pour y estre examiné, cuict et elabouré, et en estre faict raison, qui est un vray, entier et solide jugement des choses : dont elle est inconstante, incertaine, volage, trompeuse, un très mauvais et dangereux guide, et qui faict teste à la raison, de laquelle elle est une ombre et image, mais vaine et faulse : elle est mere de tous maux, confusions, desordres ; d'elle viennent toutes passions et les troubles ; c'est le guide des fols, des sots, du vulgaire, comme la raison des sages et habiles.

Ce n'est pas la verité ni le naturel des choses qui nous remue et agite ainsi l'ame, c'est l'opinion selon un dire ancien. Les hommes sont tourmentés par les opinions qu'ils ont des choses, non par les choses mesmes : *opinione saepius quam re laboramus : plura sunt quae nos tenent quam quae premunt*[5]. La verité et l'estre des choses n'entre ny ne loge chez nous de soy-mesme, de sa propre force et authorité : s'il estoit ainsi, toutes choses seroient reçeues de tous, toutes pareilles

---

[5] « Nous sommes tourmentés plus souvent par l'opinion, que par la chose même ; il y a plus de choses qui nous occupent et nous inquiétent, qu'il n'y en a qui nous oppriment réellement ».

et de mesme façon, sauf peu plus, peu moins ; tous seroient de mesme creance : et la verité qui n'est jamais qu'une et uniforme, seroit embrassée de tout le monde. Or, il y a si grande diversité, voire contrarieté d'opinions par le monde, et n'y a chose aucune de laquelle tous soient generalement d'accord, pas mesme les sçavans et les mieux nays : qui monstre que les choses entrent en nous par composition, se rendent à nostre mercy et devotion, et logent chez nous comme il nous plaist, selon l'humeur et la trempe de nostre ame. Ce que je crois, je ne puis faire croire à mon compagnon : mais qui plus est, ce que je crois aujourd'hui si fermement, je ne puis respondre que je le croiray encore ainsi demain ; voire il est certain que je le trouveray et jugeray tout autre et autrement une autre fois. Certes les choses prennent en nous telle place, tel goust et couleur que nous leur en donnons, et telle qu'elle est la constitution interne de l'ame : *omnia munda mundis, immunda immundis* [6]. Comme les accoustremens nous eschaufent, non de leur chaleur, mais de la nostre qu'ils conservent, comme aussi ils nourrissent la froideur de la neige et de la glace, nous les eschaufons premierement de nostre chaleur, et puis en recompense ils nous conservent la nostre.

Presque toutes les opinions que nous avons, nous

---

[6] « Tout paraît pur aux purs, immonde aux immondes ».

ne les avons que par authorité : nous croyons, jugeons, agissons, vivons, et mourons à credit, selon que l'usage public nous apprend : et faisons bien, car nous sommes trop foibles pour juger et choisir de nous-mesmes : mais les sages ne font pas ainsi, comme sera dict [7].

---

[7] L. II, ch. 1 et 2.

CHAPITRE XVIII[*].

Volonté.

SOMMAIRE. — De la prééminence et de l'importance de la volonté. Comparaison de cette faculté avec celle de l'entendement. La différence de ces deux facultés. Trois choses excitent la volonté.

La volonté est une grande piece de très grande importance, et doibt l'homme estudier surtout à la bien reigler ; car d'icelle dépend presque tout son estat et son bien : elle seule est vrayement nostre et en nostre puissance ; tout le reste, entendement, memoire, imagination, nous peust estre osté, altéré, troublé par mille accidents, et non la volonté. Secondement, c'est elle qui entraine et emporte l'homme tout entier : qui a donné sa volonté n'est plus à soy, et n'a plus

---

[*] C'est le dix-neuvième de la première édition.

rien de propre. Tiercement, c'est celle qui nous rend et nous denomme bons ou meschans, qui nous donne la trempe et la teincture. Comme de tous les biens qui sont en l'homme, la preud'hommie est le premier et principal, et qui de loing passe la science, l'habilité; aussi faut-il dire que la volonté où loge la bonté et vertu, est la plus excellente de toutes : et de faict pour entendre et sçavoir les belles, bonnes et honnestes choses, ou meschantes et deshonnestes, l'homme n'est bon ny meschant, honneste ny deshonneste; mais pour les vouloir et aymer : l'entendement a bien d'autres preeminences; car il est à la volonté comme le mary à la femme, le guide et flambeau au voyager; mais en celles icy il cede à la volonté.

La vraye difference de ces facultés est en ce que par l'entendement les choses entrent en l'ame, et elle les reçoit, comme portent les mots d'apprendre, concevoir, comprendre, vrays offices d'icelui : et y entrent non entieres et telles qu'elles sont, mais à la proportion, portée et capacité de l'entendement, dont les grandes et hautes se racourcissent et abaissent aucunement par cette entrée, comme l'ocean n'entre tout entier en la mer mediterranée, mais à la proportion de l'emboucheure du destroit de Gibraltar. Par la volonté au contraire, l'ame sort hors de soy et va se loger et vivre ailleurs en la chose aimée, en laquelle elle se transforme, et en porte le nom, le tiltre et la livrée, estant appelée, vertueuse, vitieuse, spirituelle, charnelle ; dont s'ensuit que la volonté s'anoblit, aymant les choses dignes et hautes, s'avilit s'adonnant aux moindres et indignes, comme la femme selon le party et mary qu'elle prend.

L'experience nous apprend que trois choses esguisent nostre volonté, la difficulté, la rareté et l'absence ou bien crainte de perdre la chose ; comme les trois contraires la relaschent, l'aisance, l'abondance ou satieté, et l'assiduelle *1 presence et jouyssance asseurée : les trois premiers donnent prix aux choses, les autres trois engendrent mespris. Nostre volonté s'esguise par le contraste, se despite contre le desny : au rebours nostre appetit mesprise et outrepasse ce qui luy est en main, pour courir à ce qu'il n'a pas :

> Permissum fit vile nefas........
> Quod licet ingratum est, quod non licet acriùs urit [2].

Voire cela se voyt en toutes sortes de voluptés : *omnium rerum voluptas ipso quo debet fugari periculo, crescit* [3]. Tellement que les deux extremités, la faulte *4

---

*1 L'assidue et continuelle.

[2] « Une chose défendue n'a plus de prix quand elle est permise ; ce qui est permis ne plaît plus, ce qui ne l'est pas enflamme davantage. »

[3] « En toutes choses le plaisir croît par le péril même qu'il y a à s'y livrer. »

*4 La disette (ce qui fait *faute*).

et l'abondance, le desir et la jouyssance, nous mettent en mesme peine : cela faict que les choses ne sont pas estimées justement comme il faut, et que nul prophete en son pays.

Comment il faut mener et reigler sa volonté se dira cy après [5].

---

[5] L. I, c. 2; L. II, c. 6.

Passions et affections.

ADVERTISSEMENT.

La matiere des passions de l'esprit est très grande et plantureuse, tient un grand lieu en cette doctrine de la sagesse : à les sçavoir bien cognoistre et distinguer, ce qui se fera maintenant en ce livre : aux remedes de les brider, regir et moderer generaux, c'est pour le second livre : aux remedes particuliers d'une chascune au troisiesme livre, suyvant la methode de ce livre mise au [1] preface. Or, pour en avoir icy la cognoissance, nous en parlerons premierement en general en ce chapitre, puis particulierement de

---

[1] C'est ainsi qu'on lit dans la premiere édition, et dans celle de Bastien : celle de Frantin a encore ici rajeuni le style, en mettant *à la préface.*

chascune aux chapitres suyvans. Et n'ai point veu qui les despeigne plus naïfvement et richement que le sieur Du Vair[2] en ses petits livrets moraux, desquels e me suis fort servy en cette matiere passionnée *[3].

---

[2] Il s'agit sans doute ici de Guillaume Du Vair, qui fut premier président au parlement de Provence, garde des sceaux, et enfin évêque de Lisieux. Ses ouvrages ont été recueillis en un vol. in-fol. et publiés en 1641. Il était né en 1558 et mourut en 1621. Voyez son article dans Moréri.

*[3] En cette matière des passions.

CHAPITRE XIX*.

Des passions en general.

SOMMAIRE. — Définition des passions. Comment elles naissent en nous. Les unes sont douces et bénignes, les autres déréglées et vicieuses. — Les sens trompent souvent l'ame : ce sont de mauvais guides. — Distinction des passions selon l'objet et le sujet.

P<small>ASSION</small> est un mouvement violent de l'ame en sa partie sensitive, lequel se faict où pour suyvre ce que l'ame pense luy estre bon, ou pour fuyr ce qu'elle pense luy estre mauvais.

Mais il est requis de bien sçavoir comment se font

---

* C'est le vingtième de la première édition.

ces mouvements, et comment ils naissent et s'eschaufent en nous ; ce que l'on peust representer par divers moyens et comparaisons, premierement pour le regard de leur esmotion et impetuosité. L'ame, qui n'est qu'une au corps, a plusieurs et très diverses puissances, selon les divers vaisseaux où elle est retenue, instruments desquels elle se sert, ès objects qui luy sont proposés. Or quand les parties où elle est enclose, ne la retiennent et occupent qu'à proportion de leur capacité, et selon qu'il est necessaire pour leur droict usage, ses effects sont doux, benins et bien reiglés : mais quand au contraire ses parties prennent plus de mouvement et de chaleur qu'il ne leur en faut, elles s'alterent et deviennent dommageables ; comme les rayons du soleil, qui vaguans à leur naturelle liberté, eschaufent doucement et tiedement ; s'ils sont recueillis et remis au creux d'un miroir ardent, bruslent et consument ce qu'ils avoient accoustumé de nourrir et vivifier. Au reste, elles ont divers degrés en leur force et esmotion, et sont en ce distinguées par plus et moins : les mediocres se laissent gouster et digerer, s'expriment par paroles et par larmes; les grandes et extremes estonnent toute l'ame, l'accablent et luy empeschent la liberté de ses actions :

Curæ leves loquuntur, ingentes stupent[1].

---

[1] « Les douleurs légères s'exhalent en paroles, les grandes

Secondement pour le regard du vice, desreiglement et injustice qui est en ces passions, nous pouvons à peu près comparer l'homme à une republique, et l'estat de l'ame à un estat royal, auquel le souverain pour le gouvernement de tant de peuples a des magistrats, ausquels pour l'exercice de leurs charges il donne loix et reiglemens, se reservant la cognoissance des plus grands et importans accidens. De cet ordre depend la paix et prosperité de l'estat : au contraire, si les magistrats, qui sont comme mitoyens entre le prince et le peuple, se laissent tromper par facilité, ou corrompre par faveur, et que sans deferer à leur souverain, et aux loix par luy establies, ils employent leur authorité à l'execution des affaires, ils remplissent tout de desordre et confusion. Ainsi, en l'homme l'entendement est le souverain, qui a soubs soy une puissance estimative et imaginative comme un magistrat, pour cognoistre et juger par le rapport des sens, de toutes choses qui se presenteront, et mouvoir nos affections pour l'execution de ses jugemens. Pour sa conduicte et reiglement en l'exercice de sa charge, la loy et lumiere de nature luy a esté donnée : et puis il a moyen en tout doubte de recourir au conseil de son superieur et souverain, l'entende-

---

gardent un stupide silence ». Sen. Hipp. act. II, sc. III, v. 604. *Voyez* dans notre Montaigne (L. I, c. II, p. 14), comment Corneille a traduit ce vers.

ment. Voylà l'ordre de son estre heureux; mais le malheur est, que cette puissance qui est au-dessoubs de l'entendement, et au dessus des sens, à laquelle appartient le premier jugement des choses, se laisse la pluspart du temps corrompre ou tromper, dont elle juge mal et temerairement, puis elle manie et remuë nos affections mal à propos, et nous remplit de trouble et d'inquietude. Ce qui trouble et corrompt cette puissance, ce sont premierement les sens, lesquels ne comprennent pas la vraye et interne nature des choses, mais seulement la face et forme externe, rapportant à l'ame l'image des choses, avec quelque recommandation favorable, et quasi un prejugé de leurs qualités, selon qu'ils les trouvent plaisans et agreables à leur particulier, et non utiles et necessaires au bien universel de l'homme : puis s'y mesle le jugement souvent fauls et indiscret du vulgaire. De ces deux fauls advis et rapports des sens et du vulgaire, se forme en l'ame une inconsiderée opinion que nous prenons des choses, qu'elles sont bonnes ou mauvaises, utiles ou dommageables, à suyvre ou fuyr : qui est certainement une tres dangereuse guide [*2], et temeraire maistresse : car aussi-tost qu'elle est conceuë, sans plus rien deferer au discours et à l'entendement, elle s'empare de nostre imagination, et comme dedans une citadelle, y tient fort contre la

---

[*2] Un très dangereux guide.

droicte raison, puis elle descend en nostre cœur et remuë nos affections, avec des mouvemens violens d'esperance, de crainte, de tristesse, de plaisir; bref faict soublever tous les fols et seditieux de l'ame, qui sont les passions.

Je veux encore declarer la mesme chose, par une autre similitude de la police militaire. Les sens sont et sentinelles de l'ame, veillans pour sa conservation, et messagers ou courriers, pour servir de ministres et instrumens à l'entendement, partie souveraine de l'ame : et pour ce faire ils ont receu puissance d'appercevoir les choses, en tirer les formes, et les embrasser ou rejetter, selon qu'elles leur semblent agreables ou fascheuses, et qu'elles consentent ou s'accordent à leur nature : or, en exerçant leur charge, ils se doibvent contenter de recognoistre et donner advis de ce qui se passe, sans vouloir entreprendre de remuer les hautes et fortes puissances, et par ce moyen mettre tout en allarme et confusion; ainsi qu'en une armée souvent les sentinelles[3], pour ne sçavoir pas le dessein du chef qui commande, peuvent estre trompés, et prendre pour secours les ennemis desguisés qui viennent à eux, ou pour ennemis ceux qui viennent à leur secours : aussi les sens, pour ne pas comprendre tout ce qui est de la

---

[3] Bastien a mis *les sentilles*; mais c'est évidemment une faute d'impression, la première édition porte *les sentinelles*.

raison, sont souvent deceus par l'apparence, et jugent pour amy ce qui nous est ennemy. Quand sur ce pensement, et sans attendre le commandement de la raison, ils viennent à remuer la puissance concupiscible et l'irascible, ils font une sedition et un tumulte en nostre ame, pendant lequel la raison n'y est point ouye, ni l'entendement obey.

Voyons maintenant leurs regimens, leurs rangs, genres et especes. Toute passion s'esmeut sur l'apparence et opinion ou d'un bien ou d'un mal : si d'un bien, et que l'ame le considere tel tout simplement, ce mouvement s'appelle amour; s'il est present et dont l'ame jouysse en soy-mesme, il s'appelle plaisir et joye; s'il est à venir, s'appelle desir : si d'un mal, comme tel simplement, c'est haine; s'il est present en nous-mesmes, c'est tristesse et douleur; si en autruy, c'est pitié; s'il est à venir, c'est crainte. Et celles-cy qui naissent en nous par l'objet du mal apparent, que nous fuyons et abhorrons, descendent plus avant en nostre cœur, et s'enlevent plus difficilement. Voylà la premiere bande des seditieux qui troublent le repos de nostre ame, sçavoir en la partie concupiscible; desquels encore que les effects soient tres dangereux, si ne sont-ils pas si violens, que de ceux qui les suyvent : car ces premiers mouvemens là, formés en cette partie par l'object qui se presente, passent incontinent en la partie irascible, c'est-à-dire, en cet endroict où l'ame cherche les moyens d'obtenir ou esviter ce qui luy semble bon ou mauvais. Et lors tout ainsi comme une rouë qui est desja esbranlée, venant à recevoir un nouveau mouvement, tourne de grande vîtesse ; aussi l'ame desja esmuë de la premiere apprehension, adjoustant un second effort au premier, se manie avec beaucoup plus de violence qu'auparavant, et sousleve des passions bien plus puissantes et plus difficiles à dompter, d'autant qu'elles sont doubles, et ja accouplées aux premieres, se liant et soustenant les unes les autres par un mutuel consentement ; car les premieres qui se forment sur l'object du bien apparent, entrant en consideration des moyens de l'acquerir, excitent en nous ou l'espoir ou le desespoir. Celles qui se forment sur l'object du mal à venir, font naistre ou la peur, ou au contraire l'audace : du mal present la cholere et le courroux, lesquelles passions sont estrangement violentes, et renversent entierement la raison, qu'elles trouvent desja esbranlée. Voilà les principaux vents d'où naissent les tempestes de nostre ame : et la caverne d'où ils sortent n'est que l'opinion (qui est ordinairement faulse, vague, incertaine, contraire à nature, verité, raison, certitude) que l'on a, que les choses qui se presentent à nous, sont bonnes ou mauvaises : car les ayant apprehendées telles, nous les recherchons ou fuyons avec vehemence, ce sont nos passions.

Des passions en particulier.

ADVERTISSEMENT.

IL sera traicté de leur naturel, pour y voyr la folie, vanité, misere, injustice, et laideur, qui est en elles, affin de les cognoistre et apprendre à les justement hayr. Les advis pour s'en garder seront aux livres suyvans; ce sont les deux parties du medecin, declarer la maladie, et donner les remedes. Voicy les maladies de l'esprit. Au reste nous parlerons icy premierement de toutes celles qui regardent le bien apparent, qui sont amour et ses especes, desir, espoir, desespoir, joye : et puis toutes celles qui regardent le mal : qui sont plusieurs ; cholere, hayne, envie, jalousie, vengeance, cruauté, crainte, tristesse, compassion.

CHAPITRE XX*.

De l'Amour en general.

SOMMAIRE. — Il y a trois sortes d'amours vicieux : l'amour des grandeurs ou ambition ; l'amour des richesses ou avarice ; l'amour des voluptés sensuelles.

LA premiere maistresse et capitale de toutes les passions est l'amour, qui est de divers subjects, et de

---

* C'est le vingt-unième de la première édition.

diverses sortes et degrés. Il y en a trois principaux, ausquels tous se rapportent (nous parlons du vitieux et passionné; car du vertueux, qui est amitié, charité, dilection, sera parlé en la vertu de la justice); sçavoir : l'ambition ou superbe, qui est l'amour de grandeur et honneur; l'avarice, amour des biens; et l'amour voluptueux et charnel. Voilà les trois goulphes *1 et precipices d'où peu de gens se sauvent, les trois pestes et corruptions de tout ce qu'avons en maniement, esprit, corps et biens; les armeures des trois capitaux ennemis du salut et repos humain, le diable, la chair, le monde. Ce sont à la verité trois puissances les plus communes et universelles passions dont l'Apostre a party en ces trois tout ce qui est au monde : *Quidquid est in inundo, est concupiscentia oculorum, aut carnis, aut superbia vitæ* 2. L'ambition comme spirituelle est plus noble et hautaine que les autres. L'amour voluptueux comme plus naturel et universel (car il est mesme aux bestes, où les autres ne se trouvent point), il est plus violent et moins vitieux; je dis violent tout simplement, car quelquesfois l'ambition l'emporte : mais c'est une maladie particuliere; l'avarice est la plus sotte et maladive de toutes.

---

*1 Gouffres.
2 « Tout ce qui est dans le monde est ou concupiscence des yeux, ou concupiscence de la chair, ou orgueil de la vie ». Ep. de St.-Jean, ch. II, v. 16.

CHAPITRE XXI[*].

De l'Ambition.

Sommaire. — Définition de l'ambition. Cette passion est naturelle en nous, et très-puissante; elle surmonte celle de l'amour, le soin de la vie, viole toutes les lois, méprise la religion, foule aux pieds les droits de la nature. C'est une passion hautaine, qui, pour arriver à son but, ne dédaigne aucune route, aucun moyen. Pourquoi c'est une véritable folie. Combien elle est insatiable. On cherche envain à l'excuser.

Exemples : Alexandre, Scipion, Pompée, César. — Marc-Antoine. — Agrippine. — Jéroboam, Mahomet. — Absalon, Abimelech, Athalie. — Romulus. — Seï. — Soliman. — Alexandre, César, Thémistocles. — Platon et Diogène. — La roue d'Ixion.

L'ambition (qui est une faim d'honneur et de gloire, un desir glouton et excessif de grandeur) est une bien douce passion qui se coule aisement ès esprits plus genereux, et ne s'en tire qu'à peine. Nous pensons devoir embrasser le bien, et entre les biens nous estimons l'honneur plus que tout : voilà pour-

---

[*] C'est le vingt-deuxième de la première édition.

quoy nous le courons à force. L'ambitieux véust estre le premier; jamais ne regarde derriere, mais tousjours devant, à ceux qui le precedent : et luy est plus grief d'en laisser passer un devant, qu'il ne prend de plaisir d'en laisser mille derriere. *Habet hoc vitium omnis ambitio, non respicit* [1]. Elle est double : l'une, de gloire et honneur; l'autre de grandeur et commandement : celle-là est utile au monde, et en certains sens permise, comme il sera dict; cette-cy, pernicieuse.

L'ambition a sa semence et sa racine naturelle en nous : il y a un proverbe qui dict que nature se contente de peu, et un autre tout contraire, que nature n'est jamais saoule ny contente, tousjours desire, veust monter et s'enrichir, et ne va point seulement le pas, mais court à bride abbatue, et se rue à la grandeur et à la gloire. *Natura nostra imperii est avida, et ad implendam cupiditatem præceps* [2]. Et de force qu'ils courent, souvent se rompent le col, comme tant de grands hommes à la veille et sur le poinct d'entrer et jouyr de la grandeur qui leur avoit tant cousté; c'est une passion naturelle, très puissante, et enfin qui nous laisse bien tard, dont quelqu'un

---

[1] « Un des vices de l'ambition c'est qu'elle ne regarde point en arrière ». Sen.

[2] « La nature de l'homme est d'être avide de commander, et rien ne l'arrête pour satisfaire cette passion ».

l'appelle la chemise de l'ame; car c'est le dernier vice duquel elle se despouille. *Etiam sapientibus cupido gloriæ novissima exuitur* [3].

L'ambition, comme c'est la plus forte et puissante passion qui soit, aussi est-elle la plus noble et hautaine; sa force et puissance se monstre en ce qu'elle maistrise et surmonte toutes autres choses, et les plus fortes du monde, toutes autres passions et cupidités, mesmes celle de l'amour, qui semble toutesfois contester de la primauté avec cette-cy. Comme nous voyons en tous les grands, Alexandre, Scipion, Pompée, et tant d'autres qui ont courageusement refusé de toucher les plus belles dames qui estoient en leur puissance, bruslant au reste d'ambition : voire cette victoire de l'amour servoit à leur ambition, sur-tout en Cesar; car jamais homme ne fut plus adonné aux plaisirs amoureux, et de tout sexe et de toutes sortes, tesmoins tant d'exploits, et à Rome et aux pays estrangers, ny aussi plus soigneux et curieux de sa personne : toutesfois l'ambition l'emportoit tousjours, jamais les plaisirs amoureux ne luy firent perdre une heure du temps qu'il pouvoit employer à son agrandissement; l'ambition regentoit en luy souverainement, et le possedoit pleinement. Nous trouvons au rebours qu'en Marc Antoine, et autres, la force de

---

[3] « La passion de la gloire est la dernière dont les sages mêmes se dépouillent ». Tacit.

l'amour a faict oublier le soin et la conduicte des affaires. Mais quand toutes deux seroient en esgale balance, l'ambition emporteroit le prix. Ceux qui veulent l'amour plus forte, disent qu'elle tient à l'ame et au corps, et que tout l'homme en est possedé, voire que la santé en despend. Mais au contraire il semble que l'ambition est plus forte, à cause qu'elle est toute spirituelle. Et de ce que l'amour tient aussi au corps, elle en est plus foible, car elle est subjecte à satieté, et puis est capable de remedes corporels, naturels et estrangers, comme l'experience le monstre de plusieurs, qui par divers moyens ont adoucy, voire esteint l'ardeur et la force de cette passion. Mais l'ambition n'est capable de satieté, voire elle s'esguise par la jouissance, et n'y a remede pour l'esteindre, estant toute en l'ame mesme et en la raison.

Elle vainq aussi l'amour, non-seulement de sa santé, de son repos (car la gloire et le repos sont choses qui ne peuvent loger ensemble); mais encore de sa propre vie, comme monstra Agrippina, mere de Neron, laquelle desirant et consultant pour faire son fils empereur, et ayant entendu qu'il le seroit, mais qu'il luy cousteroit la vie, respondist le vray mot d'ambition : *Occidat, modò imperet!* [4]

Tiercement l'ambition force toutes les loix, et la conscience mesme, disant les docteurs de l'ambition,

---

[4] « Qu'il me tue, pourvu qu'il règne! » Tacit. Ann. L. XIV.

qu'il faut estre par-tout homme de bien, et perpetuellement obeyr aux loix, sauf au poinct de regner, qui seul merite dispense, estant un si friand morceau, qu'il vaut bien que l'on en rompe son jeusne : *Si violandum est jus, regnandi causâ violandum est, in cæteris pietatem colas* ⁵.

Elle foule et mesprise encore la reverence et le respect de la religion, tesmoins Hieroboam, *⁶ Mahumet, qui ne sé soucie, et permet toute religion, mais qu'il regne *⁷ : et tous les heresiarches qui ont mieux aimé estre chefs de party en erreur et menterie, avec mille desordres, qu'estre disciples de verité : dont a dict l'Apostre, que ceux qui se laissent embabouiner à cette passion et cupidité, font naufrage et s'esgarent de la foy, et s'embarassent en diverses peines.

Bref elle force et emporte les propres loix de nature; les meurtres de parens, enfans, freres, sont venus de là, tesmoins Absalon, Abimelech, Athalias, Romulus; Seï, roi des Perses, qui tua son pere et son frere; Soliman, Turc, ses deux freres. Ainsi rien ne peust resister à la force de l'ambition, elle met tout par terre : aussi est-elle hautaine, ne loge qu'aux grandes ames, voire aux anges.

---

⁵ « S'il faut violer la loi, il faut la violer pour régner; en toute autre chose respectez-la religieusement ». Suét.

*⁶ Jéroboam, Mahomet.

*⁷ Qui ne se soucie d'aucune religion, et les permet toutes, pourvu qu'il règne.

Ambition n'est pas vice ny passion de petits compagnons, ny de petits et communs efforts, et actions journalieres : la renommée et la gloire ne se prostitue pas à si vil prix ; elle ne se donne et ne suyt pas les actions, non seulement bonnes et utiles, mais encore rares, hautes, difficiles, estranges et inusitées. Cette grande faim d'honneur et reputation basse et belistresse *8, qui la faict coquiner envers toutes sortes de gens, et par tous moyens, voire abjects, à quelque vil prix que ce soit, est vilaine et honteuse : c'est honte d'estre ainsi honoré : il ne faut point estre avide de gloire plus que l'on n'en est capable : de s'enfler et s'eslever pour toute action utile et bonne, c'est monstrer le cul en haussant la teste.

L'ambition a plusieurs et divers chemins, et s'exerce par divers moyens. Il y a un chemin droict et ouvert, tel qu'ont tenu Alexandre, Cesar, Themistocles et autres. Il y en a un autre oblique et couvert que tiennent plusieurs philosophes et professeurs de pieté, qui viennent au devant par derriere ; semblables aux tireurs d'aviron, qui tirent et tendent au port luy tournant le dos. Ils se veulent rendre glorieux de ce qu'ils mesprisent la gloire. Et certes il y a plus de gloire à fouler et refuser les grandeurs, qu'à les desirer et jouir, comme dict Platon à Diogenes ; et

---

*8 *Belistresse*, adjectif formé de *belitre*, coquin, vil.

l'ambition ne se conduict jamais mieux selon soy, que par une voye esgarée et inusitée.

C'est une vraye folie et vanité qu'ambition, car c'est courir et prendre la fumée au lieu de la lueur, l'ombre pour le corps, attacher le contentement de son esprit à l'opinion du vulgaire, renoncer volontairement à sa liberté pour suivre la passion des autres, se contraindre à desplaire à soy-mesme pour plaire aux regardans, faire pendre ses affections aux yeux d'autruy, n'aymer la vertu qu'autant qu'elle plaist au vulgaire, faire du bien non pour l'amour du bien, mais pour la reputation. C'est ressembler aux tonneaux qu'on perce : l'on n'en peust rien tirer qu'on ne leur donne du vent.

L'ambition n'a point de borne ; c'est un gouffre qui n'a ny fond ny rive ; c'est le vuide que les philosophes n'ont encores pu trouver en la nature, un feu qui s'augmente avec la nourriture que l'on luy donne. En quoy elle paye justement son maistre, car l'ambition est juste seulement en cela, qu'elle suffist à sa propre peine, et se met elle-mesme au tourment. La roue d'Ixion est le mouvement de ses desirs, qui tournent et retournent continuellement du haut en bas, et ne donnent aucun repos à son esprit.

Ceux qui veulent flatter l'ambition disent qu'elle sert à la vertu, et est un aiguillon aux belles actions ; car pour elle on quitte les autres vices, et enfin elle-mesme pour la vertu : mais tant s'en faut, l'ambition cache bien quelques fois les vices, mais ne les oste pas pourtant, ains les couvre pour un temps, soubs les trompeuses cendres d'une malicieuse feintise, avec esperance de les renflammer tout à faict quand ils auront acquis assez d'authorité pour les faire regner publiquement et avec impunité. Les serpens ne perdent pas leur venin pour estre engourdis par le froid; ny l'ambitieux ses vices pour les couvrir par une froide dissimulation. Car quand il est parvenu où il se demandoit, il faict sentir ce qu'il est; et quand l'ambition quitteroit tous ses autres vices, si ne quitte-t-elle jamais soy-mesme. Elle pousse aux belles et grandes actions, le profit en revient au public : mais qui les faict n'en vaut pas mieux ; ce ne sont œuvres de vertu, mais de passion. Elle se targue aussi de ce beau mot : nous ne sommes pas nays pour nous, mais pour le public ; les moyens que nous tenons à monter, et après estre arrivés aux estats et charges, monstrent bien ce qui en est : que ceux qui sont en la danse se battent la conscience, et trouveront qu'il y a autant ou plus du particulier que du public.

Advis et remedes particuliers contre ce mal seront liv. III, chap. XLII.

CHAPITRE XXII*.

De l'avarice et sa contraire passion.

SOMMAIRE. — Ce que c'est que l'avarice. Combien elle a de puissance sur nos esprits. C'est une passion aussi folle que dangereuse. Le mépris des richesses porté à l'excès, mérite aussi le blâme.

Exemples : Mézence. — Sénèque.

AYMER et affectionner les richesses, c'est avarice ; non-seulement l'amour et l'affection, mais encore tout soing curieux entour les richesses, sent son avarice, leur dispensation mesme, et la liberalité trop attentivement ordonnée et artificielle ; car elles ne valent pas une attention, ny un soing penible.

Le desir des biens et le plaisir à les posseder, n'a racine qu'en l'opinion ; le desreiglé desir d'en avoir est une gangrene en nostre ame, qui, avec une venimeuse ardeur, consomme nos naturelles affections pour nous remplir de virulentes humeurs. Sitost qu'elle s'est logée en nostre cœur, l'honneste et naturelle affection que nous devons à nos parens et amis, et à nous-mesmes, s'enfuit. Tout le reste com-

---

* C'est le vingt-troisième de la première édition.

paré à nostre profit ne nous semble rien : nous oublions enfin et mesprisons nous-mesmes nostre corps et nostre esprit pour ces biens ; et comme l'on dict, nous vendons nostre cheval pour avoir du foin.

Avarice est passion vilaine et lasche des sots populaires, qui estiment les richesses comme le souverain bien de l'homme, et craignent la pouvreté [*1] comme son plus grand mal, ne se contentent jamais des moyens necessaires qui ne sont refusés à personne ; ils poisent les biens dedans les balances des orphevres, mais nature nous apprend à les mesurer à l'aulne de la necessité. Mais quelle folie que d'adorer ce que nature mesme a mis soubs nos pieds, et caché soubs terre, comme indigne d'estre veu, mais qu'il faut fouler et mespriser ; ce que le seul vice de l'homme a arraché des entrailles de la terre, et mis en lumiere pour s'entretuer ! *In lucem propter quae pugnaremus excutimus : non erubescimus summa apud nos haberi, quae fuerunt ima terrarum* [2]. La nature semble en la naissance de l'or avoir aucunement presagi la misere de ceux qui le

---

[*1] Ce mot est écrit mal à propos, ici et partout, *povreté*, dans l'édition de Bastien ; *poureté* dans celle de Frantin. La première édition écrit toujours *pouvreté*, pour *povreté*.

[2] « Nous ne craignons point de produire au grand jour des objets qui doivent être pour nous des sujets de dissentions et de combats ; nous ne rougissons point de mettre un grand prix, de l'honneur même à posséder ce qui était caché dans les entrailles de la terre ».

devoient aymer : car elle a faict qu'ès terres où il croist, il ne vient ny herbes, ny plantes, ny autre chose qui vaille, comme nous annonçant qu'ès esprits où le desir de ce metal naistra, il ne demeurera aucune scintille[*3] d'honneur ny de vertu. Que [*4] se dégrader jusques-là que de servir et demourer esclave de ce qui nous doibt estre subject : *Apud sapientem divitiae sunt in servitute, apud stultum in imperio* [5]. Car l'avare est aux richesses, non elles à luy ; et il est dict avoir des biens comme la fievre, laquelle tient et gourmande l'homme, non luy elle. Que d'aymer ce qui n'est bon, ny ne peust faire l'homme bon, voire est commun et en la main des plus meschans du monde, qui pervertissent souvent les bonnes mœurs, n'amendent jamais les mauvaises, sans lesquelles tant de sages ont rendu leur vie heureuse, et pour lesquelles plusieurs meschans ont eu une mort malheureuse : bref attacher le vif avec le mort, comme faisoit Mezentius[6] : pour le faire languir et plus cruellement mourir, l'esprit avec l'excrement et escume de la terre, et embar-

---

[*3] Étincelle, du latin *scintilla*.

[*4] C'est-à-dire : « quelle folie que de se dégrader, etc. » et plus bas : « quelle folie que d'aimer, etc. » Les mots *quelle folie*, sont sous-entendus, parce qu'ils ont été placés trois phrases plus haut.

[5] « La richesse est l'esclave du sage ; elle est le tyran de l'insensé ! »

[6] Le Mézence de l'Énéide.

rasser son ame en mille tourmens et traverses qu'amene cette passion amoureuse des biens, et s'empescher aux filets et cordages du maling, comme les appelle l'escriture saincte, qui les descrie fort, les appellant iniques, espines, larron du cœur humain, lacqs et filets du diable, idolatrie, racine de tous maux. Et certes qui verroit aussi bien la rouille des ennuis qu'engendrent les richesses dedans les cœurs, comme leur esclat et splendeur, elles seroient autant haïes, comme elles sont aymées. *Desunt inopiae multa, avaritiae omnia : in nullum avarus bonus est, in se pessimus* [7].

C'est une autre contraire passion vitieuse de hayr et rejetter les biens et richesses, c'est refuser les moyens de bien faire, et pratiquer plusieurs vertus, et la peine, qui est beaucoup plus grande, à bien commander et user des richesses, que de n'en avoir point, se gouverner mieux en l'abondance, qu'en la pouvreté *. En cette-cy n'y a qu'une espece de vertu, qui est ne ravaller point de courage, mais se tenir ferme. En l'abondance y en a plusieurs, temperance, moderation, liberalité, diligence, prudence, etc. Là

---

[7] « Beaucoup de choses manquent à l'indigence, tout manque à l'avarice ; l'avare n'est bon pour personne, il est très-mauvais pour lui-même ».

* *Variantes.* Qui ne sçait qu'il y a beaucoup plus à faire à bien commander et user des richesses que de n'en avoir point, se gouverner bien en l'abondance qu'en la pouvreté.

il n'y a qu'à se garder ; icy il y a aussi à se garder, et puis à agir. Qui se despouille des biens est bien plus quitte, et a delivre *8 pour vaquer aux choses hautes de l'esprit ; c'est pourquoy plusieurs et philosophes et chrestiens l'ont pratiqué par grandeur de courage. Il se descharge aussi de plusieurs devoirs et difficultés qu'il y a à bien et loyanment se gouverner aux biens, en leur acquisition, conservation, distribution, usage, employs. Qui le faict pour cette raison, fuit la besongne, et au contraire des autres est foible de cueur, et lui dirois volontiers * : Vous les quittez, ce n'est pas qu'ils ne soient utiles, mais c'est que ne sçavez vous en servir et en bien user. Ne pouvoir souffrir les richesses, c'est plustost foiblesse d'ame que sagesse, dict Seneque.

---

*8 Et a liberté, main-levée ; *delivre*, pour délivrance, liberté.

* *Variantes.* Qui se despouille des biens, se descharge de tant de devoirs et de difficultés, qu'il y a à bien et loyalement se gouverner aux biens en leur acquisition, conservation, distribution, usage et employs. C'est donc fuyre la besongne.

CHAPITRE XXIII*.

De l'amour charnel.

Sommaire. — L'amour charnel est une passion forte, naturelle et commune. Nous l'appelons *honteuse*, et *honteuses*

---

* C'est le vingt-quatrième de la première édition.

les parties qui y servent. Elle n'est honteuse ni vicieuse; elle ne le devient que par les abus et les maux qu'elle entraîne.

Exemple : Alexandre.

C'EST une fievre et furieuse passion que l'amour charnel, et très dangereuse à qui s'y laisse transporter ; car où en est-il ? il n'est plus à soy ; son corps aura mille peines à chercher le plaisir ; son esprit mille gehennes à servir son desir ; le desir croissant deviendra fureur : comme elle est naturelle, aussi est-elle violente et commune à tous, dont en son action elle esgale et apparie les fols et les sages, les hommes et les bestes : elle abestist et abrutist toute la sagesse, resolution, prudence, contemplation et toute operation de l'ame. De là Alexandre cognoissoit qu'il estoit mortel, comme aussi du dormir, car tous deux suppriment les facultés de l'ame.

La philosophie se mesle et parle librement de toutes choses pour en trouver les causes, les juger et reigler, si faict bien la theologie, qui est encores plus pudique et retenue. Pourquoy non, puisque tout est de sa jurisdiction et cognoissance ? Le soleil esclaire sur les fumiers sans en rien tenir ou sentir : s'effaroucher ou s'offenser des paroles, est preuve de grande foiblesse, ou d'estre touché de la maladie. Cecy soit dict pour ce qui suit, et autres pareils s'il y en a. Nature d'une part nous pousse avec violence à cette action : tout le mouvement du monde se resoult et se rend à cet accouplage de masle et de femelle, et d'autre part nous laisse accuser, cacher, et rougir pour icelle, comme insolente, deshonneste. Nous l'appellons honteuse, et les parties qui y servent honteuses. Pourquoy donc tant honteuse, puisque tant naturelle, et (se tenant en ses bornes *¹) si juste, legitime, necessaire, et que les bestes sont exemptes de cette honte ? Est-ce à cause de la contenance qui semble laide ? Pourquoy laide, puisque naturelle ? au pleurer, rire, mascher, baailler, le visage se contrefaict encores plus. Est-ce pour servir de bride et d'arrest à une telle violence ? Pourquoy donc nature cause-t-elle telle violence ? Mais c'est au contraire ; la honte sert d'aiguillon et d'allumette, comme se dira. Est-ce que les instrumens d'icelles se remuent sans nostre consentement, voire contre nostre volonté ? Pour cette raison aussi les bestes en devroient avoir honte : et tant d'autres choses se remuent de soy-mesmes en nous sans nostre consentement, qui ne sont vitieuses ny honteuses, non-seulement internes et cachées, comme le pouls et mouvement du cœur, arteres, poulmons, les outils et parties qui servent à l'appetit du manger, boire, descharger le cerveau, le ventre, et sont

---

*¹ Quand elle se renferme dans les bornes prescrites par les lois.

leurs compressions et dilatations outre et souvent contre nostre advis et volonté, tesmoin les esternuemens, baaillemens, saignées, larmes, hoquets et fluxions, qui ne sont de nostre liberté : cecy est du corps ; l'esprit oublie, se souvient, croist, mescroist, et la volonté mesme qui veust souvent ce que nous voudrions qu'elle ne voulust pas : mais externes et apparentes ; le visage rougist, pallist, blesmist, le corps engraisse et amaigrist, le poil grisonne, noircist, blanchist, croist, se herisse, la peau fremist, sans et contre nostre consentement. Est-ce qu'en cela se monstre plus au vray la pouvreté et foiblesse humaine? Si faict-elle au manger, boyre, douloir, lasser, se descharger, mourir, dont l'on n'a pas de honte. Quoy que soit, l'action n'est aucunement en soy et par nature honteuse; elle est vrayement naturelle, et non la honte, tesmoin les bestes : que dis-je les bestes ! la nature humaine, dict la theologie, se maintenant en son premier originel estat, n'y eust senti aucune honte; comme de faict, d'où vient la honte que de foiblesse, et la foiblesse que du peché, ny ayant rien en nature et de soy honteux ? N'estant la cause de cette honte en la nature, il la faut chercher ailleurs ; elle est donc artificielle. Seroit-ce point une invention forgée au cabinet de Venus pour donner prix à la besongne, et en faire venir davantage l'envie ? C'est avec un peu d'eau allumer plus de feu, comme faict le mareschal ; c'est convier et embraser l'envie

LIVRE I, CHAPITRE XXIII.

de voyr que cacher, d'ouyr et sçavoir que c'est que le parler bas, et faire la petite bouche ; c'est donner goust et apporter estime aux choses que les traitter mysterieusement, retenüement, avec respect et pudeur. Au rebours, une lache, facile, toute libre et ouverte permission et commodité affadist, oste le goust et la pointe.

Cette action donc en soy et simplement prinse, n'est point honteuse ny vitieuse, puisque naturelle et corporelle, non plus que les autres pareilles actions, voire si elle est bien conduicte, juste, utile, necessaire, pour le moins autant que le manger et boyre. Mais ce qui la faict tant descrier, est que très rarement y est gardée moderation, et que pour se faire valoir et parvenir à ses exploicts, elle faict de grands remuemens, se sert de très mauvais moyens, et entraîne après, ou bien faict marcher devant, grande suite de maux, tous pires que l'action voluptueuse : les despens montent plus que le principal ; c'est pescher, comme l'on dict, en filets d'or et de pourpre. Et tout cela est purement humain : les bestes qui suivent la simple nature, sont nettes de tout ce tracas ; mais l'art humain d'une part en faict un grand guare-guare *², plante à la porte la honte pour en desgouter : d'autre part, (ô la piperie !) y eschauffe et esguise l'envie, invente, remue, trouble et renverse

---

*² *Gare-gare.*

tout pour y arriver, (tesmoin la poësie, qui ne rit point comme en ce subject, et ses inventions sont mousses en toute autre chose) et trouve meilleure toute autre entrée que par la porte et legitime voye, et tout autre moyen escarté, que le commun du mariage.

Advis et remedes particuliers contre ce vice sont au livre III, chapitre XLI.

CHAPITRE XXIV*.

Desirs, cupidités.

SOMMAIRE. — Le cœur de l'homme est un abîme infini de désirs, dont les uns sont naturels et nécessaires, les autres contre nature et superflus.

Exemple : Diogène et Alexandre.

IL ne naist et ne s'esleve point tant de flots et d'ondes en la mer, comme de desirs au cueur de l'homme; c'est un abysme, il est infiny, divers, inconstant, confus et irresolu, souvent horrible et detestable, mais ordinairement vain et ridicule en ses desirs.

Mais, avant toute œuvre, ils sont bien à distinguer. Les uns sont naturels, ceux-cy sont justes et legitimes,

---

* C'est le vingt-cinquième de la première édition.

sont mesmes aux bestes, sont limités et courts, l'on en voyt le bout, selon eux personne n'est indigent ; de ceux-cy sera parlé cy-après au long, car ce ne sont à vray dire passions. Les autres sont outre nature, procedans de nostre opinion et fantasie, artificiels, superflus, que nous pouvons, pour les distinguer par nom des autres, appeller cupidités. Ceux-cy sont purement humains ; les bestes ne sçavent que c'est : l'homme seul est desréiglé en ses appetits ; ceux-cy n'ont point de bout, sont sans fin, ce n'est que confusion. *Naturalia desideria finita sunt : ex falsâ opinione nascentia, ubi desinant non habent : nullus enim terminus falso est. Viâ eunti aliquid extremum est, error immensus est* [1]. Dont selon eux personne ne peust estre riche et content. C'est d'eux proprement ce que nous avons dict au commencement de ce chapitre, et que nous entendons icy en cette matiere des passions. C'est pour ceux-cy que l'on sué et travaille, *ad supervacua sudatur* [2], que l'on voyage par mer et par terre, que l'on guerroye, que l'on se tue, l'on se noye, l'on se trahist, l'on se perd, dont a esté très bien dict, que cu-

---

[1] « Les désirs naturels sont bornés ; ceux qui proviennent d'une opinion fausse ne savent point s'arrêter ; car l'erreur n'a point de bornes. Il y a quelque chose au bout, pour celui qui marche dans le chemin, il n'y a rien pour celui qui s'égare ».

[2] « On sue (on se donne beaucoup de peine) pour des choses superflues ».

pidité estoit racine de tous maux. Or il advient souvent (juste punition) que, cherchant d'assouvir ses cupidités et se saouler des biens et plaisirs de la fortune, l'on perd et l'on se prive de ceux de la nature ; dont disoit Diogenes à Alexandre, après avoir refusé son argent, que pour tout bien il se retirast de son soleil.

CHAPITRE XXV[*].

Espoir, desespoir.

SOMMAIRE. — Les désirs redoublent par l'espérance. Mais quand nous désespérons d'obtenir l'objet de nos désirs, notre tourment s'accroît à tel point que nous renonçons même aux autres biens dont nous pourrions jouir.

LES desirs et cupidités s'eschauffent et redoublent par l'esperance, laquelle allume de son doux vent nos fols desirs, embrase en nos esprits un feu d'une espaisse fumée, qui nous esblouit l'entendement, et emportant avec soy nos pensées, les tient pendues entre les nues, nous faict songer en veillant. Tant que nos esperances durent, nous ne voulons point quitter nos desirs : c'est un jouët avec lequel nature nous amuse. Au contraire, quand le desespoir s'est logé

---

[*] C'est le vingt-sixième chapitre de la première édition.

chez nous, il tourmente tellement nostre ame de l'opinion de ne pouvoir obtenir ce que nous desirons, qu'il faut que tout luy cede, et que pour l'amour de ce que nous pensons ne pouvoir obtenir, nous perdions mesme le reste de ce que nous possedons: Cette passion est semblable aux petits enfans qui, par despit de ce qu'on leur oste un de leurs jouëts, jettent les autres dedans le feu : elle se fasche contre soy-mesme, et exige de soy la peine de son malheur. Après les passions qui regardent le bien apparent, venons à celles qui regardent le mal.

CHAPITRE XXVI*.

De la Cholere.

SOMMAIRE. — La colère est une folle passion, une courte rage. Ses causes sont la faiblesse d'esprit. Ses signes et ses symptômes sont manifestes. Ses effets sont souvent bien lamentables.

Exemples : Pison — Alexandre. — Pythagore.

LA cholere est une folle passion qui nous pousse entierement hors de nous, et qui, cherchant le moyen de repousser le mal qui nous menace, ou qui nous a

---

* C'est le vingt-septième chapitre de la première édition.

desja atteinct, faict bouillir le sang en nostre cœur, et leve des furieuses vapeurs en nostre esprit, qui nous aveuglent et nous precipitent à tout ce qui peust contenter le desir que nous avons de nous venger. C'est une courte rage, un chemin à la manie ; par sa prompte impetuosité et violence, elle emporte et surmonte toutes passions : *repentina et universa vis ejus est*[1].

Les causes qui disposent à la cholere, sont foiblesse d'esprit, comme nous voyons par experience les femmes, vieillards, enfans malades, estre plus choleres. *Invalidum omne naturâ querulum est*[2]. L'on se trompe de penser qu'il y a du courage où y a de la violence ; les mouvemens violens ressemblent aux efforts des enfans et des vieillards, qui courent quand ils pensent cheminer ; il n'y a rien si foible qu'un mouvement desreiglé, c'est lascheté et foiblesse que se cholerer. Maladie d'esprit qui le rend tendre et facile aux coups, comme les parties ulcerées au corps, où la santé intéressée s'estonne et blesse de peu de chose : *nusquam sine querelâ aegra tanguntur*[3]; la perte d'un denier, ou l'omission d'un gain, met en cholere un avare ; un rire, ou regard de sa femme, courrouce

---

[1] « Sa violence est soudaine et universelle ». SEN. *de ira*.

[2] « Tout ce qui est faible, est naturellement porté à se plaindre ». *Id. ibid.*

[3] « On ne touche pas une partie malade sans exciter des plaintes ».

un jaloux. Le luxe, la vaine delicatesse, ou amour particulier, qui rend l'homme chagrin et despiteux, le met en cholere, pour peu qu'il luy arrive mal à propos : *nulla res magis iracundiam alit quam luxuria* [4]. Cet amour de petites choses, d'un verre, d'un chien, d'un oyseau, est une espece de folie qui nous travaille et nous jette souvent en cholere. Curiosité trop grande : *Qui nimis inquirit, seipsum inquietat* [5]. C'est aller quester, et de gayeté de cœur se jetter en la cholere, sans attendre qu'elle vienne. *Saepè ad nos ira venit, saepiùs nos ad illam* [6]. Legereté à croire le premier venu. Mais la principale et formelle, c'est l'opinion d'estre mesprisé, et autrement traicté que ne devons; ou de faict ou de parole et contenance : c'est d'où les choleres se pretendent justifier.

Ses signes et symptomes sont très manifestes, et plus que de toute autre passion, et si estranges qu'ils alterent et changent l'estat entier de la personne, le transforment et defigurent : *ut sit difficile utrum magis detestabile vitium, aut deforme* [7]. Les uns sont externes,

---

[4] « Rien ne porte plus à la colère que la mollesse ». *id.* L. II, c. 26.

[5] « Celui qui se livre à trop de recherches, se tourmente lui-même ». SEN. *de ira*, L. I, c. 1.

[6] « Souvent la colère vient audevant de nous, mais nous allons souvent aussi au devant d'elle ». *Id. ibid.* L. III, c. 12.

[7] « De manière qu'il est difficile de dire si ce vice est plus détestable que difforme ».

la face rouge et difforme, les yeux enflambés, le regard furieux, l'oreille sourde, la bouche escumante, le cœur halettant, le pouls fort esmeu, les veines enflées, la langue begayante, les dents serrées, la voix forte et enrouée, le parler precipité, bref elle met tout le corps en feu et en fievre. Aucuns s'en sont rompu les veines; l'urine leur a esté supprimée; la mort [8] s'en est ensuivie. Quel doit estre l'estat de l'esprit au dedans, puisqu'il cause un tel desordre au dehors ! La cholere du premier coup en chasse et bannist loing la raison et le jugement, affin que la place luy demeure toute entiere : puis elle remplit tout de feu, fumée, tenebres, bruict, semblable à celuy qui mist le maistre hors la maison, puis y mist le feu, et se brûla vif dedans; et comme un navire qui n'a ny gouvernail, ny patron, ny voiles, ny aviron, qui court fortune à la mercy des vagues, vents et tempestes, au milieu de la mer courroucée.

Les effets sont grands, souvent bien miserables et lamentables. La cholere premierement nous pousse à l'injustice, car elle se despite et s'esguise par opposition juste, et par la cognoissance que l'on a de s'estre courroucé mal à propos. Celuy qui est esbranlé et courroucé soubs une faulse cause, si l'on luy presente quelque bonne deffense ou excuse, il se despite contre la verité et l'innocence. *Pertinaciores nos facit*

---

[8] Un empereur romain est mort d'un accès de colère.

iniquitas irae, quasi argumentum sit justè irascendi, graviter irasci[9]. L'exemple de Piso sur ce propos est bien notable, lequel, excellent d'ailleurs en vertu (cette histoire est assez cognue), meu de cholere, en fist mourir trois injustement, et par une trop subtile accusation les rendist coulpables pour en avoir trouvé un innocent contre sa premiere sentence. Elle s'esguise aussi par le silence et la froideur, par où l'on pense estre desdaigné, et soy et sa cholere : ce qui est propre aux femmes, lesquelles souvent se courroucent, affin que l'on se contre-courrouce, et redoublent leur cholere jusqu'à la rage, quand elles voyent que l'on ne daigne nourrir leur courroux : ainsi se monstre bien la cholere estre beste sauvage, puisque ny par defense ou excuse, ny par non defense et silence, elle ne se laisse gaigner ny addoucir. Son injustice est aussi en ce qu'elle veust estre juge et partie, qu'elle veust que tous soient de son party, et s'en prend à tous ceux qui ne luy adherent. Secondement, pource qu'elle est inconsiderée et estourdie, elle nous jette et precipite en de grands maux, et souvent en ceux mesmes que nous fuyons ou procurons à autruy, *dat pœnas dum exigit*[10], ou autres

---

[9] « Une colère injuste nous rend plus opiniâtres, comme si une grande colère était la preuve d'une juste colère ». SEN. de ira. L. III, c. 29.

[10] « Il est puni quand il veut punir ».

pires. Cette passion ressemble proprement aux grandes ruines, qui se rompent sur ce sur quoy elles tombent : elle desire si violemment le mal d'autruy, qu'elle ne prend pas garde à esviter le sien : elle nous entrave et nous enlace, nous faict dire et faire choses indignes, honteuses et messeantes. Finalement elle nous emporte si outrement qu'elle nous faict faire des choses scandaleuses et irreparables, meurtres, empoisonnemens, trahisons, dont après s'ensuivent de grands repentirs : tesmoin Alexandre-le-Grand, après avoir tué Clytus, dont disoit Pythagoras, que la fin de la cholere estoit le commencement du repentir.

Cette passion se paist en soy, se flatte et se chatouille, voulant persuader qu'elle a raison, qu'elle est juste, s'excusant sur la malice et indiscretion d'autruy : mais l'injustice d'autruy ne la sçauroit rendre juste, ny le dommage que nous recevons d'autruy nous la rendre utile : elle est trop estourdie pour rien faire de bien ; elle veust guarir le mal par le mal : donner à la cholere la correction de l'offense, seroit corriger le vice par soy-mesme. La raison qui doit commander en nous ne veust point de ces officiers là, qui font de leur teste sans attendre son ordonnance ; elle veust tout faire par compas comme la nature, et pour ce la violence ne luy est pas propre. Mais quoy ! direz-vous, la vertu verra-t-elle l'insolence du vice sans se despiter ? aura-t-elle si peu de liberté, qu'elle ne s'ose courroucer contre les meschans ? La vertu ne veust point de liberté indecente; il ne faut pas qu'elle tourne son courage contre soy, ny que le mal d'autruy la puisse troubler : le sage doibt aussi bien supporter les vices des meschans sans cholere, que leur prosperité sans envie. Il faut qu'il endure les indiscretions des temeraires avec la mesme patience que le medecin faict les injures du phrenetique. Il n'y a pas plus grande sagesse, ny plus utile au monde, que d'endurer la folie d'autruy; car autrement il nous arrive que pour ne la vouloir pas endurer nous la faisons nostre. Cecy qui a esté dict si au long de la cholere, convient aussi aux passions suivantes, hayne, envie, vengeance, qui sont choleres formées.

Advis et remedes particuliers contre ce mal sont liv. III, chapitre XXXI.

CHAPITRE XXVII*.

Hayne.

SOMMAIRE. — La haine est une passion qui nous met en la puissance de ceux que nous haïssons, puisque leur vue nous tourmente, nous agite sans cesse. — Elle fait bien plus de mal à celui qui l'éprouve, qu'à celui qui en est l'objet.

HAYNE est une estrange passion qui nous trouble estrangement et sans raison : et qu'y a-t-il au monde

---

* C'est le vingt-huitième de la première édition.

qui nous tourmente plus que cela ? Par cette passion nous mettons en la puissance de ce que nous hayssons, de nous affliger et vexer ; la veue nous en esmeut les sens, la souvenance nous en agite l'esprit, et veillant et dormant. Nous nous le representons avec un despit et grincement de dents, qui nous met hors de nous, et nous deschire le cueur, et par ce moyen recevons en nous-mesmes la peine du mal que nous voulons à autruy : celuy qui hayt est patient ; le hay est agent, au rebours du son des mots : le hayneur [1] est en tourment, le hay est à son aise. Mais que hayssons-nous ? les hommes, les affaires ? Certes, nous ne hayssons rien de ce que nous debvons ; car s'il y a quelque chose à hayr en ce monde, c'est la hayne mesme, et semblables passions contraires à ce qui doit commander en nous : il n'y a au monde que cela de mal pour nous.

Advis particuliers contre ce mal sont liv. III, chap. XXXII.

---

[1] Le haïsseur.

CHAPITRE XXVIII*.

Envie.

SOMMAIRE. — L'envie est la sœur de la haine. — L'envieux

---

* C'est le vingt-neuvième de la première édition.

desire le bonheur des autres, et laisse échapper le bonheur qu'il pourrait trouver tout près de lui.

ENVIE est sœur germaine de la hayne, miserable passion et beste farouche qui passe en tourment toutes les gehennes : c'est un regret du bien que les autres possedent, qui nous ronge fort le cueur; elle tourne le bien d'autruy en nostre mal. Comment nous doit-elle tourmenter, puisque et le bien et le mal y contribuent? Pendant que les envieux regardent de travers les biens d'autruy, ils laissent gaster le leur, et en perdent le plaisir.

Advis et remedes particuliers contre ce mal sont liv. III, chap. XXXIII.

CHAPITRE XXIX*.

Jalousie.

SOMMAIRE. — La jalousie est l'indice d'une ame faible et inepte. Elle corrompt toutes les douceurs de la vie. Presque toujours les remèdes qu'on veut y apporter aggravent le mal.

JALOUSIE est passion presque toute semblable, et de nature et d'effect, à l'envie, sinon qu'il semble

---

* C'est le trentième de la première édition.

que par l'envie nous ne considerons le bien qu'en ce qu'il est arrivé à un autre, et que nous le desirons pour nous ; et la jalousie est de nostre bien propre, auquel nous craignons qu'un autre participe.

Jalousie est maladie d'ame foible, sotte et inepte, maladie terrible et tyrannique : elle s'insinue soubs tiltre d'amitié; mais après estre en possession, sur les mesmes fondemens de bienveillance, elle bastit une hayne capitale; la vertu, la santé, le merite, la reputation sont les bouttefeus de cette rage.

C'est aussi un fiel qui corrompt tout le miel de nostre vie : elle se mesle ordinairement ès plus doulces et plaisantes actions, lesquelles elle rend si aigres et si ameres que rien plus : elle change l'amour en hayne, le respect en desdain, l'asseurance en defiance. Elle engendre une curiosité pernicieuse de se vouloir esclaircir de son mal, auquel il n'y a point de remede qui ne l'empire et ne l'engrege*¹: car ce n'est que le publier, arracher de l'ombre et du doubte pour le mettre en lumiere, et le trompetter par-tout, et estendre son malheur jusques à ses enfans.

Advis et remedes particuliers contre ce mal sont liv. III, chapitre XXXV.

---

*¹ L'aggrave.

CHAPITRE XXX*.

Vengeance.

SOMMAIRE. — La vengeance est la passion des ames viles et lâches; elle emploie le plus souvent l'artifice et les trahisons. Pour se satisfaire, elle n'a que des moyens dangereux pour elle-même et impuissans. Tuer n'est pas se venger.

Exemples : Alexandre, César, Épaminondas, Scipion.

LE desir de vengeance est premierement passion lasche et effeminée d'ame foible et basse, pressée et foulée, tesmoin que les plus foibles ames sont les plus vindicatives et malicieuses, comme des femmes et enfans; les fortes et genereuses n'en sentent gueres, la mesprisent et desdaignent, ou pource que l'injure ne les touche pas, ou pource que l'injuriant n'est digne qu'on s'en remue : l'on se sent beaucoup au-dessus de tout cela, *Indignus Caesaris irâ*[1]. Les gresles, tonnerres et tempestes, et tout le bruit qui se faict en l'air ne trouble ny ne touche les corps superieurs et celestes, mais seulement les inferieurs et caduques : ainsi les indiscretions et petulances des fols ne heurtent point les grandes et hautes ames. Tous les grands,

---

* C'est le trente-unième de la première édition.
[1] « Indigne de la colère de César ».

Alexandre, Cesar, Epaminondas, Scipion, ont esté si esloignés de vengeance, qu'au contraire ils ont bienfaict à leurs ennemis.

Secondement, elle est cuisante et mordante, comme un ver qui ronge le cueur de ceux qui en sont infectés, les agite de jour, les resveille de nuict.

Elle est aussi pleine d'injustice, car elle tourmente l'innocent, et adjouste affliction. C'est à faire à celuy qui a faict l'offense, de sentir le mal et la peine que donne au cueur le desir de vengeance; et l'offensé s'en va charger, comme s'il n'avoit pas assez de mal de l'injure ja receue; tellement que souvent et ordinairement, cependant que cettuy-cy se tourmente à chercher les moyens de la vengeance, celuy qui a faict l'offense, rit et se donne du bon temps. Mais elle est bien plus injuste encore aux moyens de son execution, laquelle souvent se faict par trahisons et vilains artifices.

Finalement l'execution, outre qu'elle est penible, elle est très dangereuse; car l'experience nous apprend que celuy qui cherche à se venger, il ne faict pas ce qu'il veust, et son coup ne porte pas; mais ordinairement il advient ce qu'il ne veust pas, et pensant crever un œil à son ennemy, il luy creve tous les deux; le voilà en crainte de la justice et des amis de sa partie, en peine de se cacher et fuyr de lieu en autre.

Au reste tuer et achever son ennemy ne peust estre vengeance, mais pure cruauté qui vient de couardise et de crainte : se venger c'est le battre, le faire bouquer*², et non pas l'achever : le tuant l'on ne lui faict pas ressentir son courroux, qui est la fin de la vengeance. Voilà pourquoy l'on n'attaque pas une pierre, une beste, car elles sont incapables de gouster nostre revanche. En la vraye vengeance il faut que le vengeur y soit pour en recevoir du plaisir; et le vengé pour sentir et souffrir du desplaisir et de la repentance. Estant tué il ne s'en peust repentir, voire il est à l'abry de tout mal, ou au rebours le vengeur est souvent en peine et en crainte. Tuer donc est tesmoignage de couardise et de crainte que l'offensé se ressentant du desplaisir, nous recherche de pareille : l'on s'en veust defaire du tout; et ainsi c'est quitter la fin de la vengeance et blesser sa reputation; c'est un tour de precaution et non de courage; c'est y proceder seurement, et non honorablement. *Qui occidit longè non ulciscitur, nec gloriam assequitur*³.

Advis et remedes particuliers contre ce mal sont liv. III, chap. XXXIV.

---

*² Le faire *bisquer*, prendre la chèvre (*la bique*); ce qui prouve que *bouquer* vient de *bouc*, comme *bisquer* vient de *bique*. Ce mot est donc mal expliqué dans le Glossaire de la langue romane, par *gronder, bouder, murmurer, embrasser avec force*; il ne vient pas de *bucca*, bouche, comme il est dit dans ce glossaire.

³ « Celui qui tue ne savoure pas longuement la vengeance, et n'acquiert pas la gloire ».

CHAPITRE XXXI*.
Cruauté.

SOMMAIRE. — La cruauté vient de faiblesse et de lâcheté. Les tyrans sont cruels parce qu'ils craignent.
Exemples: l'empereur Maurice et le soldat Phocas. — Caligula.

C'EST un vilain et detestable vice que la cruauté, et contre nature, dont aussi est-il appellé inhumanité.

La cruauté vient de foiblesse et lascheté, *omnis ex infirmitate feritas est* [1], et est fille de couardise; la vaillance s'exerce seulement contre la resistance, et s'arreste voyant l'ennemy à sa mercy : *Romana virtus parcere subjectis, debellare superbos* [2]. La lascheté ne pouvant estre de ce roolle, pour dire qu'elle en est, prend pour sa part le sang et le massacre : les meurtres des victoires s'exercent ordinairement par le peuple et officiers du bagage. Les cruels, aspres et malicieux, sont lasches et poultrons : les tyrans sont sanguinaires, pource qu'ils craignent, et ne peuvent s'asseurer qu'en

---

* C'est le trente-deuxième de la première édition.

[1] « Toute cruauté vient de faiblesse ».

[2] « La vertu romaine consiste à épargner ceux qui se soumettent, à combattre les orgueilleux qui veulent lui résister ». — C'est un vers tronqué de l'Énéïde.

exterminant ceux qui les peuvent offenser, dont ils s'attaquent à tous jusques aux femmes; car ils craignent tous. *Cuncta ferit dum cuncta timet*[3]. Les chiens couards mordent et deschirent dans la maison les peaux des bestes sauvages qu'ils n'ont osé attaquer aux champs. Qui rend les guerres civiles et populaires si cruelles, sinon que c'est la canaille et lie du peuple qui les meine? L'empereur Maurice, adverty qu'un soldat Phocas le debvoit tuer, s'enquit qui il estoit, et de quel naturel; et luy ayant esté dict par son gendre Philippes qu'il estoit lasche et couard, il concluld qu'il estoit meurtrier et cruel. Elle vient aussi de malignité interne d'ame, qui se paist et delecte au mal d'autruy; monstres, comme Caligula.

---

[3] « Il frappe tout parce qu'il craint tout ».

CHAPITRE XXXII*.

Tristesse.

SOMMAIRE. — La tristesse est une langueur d'esprit et un découragement; elle n'est pas naturelle. — Les deuils publics et particuliers ne sont que des impostures. — La tristesse est impie et pernicieuse : au dehors, elle est messéante et efféminée; au dedans elle flétrit l'ame. Elle a divers de-

---

* C'est le trente-troisième de la première édition.

grés ; elle saisit et tue, ou s'exprime par des plaintes et des larmes.

Exemples : Niobé. — Les Thraces. — Les lois romaines. — Niobé encore. — Le peintre du sacrifice d'Iphigénie.

Tristesse est une langueur d'esprit et un découragement engendré par l'opinion que nous sommes affligés de grands maux : c'est une dangereuse ennemie de nostre repos qui flestrit incontinent nostre ame si nous n'y prenons garde, et nous oste l'usage du discours, et le moyen de pourvoir à nos affaires, et avec le temps enrouille et moisist l'ame, abatardist tout l'homme, endort et assoupist sa vertu, lorsqu'il se faudroit esveiller pour s'opposer au mal qui le meine et le presse. Mais il faudroit descouvrir la laideur et folie, et les pernicieux effects, voire l'injustice qui est en cette passion couarde, basse et lasche, affin d'apprendre à la hayr et fuir de toute sa puissance, comme tres indigne des sages, selon la doctrine des Stoïciens. Ce qui n'est pas du tout tant aisé à faire, car elle s'excuse et se couvre de belles couleurs, de nature, pieté[1], bonté, voire la pluspart du monde tasche à l'honorer et favoriser : ils en habillent la sagesse, la vertu, la conscience.

---

[1] On a remarqué que les jeunes gens dévots sont tous tristes, moroses et ennuyeux, tandis que ceux qui ont une longue habitude de la piété, sont souvent gais et aimables.

Or premierement, tant s'en faut qu'elle soit naturelle, comme elle veust faire croire, qu'elle est partie formelle et ennemie de la nature, ce qui est aisé à monstrer. Quant aux tristesses ceremonieuses et deuils publics tant affectés et practiqués par les anciens, et encores à present presque par-tout (ceci ne touche point l'honnêteté et moderation des obseques et funerailles, ni ce qui est de la pieté et religion), quelle plus grande imposture et plus vilaine happelourde *2 pourroit-on trouver par-tout ailleurs ? Combien de feinctes et mines contrefaictes et artificielles, avec coust et despense, et en ceux-là à qui le faict touche et qui jouent le jeu, et aux autres qui s'en approchent et font les officieux ? Mais encores pour accroistre la fourbe*3 on loue des gens pour venir pleurer et jetter des cris et des plainctes qui sont, au sceu de tous, toutes feinctés et extorquées avec argent; et larmes qui ne sont jettées que pour estre veues, et tarissent sitost qu'elles ne sont plus regardées; où est-ce que nature apprend cela ? Mais qu'est-ce que nature abhorre et condamne plus ? c'est l'opinion (mere nourrice, comme dict est, de la plupart des passions) tyrannique, faulse et populaire, qui enseigne qu'il faut pleurer en tel cas. Et si l'on ne peust trouver des larmes et tristes mines chez soy, il en faut acheter à

---

*2 Chose qui n'attrape et ne trompe que les lourdauds.
*3 La fourberie.

beaux deniers comptans chez autruy; tellement que pour bien satisfaire à cette opinion, faut entrer en grande despense, de laquelle nature, si nous la voulions croire, nous deschargeroit volontiers. Est-ce pas volontairement et tout publiquement trahir la raison, forcer et corrompre la nature, prostituer sa virilité, et se mocquer du monde et de soy-mesme, pour s'asservir au vulgaire, qui ne produict qu'erreur, et n'estime rien qui ne soit fardé et desguisé? Les autres tristesses particulieres ne sont non plus de la nature, comme il semble à plusieurs; car si elles procedoient de la nature, elles seroient communes à tous hommes, et les toucheroient à peu près tous également : or nous voyons que les mesmes choses qui attristent les uns resjouissent les autres, qu'une province et une personne rient de ce dont l'autre pleure; que ceux qui sont près des autres qui se lamentent, les exhortent à se resouldre et quitter leurs larmes. Escoutez la pluspart de ceux qui se tourmentent, quand vous avez parlé à eux, ou qu'eux-mesmes ont prins le loisir de discourir sur leurs passions, ils confessent que c'est folie que de s'attrister ainsi, et loueront ceux qui, en leurs adversités, auront faict teste à la fortune, et opposé un courage masle et genereux à leurs afflictions. Et il est certain que les hommes n'accommodent pas leur deuil à leur douleur, mais à l'opinion de ceux avec lesquels ils vivent; et si l'on y regarde bien, l'on remarquera que c'est l'opinion qui, pour nous ennuyer, nous represente les choses qui nous tourmentent, ou plustost qu'elles ne doibvent, par anticipation, crainte et apprehension de l'advenir ; ou plus qu'elles ne doibvent.

Mais elle est bien contre nature, puisqu'elle enlaidist et efface tout ce que nature a mis en nous de beau et d'aymable, qui se fond à la force de cette passion, comme la beauté d'une perle se dissoult dedans le vinaigre : c'est pitié lors de nous voyr ; nous nous en allons la teste baissée, les yeux fichés en terre, la bouche sans parole, les membres sans mouvemens, les yeux ne nous servent que pour pleurer ; et diriez que nous ne sommes rien que des statues suantes, et comme Niobé, que les poëtes disent avoir esté convertie en pierre par force de pleurer.

Or elle n'est pas seulement contraire et ennemie de nature, mais elle s'attaque encores à Dieu ; car qu'est-elle autre chose qu'une plaincte temeraire et outrageuse contre le Seigneur de l'univers, et la loy commune du monde, qui porte que toutes choses qui sont soubs le ciel de la lune sont muables et perissables ? Si nous sçavons cette loy, pourquoy nous tourmentons-nous ? si nous ne la sçavons, de quoy nous plaignons-nous, sinon de nostre ignorance de ne sçavoir ce que nature a escrit par tous les coings du monde ? Nous sommes icy, non pour donner la loy, mais pour la recevoir, et suyvre ce que nous y trouvons estably; et nous tourmentant au contraire, ne sert que nous donner double peine.

Après tout cela elle est très pernicieuse et dommageable à l'homme, et d'autant plus dangereuse, qu'elle nuit soubs couleur de profiter; soubs un faux semblant de nous secourir, elle nous offense; de nous tirer le fer de la playe, l'enfonce jusques au cueur; et ses coups sont d'autant plus difficiles à parer, et ses entreprinses à rompre, que c'est un ennemy domestique, nourry et eslevé chez nous, que nous avons mesme engendré pour nostre peine.

Au dehors par sa deformité et contenance nouvelle, toute alterée et contrefaicte, elle deshonore et infame l'homme : prenez garde quand elle entre chez nous, elle nous remplit de honte tellement que nous n'osons nous monstrer en public, voire mesme en particulier à nos amis : depuis que nous sommes une fois saisis de cette passion, nous ne cherchons que quelque coing pour nous accroupir et musser de la veue des hommes. Qu'est-ce à dire cela, sinon qu'elle se condamne soy-mesme, et recognoist combien elle est indecente ? Ne diriez-vous pas que c'est quelque femme surprinse en desbauche, qui se cache et craint d'estre recognue ? Après regardez ses vestemens et ses habits de deuil, estranges et effeminés, qui monstrent que la tristesse oste tout ce qu'il y a de masle et genereux, et nous donne toutes les contenances et infirmités des femmes. Aussi les Thraces habilloient en femmes les hommes qui estoient en deuil : et dict quelqu'un que la tristesse rend les hommes eunuques. Les loix romaines premieres plus masles et genereuses defendoient ces effeminées lamentations, trouvant horrible de se desnaturer de cette façon, et faire chose contraire à la virilité, permettant seulement ces premieres larmes qui sortent de la premiere poincte, d'une fresche et recente douleur, qui peuvent tomber mesme des yeux des philosophes qui gardent avec l'humanité la dignité, qui peuvent tomber des yeux sans que la vertu tombe du cœur.

Or, non-seulement elle fane le visage, change et desguise deshonnestement l'homme au dehors ; mais penetrant jusques à la mouelle des os, *tristitia exsiccat ossa* [4], fletrist aussi l'ame, trouble son repos, rend l'homme inepte aux choses bonnes et dignes d'honneur, luy ostant le goust, l'envie, et la disposition à faire chose qui vaille, et pour soy et pour autruy, et non-seulement à faire le bien, mais encores à le recevoir. Car mesme les bonnes fortunes qui luy arrivent luy desplaisent, tout s'aigrist en son esprit comme les viandes en l'estomach desbauché; bref elle enfielle nostre vie et empoisonne toutes nos actions.

Elle a ses degrés. La grande et extrême, ou bien qui n'est pas du tout telle de soy, mais qui est arrivée subitement par surprinse et chaulde allarme,

---

4 « La tristesse dessèche les os ».

saisit, transit, rend perclus de mouvement et sentiment comme une pierre, à l'instar de cette miserable mere Niobé :

> Diriguit visu in medio, calor ossa reliquit,
> Labitur, et longo vix tandem tempore fatur [5].

Dont le peintre representant diversement et par degrés le deuil des parens et amis d'Iphigenia en son sacrifice, quand ce vint au pere, il le peignist le visage couvert, comme ne pouvant l'art suffisamment exprimer ce dernier degré de deuil. Voire quelques fois tue tout à faict. La mediocre, ou bien la plus grande, mais qui par quelque laps de temps s'est relaschée, s'exprime par larmes, sanglots, souspirs, plainctes.

> Curae leves loquuntur, ingentes stupent [6].

Advis et remedes particuliers contre ce mal sont liv. III, chap. XXIX.

---

[5] « Tous les traits de son visage s'altèrent, la chaleur abandonne ses os; elle tombe, et elle parle avec peine enfin après un long intervalle ». Virg. Énéide.

[6] « Les douleurs légères s'exhalent en paroles, les grandes gardent un silence stupide ». Sen. Hipp. acte II, sc. 3. Ce vers se trouve déjà cité dans un précédent chapitre.

CHAPITRE XXXIII*.

Compassion.

SOMMAIRE. — La compassion est louable ou blâmable, selon les circonstances ; louable lorsqu'elle nous porte à secourir les affligés ; blâmable lorsqu'elle n'est que l'effet d'une pitié peu raisonnée. Celle-ci peut se trouver même dans les ames les plus vicieuses.

Nous souspirons avec les affligés, compatissons à leur mal, ou pource que par un secret consentement nous participons au mal les uns des autres, ou bien que nous craignons en nous-mesmes ce qui arrive aux autres.

** Mais cecy se faict doublement, dont y a double misericorde : l'une fort bonne, qui est de volonté, et par effect secourir les affligés sans se troubler ou affliger soy-mesme, et sans se ramollir ou relascher de la justice ou de la dignité. C'est la vertu tant recommandée en la religion, qui se trouve aux saincts

---

* C'est le trente-quatrième de la première édition.

** *Variantes.* Or c'est passion d'ame foible ; c'est une sotte et feminine pitié, qui vient de mollesse et foiblesse d'ame esmeue et troublée ; elle loge volontiers aux femmes, enfans, aux ames cruelles et malicieuses.

et aux sages : l'autre est une passion d'ame foible, une sotte et feminine pitié qui vient de mollesse, trouble d'esprit, logée volontiers aux femmes, enfans, aux ames cruelles et malicieuses (qui sont par consequent lasches et couardes, comme a esté dict en la cruauté), qui ont pitié des meschans qui sont en peine, dont elle produict des effects injustes, ne regardant qu'à la fortune, estat et condition presente, et non au fonds et merite de la cause.

Advis et remedes particuliers contre ce mal sont liv. III, chap. xxx.

CHAPITRE XXXIV[*].

Crainte.

SOMMAIRE. — Définition de la crainte. C'est une passion qui nous trompe et nous tyrannise; elle empoisonne notre vie. Elle vient aussi souvent par faute de jugement que par faute de cœur. La plupart des frayeurs sont sans cause, chimériques.

Exemples: La légion romaine commandée par Sempronius.— Carthage.

La crainte est l'apprehension du mal advenir, laquelle nous tient perpetuellement en cervelle, et de-

---

[*] C'est le trente-cinquième de la première édition.

vance les maux dont la fortune nous menace. Nous ne parlons ici de la crainte de Dieu, tant recommandée en l'ecriture, ni mesme de toute celle qui vient d'amour, et est un doux respect envers la chose aymée, louable aux subjects, et tous inferieurs envers leurs superieurs; mais de la vicieuse qui trouble et afflige, qui est l'engeance de pesché, besongne de la honte, toutes deux d'une ventrée, sorties du maudit et clandestin mariage de l'esprit humain, avec la persuasion diabolique : *timui eò quòd nudus essem, et abscondi me* [1].

C'est une passion faulse et malicieuse, et ne peust rien sur nous qu'en nous trompant et seduisant : elle se sert de l'advenir où nous ne voyons goutte, et nous jette là dedans comme dedans un lieu obscur : ainsi que les larrons font la nuict, afin d'entreprendre sans estre recognus, et donner quelque grand effroy avec peu de subject; et là elle nous tourmente avec des masques de maux, comme l'on faict des fées aux petits enfans : maux qui n'ont qu'une simple apparence, et n'ont rien en soy pour nous nuire, et ne sont maux que pource que nous les pensons tels. C'est là seule apprehension que nous en avons qui nous rend mal ce qui ne l'est pas, et tire de nostre bien mesme du

---

[1] « J'ai craint parce que j'étais nu, et je me suis caché ». Gen. ch. III, v. 10.

mal pour nous en affliger. Combien en voyons-nous tous les jours, qui, de crainte de devenir miserables, le sont devenus tout à faict, et ont tourné leurs vaines peurs en miseres certaines ! combien qui ont perdu leurs amis, pour s'en defier ! combien de malades de peur de l'estre ! Tel a tellement apprehendé que sa femme lui faulsoit la foy, qu'il en est seiché de langueur; tel a tellement apprehendé la pouvreté, qu'il en est tombé malade : bref il y en qui meurent de la peur qu'ils ont de mourir : et ainsi peust-on dire de tout ce que nous craignons, ou de la pluspart : la crainte ne sert qu'à nous faire trouver ce que nous fuyons. Certes la crainte est de tous maux le plus grand et le plus fascheux ; car les autres maux ne sont maux que tant qu'ils sont, et la peine n'en dure que tant que dure la cause : mais la crainte est de ce qui est, et de ce qui n'est point, et de ce qui par adventure ne sera jamais, voire quelques fois de ce qui ne peust du tout estre. Voilà donc une passion ingenieusement malicieuse et tyrannique, qui tire d'un mal imaginaire des vrayes et bien poignantes douleurs, et puis fort ambitieuse de courir au devant des maux et les devancer par pensée et opinion.

La crainte non-seulement nous remplit de maux, et souvent à faulses enseignes, mais encore elle gaste tout le bien que nous avons, et tout le plaisir de la vie, ennemie de nostre repos : il n'y peust avoir plaisir de jouyr du bien que l'on craint de perdre ; la vie ne peust estre plaisante si l'on craint de mourir. Le bien, disoit un ancien, ne peust apporter plaisir, sinon celuy à la perte duquel l'on est preparé.

C'est aussi une estrange passion, indiscrete et inconsiderée ; elle vient aussi souvent de faute de jugement que de faute de cueur : elle vient des dangers, et souvent elle nous jette dedans les dangers ; car elle engendre une faim inconsiderée d'en sortir, et ainsi nous estonne, trouble et empesche de tenir l'ordre qu'il faut pour en sortir ; elle apporte un trouble violent, par lequel l'ame effrayée se retire en soymesme, et se debat pour ne voyr le moyen d'esviter le danger qui se presente. Outre le grand descouragement qu'elle apporte, elle nous saisist d'un tel estonnement, que nous en perdons le jugement, et ne se trouve plus de discours en nous, nous faict fuyr sans qu'aucun nous poursuive, voire souvent nos amis et le secours : *adeò pavor etiam auxilia formidat*[2]. Il y en a qui en sont devenus insensés : voire mesme les sens n'ont plus leur usage ; nous avons les yeux ouverts et n'en voyons pas, on parle à nous et nous n'escoutons pas, nous voulons fuyr et ne pouvons marcher.

La mediocre nous donne des aisles aux talons ; la plus grande nous cloue les pieds et les entrave. Ainsi la peur renverse et corrompt l'homme entier et l'es-

---

[2] « Tant la peur redoute même les secours ».

prit, *pavor sapientiam omnem mihi ex animo expectorat* [3] ; et le corps,

<small>Obstupui, steteruntque comae, vox faucibus haesit [4].</small>

Quelques fois tout à coup pour son service elle se jette au desespoir, nous remet à la vaillance, comme la legion romaine soubs le consul Sempronius contre Annibal. *Audacem fecerat ipse timor* [5]. Il y a bien des peurs et frayeurs sans aucune cause apparente, et comme d'une impulsion celeste, qu'ils appellent terreurs paniques : *terrores de cœlo, arescentibus hominibus prae timore* [6], telle qu'advint une fois en la ville de Carthage : des peuples et des armées entieres en sont quelques fois frappées.

Advis et remedes particuliers contre ce mal sont liv. III, chap. XXVIII.

---

[3] « La peur chasse de mon esprit toute sagesse ».

[4] « Je me tus, mes cheveux se dressèrent sur ma tête, et ma voix expira dans ma bouche ». Virg. Énéide.

[5] « La crainte même l'avait rendu audacieux ».

[6] « Des terreurs venues du ciel, aux hommes qui sèchent de frayeur ». Luc. Evang. c. XXI, vt 26.

SECONDE CONSIDERATION DE L'HOMME,

Qui est par comparaison de lui avec tous les autres animaux.

CHAPITRE XXXV*.

SOMMAIRE. — La comparaison de l'homme avec les autres animaux est utile et difficile. Ils ont plusieurs choses communes, la nudité, les pleurs, les défenses, le manger, le langage, l'intelligence mutuelle. — Des différences de l'homme avec les bêtes, et de ses avantages sur elles. — Des avantages des bêtes sur l'homme, généraux et particuliers. — Un des avantages contestables que l'homme prétend sur les bêtes, est d'abord le raisonnement. C'est une grande question, de savoir si les bêtes raisonnent. On oppose à cette faculté de l'homme, l'instinct naturel des animaux ; de plus, que l'homme partage avec eux la faculté de spiritualiser les choses corporelles et absentes ; que la prééminence d'entendement lui cause plus de mal que de bien. — Un autre avantage que l'homme prétend sur les bêtes, est l'empire qu'il exerce sur elles, une pleine liberté, et la vertu, dont la plus propre et la plus convenable à sa nature est l'humanité. L'auteur conclud que c'est à tort que l'homme se glorifie tant de sa supériorité sur les bêtes, puisque c'est son esprit même qui cause ses folies.

Exemples : Les Lacédémoniens, les Suisses, les Allemands,

---

* C'est le huitième de la première édition.

les Basques, les Bohémiens. — Les éléphans, les chiens, les chevaux. — Marc-Antoine. — Caligula. — Démocrite, Anaxagore, Galien, Porphyre, Plutarque. — Le renard et le chien. — Les Thraces. — Le mulet de Thalès. — Les bœufs des jardins royaux de Suze. — Les corbeaux de Barbarie, les rossignols, les pies, les perroquets, les merles, les chevaux. — Le porc de Pyrrhon. — Hircanus, chien de Lysimaque; celui de Pyrrhus, celui d'Hésiode. — Le lion d'Androclès. — Les éléphans. — Un éléphant.

Nous avons consideré l'homme tout entier et simplement en soy; maintenant considerons-le par comparaison avec les autres animaux, qui est un très beau moyen de le cognoistre. Cette comparaison est de grand'estendue, a force pieces, de grande science et importance, très utile, si elle est bien faicte : mais qui la fera ? l'homme ? il est partie et suspect, et de faict il n'y procede pas de bonne foy. Cela se monstre bien en ce qu'il ne tient point de mesure et de mediocrité. Tantost il se met beaucoup au dessus de tout, et s'en dict maistre, desdaigne le reste : il leur taille les morceaux, et leur distribue telle portion de facultés et de forces que bon luy semble. Tantost comme par despit il se met beaucoup au dessoubs, il gronde, se plainct, injurie nature comme cruelle marastre, se faict le rebut et le plus miserable du monde. Or tous les deux sont egalement contre raison, verité et modestie. Mais comment voulez-vous qu'il chemine droictement et egalement avec les autres animaux, veu qu'il ne le faict pas avec l'homme son compagnon, ny avec Dieu, comme se monstrera *¹? Elle*² est aussi fort difficile à faire, car comment peust l'homme cognoistre les bransles internes et secrets des animaux, ce qui se remue au dedans d'eux? Or estudions à la faire sans passion.

Premierement la police du monde n'est point si fort inegale, si difforme et desreiglée, et n'y a point si grande disproportion entre ses pieces, que celles qui s'approchent et se touchent, ne se ressemblent peu plus, peu moins. Ainsi y a-t-il un grand voisinage et cousinage entre l'homme et les autres animaux. Ils ont plusieurs choses pareilles et communes; et ont aussi des differences, mais non pas si fort eslongnées ni dispareillées, qu'elles ne se tiennent: l'homme n'est du tout au dessus, ny du tout au dessoubs : tout ce qui est soubs le ciel, dict la sagesse de Dieu, court mesme fortune.

Parlons premierement des choses qui leur sont communes, et à peu près pareilles, qui sont engendrer, nourrir, agir, mouvoir, vivre, mourir. *Idem interitus hominis et jumentorum : et aequa utriusque conditio* ³. Et ce sera contre ceux qui se plaignent, disans

---

*¹ Comme on le verra plus loin.

*² Cette comparaison de l'homme avec les animaux.

³ « La mort de l'homme et celle des bêtes de somme sont pareilles, et leur condition est égale ». Eccles. C. III.

que l'homme est le seul animal disgracié de la nature, abandonné, nud sur la terre nue, sans couverts, sans armes, lié, garotté, sans instruction de ce qui luy est propre; là où tous les autres sont revestus de coquilles, gousses, escosses, poils, laine, bourre, plumes, escailles; armés de grosses dents, cornes, griffes pour assaillir et deffendre; instruicts à nager, courir, voler, chanter, chercher sa pasture; et l'homme ne sçait cheminer, parler, manger, ny rien que pleurer sans apprentissage et peine. Toutes ces plainctes, qui regardent la composition première et condition naturelle, sont injustes et fausses : nostre peau est aussi suffisamment pourveuë contre les injures du temps, que la leur, tesmoins plusieurs nations (comme a esté dict) qui n'ont encore sceu que c'est que vestemens; et nous tenons aussi descouvertes les parties qu'il nous plaist, voire les plus tendres et sensibles, la face, la main, l'estomach, les dames mesmes delicates, la poictrine. Les liaisons et emmaillottemens ne sont point necessaires, tesmoins les Lacedemoniens et maintenant les Suisses, Allemans, qui habitent les pays froids, les Basques et les Vagabonds qui se disent Egyptiens. Le pleurer est aussi commun aux bestes : la pluspart des animaux se plainct, gemist quelque temps après leur naissance. Quant aux armes, nous en avons de naturelles, et plus de mouvemens des membres, et en tirons plus de service naturellement et sans leçon. Si quelques bestes nous surpassent en cet endroict, nous en surpassons plusieurs autres. L'usage du manger est aussi en eux et en nous tout naturel et sans instruction. Qui doubte qu'un enfant arrivé à la force de se nourrir, ne sceut quester sa nourrriture ? Et la terre en produict et luy en offre assez pour sa necessité, sans autre culture et artifice, tesmoins tant de nations, qui, sans labourage, industrie, et soin aucun, vivent plantureusement *4. Quant au parler, l'on peust bien dire que s'il n'est point naturel, il n'est point necessaire; mais il est commun à l'homme avec tous animaux. Qu'est-ce autre chose que parler, cette faculté que nous leur voyons de se plaindre, se resjouïr, s'entr'appeller au secours, se convier à l'amour ? Et comme nous parlons par gestes et par mouvement des yeux, de la teste, des mains, des espaules (en quoy se font sçavans les muets), aussi font les bestes, comme nous voyons en celles qui n'ont pas de voix, lesquelles toutesfois s'entrefont des offices mutuels; et comme à certaine mesure les bestes nous entendent, aussi nous les entendons. Elles nous flattent, nous menacent, nous requierent, et nous elles. Nous parlons à elles, et elles à nous ; et si nous ne nous entr'entendons parfaictement, à qui tient-il ? à elles ou à nous ? c'est à deviner. Elles nous peuvent bien estimer bestes par cette raison, comme nous elles ; mais encore nous

---

*4 Abondamment.

reprochent-elles que nous ne nous entr'entendons pas nous-mesmes. Nous n'entendons pas les Basques, les Bretons, et elles s'entr'entendent bien toutes, non seulement de mesme espece ; mais, qui plus est, de diverse : en certain abbayer du chien, le cheval cognoist qu'il y a de la cholere ; et en autre voix il cognoist qu'il n'y en a point. Au reste elles entrent en intelligence avec nous. En la guerre, aux combats, les elephans, les chiens, les chevaux s'entendent avec nous, font leurs mouvemens accordans à poursuyvre, arrester, donner, reculer; ont paye, solde et part au butin, comme il s'est practiqué en la nouvelle conqueste des Indes[5]. Voilà des choses communes à tous et à peu près pareilles.

Venons aux differences et advantages des uns sur les autres. L'homme est singulier et excellent en aucunes choses par dessus les animaux ; et en d'autres, les bestes ont le dessus, affin que toutes choses soyent ainsi entrelassées et enchaînées en cette generalle police du monde et de nature. Les advantages certains de l'homme sont les grandes facultés de l'ame, la subtilité, vivacité et suffisance d'esprit à inventer, juger, choisir : la parole pour demander et offrir ayde et secours ; la main pour executer ce que l'esprit aura de soy inventé, et apprins d'autruy. La forme aussi

---

[5] Allusion aux chiens que les Espagnols dressaient à la chasse des malheureux Américains.

du corps, grande diversité de mouvemens des membres, dont il tire plus de service de son corps.

Les advantages des bestes, certains et hors de dispute, sont ou generaux ou particuliers. Les generaux sont santé et vigueur du corps, beaucoup plus entiere, forte et constante en elles, parmi lesquelles ne se trouve point tant de borgnes, sourds, boiteux, muetz, maladifs, defectueux et mal nais, comme parmi les hommes. Le serein ne leur nuict point, ne sont subjectes aux defluxions *7; d'où sont causées presque toutes maladies : l'homme couvert de toict et de pavillon à peine s'en peust-il garder. Moderation d'appetits et d'actions; innocence, seureté, repos et tranquillité de vie; une liberté pleine et entiere sans honte, crainte, ny ceremonie aux choses naturelles et licites (car l'homme est seul qui a à se desrober et se cacher en ses actions, et duquel les deffauts et imperfections offensent ses compagnons), exemption de tant de vices et desreiglemens, superstition, ambition, avarice, envie, les songes mesme de nuict ne les travaillent point comme l'homme, ni tant de fantaisies et pensemens. Les particuliers sont l'habitation et demeure pure, haute, saine et plaisante des oyseaux en la region de l'air. La suffisance d'aucuns arts, comme de bastir aux arondelles *8 et autres oyseaux, tistre *9 et

---

*7 Fluxions, rhumes.

*8 Hirondelles.

*9 Faire un tissu.

coudre aux araignées, de la medecine en plusieurs animaux, musique aux rossignols. Les effects[10] et proprietés merveilleuses, inimitables, voire inimaginables, comme la proprieté du poisson Remora à arrester les plus grands vaisseaux de mer, comme il se list de la galere capitanesse de Marc-Antoine, et le mesme de celle de Caligula; de la torpille à endormir les membres d'autruy bien eslongnés et sans le toucher; du herisson à pressentir les vents; du cameleon et du poulpe*[11] à prendre les couleurs. Les prognostiques, comme des oyseaux en leurs passages de contrée en autre, selon les saisons diverses; de toutes bestes meres à cognoistre de tous leurs petits, qui doibt estre le meilleur : car estant question de les sauver du danger, ou rapporter au nid, elles commencent tousjours par le meilleur, qu'elles sçavent et prognostiquent tel. En toutes ces choses l'homme est de beaucoup inferieur, et en plusieurs il n'y vaut du tout rien : l'on y peust adjouster, si l'on veust, la longueur de vie, qui en certains animaux passe sept ou huict fois le plus long terme de l'homme.

---

[10] On donnait pour vrais autrefois tous ces contes qui n'ont d'autre fondement que des allégories et des symboles mythologiques pris ensuite pour des réalités. Nous en croyons encore aujourd'hui d'aussi fabuleux, et la postérité rira à son tour de notre crédulité, comme nous rions de celle des anciens peuples.

*[11] Du polype.

Les advantages, que l'homme pretend sur les bestes, mais qui sont disputables, et qui peust-estre sont au rebours pour les bestes contre les hommes, sont plusieurs. Premierement, les facultés raisonnables, discours, ratiocination, discipline, jugement, prudence. Il y a icy deux choses à dire : l'une est de la verité du faict. C'est une question grande, si les bestes sont privées de toutes ces facultés spirituelles. L'opinion qui tient qu'elles n'en sont pas privées, ains qu'elles les ont, est la plus authentique et plus vraye : elle est tenue des plus graves philosophes, mesmement de Democrite, Anaxagoras, des stoïciens Galien, Porphyre, Plutarque : soustenue par cette raison; la composition du cerveau, qui est la partie de laquelle l'ame se sert pour ratiociner*12, est toute pareille et mesme aux bestes qu'aux hommes : confirmée par experience; les bestes des singuliers concluent les universels; du regard d'un homme seul cognoissent tous hommes; sçavent conjoindre et diviser, et distinguer le bon du mauvais, pour leur vie, liberté, et de leurs petits. Voire se lisent et se voyent, si l'on y veust bien prendre garde, plusieurs traicts faicts par les bestes, qui surpassent la suffisance, subtilité et tout l'engin *13 du commun des hommes; j'en veux ici rapporter quelques-uns plus signalés. Le re-

---

*12 Raisonner.

*13 Toute la ruse : du latin *ingenium*.

nard voulant passer sur la glace d'une riviere gelée, applique l'oreille contre la glace, pour sentir s'il y a du bruict, et si l'eau court au dessoubs, pour sçavoir s'il faut advancer ou reculer; dont s'en servent les Thraciens voulans passer une riviere gelée. Le chien, pour sçavoir auquel des trois chemins se sera mis son maistre, ou l'animal qu'il cherche, après avoir fleuré et s'estre asseuré des deux, qu'il n'y a passé pour ny sentir la trace, sans plus marchander ny fleurer, il s'eslance dedans le troisiesme. Le mulet du philosophe Thales portant du sel et traversant un ruisseau, se plongeoit dedans avec la charge, pour la rendre plus legere, l'ayant une fois trouvée telle, y estant par accident tombé; mais estant après chargé de laine ne s'y plongeoit plus. Plutarque dict avoir veu en un batteau, un chien jettant en un vaisseau des cailloux, pour faire monter l'huile qui estoit trop basse. Autant s'en dict des corbeaux de Barbarie, pour faire monter l'eau, quand elle est basse, et qu'ils veulent boire. De mesme, les elephans portans des pierres et pieces de bois dedans la fosse où un autre leur compagnon se trouve engagé, pour luy ayder à en sortir. Les bœufs des jardins royaux de Suze, apprins à faire cent tours de roue à l'entour d'un puits, pour en tirer de l'eau, et en arrouser les jardins, n'en vouloyent jamais faire d'advantage, et ne failloyent aussi jamais au compte. Toutes ces choses comment se peuvent-elles faire sans discours et ratiocination, conjonction et division? C'est en estre privé, que ne cognoistre cela : la dexterité de tirer et arracher les dards et javelots des corps avec fort peu de douleur, qui est aux elephans : le chien dont parle Plutarque, qui, en un jeu publicq sur l'eschafaud, contrefaisoit le mort, tirant à la fin, tremblant, puis se roidissant, se laissant entraîner, puis peu à peu se revenant, et levant la teste faisoit le ressuscité ; tant de singeries et de tours estranges que font les chiens des basteleurs, les ruses et inventions dequoy les bestes se couvrent des entreprinses que nous faisons sur elles : la mesnagerie *14 et grande providence des fourmis à estendre au dehors leurs grains pour les esventer, seicher, affin qu'ils ne moisissent et corrompent, à ronger le bout du grain, affin qu'il ne germe et se face semence ; la police des mouches à miel, où y a si grande diversité d'offices et de charges, et une si grande constance.

Pour rabattre tout cecy, aucuns malicieusement rapportent toutes ces choses à une inclination naturelle, servile et forcée, comme si les animaux agissoyent par une necessité naturelle, à la façon des choses inanimées, comme la pierre tombant en bas, le feu qui monte en haut; mais outre que cela ne peust estre, ny entrer en imagination, car il faut enumeration de parties, comparaison, discours par con-

---

*14 L'épargne, l'économie, le soin du ménage.

jonction et division, et consequences : aussi ne sçauroyent-ils dire ce que c'est que cette inclination et instinct naturel ; ce sont des mots qu'ils usurpent mal à propos, pour ne demeurer sourds et muetz. Encore ce dire se retorque contr'eux ; car il est sans comparaison plus noble, honorable, et ressemblant à la Divinité d'agir par nature, que par art et apprentissage ; estre conduict et mené par la main de Dieu, que par la sienne, et reiglement agir par naturelle et inevitable condition, que reiglement par liberté fortuite et temeraire. Par cette opposition d'instinct naturel ils les veulent aussi priver d'instruction et discipline tant active que passive : mais l'experience les desment ; car elles la reçoyvent, tesmoins les pies, perroquets, merles, chiens, chevaux, comme a esté dict ; et la donnent, tesmoins les rossignols, et surtout les elephans, qui passent tous animaux en docilité et toute sorte de discipline et suffisance.

Quant à cette faculté de l'esprit, dont l'homme se glorifie tant, qui est de spiritualiser les choses corporelles et absentes, les despouillant de tous accidens pour les concevoir à sa mode, *nam intellectum est in intelligente ad modum intelligentis*[15], les bestes en font de

---

[15] C'est sans doute là du jargon de la philosophie scholastique. Je vais tâcher de rendre un peu plus claire, en la paraphrasant, cette phrase obscure, qu'on peut appeler du galimathias : « Car l'image des objets reste dans l'esprit et s'y

mesme, le cheval accoustumé à la guerre dormant en sa lictiere tremousse et fremist, comme s'il estoit en la meslée, conçoit un son de tambour, de trompette, une armée : le levrier en songe halettant, allongeant la queue, secouant les jarrets, conçoit un lievre spirituel : les chiens de garde grondent en songeant, et puis jappent tout à faict, imaginant un estranger arriver. Pour conclurre ce premier poinct, il faut dire que les bestes ratiocinent, usent de discours et de jugement, mais plus foiblement et imparfaictement que l'homme. Elles sont inferieures en cela à l'homme, et non pas qu'elles n'y ayent du tout point de part. Elles sont inferieures à l'homme, comme entre les hommes les uns sont inferieurs aux autres, et aussi entre les bestes s'y trouve telle difference : mais encore y a-t-il plus grande difference entre les hommes; car, comme se dira après, il y a plus grande distance d'homme à homme, que d'homme à beste [16].

Mais pour tout cela l'on ne peust pas inferer une equalité ou pariage*[17] de la beste avec l'homme (combien que, comme Aristote dict, il y a des hommes si

---

modifie, d'après la capacité (le degré d'intelligence) de celui qui en a reçu l'impression ».

[16] On peut objecter que les bêtes font toujours la même chose, et ne savent point varier leurs combinaisons, tandis que l'homme combine les mêmes objets de cent façons différentes.

*[17] Parité.

foibles et hebetés, qu'ils ne different de la beste que par la seule figure), et que l'ame brutale soit immortelle comme l'humaine, ou l'humaine mortelle comme la brutale : ce sont des illusions malicieuses. Car, outre qu'en cette faculté de raisonner l'homme a un très grand advantage par dessus elles, encores y a-t-il d'autres facultés plus hautes et toutes spirituelles, par lesquelles l'homme est dict l'image et ressemblance de Dieu, et est capable de l'immortalité, èsquelles la beste n'a point de part, et sont signifiées par l'intellect, qui est plus que la ratiocination simple. *Nolite fieri sicut equus et mulus, quibus non est intellectus* *[18].

L'autre poinct à dire en cette matiere est, que cette preeminence et advantage d'entendement et autres facultés spirituelles, que l'homme pretend, luy est bien cher vendu, et luy porte plus de mal que de bien, car c'est la source principale des maux qui le pressent, vices, passions, maladies, irresolution, trouble, desespoir : de quoy sont quittes les bestes à faute de ce grand advantage, tesmoin le pourceau de Pyrrho*[19], qui mangeoit paisiblement au navire durant la grande tempeste qui transissoit de peur toutes les personnes qui y estoient. Il semble que ces grandes parties de l'ame ont esté desniées aux bestes, à tout le moins

---

[18] « Ne faites pas comme le cheval et le mulet, qui n'ont pas d'intelligence ». Psal. XXXI, v. 9.

*[19] Du philosophe Pyrrhon.

retranchées et baillées chetifves et foibles pour leur grand bien et repos, et données à l'homme pour son grand tourment : car par icelles il s'agite et travaille, se fasche du passé, s'estonne et se trouble pour l'advenir ; voire il imagine, apprehende et craint des maux qui ne sont et ne seront point. Les animaux n'apprehendent le mal, que lorsqu'ils le sentent ; estans eschappés sont en pleine seureté et repos. Voilà comment l'homme est le plus miserable, par où l'on le pensoit plus heureux : dont il semble qu'il eust mieux valu à l'homme n'estre point doué et garni de toutes ces belles et celestes armes, puisqu'il les tourne contre soy à son mal et sa ruyne. Et de faict nous voyons que les stupides et foibles d'esprit vivent plus en repos, et ont meilleur marché des maux et accidens, que les fort spirituels.

Un autre advantage que l'homme pretend sur les bestes, est une seigneurie et puissance de commander, qu'il pense avoir sur elles ; mais outre que c'est un advantage que les hommes mesmes ont et exercent les uns sur les autres, encores cecy n'est-il pas vray. Car où est ce commander de l'homme, et cet obeir des bestes ? C'est une chimere [20], et les hommes craignent plus les bestes, qu'elles ne font les hommes.

---

[20] Les objections sont bien faibles, et il me semble entendre J. J. Rousseau, qui a souvent copié Charron, prendre également parti contre la civilisation de l'homme.

L'homme a bien à la verité grande preeminence par-dessus les bestes, *ut praesit piscibus maris, volatilibus cœli, bestiis terrae*[21]. Et c'est à cause de sa belle et droicte forme, de sa sagesse et prerogative de son esprit; mais non pas qu'il leur commande, ny qu'elles luy obeïssent.

Il y a encores un autre advantage voisin de cettuy-cy, pretendu par l'homme, qui est une pleine liberté, reprochant aux bestes la servitude, captivité, subjection, mais c'est bien mal à propos. Il y a bien plus de subject et d'occasion de le reprocher à l'homme, tesmoins les esclaves non seulement faicts par force, et ceux qui descendent d'eux, mais encore les volontaires, qui vendent à purs deniers leur liberté, ou qui la donnent de gayeté de cueur, ou pour quelque commodité, comme les escrimeurs anciens à outrance, les femmes à leurs dames, les soldats à leurs capitaines. Or il n'y a rien de tout cela aux bestes : elles ne s'asservissent jamais les unes aux autres; ne vont point à la servitude, ny activement, ny passivement, ny pour asservir, ny pour estre asservies : et sont en toutes façons plus libres que les hommes. Et ce que l'homme va à la chasse, prend, tue, mange les bestes, aussi est-il prins, tué, mangé par elles à son tour, et plus noblement, de vive force, non par finesse, et

---

[21] « Pour dominer sur les poissons de la mer, sur les oiseaux du ciel et les animaux de la terre ». Gen. I, 26.

par art, comme il faict; et non-seulement d'elles, mais de son compagnon, d'un autre homme, chose bien vilaine : les bestes ne s'assemblent point en troupe, pour aller tuer, destruire, ravager et prendre esclave une autre troupe de leurs semblables, comme font les hommes.

Le quatriesme et grand advantage pretendu par l'homme est en la vertu; mais de la morale il est disputable (j'entends morale materiellement pour l'action externe); car formellement la moralité, bonne ou mauvaise, vertu et vice, (qui ne peust estre sans le franc arbitre et est matiere de merite et demerite) ne peust estre en la beste : la recognoissance, l'amitié officieuse, la fidelité, la magnanimité, et tant d'autres, qui consistent en societé et conversation, sont bien plus vives, plus expresses et constantes qu'au commun des hommes. Hircanus le chien de Lysimachus demeura sur le lict de son maistre mort sans vouloir jamais manger ny boire; et se jetta au feu où fut mis le corps de son maistre, et s'y laissa brusler avec luy : tout le mesme en fist un autre appartenant à un certain Pyrrhus : celuy du sage Hesiode decela les meurtriers de son maistre : un autre de mesme en la presence du roi Pyrrhus et de toute son armée : un autre qui ne cessa, comme affirme Plutarque, allant de ville en ville, jusqués à ce qu'il eust faict venir en justice le sacrilege et voleur du temple d'Athenes. L'histoire est celebre du lyon hoste et nourricier d'Androclus [*22] esclave son medecin, qu'il ne voulust toucher luy ayant esté exposé, ce qu'Apion dict avoir véu à Rome. Un elephant ayant par cholere tué son gouverneur, par repentance ne voulust plus vivre, boire, ny manger. Au contraire il n'y a animal au monde injuste, ingrat, mescognoissant, traistre, perfide, menteur et dissimulé au pris de l'homme. Au reste puis que la vertu est en la moderation de ses appetits et à brider les voluptés, les bestes sont bien plus reiglées que nous, et se contiennent mieux dedans les bornes de nature. Car non-seulement elles ne sont point touchées ny passionnées de cupidités non naturelles, superflues et artificielles, qui sont vicieuses toutes, et infinies, comme les hommes qui y sont pour la pluspart tous plongés ; mais encores aux naturelles, comme boire et manger, l'accoinctance des masles et femelles, elles y sont beaucoup plus moderées et retenues. Mais pour voyr qui est plus vertueux et vicieux de l'homme ou de la beste, et faire à bon escient honte à l'homme devant la beste, prenons la plus propre et convenable vertu de l'homme, c'est comme porte son nom, l'humanité ; comme le

---

[*22] La première édition ayant imprimé *Androdus* pour *Androclus*, ou plutôt pour *Androclès*, par erreur typographique, toutes les autres éditions que j'ai sous les yeux, excepté celle de Dijon, ont répété cette faute ; mais il est évident que les lettres *cl* ont été prises pour la lettre *d*.

plus estrange et contraire vice, c'est cruauté. Or en cecy les bestes ont bien de quoy faire rougir l'homme en ces huict mots : elles ne s'attaquent et n'offensent gueres ceux de leur genre, *major serpentum ferarumque concordia quàm hominum* [23] : ne combattent que pour très grandes et justes causes, deffense et conservation de leur vie, liberté, et leurs petits : avec leurs armes naturelles et ouvertes, par la seule vive force et vaillance d'une à une, comme en duels et non en troupe, ny par dessein : ont leurs combats courts et tost expediés, jusques à ce que l'une soit blessée ou qu'elle cede : et le combat finy, la querelle, la haine, et la cholere est aussi terminée. Mais l'homme n'a querelle que contre l'homme : pour des causes non-seulement legeres, vaines et frivoles, mais souvent injustes : avec armes artificielles et traistresses : par fraudes et mauvais moyens : en troupe et assemblée faicte avec dessein : faict la guerre fort longuement et sans fin, jusques à la mort : et ne pouvant plus nuire, encores la haine et la cholere dure.

La conclusion de cette comparaison est que vainement et mal l'homme se glorifie tant pardessus les bestes. Car si l'homme a quelque chose plus qu'elles, comme est principalement la vivacité de l'esprit et de l'entendement, et les grandes facultés de l'ame : aussi

---

[23] « Il y a plus de concorde entre les serpens et les bêtes féroces qu'entre les hommes ».

en eschange est-il subject à mille maux, dont les bestes n'en tiennent rien : inconstance, irresolution, superstition, soin penible des choses à venir, ambition, avarice, envie, curiosité, detraction, mensonge, un monde d'appetits desreiglés, de mescontentemens et d'ennuis. Cet esprit dont l'homme faict tant de feste, luy apporte un million de maux, et plus lors qu'il s'agite et s'efforce. Car non-seulement il nuict au corps, trouble, rompt et lasse la force et les fonctions corporelles, mais encore soy-mesme s'empesche. Qui jette les hommes à la folie, à la manie, que la poincte, l'agilité et la force propre de l'esprit ? Les plus subtiles folies et excellentes manies viennent des plus rares et vives agitations de l'esprit, comme des plus grandes amitiés naissent les plus grandes inimitiés ; et des santés vigoureuses, les mortelles maladies. Les melancholiques, dict Platon, sont plus capables de science et de sagesse ; mais aussi de folie. Et qui bien regardera, trouvera qu'aux elevations et saillies de l'ame libre il y a quelque grain de folie ; ce sont à la verité choses fort voisines [24].

Pour simplement vivre bien selon la nature, les bestes sont de beaucoup plus advantagées, vivent plus libres, asseurées, moderées, contentes. Et l'homme est sage qui les considere, qui s'en faict leçon et son

---

[24] Helvétius a très-bien démontré cette vérité, dans son livre, *de l'Esprit*.

proficit; en ce faisant il se forme à l'innocence, simplicité, liberté et douceur naturelle, qui reluit aux bestes, et est toute alterée et corrompue en nous par nos artificielles inventions et desbauches, abusant de ce que nous disons avoir pardessus elles, qui est l'esprit et jugement. Et Dieu tant souvent nous renvoye à l'eschole et à l'exemple des bestes, du milan, la cicogne, l'arondelle, tourterelle, la fourmy, le bœuf et l'asne, et tant d'autres. Au reste, il faut se souvenir qu'il y a quelque commerce entre les bestes et nous, quelque relation et obligation mutuelle, ne fust-ce que parce qu'elles sont à un mesme maistre, et de mesme famille que nous; il est indigne d'user de cruauté envers elles : nous devons la justice aux hommes, la grace et la benignité envers les autres creatures qui en sont capables [25].

---

[25] Cette dernière phrase est tirée textuellement de Montaigne. *Voyez* le chapitre XI du liv. II; page 474 de notre édition.

TROISIEME CONSIDERATION DE L'HOMME,
Qui est par sa vie.

CHAPITRE XXXVI.

Estimation, brefveté, description de la vie humaine, et ses parties.

SOMMAIRE. — C'est un grand objet de la sagesse, de savoir apprécier la vie, et surtout de s'y bien conduire. Tous se plaignent de sa briéveté ; mais à quoi servirait une plus longue vie ? La vie n'est qu'une scène de comédie. — La plupart des hommes parlent plus honorablement de la vieillesse que de la jeunesse ; mais combien celle-ci n'a-t-elle pas d'avantages sur l'autre !

Exemples : Le chien d'Ésope.

C'EST un premier et grand poinct de sagesse de sçavoir bien justement estimer la vie, la tenir et conserver, la perdre ou quitter, la garder et conduire autant et comme il faut : il n'y a peust-estre chose en quoy l'on faille plus, et où l'on soit plus empesché. Le vulgaire sot, imperit [1], l'estime un souverain bien, et la prefere à toutes choses, jusques à la

---

[1] Du latin *imperitus*, inexpérimenté, sans expérience.

racheter et l'allonger de quelque delay, à toutes les conditions que l'on voudra, pensant qu'elle ne sçauroit estre trop cherement achetée; car c'est tout : c'est son mot, *vitâ nihil cariùs*² ; il estime et ayme la vie pour l'amour d'elle-mesme, il ne vit que pour vivre. Ce n'est merveille s'il faut*³ en tout le reste, et s'il est tout confit en erreurs, puis que dès l'entrée et en ce premier poinct fondamental, il se mesconte si lourdement. Elle pourroit bien aussi estre trop peu estimée par insuffisance ou orgueilleuse mescognoissance; car tombant en bonnes et sages mains, elle peust estre instrument très utile à soy et à autruy. Et ne puis estre de cet avis pris tout simplement, qui dict qu'il est très bon de n'estre point, et que la meilleure vie est la plus courte : *optimum non nasci aut quàm citissimè aboleri*⁴. Et n'est assez ny sagement dict, quel mal et

---

² « Rien n'est plus cher que la vie ».

*³ S'il erre. *Faut*, du verbe *faillir*.

4 « Le plus avantageux est de ne pas naître, ou de mourir le plus tôt possible ». — Cette maxime était célèbre parmi les anciens. Théognide la renferma en quatre vers grecs, et Ausone dans ce seul vers latin :

Non nasci esse bonum, aut natum citò morte potiri.

On la trouve dans l'Œdipe à Colonne de Sophocle, où le Chœur dit au quatrième acte : « le premier de tous les avantages est de ne pas naître, et le second de rentrer aussitôt dans le néant d'où l'on est sorti ». Épicure blâmait fort le prétendu sage qui en était l'auteur.

qu'importe quand je n'eusse jamais esté? On luy peust repliquer : où seroit le bien qui en est venu ? et n'estant advenu, ne fust-ce pas esté mal ? C'est espece de mal que faute de bien, quel qu'il soit, encores que non necessaire : ces extremités sont trop extresmes et vicieuses, bien qu'inesgalement : mais semble-t-il bien vray ce qu'a dict un sage, que la vie est un tel bien que personne n'en voudroit si l'on estoit bien adverty que c'est *5, avant la prendre. *Vitam nemo acciperet si daretur scientibus* 6. Bien va que l'on y est dedans avant qu'en voir l'entrée ; l'on y est porté tout aveuglettté *7. Or se trouvant dedans, les uns s'y accoquinent si fort, qu'à quelque prix que ce soit ils n'en veulent pas sortir ; les autres ne font que gronder et se despiter ; mais les sages voyant que c'est un marché qui est faict sans eux (car l'on ne vit ny l'on ne meurt pas quand, ny comme l'on veust), que bien qu'il soit rude et dur, ce n'est pas toutesfois pour tousjours ; sans regimber et rien troubler, s'y accommodent comme ils peuvent, et s'y conduisent tout doucement, faisant de necessité vertu, qui est le traict de sagesse et habileté, et ce faisant vivent autant qu'ils doivent, et non pas tant qu'ils peuvent comme les sots ; car il

---

*5 De ce que c'est.

6 « Personne n'accepterait la vie, si on savait ce qu'elle est, avant de la recevoir ». Senec.

*7 A l'aveuglette.

y a temps de vivre et temps de mourir : et un bon mourir vaut mieux qu'un mal vivre, et vit le sage tant que le vivre vaut mieux que mourir : la plus longue vie n'est pas tousjours la meilleure.

Tous se plaignent fort de la brefveté de la vie humaine, non-seulement le simple populaire*8, qui n'en voudroit jamais sortir, mais encores, qui est plus estrange, les grands et sages en font le principal chef de leurs plainctes. A vray dire, la plus grande partie d'icelle estant divertie et employée ailleurs, il ne reste quasi rien pour elle; car le temps de l'enfance, vieillesse, dormir, maladies d'esprit ou de corps, et tant d'autre inutile et impuissant à faire chose qui vaille, estant defalqué et rabattu, le reste est peu : toutesfois sans y opposer l'opinion contraire, qui tient la brefveté de la vie pour un très grand bien et don de nature, il semble que cette plaincte n'a gueres de justice ny de raison, et vient plustost de malice. Que serviroit une plus longue vie, pour simplement vivre, respirer, manger, boire, voyr ce monde ? Que faut-il tant de temps ? Nous avons tout veu, sceu, gousté en peu de temps; le sçachant, le vouloir tousjours ou si long-temps practiquer et tousjours recommencer, à quoy est bon cela ? Qui ne se saouleroit de faire tousjours une mesme chose ? S'il n'est fascheux, pour le moins il est superflu : c'est un cercle roulant où les

---

*8 Homme du peuple.

mesmes choses ne font que reculer et s'approcher, c'est tousjours recommencer et retistre *9 mesme ouvrage*10. Pour y apprendre et profiter davantage, et parvenir à plus ample cognoissance et vertu? O les bonnes gens que nous sommes ! qui ne nous cognoistroit ! Nous mesnageons très mal ce que l'on nous baille, et en perdons la pluspart, l'employant non-seulement à vanité et inutilité, mais à malice et au vice, et puis nous allons crier et nous plaindre que l'on ne nous en baille pas assez. Et puis que sert ce tant grand amas de science et d'experience, puis qu'il en faut enfin desloger, et deslogeant tout à un coup oublier et perdre tout, ou bien mieux et autrement sçavoir tout ? Mais, dis-tu, il y a des animaux qui triplent et quadruplent la vie de l'homme. Je laisse les fables qui sont en cela : mais soit ainsi ; aussi y en a-t-il, et en plus grand nombre, qui n'en approchent pas, et ne vivent le quart de l'homme, et peu y en a-t-il qui arrivent à son terme. Par quel droict, raison, ou privilege, faut-il que l'homme vive plus long-temps que tous ? Pource qu'il employe mieux et à choses plus hautes et plus dignes sa vie ? Par cette raison il doibt moins vivre que tous ; il n'y a point de pareil à l'homme à mal employer sa vie en meschanceté, ingratitude,

---

*9 Retresser, retisser (recommencer le tissu).

*10 Sous-entendez ici ce qui est dit plus haut : « que servirait une plus longue vie ? » Serait-ce pour, etc.

dissolution, intemperance, et tout desreiglement de mœurs, comme a esté dict et monstré cy-dessus en la comparaison de luy avec les bestes : tellement que comme je demandois tantost à quoy serviroit une plus longue vie, maintenant je dis : Et quels maux au monde si la vie de l'homme estoit fort longue ? que n'entreprendroit-il, puis que la brefveté qui luy coupe le chemin et luy rompt le dé, comme l'on dict, et l'incertitude d'icelle qui oste tout courage, ne le peust arrester, vivant comme s'il avoit tousjours à vivre ? Il craint bien d'une part se sentant mortel ; mais il ne se peust tenir de convoiter, esperer, entreprendre comme s'il estoit immortel. *Tamquam semper victuri vivitis, numquam vobis fragilitas vestra succurrit : omnia tamquam mortales timetis, tamquam immortales concupiscitis*[11]. Et puis, qu'a besoin nature de toutes ces belles et grandes entreprinses et occupations pour lesquelles tu penses t'appartenir une plus longue vie qu'à tous animaux ? Il n'y a donc point de subject à l'homme de se plaindre, mais bien de se courroucer contre luy : nous avons assez de vie, mais nous n'en sommes pas bons mesnagers ; elle n'est pas courte, mais nous la faisons telle : nous n'en sommes pas necessiteux, mais prodigues, *non inopes vitae, sed*

---

[11] « Vous vivez comme si vous deviez toujours vivre, vous ne songez jamais à votre fragilité ; comme mortels, vous craignez tout, vous désirez tout comme si vous étiez immortels ». Senec.

prodigi[12]. Nous la perdons, dissipons, et en faisons marché comme de chose de neant et qui regorge; nous tombons tous en l'une de ces trois fautes, l'employer mal, l'employer à rien, l'employer en vain : *magna vitae pars elabitur male agentibus, maxima nihil agentibus, tota aliud agentibus*[13]. Personne n'estudie à vivre; l'on s'occupe plustost à toute autre chose; l'on ne sçauroit rien bien faire par acquit, sans soin et attention. Les autres reservent à vivre jusques à ce qu'ils ne puissent plus vivre, à jouir de la vie alors qu'il n'y aura plus que la lie et le marc, quelle folie et misere ! voire y en a qui ont plustost achevé que commencé à vivre, et s'en vont sans y avoir bien pensé. *Quidam vivere incipiunt cum desinendum, quidam ante desierunt quam inciperent : inter caetera mala hoc quoque habet stultitia, semper incipit vivere*[14].

La vie presente n'est qu'une entrée et issue de comedie, un flux perpetuel d'erreurs, une tisseure d'adventures, une suite de miseres diverses, enchai-

---

[12] « Nous ne sommes pas avares de la vie, nous en sommes bien plutôt prodigues ».

[13] « Une grande partie de la vie se passe à mal faire; la plus grande, à ne rien faire; la vie entière à faire autre chose que ce qu'on doit ». Senec.

[14] « Quelques-uns commencent à vivre, lorsqu'il faut cesser; d'autres ont cessé de vivre avant d'avoir commencé : parmi les autres maux de la folie, il faut compter celui-ci : elle commence toujours à vivre ».

nées de tous costés; il n'y a que mal qui coule, que mal qui se prepare, et le mal pousse le mal, comme la vague pousse l'autre; la peine est tousjours presente, et l'ombre de bien nous deçoit; la bestise et l'aveuglement possede le commencement de la vie; le milieu est tout en peine et travail, la fin en douleur, mais toute entiere en erreur.

La vie humaine a ses incommodités et miseres communes, ordinaires et perpetuelles : elle en a aussi de particulieres et distinctes, selon que ses parties, aage et saisons sont differentes; enfance, jeunesse, virilité, vieillesse, chacune a ses propres et particulieres tares [15].

La pluspart du monde parle plus honorablement et favorablement de la vieillesse, comme plus sage, meure, moderée, pour accuser et faire rougir la jeunesse comme vicieuse, fole, desbauchée, mais c'est injustement; car à la verité les defauts et vices de la vieillesse sont en plus grand nombre, et plus grands et importuns que de la jeunesse; elle nous attache encores plus de rides en l'esprit qu'au visage, et ne se voit point d'ames qui en vieillissant ne sentent l'aigre et le moisi : avec le corps l'esprit s'use et s'empire, et vient enfin en enfantillage : *bis pueri senes* [16]. La vieillesse est une maladie necessaire et puissante, qui

---

[15] Défauts, faiblesses.
[16] « Les vieillards sont enfans pour la seconde fois ».

nous charge imperceptiblement de plusieurs imperfections. On veust appeller sagesse une difficulté d'humeurs, un chagrin et desgoust des choses presentes, une impuissance de faire comme devant : la sagesse est trop noble pour se servir de tels officiers; vieillir n'est pas assagir *17 ny quitter les vices, mais seulement les changer et en pires. La vieillesse condamne les voluptés, c'est pource qu'elle est incapable de les gouster, comme le chien d'Esope ; elle dict qu'elle n'en veust point, c'est pource qu'elle n'en peust jouyr; elle ne les laisse pas proprement, ce sont elles qui la desdaignent; elles sont tousjours enjouées et en feste; il ne faut pas que l'impuissance corrompe le jugement, lequel doibt en la jeunesse cognoistre le vice en la volupté, et en la vieillesse la volupté au vice. Les vices de la jeunesse sont temerité, promptitude indiscrete, desbauche, et desbordement aux voluptés, qui sont choses naturelles, provenantes de ce sang bouillant, vigueur et chaleur naturelle, et par ainsi excusables; mais ceux de la vieillesse sont bien autres. Les legers sont une vaine et caduque fierté, babil ennuyeux, humeurs espineuses et insociables, superstition, soin des richesses lors que l'usage en est perdu, une sotte avarice et crainte de la mort, qui vient proprement non de faute d'esprit et de courage, comme l'on dict, mais de ce que le vieillard s'est lon-

---

*17 Devenir sage.

guement accoustumé, accommodé, et comme accoquiné à ce monde, dont il l'ayme tant, ce qui n'est aux jeunes. Outre ceux-ci *18 il y a envie, malignité, injustice. Mais ce qu'il y a de plus sot et ridicule en elle, est qu'elle se veust faire craindre et redouter, et pour ce tient-elle une morgue austere et desdaigneuse, pensant par là extorquer crainte et obeissance : mais elle se faict mocquer d'elle; car cette mine fiere et tyrannique est receue avec mocquerie et risée de la jeunesse, qui s'exerce à l'affiner *19 et l'amuser, et par dessein et complot luy celer et desguiser la verité des choses. Il y a tant de fautes d'une part en la vieillesse, et tant d'impuissance de l'autre, et est si propre au mespris, que le meilleur acquest qu'elle puisse faire, c'est d'affection et amitié, car le commandement et la crainte ne sont plus ses armes. Il luy sied tant mal de se faire craindre; et quand elle le pourroit, encores doibt-elle plustost se faire aymer et honorer.

---

*18 Outre ces défauts-ci.
*19 A la tromper finement.

QUATRIEME CONSIDERATION DE L'HOMME,

Par ses mœurs, humeurs, conditions, bien vivre et notable.

CHAPITRE XXXVII*.

Preface contenant la generale peincture de l'homme.

SOMMAIRE. — Quatre choses à remarquer dans l'homme : vanité, faiblesse, inconstance, misère. Il est à la fois l'être le plus misérable et le plus orgueilleux. Combien il est difficile de le définir. C'est de son esprit, plus que de son corps, que proviennent ses vices et imperfections.

TOUTES les peinctures et descriptions que les sages et ceux qui ont fort estudié en cette science humaine ont donné de l'homme, semblent toutes s'accorder et revenir à marquer en l'homme quatre choses, vanité, foiblesse, inconstance, misere, l'appellant despouille du temps, jouet de la fortune, image d'inconstance, exemple et monstre de foiblesse, trebuchet d'envie et de misere, songe, fantosme, cendre, vapeur, rosée du matin, fleur incontinent espanouye et fanée, vent, foin, vessie, ombre, feuilles d'arbre

---

* C'est le deuxième chapitre de la première édition.

emportées par le vent, orde *¹ semence en son commencement, esponge d'ordures, et sac de miseres en son milieu, puantise et viande de vers en sa fin, bref la plus calamiteuse et miserable chose du monde. Job, un des plus suffisans*² en cette matiere, tant en theorique qu'en practique, l'a fort au long depeinct, et après lui Salomon en leurs livres. Pline, pour estre court, semble l'avoir bien proprement representé, le disant estre le plus miserable, et ensemble le plus orgueilleux de tout ce qui est au monde, *solum ut certum sit nihil esse certi, nec miserius quicquam homine aut superbius*³. Par le premier mot (de miserable) il comprend toutes ces precedentes peinctures, et tout ce que les autres ont dict : mais en l'autre (le plus orgueilleux) il touche un autre grand chef bien important : et semble en ces deux mots avoir tout dict. Ce sont deux choses qui semblent bien se heurter et s'empescher que misere et orgueil, vanité et presomption : voilà une estrange et monstrueuse cousture que l'homme.

D'autant que l'homme est composé de deux pieces fort diverses, esprit et corps, il est malaisé de le bien

---

*¹ Sale.

*² Capables.

³ « De manière qu'une seule chose est certaine, c'est qu'il n'y a rien de certain, et qu'il n'y a rien de plus misérable ou de plus superbe que l'homme ». Plin.

descrire entier et en bloc. Aucuns rapportent au corps tout ce que l'on peust dire de mauvais de l'homme ; le font excellent et l'eslevent par dessus tout pour le regard de l'esprit : mais au contraire, tout ce qu'il y a de mal, non-seulement en l'homme, mais au monde, est forgé et produict par l'esprit : et y a bien plus de vanité, inconstance, misere, presomption en l'esprit, qu'au corps ; auquel peu de chose est reprochable au pris de l'esprit ; dont Democrite appelle cet esprit un monde caché de miseres ; et Plutarque le prouve bien par un livre exprès [4], et de ce subject. Or, cette premiere generale consideration de l'homme, qui est en soy et en gros, sera en ces cinq poincts ; *vanité, foiblesse, inconstance, misere, presomption,* qui sont ses plus naturelles et universelles qualités : mais les deux dernieres le touchent plus au vif[*]. Au reste il y a des choses communes à plusieurs de ces cinq, que l'on ne sçait bien à laquelle l'attribuer plustost, et specialement la foiblesse et la misere.

---

[4] Dans son traité : « Si les maladies de l'esprit sont plus grandes que celles du corps ».

[*] *Variante.* 'Or nous considerons icy l'homme plus au vif, que n'avons encore faict, et le pincerons où il ne se demangeoit pas, et rapporterons tout à ces cinq poincts ; *vanité, foiblesse, inconstance ;* etc.

CHAPITRE XXXVIII*.

I. *Vanité.*

SOMMAIRE. — Dans l'espèce humaine tout est vanité : peut-être vaut-il mieux rire de ses défauts que de s'en affliger. — Combien il y a de vanité dans nos pensées, nos desirs, nos discours, nos actions. — Exemples et preuves de ces diverses vanités. Nos actions les plus ordinaires, de même que celles que nous croyons importantes, sont également vaines et frivoles.

Exemples : Démocrite et Héraclite. — Diogène et Timon. Statilius. — Les guerres de Troie, de la Grèce, de Sylla et Marius, de César, de Pompée, d'Auguste et d'Antoine.

LA vanité est la plus essentielle et propre qualité de l'humaine nature. Il n'y a point d'autre chose en l'homme, soit malice, malheur, inconstance, irresolution (et de tout cela y en a tousjours à foison) tant comme de vile inanité, sottise et ridicule vanité. Dont rencontroit mieux Démocrite se riant et mocquant par desdain de l'humaine condition, qu'Heraclite qui pleuroit et s'en donnoit peine, par où il tesmoignoit d'en faire compte et estime : et Diogenes qui donnoit

---

* C'est le troisième chapitre de la première édition.

du nais, que Tymon *¹ le hayneux et fuyard des hommes. Pindare l'a exprimé plus au vif que tout autre, par les deux plus vaines choses du monde, l'appellant songe de l'ombre, σκιᾶς ὄνειρος ἄνθρωπος ². C'est ce qui a poussé les sages à un si grand mespris des hommes; dont leur estant parlé de quelque grand dessein et belle entreprinse, la jugeant telle, souloient *³ dire, que le monde ne valoit pas que l'on se mist en peine pour luy, (ainsi respondit Statilius à Brutus, luy parlant de la conspiration contre Cesar); que le sage ne doit rien faire que pour soy; que ce n'est raison que les sages et la sagesse se mettent en danger pour des sots.

Cette vanité se desmontre et tesmoigne en plusieurs manieres; premierement en nos pensées et entretiens privés, qui sont bien souvent plus que vains, frivoles et ridicules : ausquels toutesfois nous consommons grand temps, et ne le sentons point. Nous y entrons, y sejournons et en sortons insensiblement, qui est bien double vanité, et grande inadvertance de soy. L'un se promenant en une salle, regarde à compasser ses pas d'une certaine façon sur les carreaux ou tables du plancher : C'est *⁴ autre discourt en son esprit lon-

---

*¹ Sous-entendu : *mieux aussi* que Timon le Misanthrope.
² « L'homme est le songe de l'ombre ».
*³ Avaient coutume; de *solebant*.
*⁴ La première édition, et celle de Bastien, qui en est la

guement et avec attention, comment il se comporteroit s'il estoit Roy, Pape, ou autre chose, qu'il sçait ne pouvoir jamais estre : et ainsi se paist de vent, et encore de moins, car de chose qui n'est et ne sera point : cettuy-cy songe fort comment il composera son corps, ses contenances, son maintien, ses paroles d'une façon affectée, et se plaist à le faire, comme de chose qui luy sied fort bien, et à quoy tous doivent prendre plaisir. Mais quelle vanité et sotte inanité en nos desirs et souhaits, d'où naissent les creances et esperances encores plus vaines, et tout cecy n'advient pas seulement lorsque n'avons rien à faire, et que sommes engourdis d'oisiveté, mais souvent au milieu et plus fort des affaires : tant est naturelle et puissante la vanité, qu'elle nous desrobe et nous arrache des mains de la verité, solidité et substance des choses, pour nous mettre au vent et au rien !

Encores une plus sotte vanité est ce soin penible de ce qui se fera icy, après qu'en serons partis. Nous estendons nos desirs et affections au-delà de nous et de nostre estre ; voulons pourvoir à nous estre faict*[5]

---

copie fidèle, souvent jusqu'à conserver les fautes typographiques qui s'y trouvent, ont écrit *c'est* pour *cest*; mais c'est évidemment une faute. L'édition de Dijon en a fait une autre en écrivant *cet*, puisque c'est rajeunir d'un siècle l'orthographe de Charron.

*[5] Nous voulons pourvoir aux choses qui doivent être faites, lorsque nous ne serons plus.

des choses lors que ne serons plus. Nous desirons estre loués après nostre mort : quelle plus grande vanité ! Ce n'est pas ambition, comme l'on pourroit penser, qui est un desir d'honneur sensible et perceptible : si cette louange de nostre nom peust accommoder et servir en quelque chose à nos enfans, parens et amis survivans, bien soit, il y a de l'utilité. Mais desirer comme bien une chose qui ne nous touchera point, et dont n'en sentirons rien, c'est pure vanité, comme de ceux qui craignent que leurs femmes se marient après leur decez, desirent avec grande passion qu'elles demeurent vefves, et l'acheptent bien cherement en leurs testamens, leur laissans une grande partie de leurs biens à cette condition. C'est vanité et quelques fois injustice. C'est bien au rebours de ces grands hommes du temps passé, qui mourans exhortoient leurs femmes à se remarier tost, et engendrer des enfans à la republique. D'autres ordonnent que pour l'amour d'eux, on porte telle et telle chose sur soy, ou que l'on fasse telle chose à leur corps mort : nous consentons peust-estre d'eschapper à la vie, mais non à la vanité.

Voicy une autre vanité, nous ne vivons que par relation à autruy ; nous ne nous soucions pas tant quels nous soyons en nous, en effect et en verité, comme quels nous soyons en la cognoissance publique. Tellement que nous nous defraudons [*6] sou-

---

[*6] Nous nous *fraudons*, frustrons.

vent, et nous privons de nos commodités et biens; et nous nous gehennons*7 pour former les apparences à l'opinion commune. Cecy est vray, non-seulement aux choses externes, et du corps, et en la despense et emploite*8 de nos moyens, mais encores aux biens de l'esprit, qui nous semblent estre sans fruict, s'ils ne se produisent à la veüe et approbation estrangere et si les autres n'en jouyssent.

Nostre vanité n'est pas seulement aux simples pensées, desirs et discours, mais encores elle agite, secoue et tourmente et l'esprit et le corps; souvent les hommes se remuent et se tourmentent plus pour des choses legeres et de neant, que pour des grandes et importantes. Nostre ame est souvent agitée par de petites fantasies, songes, ombres, et resveries sans corps et sans subject; elle s'embrouille et se trouble de cholere, despit, tristesse, joye, faisant des chasteaux en Espagne. Le souvenir d'un adieu, d'une action et grace particuliere nous frappe et afflige plus que tout le discours de la chose importante. Le son des noms et de certains mots prononcés piteusement, voire des souspirs et exclamations, nous penetre jusqu'au vif, comme sçavent et practiquent bien les harangueurs, affronteurs, et vendeurs de vent et de fumée. Et ce vent surprend et emporte quelques fois

---

*7 Nous nous *génons*, tourmentons.
*8 Usage.

les plus fermes et asseurés, s'ils ne se tiennent sur leurs gardes, tant est puissante la vanité sur l'homme. Et non-seulement les choses petites et legeres nous secouent et agitent, mais encores les faussetés et impostures, et que nous sçavons telles (chose estrange); de façon que nous prenons plaisir à nous piper nous-mesmes à escient, nous paistre de fausseté et de rien. *Ad fallendum nosmetipsos ingeniosissimi sumus*[9] : tesmoin ceux qui pleurent et s'affligent à ouyr des contes, et à voir des tragédies, qu'ils sçavent estre inventées et faictes à plaisir, et souvent des fables, qui ne furent jamais : dirai-je encore, de tel qui est coiffé et meurt après une qu'il sçait estre laide, vieille, souillée, et ne l'aimer point, mais pource qu'elle est bien peincte et plastrée, ou caqueteresse*[10], ou fardée d'autre imposture, laquelle il sçait, et recognoist tout au long et au vray.

Venons du particulier de chascun à la vie commune, pour voir combien la vanité est attachée à la nature humaine, et non-seulement un vice privé et personnel. Quelle vanité et perte de temps aux visites, salutations, accueils et entretiens mutuels, aux offices de courtoisie, harangues, ceremonies, aux offres, promesses, louanges? Combien d'hyperboles, d'hy-

---

9 « Nous sommes très-ingénieux à nous tromper nous-mêmes ».

*10 Caqueteuse, babillarde.

pocrisie, de fausseté et d'imposture, au veu et sceu de tous, de qui les donne, qui les reçoit, et qui les oyt? Tellement que c'est un marché et complot faict ensemble de se mocquer, mentir, et piper les uns les autres. Et faut que celuy-là, qui sçait que l'on luy ment impudemment, en dise grand merci; et cettuy-cy, qui sçait que l'autre ne le croit pas, tienne bonne mine effrontée, s'attendant et se guettant l'un l'autre, qui commencera, qui finira, bien que tous deux voudroient estre retirés. Combien souffre-t-on d'incommodité? l'on se feinct, l'on se contrefaict et desguise; l'on endure le serein, le chaud, le froid; l'on trouble son repos, sa vie pour ces vanités courtisanes *11 : et laisse-t-on affaires de poids pour du vent? Nous sommes vains aux despens de nostre ayse, voire de nostre santé et de nostre vie. L'accident et très-leger *12 foule aux pieds la substance, et le vent emporte le corps, tant l'on est esclave de la vanité : et qui feroit autrement seroit tenu pour un sot et mal entendant son monde : c'est habilité de bien jouer cette farce, et sottise de n'estre pas vain. Estans venus aux propos et devis familiers, combien de vains et inutiles, faux, fabuleux, controuvés (sans dire les meschants et pernicieux qui ne sont de ce compte),

---

*11 Ces vanités de courtisans.

*12 C'est-à-dire, l'accident, et même le plus léger. L'édition de Dijon a mis à tort : *l'accident très leger.*

combien de vanteries et de vaines jactances ? L'on cherche et se plaist-on tant à parler de soy, et de ce qui est sien, si l'on croit avoir faict ou dict, ou posseder quelque chose que l'on estime; l'on n'est point à son ayse, que l'on ne le fasse sçavoir et sentir aux autres. A la premiere commodité l'on la conte, l'on la faict valoir, l'on l'encherit, voire l'on n'attend pas la commodité, l'on la cherche industrieusement. De quoy que l'on parle, nous nous y meslons tousjours avec quelque advantage : nous voulons que l'on nous trouve et sente par-tout, que l'on nous estime, et tout ce que nous estimons.

Mais pour monstrer encores mieux combien l'inanité a de credit et d'empire sur la nature humaine, souvenons-nous que les plus grands remuemens du monde, les plus generales et effroyables agitations des estats et des empires, armées, batailles, meurtres, procez et querelles, ont leurs causes bien legeres, ridicules et vaines, tesmoins les guerres de Troye et de Grece, de Sylla et Marius, d'où sont ensuivies celles de Cesar et Pompée, Auguste et Antoine. Les poëtes ont bien signifié cela, qui ont mis pour une pomme la Grece et l'Asie à feu et à sang : les premiers ressorts et motifs sont de neant, puis ils grossissent, tesmoins de la vanité et folie humaine. Souvent l'accident faict plus que le principal, les circonstances menues piquent et touchent plus vivement que le gros de la chose et le subject mesmes. La robe de Cesar troubla plus Rome que ne fit sa mort, et les vingt et deux coups de poignard qui luy furent donnés.

Finalement la couronne et la perfection de la vanité de l'homme se monstre en ce qu'il cherche, se plaist, et met sa felicité en des biens vains et frivoles, sans lesquels il peut bien et commodement vivre : et ne se soucie pas, comme il faut, des vrays et essentiels. Son cas n'est que vent; tout son bien n'est qu'en opinion et en songe; il n'y a rien de pareil ailleurs. Dieu a tous biens en essence, et les maux en intelligence; l'homme au contraire possede ses biens par fantasie, et les maux en essence. Les bestes ne se contentent, ni ne se paissent d'opinions et de fantasies, mais de ce qui est present, palpable et en verité. La vanité a esté donnée à l'homme en partage : il court, il bruict, il meurt, il fuit, il chasse, il prend une ombre, il adore le vent, un festu est le gaing de son jour. *Vanitati creatura subjecta est etiam nolens; — universa vanitas omnis homo vivens* [13].

---

[13] « La créature est sujette à la vanité, même sans le vouloir; — tout homme vivant n'est que vanité ». *Paul. ad Rom.* cap. VIII. 20. — *Psalm.* cap. XXXVIII. 6.

CHAPITRE XXXIX*.

II. *Foiblesse.*

SOMMAIRE. — La faiblesse de l'homme se montre dans ses désirs, dans ses jouissances, dans le choix et dans l'usage qu'il fait des choses ; dans le bien et le mal ; dans la vertu et le vice ; dans l'accomplissement de tel devoir au détriment d'un autre ; dans l'emploi que l'on fait de mauvais moyens pour éviter un plus grand mal, même pour parvenir à une bonne fin ; dans la police des états ; dans la justice ; dans l'invention des peines et des supplices ; dans la religion, les sacrifices, la pénitence, le serment ; dans la recherche de la vérité ; dans les réprimandes et les refus ; dans les faux soupçons et les accusations ; dans la mollesse et la délicatesse ; dans les écrits et témoignages des auteurs ; dans l'incapacité de l'homme à supporter les extrêmes ; dans les accidens subits ; dans sa facilité à se laisser vaincre par les pleurs et les supplications, ou, par la constance et la résolution.

Exemples : Lycurgue. — Les Romains et leurs spectacles. — Moïse et sa loi. — Platon. — Socrates. — Scipion. — Une dame romaine. — Sophocles et Denys-le-Tyran. — Diodore. — Scanderberg. — Pompée. — Conrard. — Épaminondas. — Alexandre et Bétis.

VOICY le second chef de cette consideration et cognoissance humaine ; comment la vanité seroit-elle

---

* C'est le quatrième chapitre de la première édition.

autre que foible et fresle ? Cette foiblesse est bien confessée et advouée de tous, qui en comptent plusieurs choses aisées à appercevoir de tous : mais n'est pas remarquée telle, ny ès*¹ choses qu'il faut, comme sont celles où il semble estre plus fort et moins foible, au desirer, au jouyr, et user des choses qu'il a et qu'il tient, à tout bien et mal : bref, celles où il se glorifie, en quoy il pense se prevaloir et estre quelque chose, sont les vrays tesmoins de sa foiblesse. Voyons cecy mieux par le menu.

Premierement au desirer, l'homme ne peust asseoir son contentement en aucune chose, et par desir mesme et imagination. Il est hors de nostre puissance de choisir ce qu'il nous faut : quoy que nous ayons desiré, et qu'il nous advienne, il ne nous satisfaict point, et allons beants*² après les choses incognues et advenir*³, d'autant que les presentes ne nous saoulent point, et estimons plus les absentes. Que l'on baille à l'homme la carte blanche; que l'on le mette à mesme de choisir, tailler et prescrire, il est hors de sa puissance de le faire tellement, qu'il ne s'en desdise bientost, en quoy il ne trouve à redire, et ne veuille adjouster, oster, ou changer; il desire ce qu'il

---

*¹ Dans les choses.

*² Soupirans.

*³ Et qui doivent advenir.

ne sçauroit dire. Au bout du compte rien ne le contente, se fasche *4 et s'ennuye de soy-mesme.

Sa foiblesse est encores plus grande au jouyr et user des choses, et ce en plusieurs manieres; premierement en ce qu'il ne peut manier et se servir d'aucune chose en sa pureté et simplicité naturelle. Il les faut desguiser, alterer et corrompre, pour l'accommoder à nostre main : les elemens, les metaux, et toutes choses en leur naturel, ne sont propres à nostre usage; les biens, les voluptés et plaisirs, ne se peuvent laisser jouyr sans meslange de mal et d'incommodité,

> ... Medio de fonte leporum,
> Surgit amari aliquid, quod in ipsis floribus angat 5.

L'extresme volupté a un air de gemissement et de plaincte, estant venue à sa perfection, c'est foiblesse, defaillance, langueur; un extresme et plein contentement a plus de severité rassise que de gayeté enjouée; *ipsa felicitas se, nisi temperat, premit* 6. D'où, disoit un ancien, que Dieu nous vend 7 tous les biens qu'il nous envoye, c'est-à-dire qu'il ne nous en donne

---

*4 Pour *il se fâche*.

5 « De la source même des plaisirs, il émane quelque chose d'amer; et même sous des couronnes de fleurs, on se sent inquiet, oppressé ». Lucr.

6 « Le bonheur se nuit à lui-même s'il ne se modère ».

7 Rousseau a dit de même, Ode I, L. III :
   Le ciel nous vend toujours les biens qu'il nous prodigue.

aucun pur, que nous ne l'acheptions au poids de quelque mal. Aussi la tristesse n'est point pure et sans quelque alliage de plaisir, *labor voluptasque dissimillima natura, societate quadam naturali inter se sunt juncta;* —

.... *Est quaedam flere voluptas* [8].

Ainsi toutes choses en ce monde sont mixtionnées et destrempées avec leurs contraires : les mouvemens et plis du visage qui servent au rire, servent aussi au pleurer, comme les peinctres nous apprennent. Et nous voyons que l'extremité du rire se mesle aux larmes. Il n'y a point de bonté en nous, qu'il n'y aye quelque teincture vicieuse, *omnes justitiae nostrae sunt tamquam pannus menstruatae* [9], comme se monstrera en son lieu. Il n'y a aussi aucun mal sans quelque bien : *nullum sine authoramento malum est* [10]. Tousjours à quelque chose sert malheur; nul mal sans bien, nul bien sans mal en l'homme; tout est meslé, rien de pur en nos mains. Secondement tout ce qui nous advient, nous le prenons et en jouyssons de mauvaise main : nostre goust est irresolu et incertain; il ne sçait rien tenir ny jouyr de bonne façon : de là est

---

[8] « La peine et le plaisir, quoique de nature très-différente, sont unies entre elles par un certain lien naturel ». Tit. Liv. « Il y a quelque volupté à pleurer ». Ovid.

[9] « Toutes nos justices ressemblent au linge qui a servi : il y a toujours quelque souillure ». Senec.

[10] Ce passage est traduit par la phrase qui le précède.

venue la question interminable du souverain bien. Les choses meilleures souvent en nos mains par nostre foiblesse, vice, et insuffisance, s'empirent, se corrompent, deviennent à rien, nous sont inutiles, voire quelques fois contraires et dommageables.

Mais la foiblesse humaine se monstre richement au bien et au mal, en la vertu et au vice; c'est que l'homme ne peust estre, quand bien il voudroit, du tout bon ny du tout meschant. Il est impuissant à tout. Quant au bien et à la vertu considerons trois poincts; le premier est, que l'on ne peust faire tout bien, ny exercer toute vertu; d'autant que plusieurs vertus sont incompatibles, et ne peuvent demeurer ensemble au moins en un mesme subject, comme la continence filiale et viduale, qui sont entierement differentes, le celibat et le mariage; estans les deux seconds estats de viduité et de mariage bien plus penibles et affaireux, et ayant plus de difficulté et de vertu que les deux premiers de filiage et de celibat, qui ont aussi plus de pureté, de grace et d'aysance: *virgo fœlicior, vidua laboriosior, in illa gratia, in ista virtus coronatur*[11]. La constance qui est en la pouvreté, indigence, adversité, et celle qui est en l'abondance et prosperité; la patience de mendicité et la liberalité.

---

[11] « La vierge est plus heureuse, la veuve a plus de peines et de tourmens; dans celle-là c'est la grâce qui est couronnée, dans l'autre c'est la vertu ». Tertul.

LIVRE I, CHAPITRE XXXIX.

Cecy est encores plus vray des vices qui sont opposites les uns aux autres.

Le second est que bien souvent l'on ne peust accomplir ce qui est d'une vertu, sans le heurt et offense d'une autre vertu, ou d'elle-mesme : d'autant qu'elles s'entre-empeschent : d'où vient que l'on ne peust satisfaire à l'une, qu'aux despens de l'autre.*. Et de cecy ne s'en faut prendre à la vertu, ny penser que les vertus se contrarient, car elles sont très bien d'accord, mais à la foiblesse et condition humaine, estant toute sa suffisance *12 et son industrie si courte et si foible, qu'elle ne peust trouver un reiglement certain, universel et constant à estre homme de bien : et ne peust si bien adviser et pourvoir, que les moyens de bienfaire ne s'entre-empeschent souvent. Prenons

---

* *Variantes.* C'est tousjours descouvrir un autel pour en couvrir un autre, tant est courte et foible toute la suffisance humaine, qu'elle ne peust bailler ny recevoir un reiglement certain, universel, et constant à estre homme de bien : et ne peust si bien adviser et pourvoir, que les moyens de bien faire ne s'entre-empeschent souvent. La charité et la justice se contredisent. Si je rencontre mon parent et amy en la guerre de contraire party, par justice je doibs le tuer; par charité, l'espargner et sauver. Si un homme est sauvé à la mort, où n'y aye aucun remede, et n'y reste qu'un languir très douloureux, c'est œuvre de charité de l'achever, mais qui seroit puni par justice.

*12 Capacité.

exemple de la charité et de la justice : si je rencontre mon parent où mon amy en la guerre de contraire party, par justice je le doibs tuer, par charité l'espargner et sauver : si un homme est blessé à la mort, où n'y aye aucun remede, et n'y reste qu'un languir très douloureux, c'est œuvre de charité de l'achever, comme fist celuy qui acheva Saül à son instante priere; mais qui seroit puni par justice, comme fut celuy-là par David et justement, David estant ministre de la justice publique et non de la charité privée : voire estre trouvé près de luy en lieu escarté, où il y a doubte du meurtrier, bien que ce soit pour luy faire office d'humanité, est très dangereux, et n'y peut aller de moins que d'estre travaillé par la justice, pour repondre de cet accident, dont l'on est innocent. Et voilà comment la justice non-seulement heūrte la charité, mais elle-mesme s'entrave et s'empesche, dont est très-bien dict, et au vray, *summum jus, summa injuria*[13].

Le troisiesme plus notable de tous : l'on est contrainct souvent de se servir et user de mauvais moyens, pour eviter et sortir d'un plus grand mal, ou pour parvenir à une bonne fin; tellement qu'il faut quelques fois legitimer et authoriser non-seulement les choses qui ne sont point bonnes, mais encores les mauvaises, comme si, pour estre bon, il falloit estre

---

[13] « Une justice trop rigoureuse est une grande injustice ».

un peu meschant*. Et cecy se voyt par tout, en la police, justice, verité, religion.

En la police, combien de choses mauvaises permises et en usage public, non-seulement par connivence ou permission, mais encores par approbation des loix, comme se dira après en son lieu, *ex senatusconsultis et plebiscitis scelera exercentur* [14]. Pour descharger un estat et republique de trop de gens, ou de gens bouillans à la guerre, qu'elle ne peust plus porter, comme un corps replet de mauvaises ou trop d'humeurs, l'on les envoye ailleurs s'accommoder aux despens d'autruy : comme les François, Lombards, Goths, Vandales, Tartares, Turcs. Pour eviter une guerre civile, l'on en entretient une estrangere. Pour instruire à temperance, Lycurgus faisoit enyvrer les Ilotes serfs, pour par ce desbordement faire prendre horreur de ce vice. Les Romains, pour dresser le peuple à la vaillance et mespris des dangers et de la mort, dressoyent les spectacles furieux des gladiateurs et escrimeurs à outrance. Ce qu'ils firent au commencement des criminels, puis des serfs,

---

* *Variantes.* Et cecy se voyt non-seulement au faict de la police et de la justice, mais encore en la religion, qui monstre bien que toute la cousture et conduicte humaine est bastie et faicte de pieces maladifves.

[14] « On commet des crimes, même en se conformant à des sénatus-consultes et à des plébiscites ». Je crois cette citation prise de Tacite.

innocents, en fin des libres, qui se donnoyent à cela ; les bourdeaux *15 aux grandes villes, les usures, les divorces en la loy de Moyse, et en plusieurs autres nations et religions, permis pour eviter plus grands maux : *ad duritiem cordis eorum* 16.

En la justice laquelle ne peust subsister et estre en exercice sans quelque meslange d'injustice ; non-seulement la commutative, cela n'est pas estrange, il est aucunement necessaire, et ne sçauroit-on vivre et trafiquer ensemble, sans lesion, offense et dommage mutuel, et les loix * connivent à la lesion qui est au dessoubs la moitié de juste prix : mais encores la distributive, comme elle-mesme confesse. *Summum jus summa injuria : et omne magnum exemplum habet aliquid ex iniquo, quod contra singulos utilitate publica rependitur* 17. Platon permet, et le stile*18 est tel en plusieurs endroicts, d'attirer par fraudes, et fausses esperances de faveur ou pardon, le criminel à descouvrir son faict. C'est par injustice, piperie et impu-

---

*15 Les lieux de débauche, de prostitution.

16 « A cause de la dureté de leurs cœurs ».

17 « Une justice trop rigoureuse est une souveraine injustice, et tous les grands exemples de la justice ont quelque chose d'injuste, lorsqu'on punit, par exemple, quelques-uns pour l'utilité de tous ».

* *Variantes.* Et les loix permettent de se tromper au dessoubs la moitié du juste prix.

*18 La procédure.

dence vouloir arriver à la justice. Et que dirons-nous de l'invention des gehennes *19, qui est plustost un essay de patience, que de verité 20? Car celuy qui les peust souffrir, et ne les peust souffrir, cachera la verité. Pourquoy la douleur fera-t-elle plustost dire ce qui est, que ce qui n'est pas? Si l'on pense que l'innocent est assés patient pour supporter les tourmens, et pourquoy ne le sera celuy qui est coulpable, estant question de sauver sa vie? *Illa tormenta gubernat dolor, moderatur natura cujusque tum animi tum corporis, regit quaesitor, flectit libido, corrumpit spes, infirmat metus, ut in tot rerum angustiis nil veritati loci relinquatur* 21. Pour excuse on dit que la torture estonne le coulpable, l'affoiblit, et luy faict confesser sa fausseté; et au rebours fortifie l'innocent : mais il s'est tant souvent veu le contraire, cecy est captieux, et à dire vray un pouvre moyen, plein d'incertitude et de doubte. Que ne diroit et ne feroit-on pour fuir à telles douleurs? *etenim innocentes mentiri cogit dolor* 22 ; tellement qu'il

---

*19 Des tourmens de la question.

20 Ceci est copié de Montaigne.

21 « Ces tortures qu'inventa la douleur, font plus ou moins d'impression selon le caractère, l'ame, le plus ou moins de force du corps : celui qui les inflige au patient, interroge à son gré; la passion fléchit dans la réponse; l'espérance l'altère; la crainte l'infirme : de sorte qu'au milieu de tant d'incertitudes, il n'y a plus moyen de démêler la vérité ».

22 « Car la douleur force les innocens même à mentir ». Publ. Syr.

advient que le juge, qui donne la gehenne, affin de ne faire mourir l'innocent, il le faict mourir et innocent et gehenné. Mille et mille ont chargé leurs testes de fausses accusations : mais au bout du compte est-ce pas grand'injustice et cruauté de tourmenter et rompre un homme, de la faute duquel on doubte encores ? Pour ne le tuer sans occasion, l'on luy faict pire que le tuer : s'il est innocent et supporte la peine, quelle raison luy est-il faicte du tourment injuste ? Il sera absous, grand mercy. Mais quoy c'est le moins mal que la foiblesse humaine aie peu inventer *.

Si l'homme est foible à la vertu, ** il l'est encores

---

* *Variante.* Toutesfois n'est pas en practique par tout. Il semble que commettre au combat les parties, quand l'on ne peust descouvrir la verité (moyen condamné par la chrestienté, et jadis fort en usage); soit moins injuste et cruel. *Édition de* 1601, *liv.* 1, *ch.* 4.

** *Variante.* Si l'homme est foible à la vertu, comme il vient d'estre monstré, il l'est encores plus à la verité. C'est chose estrange, l'homme desire naturellement sçavoir la verité; et pour y parvenir, remue toutes choses : neantmoins il ne la peust souffrir, quand elle se presente; son esclair l'estonne; son esclat l'atterre : ce n'est point de sa faute, car elle est très belle, très aimable et très convenable à l'homme ; et peust-on d'elle dire encore mieux, que de la vertu et sagesse, que si elle se pouvoit bien voir, elle raviroit et embraseroit tout le monde en son amour. Mais c'est la foiblesse de l'homme qui ne peust recevoir et porter une telle splendeur; voire elle l'offense. Et celui qui la luy presente est souvent tenu

LIVRE I, CHAPITRE XXXIX.

plus à la verité, soit-elle eternelle et divine, ou temporelle et humaine : celle-là l'estonne par son esclair, l'atterre par son esclat, comme la vive clarté du soleil, l'œil foible du hibou : et s'il s'y opiniastre, il succombera accablé, *qui scrutator est majestatis, opprimetur à gloria*[23]; tellement que pour luy en donner quelque air et quelque goust, il la luy faut desguiser, temperer, et couvrir de quelque ombrage. Celle-cy, l'humaine le blesse, et qui la luy presente est souvent tenu pour ennemy, *veritas odium parit*[24]. C'est chose estrange, l'homme desire naturellement sçavoir la verité, et pour y parvenir, remue toutes choses, neantmoins il n'y peust parvenir : si elle se presente, il ne la peust comprendre; s'il ne la comprend, il s'en offense : ce n'est pas sa faute, car elle est très belle, aimable, cognoissable, mais c'est la foiblesse humaine qui ne peust recevoir une telle splendeur. L'homme est fort à desirer, et foible à prendre et tenir. Les deux principaux moyens qu'il employe, pour parvenir à la cognoissance de la verité, sont la raison et l'ex-

---

pour ennemy, *veritas odium parit* (a). C'est acte d'hostilité que de luy monstrer ce qu'il ayme et cherche tant. L'homme est fort à desirer, et foible à recevoir. *Ibid.*

[23] « Celui qui ose scruter la majesté de Dieu, sera accablé de sa gloire ».

[24] Ce passage est traduit dans la note de la dernière variante.

(a) « La vérité engendre la haine ».

perience. Or, tous deux sont si foibles et incertains (bien *²⁵ que l'experience plus), que n'en pouvons rien tirer de certain. La raison a tant de formes, est tant ployable, ondoyante, comme a esté dict en son lieu. L'experience encores plus, les evenemens sont tousjours dissemblables : il n'y a rien si universel en la nature que la diversité, rien si rare et difficile et quasi impossible que la semblance. Et si l'on ne peust remarquer la dissemblance, c'est ignorance et foiblesse ; ce qui s'entend de parfaicte, pure et entiere semblance et dissemblance : car, à vray dire, tous les deux sont par-tout, il n'y a aucune chose qui soit entierement semblable et dissemblable à une autre. C'est un ingenieux et merveilleux meslange et destrempement de nature : mais après tout, qui descouvre mieux la foiblesse humaine que la religion * ? Aussi est-ce

---

*²⁵ Quoique l'expérience le soit plus.

* *Variante.* En la religion, les plus grandes et solennelles actions sont marques honteuses, et remedes aux maladies humaines : les sacrifices qui ont esté anciennement en si grande reverence par tout le monde universel, voire (*a*) en la religion judaïque, et encores sont en usage en plusieurs endroicts du monde, non-seulement des bestes, mais encore des hommes vivans, voire des innocens : quelle plus grande rage et manie peust entrer en l'imagination, que de penser appaiser et gratifier Dieu par le massacre et sang des bestes ! *Non* (*b*) san-

(*a*) Même.

(*b*) « Dieu ne doit pas être honoré par le sang ; car quel plaisir peut-on lui faire, en lui immolant des innocens ? »

son intention de faire bien sentir à l'homme son mal, sa foiblesse, son rien, et par-là le faire recourir à Dieu, son bien, sa force, son tout. Premierement elle la lui presche, inculque, reproche, l'appellant

---

guine colendus Deus ; quae enim ex trucidatione immerentium voluptas est? Quelle folie de penser faire service à Dieu en luy donnant et presentant, et non plustost en luy demandant et implorant! Car c'est grandeur de donner et non de prendre. Certes les sacrifices estoient ordonnés en la loy de Moyse, non pour ce que Dieu y prinst plaisir, ou que ce fust chose par aucune raison bonne de soy, *si voluisses sacrificium* (c), *dedissem utique, holocaustis non delectaberis; sacrificium et oblationem noluisti, holocaustum pro peccato non postulasti;* mais pour s'accommoder à la foiblesse humaine : car il est permis de folier avec les petits enfans. La penitence est la chose la plus recommandée et des principales de la religion; mais qui presuppose peché, et est remede contre iceluy, sans lequel ce seroit de soy chose mauvaise : car le repentir, la tristesse et afiliction d'esprit est mal. Le jurement de mesme causé par l'infidelité et meffiance humaine, et remede contre icelle, ce sont tous biens, non de soy, mais comme remedes aux maux. Ce sont biens pour ce qu'ils sont necessaires, et non au rebours. Ce sont biens, comme l'esternuement et la medecine, bons signes venant de mauvaise cause, guarison de maux. Ce sont biens, mais tels qu'il seroit beaucoup meilleur qu'il n'y en eust jamais, et qu'il n'en fust point besoing. *Edit. de 1601, liv. 1, ch. 4.*

(c) « Si tu eusses voulu un sacrifice, je te l'aurais offert certainement; mais tu ne te délectes pas d'holocaustes. Tu n'as pas voulu de sacrifice et d'oblation; tu n'as pas demandé d'holocauste pour le péché». Psal. L, v. 18.

poudre, cendre, terre, chair, sang, foin. Puis elle la luy insinuë et faict sentir d'une très belle et noble façon, introduisant Dieu humilié, affoibli, abbaissé pour l'amour de luy, parlant, promettant, jurant, courrouçant, menaçant; bref traittant et agissant avec l'homme d'une maniere basse, foible, humaine, ainsi qu'un pere qui begaye et faict le petit avec ses petits : estant telle, si grande, et invincible la foiblesse humaine, que pour lui donner quelque accès et commerce avec la divinité, et l'approcher de Dieu, il a fallu que Dieu se soit abbaissé au plus bas : *Deus quia in altitudine sua à nobis parvulis apprehendi non poterat, ideo se stravit hominibus* [26]. Puis par effect ordinaire, car tous les principaux et plus saincts exercices, les plus solennelles actions de la religion, ne sont-ce pas les vrays symptomes et argumens de la foiblesse et maladie humaine? Les sacrifices qui ont esté anciennement en usage par tout le monde, et encores sont en quelques endroicts non-seulement des bestes, mais aussi des hommes vivans, voire des innocens, n'estoit-ce pas des honteuses marques de l'infirmité et misere humaine ? Premierement pour ce que c'estoyent des enseignes et tesmoignages de sa condemnation et malediction (car c'estoyent des protes-

---

[26] « Parce que Dieu, de la hauteur où il est élevé, ne pouvait être aperçu par des êtres aussi chétifs que nous sommes, il s'est abaissé jusqu'à nous ».

tations publiques d'avoir mérité la mort et d'estre sacrifié comme ces bestes), sans laquelle n'y eust jamais eu d'offrandes sanglantes, sacrifices propitiatoires, expiatoires. Secondement à cause de la bassesse du dessein et de l'intention qui estoient de penser appaiser, flatter, et gratifier Dieu par le massacre et le sang des bestes et des hommes, *sanguine non colendus Deus, quae enim ex trucidatione immerentium voluptas est*[27]*!* Certes Dieu aux premiers siecles, encores la foible enfance du monde et la simple nature, les a bien accepté des gens de bien à cause d'eux et de leurs devotions. *Respexit Dominus ad Abel et ad munera ejus*[28], prenant par sa bonté en bonne part ce qui se faict en intention de l'honorer et servir : et encores depuis estant le monde encores apprentif et grossier *sub pedagogo*[29], tout confit en cette opinion si universelle, que quasi naturelle. Je ne touche point icy le mystere particulier de la religion judaïque qui les employoit pour figures : c'est un des beaux traicts de la religion, et assez frequent, de convertir ce qui est humain ou naturel, et corporel en usage sainct, sacré et en tirer un fruict spirituel. Mais ce n'estoit *[30]

---

[27] La traduction de ce passage se trouve, trois pages plus haut, dans une note de la dernière variante.

[28] « Dieu regarda Abel et ses présens ». Gen IV, v. 4.

[29] « Sous un pédagogue ».

*[30] Mais ce n'était pas que Dieu y prît plaisir.

que Dieu y prinst plaisir, ny que ce fust chose par aucune raison bonne de soy, tesmoin les prophetes et plus clair-voyans qui l'ont tousjours dict franchement, *si voluisses sacrificium dedissem utique, holocaustis non delectaberis; sacrificium et oblationem noluisti, holocaustum pro peccato non postulasti. — Non accipiam de domo tua vitulos, etc.* [31] et ont rappellé et convié le monde à un autre sacrifice plus haut, spirituel, et plus digne de la divinité, *sacrificium Deo spiritus : aures autem perforasti mihi ut facerem voluntatem tuam, et legem tuam in medio cordis mei : immola Deo sacrificium laudis, misericordiam volo, non sacrificium* [32]. Et en fin le fils de Dieu, docteur de verité, estant venu pour sevrer et desniaiser le monde, les a du tout abolis, ce qu'il n'eust faict si c'eust esté chose de soy, et essentiellement bonne, et eust pleu à Dieu son pere : car au rebours. *Pater non tales quaerit, sed tales qui ado-*

---

[31] « Si tu eusses voulu un sacrifice, je te l'aurais offert certainement ; mais tu ne te délectes pas d'holocaustes ; tu n'as pas voulu de sacrifice et d'oblation, tu n'as pas demandé d'holocauste pour le péché. — Je ne recevrai pas de veaux de ta maison, etc. ». — La plus grande partie de ce passage des psaumes se trouve dans la dernière variante.

[32] « Le sacrifice que Dieu aime est celui de l'esprit : tu m'as percé les oreilles pour que je fisse ta volonté, et que j'observasse ta loi dans le fond de mon cœur : immole un sacrifice de louange à Dieu ; je veux de la miséricorde, et non pas un sacrifice ». — Ce passage est tiré de divers chapitres des Psaumes.

rent in spiritu et veritate [33]. Et certes c'est un des plus beaux effects et fruicts de la chrestienté après l'abolition des idoles. Dont Julien l'Empereur son ennemi capital, comme en despit d'elle en faisoit plus que jamais autre n'en fist au monde; taschant de les remettre sus avec l'idolatrie. Parquoy laissons les là, voyons les autres pieces principales de la religion. Les sacremens en matiere vile et commune de pain, vin, huile, eau, et en action externe de mesmes, ne sont-ce pas tesmoignages de nostre pouvreté et bassesse? La penitence, remede universel à nos maladies, est chose de soy toute honteuse, foible, voire mauvaise, car le repentir, la tristesse, et affliction d'esprit est mal. Le jurement qu'est-ce qu'un symptome et marque honteuse de la mefiance, infidelité, ignorance, impuissance humaine, et en celuy qui l'exige, et en celuy qui le rend, et en celuy qui l'ordonne, *quod amplius est, à malo est* [34]. Voilà comment la religion guarit et remedie à nos maux par moyens non-seulement petits et foibles, ainsi le requérant nostre foiblesse, *stulta et infirma mundi elegit Deus* [35] : mais qui ne sont aucunement de valeur, ny sont bons

---

[33] « Le père ne cherche pas de tels serviteurs, mais des serviteurs qui l'adorent en esprit et en vérité ».

[34] « Et ajoutez à cela qu'il a sa source dans la mauvaise foi ».

[35] « Dieu a choisi ce qu'il y a d'insensé et de faible selon le monde ». 1re. Ep. de S. Paul aux Corinth. chap. I, v. 27.

en soy, mais bons en ce qu'ils servent et sont employés contre le mal, comme les medecins : ils destruisent leur autheur, sont causés par le mal, et chassent le mal : ce sont biens comme les gibbets et les roues en une republique ; comme l'esternuement et autres descharges venans de mauvaises causes et remedes à icelles. Bref, ce sont biens tels qu'il seroit beaucoup meilleur qu'il n'y en eust jamais eu, comme aussi n'y en eust-il jamais eu, si l'homme eust esté sage, et se fust preservé en l'estat auquel Dieu l'avoit mis, et n'y en aura plus sitost qu'il sera delivré de cette captivité pour arriver à sa perfection.

Tout ce *36 dessus monstre combien est grande la foiblesse humaine au bien, en police, justice, verité, religion envers Dieu, mais qui est plus estrange, elle est aussi très grande au mal : car l'homme voulant estre meschant, encores ne le peust-il estre du tout et n'y laisser rien à faire : il y a tousjours quelque remors et craintive consideration qui ramollit et relasche la volonté, et reserve encores quelque chose à faire : ce qui a causé à plusieurs leur ruine, bien qu'ils eussent là dessus projetté leur salut. C'est foiblesse et sottise, dont est venu le proverbe à leurs depens, *qu'il ne faut jamais folier* *37 *à demy*. Mot dit par jugement, mais qui peust avoir et bon et mauvais

---

*36 Tout ce qui est dit ci-dessus.
*37 Faire le fol.

sens. De dire qu'il faille faire tousjours au pis sans aucune reserve ni respect, c'est une très pernicieuse doctrine : et très bien dict le proverbe contraire, *les plus courtes folies sont les meilleures.* Mais aussi en certains cas, la voye mediocre est très dangereuse, comme à l'endroict d'un ennemi redoutable que l'on tient à la gorge, comme l'on tient le loup par les oreilles : il le faut ou gagner du tout par courtoisie, ou du tout l'estaindre *38 et s'en deffaire, comme ont tousjours pratiqué les Romains, et très prudemment, entre autres à l'endroit des Latins ou Italiens, à la remonstrance de Camillus, *pacem in perpetuum parare vel serviendo vel ignoscendo* 39, car en tel cas faire à demy, c'est tout perdre, comme firent les Samnites, qui à faute de pratiquer ce conseil qui leur fut donné par un bon vieillard experimenté, à l'endroict des Romains, qu'ils tenoyent enserrés, le payerent bien cher; *aut conciliandus aut tollendus hostis* 40 : le premier de la courtoisie est plus noble, honorable et à choisir, et ne faut venir au second qu'à l'extremité, et lorsque l'ennemi n'est capable du premier. Par tout ce dessus se monstre l'extreme foiblesse humaine au bien et au mal : il ne peust ny faire ny fuyr tout bien et tout

---

*38 L'exterminer.

39 « S'assurer une paix à perpétuité en se soumettant ou en pardonnant ».

40 « Il faut ou se concilier son ennemi, ou le détruire ».

mal : et ce bien ou mal qu'il faict ou fuict, ce n'est purement ny entierement : et ainsi n'est en sa puissance d'estre en tout sens tout bon, ny du tout meschant.

Remarquons encore plusieurs autres effects et tesmoignages de la foiblesse humaine. C'est foiblesse et *41 relatifve de n'oser ny pouvoir reprendre autruy, ny estre reprins; volontiers qui est foible ou courageux en l'un, l'est aussi en l'autre. Or c'est une grande delicatesse se priver ou autruy d'un si grand fruict pour une si legere et superficielle piqueure, qui ne faict que toucher et pinsser l'oreille. A ce pareil est voysin cet autre de ne pouvoir refuser avec raison, ny aussi recevoir et souffrir doucement un refus.

Aux fausses accusations et mauvais soupçons qui courent et se font hors justice, il se trouve double foiblesse; l'une qui est aux interessés, accusés et soupçonnés, c'est de se justifier et excuser trop facilement, soigneusement, et quasi ambitieusement.

>......Mendax infamia terret
>Quem? nisi mendosum...⁴²

C'est trahir son innocence, mettre sa conscience et son droict en compromis et en arbitrage, que de plaider

---

*41 C'est faiblesse, et faiblesse relative.

42 « Quel est celui qu'une fausse accusation effraie, si ce n'est le coupable »? Hor.

ainsi, *perspicuitas argumentatione elevatur* [43]. Socrates en justice mesme ne le vousist *[44] faire ny par soy ny par autruy, refusant d'employer le beau plaider du grand Lysias, et ayma mieux mourir. L'autre est au cas contraire, c'est quand l'accusé et prevenu *[45] courageux ne se soucie de s'excuser ou justifier, parce qu'il mesprise l'accusation et l'accusant comme indigne de response et justification, et ne se veust faire ce tort d'entrer en telle lice; practiqué par les hommes genereux, par Scipion sur tous plusieurs fois d'une fermeté merveilleuse : lors les autres s'en offensent, ou estimans cela trop grande confidence et orgueil, et se picquans de ce qu'il sent trop son innocence, et ne se desmet pas, ou bien imputans ce silence et mespris à faulte de cueur, deffiance de droict, impuissance de se justifier. O foible humanité ! que l'accusé ou soupçonné se deffende, ou ne se deffende, c'est foiblesse et lascheté. Nous lui desirons du courage à ne s'excuser, et quand il l'a, nous sommes foibles à nous en offencer.

Un autre argument de foiblesse est de s'assubjectir et acoquiner à une certaine façon de vivre particuliere; c'est mollesse poltronne, et delicatesse indigne d'un honneste homme, qui nous rend incommodes

---

[43] « L'argumentation affaiblit l'évidence ».
*[44] Voulut.
*[45] Et celui qui est prévenu, (en prévention d'un crime).

et desagreables en conversation, et tendres au mal, au cas qu'il faille changer de maniere de faire. C'est aussi honte de n'oser ou laisser par impuissance à faire ce que l'on voyt faire à ses compagnons. Il faut que telles gens s'aillent cacher et vivre en leur foyer : la plus belle façon est d'estre soupple et ployable à tout, et à l'excez mesme si besoing est, pouvoir oser et sçavoir faire toutes choses, et ne faire que les bonnes. Il faict bon prendre des reigles, mais non s'y asservir.

Il semble appartenir à foiblesse, et estre une grande sottise populaire de courir après les exemples estrangers et scholastiques, après les allegations, ne faire estat que des tesmoignages imprimés, ne croire les hommes, s'ils ne sont en livre, ny verité si elle n'est vieille. Selon cela les sottises, si elles sont en moule [46], elles sont en credit et en dignité. Or il s'y faict tous les jours devant nous des choses que si nous avions l'esprit et la suffisance de les bien recueillir, esplucher, juger vifvement, et trouver leur jour, nous en formerions des miracles et merveilleux exemples, qui ne cedent en rien à ceux du temps passé, que nous admirons tant, et les admirons pource qu'ils sont vieux et sont escripts.

Encores un tesmoignage de foiblesse est que l'homme n'est capable que des choses mediocres, et ne peust

---

[46] C'est-à-dire, *moulées*, imprimées.

souffrir les extremités. Car si elles sont petites, et en leur monstre viles, il les desprise et desdaigne comme indignes, et s'offence de les considerer ; si elles sont fort grandes et esclatantes, il les redoubte, les admire et s'en scandalise. Le premier touche principalement les grands et subtils, le second se trouve aux plus foibles.

Elle se monstre aussi bien clairement à l'ouie, veue, et au coup subit des choses nouvelles et inopinées, qui nous surprennent et saisissent à l'impourveu : car elles nous estonnent si fort, qu'elles nous ostent les sens et la parole :

>Diriguit visu in medio, calor ossa reliquit.
>Labitur, et longo vix tandem tempore fatur [47].

quelques fois la vie mesme : soient-elles bonnes, tesmoin la Dame romaine qui mourust d'ayse voyant son fils retourné de la desroutte ; tesmoins Sophocles et Denys le tyran : soient mauvaises, comme Diodorus, qui mourust sur le champ de honte, pour ne pouvoir developper un argument.

Encores cettuy-cy, mais qui sera double et de deux façons contraires. Les uns cedent et sont vaincus par les larmes [48] et humbles supplications d'autruy, et

---

47 « Il pâlit, sa langue se glace dans sa bouche, sa chaleur l'abandonne, il tombe, et peut à peine parler après un long intervalle ». Virg.

48 Qui oserait blâmer César laissant tomber de ses mains la sentence contre Ligarius?...

se picquent du courage et de la braverie; les autres au rebours ne s'esmeuvent par toutes les submissions et plainctes, mais se laissent gaigner à la constance, et resolution. Il n'y a point de doubte que le premier ne vienne de foiblesse : aussi se trouve-t-il volontiers ès ames molles et vulgaires. Mais le second n'est sans difficulté, et se trouve en toute sorte de gens. Il semble que se rendre à la vertu et à une vigueur masle et genereuse, est d'ame forte aussi et genereuse : et il est vray, s'il se faict par estimation et reverence de la vertu ; comme fit Scanderberg [49] recevant en grace un soldat pour l'avoir veu prendre party de se deffendre contre luy; Pompeius pardonnant à la ville des Mammertins en consideration de la vertu du citoyen Zenon ; l'Empereur Conrard pardonnant au Duc de Bavieres et autres hommes assiegés, pour la magnanimité des femmes, qui les luy desroboient et emportoient sur leurs testes. Mais si c'est par estonnement et effray de son esclat, comme le peuple Thebain qui perdit le cueur oyant Epaminondas accusé, raconter ses beaux faicts et luy reprocher avec fierté son ingratitude, c'est foiblesse et lascheté. Le faict d'Alexandre mesprisant la brave resolution de Betis prins *[50] avec la ville de Gaza où il commandoit, ne

---

[49] Ces exemples sont empruntés des *Essais de Montaigne*, liv. I, c. I.

*[50] Pris.

fust de foiblesse ny de courage, mais de cholere, laquelle en luy ne recevoit bride ny moderation aucune.

CHAPITRE XL*.

III. *Inconstance.*

SOMMAIRE. — Combien il est difficile de porter un jugement certain sur l'homme, tant il est *ondoyant* et divers. L'occasion est son principal mobile. Il fait et défait; il rit et pleure de la même chose; il ne sait enfin ce qu'il veut.

L'HOMME est un subject merveilleusement divers et ondoyant, sur lequel il est très malaisé d'y asseoir jugement asseuré, jugement, dis-je universel et entier, à cause de la grande contrarieté et dissonance des pieces de nostre vie. La pluspart de nos actions ne sont que saillies et bouttées *¹ poussées par quelques occasions : ce ne sont que pieces rapportées. L'irresolution d'une part, puis l'inconstance et l'instabilité, est le plus commun et apparent vice de la nature humaine. Certes nos actions se contredisent souvent de si estrange façon, qu'il semble impossible qu'elles

---

* C'est le cinquième chapitre de la première édition.
*¹ Boutades.

soient parties de mesme boutique. Nous changeons et ne le sentons, nous nous eschapons et desrobons, *ipsi nobis furto subducimus* [2]. Nous allons après les inclinations de nostre appetit, et selon que le vent des occasions nous emporte, non selon la raison, *at nil potest esse aequabile, quod non à certâ ratione proficiscatur* [3]. Aussi nos esprits et nos humeurs se meuvent avec les mouvemens du temps.

Tales sunt hominum mentes quali pater ipse
Jupiter auctiferâ lustravit lampade terras [4].

La vie est un mouvement inegal, irregulier, multiforme. Enfin nous nous remuons et troublons nous-mesmes par l'instabilité de nostre posture. *Nemo non quotidie consilium mutat et votum : modo uxorem vult, modo amicam ; modo regnare vult, modo non est eo officiosior servus ; nunc pecuniam spargit, nunc rapit ; modo frugi videtur et gravis, modo prodigus et vanus ; mutamus subinde personam* [5].

---

[2] Ce passage est traduit par la phrase qui le précède.

[3] « Mais rien ne peut être égal, uniforme, que ce qui provient d'une raison bien affermie ». Cic.

[4] « Les esprits des hommes sont de la nature de la lumière bienfaisante, dont le souverain des Dieux éclaire les régions qu'il parcourt ». Lucr.

[5] « L'homme change tous les jours de projets et de vœux : tantôt il veut une femme, tantôt il veut une amie; tantôt il veut régner, tantôt il n'y a pas de serviteur plus officieux que lui; aujourd'hui il répand l'argent, demain il le dérobe; tantôt

Quod petiit, spernit; repetit quod nuper omisit,
Æstuat, et vitæ disconvenit ordine toto [6].

L'homme est l'animal de tous le plus difficile à sonder et cognoistre, car c'est le plus double et contrefaict, le plus couvert et artificiel ; et y a chez luy tant de cabinets et d'arriere-boutiques, dont il sort tantost homme, tantost satyre ; tant de souspiraux, dont il souffle tantost le chaud, tantost le froid, et d'où il sort tant de fumée. Tout son bransler et mouvoir n'est qu'un cours perpetuel d'erreurs : le matin naistre, le soir mourir ; tantost aux ceps *[7], tantost en liberté ; tantost un Dieu, tantost une mouche. Il rit et pleure d'une mesme chose. Il est content et mal content. Il veust et ne veust, et ne scait enfin ce qu'il veust. Tantost il est si comblé de joye et d'allegresse qu'il ne peust demeurer en sa peau, tantost tout luy desplait et ne se peust souffrir soy-mesme, *modò amore nostri, modò taedio laboramus* [8].

---

il paraît frugal et grave, tantôt prodigue et frivole : nous changeons à chaque instant de masque ». Sen. Epist. 120.

[6] « Ce qu'il a demandé il le dédaigne, il recherche ce qu'il vient de rejeter. Il est dans une fluctuation continuelle, et n'est jamais d'accord avec lui-même dans tout le cours de sa vie ». Hor. Epist. I, l. 1, v. 98.

*[7] Aux fers, en esclavage.

[8] « Tantôt l'amour de nous-mêmes nous tourmente, tantôt nous ne pouvons nous supporter ». Sen. Nat. Quœst. l. IV.

CHAPITRE XLI*.

IV. *Misere.*

SOMMAIRE.—L'homme est misérable à sa naissance, pendant sa vie et à sa mort. Ses plaisirs comme ses peines, ne sont jamais sans mélange. Il est malheureux et par ses souvenirs et par sa prévoyance ; par ses recherches inquiétes ; par les remèdes même qu'il veut apporter au mal ; par ses opinions, ses erreurs, ses passions envieuses ou haineuses ; par son incapacité, comme par son prétendu savoir. — Le monde est rempli de trois sortes de gens ; les superstitieux, les formalistes et les pédants, gens attaqués de maladies presque incurables.

Exemples : Alexandre et César. — Les Mexicains. — César. — Caton d'Utique.

VOICY le grand et principal traict de sa peincture : il est, comme a esté dict, vain, foible, fresle, inconstant au bien, à la felicité, à l'ayse ; mais il est fort, robuste, constant et endurcy à la misere ; c'est la misere mesme incarnée, et toute vifve : c'est en un mot exprimer l'humanité, car en luy est toute misere ; et

---

* C'est le sixième chapitre de la première édition.

hors de luy il n'y en a point au monde. C'est le propre de l'homme d'estre miserable; le seul homme, et tout homme est tousjours miserable, comme se verra : *homo natus de muliere, brevi vivens tempore, repletus multis miseriis*¹. Qui voudroit representer toutes les parties de la misere humaine, faudroit discourir toute sa vie, son estre, son entrée, sa durée, sa fin. Je n'entreprens donc pas cette besongne, ce seroit œuvre sans fin; et puis c'est un subject commun traitté par tous : mais je veux icy cotter certains poincts qui ne sont pas communs, ne sont pas prins *² pour miseres, ou bien que l'on ne sent et l'on ne considere pas assez, combien qu'ils soyent les plus pressans, si l'on sçavoit bien juger.

Le premier chef et preuve de la misere humaine est, que sa production, son entrée est honteuse, vile, vilaine, mesprisée; sa sortie, sa mort et ruyne, glorieuse et honorable. Dont il semble estre un monstre et contre nature, puis qu'il y a honte à le faire, honneur à le desfaire : *nostri nosmet pœnitet et pudet*³. Sur cecy voicy cinq ou six petits mots. L'action de planter et faire l'homme est honteuse, et toutes ses parties, les approches, les appresсs, les outils, et tout ce qui y

---

¹ « L'homme est né de la femme; il n'a que peu de tems à vivre; il est rempli de misères ». Job. ch. XIV, v. 1.

*² Pris.

³ « Nous avons regret et honte de nous-mêmes ». Terent. Phorm. act. 1, sc. 3.

sert, est tenu et appellé honteux, et n'y a rien de si honteux en la nature humaine : l'action de le perdre et tuer, honorable, et ce qui y sert est glorieux ; l'on le dore et enrichist, l'on s'en pare, l'on le porte au costé, en la main, sur les espaules. L'on se desdaigne d'aller voir naistre un homme : chascun court et s'assemble pour le voir mourir, soit au lict, soit en la place publique, soit en la campagne raze. On se cache, on tue la chandelle pour le faire ; l'on le faict à la desrobée : c'est gloire et pompe de le desfaire ; l'on allume les chandelles pour le voir mourir, l'on l'execute en plein jour, l'on sonne la trompette, l'on le combat, et en faict-on carnage en plein midy. Il n'y a qu'une maniere de faire les hommes; pour les desfaire et ruyner, mille et mille moyens, inventions, artifices. Il n'y a aucun loyer, honneur ou recompense assignée pour ceux qui sçavent faire, multiplier, conserver l'humaine nature ; tous honneurs, grandeurs, richesses, dignités, empires, triomphes, trophées sont decernés à ceux qui la sçavent affliger, troubler, destruire. Les deux premiers hommes du monde, Alexandre et Cesar, ont desfaict chacun d'eux (comme dict Pline) plus d'un million d'hommes, et n'en ont faict ny laissé après eux. Et anciennement, pour le seul plaisir et passe-temps aux yeux du peuple, se faisoient des carnages publics d'hommes : *homo sacra res per jocum et lusum occiditur : — satis spectaculi in homine mors est : innocentes in ludum veniunt ut publicæ voluptatis hostiæ fiant*[4]. Il y a des nations qui maudissent leur naissance, benissent leur mort. Quel monstrueux animal qui se faict horreur à soy-mesme ! Or rien de tout cecy ne se trouve aux bestes ny au monde.

Le second chef et tesmoignage de sa misere est au retrancher des plaisirs si petits et chetifs qui lui appartiennent (car des purs, grands et entiers, il n'en est capable, comme a esté dict en sa foiblesse), et au rabattre du nombre et de la douceur d'iceux : si ce n'est qu'il se face pour Dieu, quel monstre qui est ennemy de soy-mesme, se desrobe et se trahist soy-mesme, à qui ses plaisirs pesent, qui se tient au malheur ! Il y en a qui evitent la santé, l'allegresse, la joye, comme chose mauvaise.

O miseri quorum gaudia crimen habent[5] !

Nous ne sommes ingenieux qu'à nous mal mener, c'est le vray gibbier de la force de nostre esprit.

Il y a encore pis : l'esprit humain n'est pas seulement rabbat-joye, trouble-feste, ennemy de ses appetits, naturels et justes plaisirs, comme je viens

---

[4] « L'homme, cet objet sacré, on le tue par jeu, par divertissement : — la mort d'un homme est un spectacle. Des innocens viennent dans les jeux de l'amphithéâtre, pour servir de victimes aux plaisirs publics ». Sen. epist. 95. — Tertul. de Spectac.

[5] « O malheureux dont les plaisirs sont des crimes, Cornel. Gallus, Eleg. 1, v. 180

de dire ; mais encores il est forgeur de maux. Il se peinct et figure, craint, fuit, abhorre, comme bien grands maux, des choses qui ne sont aucunement maux en soy et en verité, et que les bestes ne craignent point, mais qu'il s'est feinct par son propre discours et imagination estre tels, comme sont n'estre advancé en honneur, grandeur, biens, item cocuage, sterilité d'enfans, la mort[6]. Car à vray dire il n'y a que la douleur qui soit mal, et qui se sente. Et ce qu'aucuns sages semblent craindre ces choses, ce n'est pas à cause d'elles, mais à cause de la douleur qui quelques fois les accompagne de près : car souvent elle devance et est avant-coureuse de la mort, et quelques fois suit la disette des biens, de credit et honneur. Mais ostez de ces choses la douleur, le reste n'est que fantasie, qui ne loge qu'en la teste de l'homme qui se taille de la besongne pour estre miserable; et imagine à ces fins de faux maux outre les vrays, employant et estendant sa misere, au lieu de la chastrer et raccourcir. Les bestes ne sentent et sont exemptes de ces maux, et par ainsi nature ne les juge pas tels.

Quant à la douleur, qui est le seul vray mal, l'homme y est du tout né, et tout propre : les Mexicaines saluent les enfans sortans du ventre de leur

---

[6] Charron ne parle ici que de la mort physique, qui est plutôt une cessation de maux qu'un mal réel : elle n'est un mal que par l'idée d'un avenir qu'on craint, parce qu'on l'ignore.

mere en ces mots : *Enfant, tu es venu au monde pour endurer : endure, souffre et tais-toy.* Que la douleur soit comme naturelle à l'homme, et au contraire l'indolence et le plaisir chose estrangere, il appert par ces trois mots. Toutes les parties de l'homme sont capables de douleur, fort peu capables de plaisir. Les parties capables de plaisir n'en peuvent recevoir que d'une sorte ou de deux; mais toutes peuvent recevoir un très grand nombre de douleurs toutes differentes, chaud, froid, piqueure, froisseure, foulure, esgratigneure, escorcheure, meurtrissure, cuyson, langueur, extension, oppression, relaxation, et infinis autres qui n'ont point de nom propre, sans compter ceux de l'ame; tellement que l'homme est plus puissant à souffrir qu'à exprimer. L'homme ne peust gueres durer au plaisir : le plaisir du corps est feu de paille : s'il duroit, il apporteroit de l'ennuy et desplaisir ; mais les douleurs durent fort long-temps, n'ont point leurs certaines saisons comme les plaisirs. Aussi l'empire et commandement de la douleur est bien plus grand, plus universel, plus puissant, plus durable, et en un mot, plus naturel que du plaisir.

A ces trois l'on peust adjouster autres trois *7. La

---

*7 Sous-entendu *maux.* Il y a ici une erreur dans l'édition de Dijon, qui est ordinairement si exacte. On y lit : « à ces *mots* l'on peut adjouster autres trois ». D'abord cela ne se trouve dans aucune autre édition antérieure ; ensuite, il est

douleur et desplaisir est bien plus frequent, et vient bien souvent ; le plaisir est rare : le mal vient facilement de soy-mesme sans estre recherché; le plaisir ne vient point volontiers, il se faict rechercher, et souvent acheter plus cher qu'il ne vaut : le plaisir n'est jamais pur, ains tousjours destrempé et meslé avec quelque aigreur, et y a tousjours quelque chose à redire; mais la douleur et le desplaisir souvent tout entier et tout pur. Après tout cela, le pire de nostre marché, et qui monstre evidemment la misere de nostre condition, est que l'extreme volupté et plaisir ne nous touche point tant qu'une legere douleur : *segniùs homines bona quàm mala sentiunt* [8]. Nous ne sentons point l'entiere santé, comme la moindre des maladies :

.....Pungit
In cute vix summa violatum plagula corpus,
Quando valere nihil quemquam movet..... [9]

évident qu'aux trois malheurs ou *maux* de l'espèce humaine, qu'il vient de signaler, Charron se propose d'en ajouter trois autres. Il est vrai qu'il a dit plus haut : « il appert par ces trois *mots* »; mais cela ne me paraît pas justifier la correction faite au texte.

[8] « Les hommes sentent plus faiblement les biens que les maux ». Tit.-Liv. L. XXX, ch. 21.

[9] « Une petite plaie qui effleure à peine la peau, nous avertit de sa présence par la douleur de la partie du corps où elle se trouve, tandis que rien ne nous fait sentir la santé dont nous jouissons ». *Steph. Boetiani Poemata*, pag. 115.

Ce n'est pas assez que l'homme soit de faict et par nature miserable, et qu'outre les vrays et substantiels maux, il s'en feigne et s'en forge de faux et fantastiques, comme dict est; il faut encores qu'il les estende, allonge et fasse durer et vivre, tant les vrays que les faux, plus qu'ils ne peuvent, tant il est amoureux de misere : ce qu'il faict en diverses façons. Premierement, par memoire du passé et anticipation de l'advenir, nous ne pouvons faillir d'estre miserables, puisque nos principaux biens, dont nous nous glorifions, sont instrumens de miseres, memoire et providence : *futuro torquemur et praeterito, multa bona nostra nobis nocent; timoris tormentum memoria reducit, providentia anticipat, nemo praesentibus tantum miser est* [10]. Est-ce pas grande envie d'estre miserable, que de n'attendre pas le mal qu'il vienne, mais l'aller rechercher, le provoquer à venir, comme ceux qui se tuent de la peur qu'ils ont de mourir, c'est-à-dire preoccuper par curiosité ou foiblesse et vaine apprehension, les maux et inconveniens, et les attendre avec tant de peine et d'allarme, ceux mesmes qui par adventure ne nous doivent point toucher? Ces gens icy veulent estre miserables avant le temps, et double-

---

[10] « Nous sommes tourmentés par l'avenir et par le passé. Il est même plusieurs avantages que nous possédons, qui nous sont nuisibles : la mémoire nous ramène le tourment de la crainte; la prévoyance l'anticipe; ce n'est pas seulement par les maux présens que l'on est malheureux». Sen. epist. 5, *in fine*.

ment miserables, par un real [11] sentiment de la misere, et par une longue premeditation d'icelle, qui souvent est cent fois pire que le mal mesme : *minùs afficit sensus fatigatio, quàm cogitatio* [12]. L'estre de la misere ne dure pas assez; il faut que l'esprit l'allonge, l'estende, et avant la main s'en entretienne. *Plus dolet quàm necesse est, qui ante dolet quàm necesse est. Quaedam magis, quaedam antequàm debeant, quaedam cum omninò non debeant, nos torquent : aut augemus dolorem, aut fingimus, aut praecipimus* [13]. Les bestes se gardent bien de cette folie et misere, et ont à dire grand mercy à nature, de ce qu'elles n'ont point tant d'esprit, tant de memoire et de providence. Cesar disoit bien que la meilleure mort estoit la moins premeditée. Et certes la preparation à la mort a donné à plusieurs plus de tourment que la souffrance mesme. Je n'entens icy parler de cette premeditation vertueuse et

---

[11] C'est ainsi qu'on lit dans la première édition, et dans celle de Bastien : l'édition de Dijon a rajeuni ce mot et a écrit *réel*.

[12] « La souffrance du mal nous affecte moins que la pensée même de la souffrance ». Quintil. L. 1, ch. 12.

[13] « Celui qui a de la douleur avant qu'il soit nécessaire d'en avoir, a plus de douleur qu'il ne faut. — Certains maux nous tourmentent plus qu'ils ne doivent, d'autres avant qu'ils le doivent, d'autres lorsqu'ils ne le doivent pas du tout. Ou nous augmentons la douleur, ou nous la feignons, ou nous la prenons d'avance ». Sen. epist. 98 et epist. 13.

philosophique, qui est la trempe par laquelle l'ame est rendue invincible, et est fortifiée à l'espreuve contre tous assauts et accidens, de laquelle sera parlé ; mais de cette paoureuse *14, et quelques fois fausse et vaine apprehension des maux qui peuvent advenir, laquelle afflige et noircit de fumée toute la beauté et serenité de l'ame, trouble tout son repos et sa joye ; il vaudroit mieux du tout s'y laisser surprendre. Il est plus facile et plus naturel n'y penser point du tout. Mais laissons encores cette anticipation de mal. Tout simplement le soin et pensement penible et beant après les choses advenir, par esperance, desir, crainte, est une très grande misere ; car outre que nous n'avons aucune puissance sur l'advenir, moins que sur le passé (et ainsi c'est vanité, comme a esté dict¹⁵), il nous en demeure encores du mal et dommage, *calamitosus est animus futuri anxius* ¹⁶, qui nous desrobe le sentiment, et nous oste la jouyssance paisible des biens presens, et empesche de nous y rasseoir et contenter.

Ce n'est pas encores assez, car affin qu'il ne luy manque jamais matiere de misere, voire qu'il y en aye tousjours à foison, il va tousjours furetant et cher-

---

*14 Peureuse.

¹⁵ Au chapitre XXXVIII.

¹⁶ « Un esprit qui se chagrine de l'avenir, vit avec beaucoup de calamité. Sen. ep. 98.

chant avec grande estude les causes et alimens de misere : il se fourre aux affaires de gayeté de cueur, et tels que quand ils s'offriroient à luy, il leur devroit tourner le dos : ou bien par une inquietude miserable de son esprit, ou pour faire l'habile, l'empesché, et l'entendu, c'est-à-dire le sot et miserable, il entreprend et remue besongne nouvelle, ou s'entremesle de celle d'autruy. Bref, il est si fort et incessamment agité de soing et pensemens, non-seulement inutiles et superflus, mais espineux, penibles et dommageables, tourmenté par le present, ennuyé du passé, angoissé pour l'advenir, qu'il semble ne craindre rien plus que de ne pouvoir pas estre assez miserable : dont l'on peust justement s'escrier, ô pauvres gens, combien endurez-vous de maux volontaires, outre les necessaires que la nature vous envoye ! Mais quoy, l'homme se plaist en la misere, il s'opiniastre à remascher et remettre continuellement en memoire les maux passés. Il est ordinaire à se plaindre, il encherit quelques fois le mal et la douleur, pour petites et legeres choses, il se dira le plus miserable de tous, *est quaedam dolendi voluptas*[17]. Or c'est encores plus grande misere de trop ambitieusement faire valoir la misere, que ne la cognoistre et ne sentir pas, *homo animal querulum, cupidè suis incumbens miseriis* [18].

---

[17] « Il y a un certain plaisir à se plaindre ». Ovid. Trist. L. IV, El. 3 ; et Plin. epist. XVI, L. VIII.

[18] « L'homme est un animal qui aime à se plaindre, et qui se complaît dans ses maux ». Apuleius.

*Ne conterons-nous pas pour misere humaine, puisque c'est un mal commun et general aux hommes, et qui n'est point aux bestes, que les hommes ne peuvent bien s'accommoder et faire leur proffit sans le dommage et reculement les uns des autres, maladie, folie, desbauche, perte, mort. Nous nous entre-empeschons, heurtons, et pressons l'un l'autre, tellement que les meilleurs, mesmes sans y penser ny le vouloir, d'un desir quasi insensible, et innocemment, souhaittent la mort, le mal, et la peine d'autruy.

Le voilà donc bien miserable et naturellement et volontairement, en verité et par imagination, par obligation, et de gayeté de cueur. Il ne l'est que trop, et il craint de ne l'estre pas assez, et est tousjours en queste et en peine de s'en rendre encore davantage. Voyons maintenant comment, quand il vient à le sentir et s'ennuyer de quelque certaine misere (car il ne se lasse jamais de l'estre en plusieurs façons sans le sentir), il faict pour en sortir, et quels sont ses remedes contre le mal. Certes tels qu'ils importunent plus que le mal mesme qu'il veust guarir : de sorte que voulant sortir d'une misere, il ne la faict que changer en une autre, et peust-estre pire. Mais quoy, encores le

---

* A commencer d'ici, on trouve dans la première édition, une courte indication des remèdes que demandent tous ces maux. Mais cet alinéa, qui n'était pas à sa place, a été transporté ailleurs, dans la seconde édition.

changement le delecte, au moins le soulage; il pense guarir le mal par un autre mal : cela vient d'une opinion qui tient le monde enchanté et miserable, qu'il n'y a rien utile s'il n'est penible, rien ne vaut s'il ne couste, l'aisance luy est suspecte. Cecy vient encores de plus haut; c'est chose estrange, mais veritable, et qui convainq l'homme d'estre bien miserable, qu'aucun mal ne s'en va que par un autre mal, soit au corps, soit en l'ame. Les maladies spirituelles et corporelles ne sont guaries et chassées que par tourment, douleur, peine; les spirituelles, par penitence, veilles, jeusnes, haires, prisons, disciplines, qui doivent estre vrayement afflictions et poignantes, nonobstant la resolution et devotion à très volontiers les souffrir; car si elles venoient à plaisir ou proffit et commodité, elles n'auroient point d'effect, ce seroyent exercices de volupté et d'avarice, ou menagerie, et non de penitence et contrition : les corporelles de mesme, par medecines, incisions, cauteres, diettes; comme sentent bien ceux qui sont obligés aux regles medicinales, lesquels sont battus d'une part du mal qui les poingt [19], et d'autre de la reigle, qui les ennuye. *Item* les autres maux. L'ignorance, par grand, long, et

---

[19] *Qui les poigne* ou *poind*, ainsi qu'on écrit aujourd'hui. L'ancienne orthographe était préférable, comme plus conforme au mot latin *pungit*, et même à la prononciation, puisque le *d* final de *poind* se prononce *t* devant une voyelle.

penible estude, *qui addit scientiam addit et laborem* [20]. La disette et pouvreté par grand soin, penible veille, travail, sueur, *in sudore vultus tui* [21]. Dont pour l'esprit et pour le corps, le labeur et travail est propre à l'homme, comme à l'oyseau le voler.

Toutes ces miseres susdictes sont corporelles ou bien mixtes, et communes à l'esprit et au corps; et ne montent gueres plus haut que l'imagination et fantasie. Considerons les plus fines et spirituelles, qui sont bien plus miseres, comme estant erronées et malignes, plus actives et plus siennes, mais beaucoup moins senties et advouées, ce qui rend l'homme encores plus et doublement miserable, ne sentant que ses maux mediocres, et non les plus grands ; voyre *[22] l'on ne les luy ose dire ny toucher, tant il est confict et desploré en sa misere : si faut-il en passant et tout doucement en dire quelque chose, au moins les guigner et monstrer au doigt de loing, affin de luy donner occasion d'y regarder et penser, puis que de soy-mesme il ne s'en advise pas. Premierement pour le regard de l'entendement, est-ce pas une estrange et piteuse misere de l'humaine nature, qu'elle soit toute conficte en erreur et aveuglement ? La pluspart des opinions communes et vulgaires, voire les plus plau-

---

[20] « Augmenter sa science, c'est augmenter son travail ». Ecclesiaste. ch. II. v. 18 et 19.

[21] « A la sueur de ton visage ».

*[22] Même.

sibles et receuës avec reverence, sont fausses et erronées, et qui pis est la pluspart incommodes à la societé humaine. Et encores que quelques sages, qui sont en fort petit nombre, sentent mieux que le commun, et jugent de ces opinions comme il faut, si est-ce que quelques fois ils s'y laissent emporter, sinon en toutes et tousjours, mais à quelques-unes et quelques fois : il faut estre bien ferme et constant pour ne se laisser emporter au courant, bien sain et preparé pour se garder net d'une contagion si universelle : les opinions generalles receuës avec applaudissement de tous et sans contradiction, sont comme un torrent qui emporte tout.

> Proh superi! quantum mortalia pectora cæcæ
> Noctis habent!......
> O miseras hominum mentes et pectora cæca!
> Qualibus in tenebris vitæ, quantisque periclis
> Degitur hoc ævi quodcumque est!...... [23]

Or ce seroit chose bien longue de specifier et nommer les foles opinions dont tout le monde est abbreuvé. Mais en voicy quelques-unes, qui seront traictées plus au long en leurs lieux.

1. Juger des advis et conseils par les evenemens

---

[23] « O dieux ! dans quelle nuit obscure sont plongés les cœurs des mortels !....... O esprits misérables des hommes ! ô cœurs aveugles ! Dans quelles ténèbres vivons-nous, et à quels grands périls tout ce qui a vie n'est-il pas exposé? » Ovid. Metam. liv. VI, v. 472. — Lucret. liv. II, v. 14.

qui ne sont aucunement en nostre main, et qui dependent du ciel.

2. Condamner et rejetter toutes choses, mœurs, opinions, loix, coustumes, observances, comme barbares et mauvaises, sans sçavoir que c'est et les cognoistre, mais seulement parce qu'elles nous sont inusitées et eslongnées *24 de nostre commun et ordinaire.

3. Estimer et recommander les choses à cause de leur nouvelleté, ou rareté, ou estrangeté, ou difficulté, quatre engeoleurs, qui ont grand credit aux esprits populaires, et souvent telles choses sont vaines, et non à estimer, si la bonté et utilité n'y sont joinctes : dont justement fust mesprisé du prince, celuy qui se glorifioit de sçavoir de loin jetter et passer les grains de mil par les trous d'esguille.

4. Generalement toutes les opinions superstitieuses, dont sont affeublés les enfans, femmes, et esprits foibles.

5. Estimer les personnes par les biens, richesses, dignités, honneurs, et mespriser ceux qui n'en ont poinct; comme si l'on jugeoit d'un cheval par la bride et la selle 25.

6. Estimer les choses non selon leur vraye, naturelle, et essentielle valeur, qui est souvent interne et

---

*24 Éloignées.

25 *Voyez* Montaigne, L. 1, ch. 42. Charron ne fait que l'abréger.

secrete; mais selon la monstre et la parade, ou le bruict commun.

7. Penser bien se venger de son ennemy en le tuant : car c'est le mettre à l'abry et au couvert de tout mal, et s'y mettre soy : c'est luy oster tout le ressentiment de la vengeance, qui est toutesfois son principal effect; cecy appartient aussi à la foiblesse.

8. Tenir à grand injure et desestimer comme miserable un homme, pour estre coqu : car quelle plus grande folie en jugement, que d'estimer moins une personne, pour le vice d'autruy, qu'il n'approuve pas? Autant ce semble en peust-on dire d'un bastard.

9. Estimer moins les choses presentes, ou qui sont nostres, et desquelles nous jouyssons paisiblement; mais les estimer quand on ne les a poinct, ou pource qu'elles sont à autruy, comme si la presence et le posseder ravaloit de leur valeur, et le non avoir leur accroissoit,

> Virtutem incolumem odimus,
> Sublatam ex oculis quærimus invidi......[26]

c'est pourquoy nul prophete en son pays. Aussi la maistrise et authorité engendre mespris de ce qu'on tient et regente, les maris regardent desdaigneusement leurs femmes, et plusieurs peres leurs enfans:

---

[26] « Envieux, nous haïssons les hommes d'un génie supérieur, lorsqu'ils sont vivans; à peine ne sont-ils plus sous nos yeux, nous les regrettons ». Hor. L. III, od. XXIV, v. 31.

veux-tu, dict le bon compagnon, ne l'aymer plus, espouse-la. Nous estimons plus le cheval, la maison, le valet d'autruy, pource qu'il est à autruy et non à nous[27]. C'est chose bien estrange d'estimer plus les choses en l'imagination qu'en la realité, comme on faict toutes choses absentes et estrangeres, soit avant les avoir, ou après les avoir euës. La cause de ce en tous les deux cas se peust dire qu'avant les avoir l'on les estime, non selon ce qu'elles valent, mais selon ce que l'on s'est imaginé qu'elles sont, ou qu'elles ont esté vantées par autruy : et les possedant l'on ne les estime que selon le bien et le proffit que l'on en tire ; et après qu'elles nous sont ostées, l'on les considere et regrette toutes entieres et en blot, ou auparavant l'on n'en jouyssoit et usoit-on que par le menu, et par pieces successivement : car l'on pense qu'il y aura tousjours du temps assez pour en jouyr : et à peine s'apperçoit-on de les avoir et tenir. Voylà pourquoy le dueil est plus gros et le regret de ne les avoir, que le plaisir de les tenir : mais en cecy il y a bien autant de foiblesse que de misere. Nous n'avons la suffisance de jouyr, mais seulement de desirer. Il y a un autre vice tout contraire, qui est de s'arrester et agreer tellement à soy-mesme et à ce qu'on tient, que de le

---

[27] Pline l'ancien dit : *tanta mortalibus rerum suarum satietas est, et alienarum aviditas.* Hist. Nat. L. XII, c. 17.

preferer à tout le reste, et ne penser rien meilleur. Si ceux-cy ne sont plus sages que les autres, au moins sont-ils plus heureux.

10. Faire le zelé à tout propos, mordre à tout, prendre à cueur et se monstrer outré et opiniastre en toutes choses, pourveu qu'il y aye quelque beau et specieux pretexte de justice, religion, bien public, amour du peuple.

11. Faire l'attristé, l'affligé, et pleurer en la mort ou accident d'autruy, et penser que ne s'esmouvoir poinct, ou que bien peu, c'est faute d'amour et d'affection, il y a aussi de la vanité.

12. Estimer et faire compte des actions qui se font avec bruict, remuement, esclat; desestimer celles qui se font autrement, et penser que ceux qui procedent de cette façon sombre, douce, et morne, ne font rien, sont comme sommeillans et sans action; bref estimer plus l'art que la nature. Ce qui est enflé, bouffi et relevé par estude, qui esclatte, bruict, et frappe le sens (c'est tout artifice), est plus regardé et estimé que ce qui est doux, simple, uny, ordinaire, c'est-à-dire naturel; celuy-là nous esveille, cettuy-cy nous endort.

13. Apporter de mauvaises et sinistres interpretations aux belles actions d'autruy, et les attribuer à des viles et vaines, ou vitieuses causes et occasions, comme ceux qui rapportoient la mort du jeune Caton à la crainte qu'il avoit de Cesar, dont se picque Plu-

tarque[28]; les autres encores plus sottement à l'ambition. C'est une grande maladie de jugement, qui vient ou de malice et corruption de volonté et de mœurs, ou d'envie contre ceux qui valent mieux qu'eux, ou de ce vice de ramener sa creance à sa portée, et mesurer autruy à son pied; ou bien plustost que tout cela, à foiblesse pour n'avoir pas la veuë assez forte et asseurée à concevoir la splendeur de la vertu en sa pureté nayfve. Il y en a qui font les ingenieux et subtils à despraver ainsi et obscurcir la gloire des belles actions; en quoy ils monstrent beaucoup plus de mauvais naturel, que de suffisance; c'est chose aysée, mais fort vilaine.

14. Descrier et chastier tant rigoureusement et honteusement certains vices, comme crimes extremement vilains et puans, qui ne sont toutesfois que mediocres, et ont leur racine et leur excuse en la nature; et d'autres vrayement extremes et contre nature, comme le meurtre pourpensé *[29], la trahison et perfidie, la cruauté, ne les avoir à si grande honte, ny les chastier avec tant de haro *[30].

15. Voicy encores après tout un vray tesmoignage de la misere spirituelle, mais qui est fin et subtil; c'est que l'esprit humain en son bon sens, paisible,

---

[28] *Voyez* Plutarque: *de la Malignité d'Hérodote.*
*[29] Prémédité.
*[30] Tant de clameurs.

rassis, et sain estat, n'est capable que de choses communes, ordinaires, naturelles, mediocres. Pour estre capable des divines, surnaturelles, comme de la divination, prophetie, revelation, invention, et, comme l'on dict, entrer au cabinet des dieux, faut qu'il soit malade, disloqué, desplacé de son assiette naturelle, et comme corrompu, *correptus* [31], ou par extravagance, exstaze, enthousiasme, ou par assopissement : d'autant que, comme l'on sçait, les deux voyes naturelles d'y parvenir sont la fureur et le sommeil. Et ainsi l'esprit n'est jamais si sage que quand il est fol, ny plus veillant que quand il dort : jamais ne rencontre mieux que quand il va de costé et de travers ; ne va, ne vole et ne voit si haut que quand il est abbattu et au plus bas. Et ainsi faut qu'il soit miserable, comme perdu et hors de soy, pour estre heureux. Cecy ne tousche aucunement la disposition divine ; car Dieu peust bien à qui et quand il luy plaist se reveler, et que l'homme demeure en sens rassis, comme l'escriture raconte de Moyse et autres.

16. Finalement, y pourroit-il avoir plus grande faute en jugement que n'estimer poinct le jugement,

---

[31] Il paraîtrait d'abord qu'on devrait lire ici *corruptus;* mais les meilleures éditions portent *correptus,* mot qui, en effet, est expliqué par ce qui suit. — Au reste, cette pensée est prise presque textuellement du Timée de Platon. *V.* Plat. pag. 725 de l'édit. de ses œuvres. Basle, 1546.

ne l'exercer, relever, et luy preferer la memoire et l'imagination ou fantasie? Voyons ces grandes, doctes et belles harangues, discours, leçons, sermons, livres, que l'on estime et admire tant, produicts par les plus grands hommes de ce siecle (j'en excepte quelquesuns et peu); qu'est-ce tout cela? qu'un entassement et enfileure d'allegations, un recueil et ramas du bien d'autruy (œuvre de memoire, et diverse leçon, et chose très aisée; car cela se trouve tout trié et arrengé : tant de livres sont faicts de cela) avec quelques poinctes et un bel agensement (œuvre de l'imagination), et voilà tout? Ce n'est souvent que vanité, et n'y reluict aucun traict de grand jugement, ny d'insigne vertu : aussi souvent sont les autheurs d'un jugement foible et populaire, et corrompus en la volonté. Combien est-il plus beau d'ouyr un paysan, un marchand parlant en son patois, et disant de belles propositions et verités, toutes seiches et cruës, sans art ny façon, et donnant des advis bons et utiles, produicts d'un sain, fort et solide jugement!

En la volonté y a bien autant ou plus de miseres, et encores plus miserables; elles sont hors nombre; en voicy quelques-unes.

1. Vouloir plustost apparoir homme de bien, que de l'estre; l'estre plustost à autruy qu'à soy.

2. Estre beaucoup plus prompt et volontaire à la vengeance de l'offense, qu'à la recognoissance du bienfaict; tellement que c'est corvée et regret que reco-

gnoistre, plaisir et gain [32] de se venger : preuve de nature maligne. *Gratia oneri est, ultio in quæstu habetur* [33].

3. Estre plus aspre à hayr qu'à aymer; à mesdire qu'à loüer: se paistre et mordre plus volontiers et avec plus de plaisir au mal qu'au bien d'autruy; le faire plus valoir, s'estendre plus à en discourir, y exercer son stile, tesmoin tous les escrivains, orateurs et poëtes, qui sont lasches à reciter le bien, eloquents au mal. Les mots, les inventions, les figures, pour medire, brocarder, sont bien autres, plus riches, plus emphatiques, et significatifs, qu'au bien dire et loüer.

4. Fuir à mal faire, et entendre au bien, non par le bon ressort purement, par la raison naturelle, et pour l'amour de la vertu, mais pour quelqu'autre consideration estrangere, quelques fois lasche et sordide de gain et profict, de vaine gloire, d'esperance, de crainte, de coustume, de compagnie : bref non pour soy et son devoir simplement, mais pour quelque occasion et circonstance externe. Tous sont gens

---

[32] Ce mot est écrit *gain* ici et quelques lignes plus bas, dans la première édition, et *gaing* à la dernière ligne du chap. XXXVIII. Ce qui prouve que l'orthographe de Charron n'était pas plus fixée que celle de Montaigne, ni que celle de tous les autres écrivains du même tems.

[33] « La reconnaissance est un fardeau ; mais que la vengeance a de prix ! Tac. Hist. L. IV, c. 3.

de bien par occasion et par accident. Voilà pourquoy ils le sont inegalement, diversement, non perpetuellement, constamment, uniformement.

5. Aymer moins celuy que nous avons offensé, à cause que nous l'avons offensé : chose estrange ! ce n'est pas tousjours de crainte qu'il en veuille prendre sa revanche ; car peust-estre l'offensé ne nous en veust pas moins de bien, mais c'est de ce que sa presence nous accuse, et nous ramentoit *[34] nostre faute et indiscretion. Que si l'offensant n'ayme pas moins, c'est preuve qu'il ne l'a pas voulu offenser ; car ordinairement qui a eu la volonté d'offenser, ayme moins après l'offensé : *chi offende, mai non perdona*[35].

6. Autant en peust-on dire de celuy à qui nous sommes fort obligés, sa presence nous est en charge, nous ramentoit nostre obligation, nous reproche nostre ingratitude ou impuissance, l'on voudroit qu'il ne fust point affin d'estre deschargé : meschant naturel. *Quidam quò plus debent, magis oderunt : leve aes alienum debitorem facit, grave inimicum*[36].

7. Prendre plaisir au mal, à la peine, et au danger d'autruy, desplaisir en son bien, advancement,

---

*[34] Nous rappelle.

[35] « Celui qui offense ne pardonne jamais ».

[36] « Il y en a qui haïssent en proportion de ce qu'ils doivent. La dette est-elle légère, elle les éloigne de leur créancier. Est-elle considérable ? ils deviennent ses ennemis ».

prosperité (j'entends que soit sans aucune cause ou esmotion certaine et particuliere de hayne, c'est autre chose, provenant du vice singulier de la personne); je parle icy de la condition commune et naturelle, par laquelle, sans aucune particuliere malice, les moins mauvais prennent plaisir à voir des gens courir fortune sur mer, se faschent d'estre precedés de leurs compagnons, que la fortune dise mieux à autruy qu'à eux; rient quand quelque petit mal arrive à un autre : cela tesmoigne une semence malicieuse en nous.

Enfin, pour monstrer combien grande est nostre misere, je diray que le monde est remply de trois sortes de gens qui y tiennent grande place en nombre et reputation; les superstitieux, les formalistes [*37], les pedans, qui bien que soyent en divers subjects, ressorts et theatres (les trois principaux, religion, vie ou conversation, et doctrine) si sont-ils battus à mesme coin, esprits foibles, mal nais, ou très-mal instruicts, gens très-dangereux en jugement, touchés de maladie presque incurable. C'est peine perdue de parler à ces gens-là pour les faire radviser; car ils s'estiment les meilleurs et plus sages du monde : l'opiniastreté est là en son siege. Qui est une fois feru [*38]

[*37] Ceux qui s'attachent aux *formes* et aux dehors, qui n'omettent rien des *formalités*, comme l'auteur l'explique lui-même plus bas.

[*38] Pour *féri*, frappé; c'est un vieux participe de *férir*, frapper. C'est ainsi que le peuple de Paris dit *bouillu* pour *bouilli*.

et touché au vif de ces maux-là, il y a peu d'esperance de sa convalescence. Qu'y a-t-il de plus inepte, et ensemble de plus testu, que ces gens-là ? Deux choses les empeschent, comme a esté dict, foiblesse et incapacité naturelle, et puis l'opinion anticipée de faire bien et mieux que les autres. Je ne fais icy que les nommer et monstrer au doigt, car après en leurs lieux icy cottés [39] leur faute sera monstrée.

Les superstitieux [40], injurieux à Dieu, et ennemis de la vraye religion, se couvrent de pieté, zele et affection envers Dieu, jusques à s'y peiner et tourmenter plus que l'on ne leur commande, pensant meriter beaucoup, et que Dieu leur en sçait gré, voire leur doibt de reste; que feriez-vous à cela ? Si vous leur dictes qu'ils excedent et prennent les choses à gauche, pour ne les entendre pas bien, ils n'en croiront rien, disant que leur intention est bonne (par où ils se pensent sauver), et que c'est par devotion. D'ailleurs, ils ne veulent pas quitter leur gain ny la satisfaction qu'ils en reçoivent, qui est d'obliger Dieu à eux.

Les formalistes [41] s'attachent tout aux formes et au

---

[39] On voit, en effet, dans les première et seconde éditions, en marge des alinéas suivans des renvois aux livres et chapitres de *la Sagesse*, où Charron traite plus en détail les sujets qu'il ne fait qu'indiquer. Ces renvois marginaux se trouveront ici en note au bas des pages.

[40] *Voyez* le ch. v du Liv. II de *la Sagesse*.

[41] *Voyez* les ch. II et III du Liv. II.

dehors, pensent estre quittes et irreprehensibles en la poursuite de leurs passions et cupidités, moyennant qu'ils ne facent rien contre la teneur des loix, et n'obmettent rien des formalités. Voilà un richard qui a ruiné et mis au desespoir des pouvres familles, mais ça esté en demandant ce qu'il a pensé estre sien, et ce par voye de justice : qui le peust convaincre d'avoir mal faict ? O combien de bienfaicts sont obmis, et de meschancetés se commettent soubs le couvert des formes, lesquelles l'on ne sent pas; dont est bien verifié, *le souverain droict l'extreme injustice*[42]; et a esté bien dict, *Dieu nous garde des formalistes !*

Les pedans[43] clabaudeurs, après avoir questé et pilloté *[44] avec grande estude, et science par les livres, en font monstre et avec ostentation questueusement *[45] et mercenairement la desgorgent et mettent au vent. Y a-t-il gens au monde plus ineptes aux affaires, plus impertinens à toutes choses, et ensemble plus presomptueux et opiniastres[46]? En toute langue et nation, pedant, clerc, magister, sont mots de reproche : faire sottement quelque chose, c'est le faire en clerc. Ce

---

[42] C'est la traduction de cet axiome de droit déjà cité deux fois plus haut : *summum jus, summa injuria*.

[43] *Voyez* le chap. XIII du Liv. III.

*[44] *Pillé* çà et là, butiné comme le frêlon.

*[45] Lucrativement, du latin *quæstuosus*.

[46] *Voyez*, à ce sujet, Erasme dans l'Éloge d'un Savant. L. XVII de ses œuvres, ép. XII.

sont gens qui ont la memoire pleine du sçavoir d'autruy, et n'ont rien de propre. Leur jugement, volonté, conscience, n'en valent rien mieux; mal habiles, peu sages et prudents; tellement qu'il semble que la science ne leur serve que de les rendre plus sots, mais encore plus arrogants, caquetteurs [47] : ravallent leur esprit et abatardissent leur entendement, mais enflent leur memoire. Icy sied bien la misere que nous venons de mettre la derniere en celles de l'entendement.

---

[47] Montaigne n'en parle pas mieux dans le chap. XXIV du Liv. I des Essais.

CHAPITRE XLII*.

V. *Presomption.*

SOMMAIRE. — La présomption est un vice naturel à l'homme. — L'homme montre sa présomption : 1°. en se faisant des idées fausses et peu convenables de la divinité ; 2°. en croyant que tout ce qui existe lui est subordonné, est fait pour son usage. De là sa cruauté pour les bêtes ; 3°. dans sa facilité à croire, et, en d'autres occasions, dans son refus obstiné de croire ; dans sa manie d'affirmer ou

---

* C'est le septième chapitre de la première édition. Montaigne a fait aussi un chapitre sur *la Présomption*, où Charron a puisé plusieurs de ses idées. *Voy*. les *Essais*, L. II, ch. XVII.

condamner, dans sa prétention à faire admettre, par les autres, ses opinions. Tels sont les dogmatistes, etc.

Exemples : César. — Auguste. — Les Thraces. — Xercès. — Copernic. — Paracelse.

Voicy le dernier et le plus vilain traict de sa peincture; c'est l'autre partie de la prescription que donne Pline; c'est la peste de l'homme, et la mere nourrice des plus fausses opinions et publiques et particulieres, vice toutesfois naturel et originel de l'homme. Or cette presomption se doibt considerer en tout sens, haut, bas, et à costé, dedans et dehors, pour le regard de Dieu; choses haultes et celestes, basses, des bestes, de l'homme son compagnon, de soymesme; et tout revient à deux choses, s'estimer trop, et n'estimer pas assez autruy : *qui in se confidebant et aspernabantur alios*[1]. Parlons un peu de chascun.

Premierement pour le regard de Dieu (et c'est chose horrible), toute superstition et faute en religion, ou faux service de Dieu, vient de n'estimer pas assez Dieu, ne sentir et n'avoir pas les opinions, conceptions, creances de la Divinité assez hautes, assez pures. Je n'entends par cet assez, à proportion de la grandeur de Dieu, qui ne reçoit point de pro-

---

[1] « Qui étaient pleins de confiance en eux-mêmes, et qui méprisaient les autres ». Luc. Evang. c. XVIII, v. 9.

portion, estant infini; et ainsi est-il impossible de les avoir assez pour ce regard : mais j'entends assez pour le regard de ce que pouvons et debvons. Nous n'eslevons ny ne guindons pas assez haut et ne roidissons assez la poincte de nostre esprit, quand nous imaginons la Divinité : comment assez? nous la concepvons très-bassement ; nous la servons de mesme très-indignement; nous agissons avec elle plus vilement qu'avec certaines creatures. Nous parlons nonseulement de ses œuvres, mais de sa majesté, volonté, jugements, avec plus de confiance [*2] et de hardiesse, que l'on ne feroit d'un Prince, ou autre homme d'honneur. Il y a plusieurs hommes qui refuseroient un tel service et recognoissance, et se tiendroient offensés et violés, si l'on parloit d'eux, et que l'on employast leur nom si vilement et sordidement : l'on entreprend de le mener, flatter, ployer, composer avec luy, affin que je ne dise, braver, menacer, gronder et despiter. Cesar disoit à son pilote qu'il ne craignist de voguer et le conduire contre le destin et la volonté du ciel et des astres, se fiant sur ce que c'est Cesar qu'il meine [3]. Auguste ayant esté battu de la tempeste sur

---

[*2] Confiance.

[3] *Voy.* Lucain, L. V, v. 579-583; Plutarque, *de la Fortune des Romains;* Suétone, *in Cæsare;* mais surtout Florus qui cite le mot même de César : *Quid times? Cæsarem vehis.* Lib. IV, cap. II, num. 37.

mer, se prist à deffier le Dieu Neptune [4] : et en la pompe des jeux Circenses, fist oster son image du rang, où elle estoit parmy les autres Dieux, pour se venger de luy. Les Thraces, quand il tonne et esclaire, se mettent à tirer fleches contre le ciel, pour ranger Dieu à raison [5]. Xerxès fouetta la mer, et escrivist un cartel de deffi au mont Athos [6]. Et compte l'on d'un roy chrestien, voisin du nostre, qu'ayant receu une bastonnade de Dieu, jura de s'en venger, et voulust que de dix ans on ne le priast et ne parlast-on de luy [7].

> Audax Japeti genus !....
> Nil mortalibus arduum :
> Cœlum ipsum petimus stultitia, neque
> Per nostrum patimur scelus
> Iracunda Jovem ponere fulmina [8].

Et laissant ces extravagances estranges, tout le commun ne verifie-t-il pas bien clairement le dire de Pline, qu'il n'y a rien plus miserable, et ensemble

---

[4] *Voyez* Suétone, *Vie d'Auguste*, c. 16.

[5] Hérodote. L. IV.

[6] Hérodote. L. VII.

[7] Ce conte est tiré de Montaigne, L. I, c. 4; tom. 1, page 34 de notre édition.

[8] « O race audacieuse de Japet ! — Rien n'est difficile aux mortels ; nous avons la folie d'attaquer même le ciel, et nos crimes sont tels qu'ils ne permettent pas à Jupiter irrité de déposer ses foudres ». Hor. L. 1, od. III, v. 21. — Même Ode, v. 37 et suiv.

plus glorieux que l'homme ? Car d'une part il se feinct de très-hautaines et riches opinions de l'amour, soin et affection de Dieu envers luy, comme son mignon, son unique; et cependant il le sert très-indignement : comment se peuvent accorder et subsister ensemble une vie et un service si chetif et miserable d'une part, et une opinion et creance si glorieuse et si hautaine de l'autre ? C'est estre ange et pourceau tout ensemble : c'est ce que reprochoit un grand philosophe aux chrestiens, qu'il n'y avoit gens plus fiers et glorieux à les ouyr parler, et en effet plus lasches et vilains. C'est un ennemy qui parle injure, mais qui touche bien justement les hypocrites.

Il nous semble aussi que nous pesons et importons fort à Dieu, au monde, à toute la nature, qu'ils se peinent et ahannent en nos affaires, ne veillent que pour nous, dont nous nous esbahissons des accidents qui nous arrivent; et cecy se voit encore mieux à la mort. Peu de gens se resolvent et croient que ce soit leur derniere heure; et presque tous se laissent lors piper à l'esperance. Cela vient de presomption, nous faisons trop de cas de nous, et nous semble que l'univers a grand interest à nostre mort ; que les choses nous faillent à mesure que nous leur faillons, ou qu'elles mesmes se faillent à mesure qu'elles nous faillent; qu'elles vont mesme bransle avec nous, comme à ceux qui vont sur l'eau; que le ciel, la terre, les villes, se remuent : nous pensons tout entraisner avec nous; nul de nous ne pense assez n'estre qu'un.

Après cela l'homme croit que le ciel, les estoiles, tout ce grand mouvement celeste et bransle du monde, n'est faict que pour luy. *Tot circa unum caput tumultuantes deos*[9]. Et le pouvre miserable est bien ridicule. Il est ici bas logé au dernier et pire estage de ce monde, plus eslongné de la voulte celeste, en la cloaque et sentine de l'univers, avec la bourbe et la lie, avec les animaux de la pire condition, subject à recevoir tous les excrements et ordures, qui luy pleuvent et tombent d'en haut sur la teste, et ne vist que de cela, et à souffrir les accidents qui luy arrivent de toutes parts : et se faict croire qu'il est le maistre commandant à tout; que toutes creatures, mesmes ces grands corps lumineux, incorruptibles, desquels il ne peust sçavoir la moindre vertu, et est contraint tout transi les admirer, ne branslent que pour luy et son service. Et pour ce qu'il mendie, chetif qu'il est, son vivre, son entretien, ses commodités, des rayons, clarté et chaleur du soleil, de la pluye, et austres desgouts du ciel et de l'air, il veust dire qu'il jouist du ciel et des elements, comme si tout n'avoit esté faict et ne se remuoit que pour luy. En ce sens l'oy-

---

9 « Tant de Dieux qui s'agitent en tumulte autour d'une seule tête ». Sen. *Suasor.* IV. — *Voyez* aussi Montaigne, L. II, c. 12.

son en pourroit dire autant, et peust-estre plus justement et constamment. Car l'homme qui reçoit aussi souvent des incommodités de la haut, et n'a rien de tout cela en sa puissance, ny en son intelligence, et ne les peust deviner, est en perpetuelle transe, fiebvre et crainte que ces corps superieurs ne branslent pas bien à propos et à poinct nommé pour luy, et qu'ils luy causent sterilité, maladies, et toutes choses contraires, tremble soubs le fais : où les bestes reçoivent tout ce qui vient d'en haut, sans allarme ny apprehension de ce qui adviendra, et sans plainte de ce qui est advenu, comme faict incessamment l'homme : *Non nos causa mundo sumus hyemem aestatemque referendi; suas ista leges habent, quibus divina exercentur : nimis nos suspicimus, si digni nobis videmur, propter quos tanta moveantur; — non tanta caelo nobiscum societas est, ut nostro fato sit ille quoque siderum fulgor*[10].

Pour le regard des choses basses, terrestres, sçavoir tous animaux, il les desdaigne et desestime comme

---

[10] « Nous ne sommes pas la cause pour laquelle l'hiver et l'été se succèdent chaque année ; ces saisons obéissent à des lois dans lesquelles la puissance divine s'exerce et se manifeste ; nous avons une trop haute opinion de nous-mêmes, et de notre dignité, si nous croyons que c'est pour nous que de si grands mouvemens se font dans le monde ; — il n'y a pas entre les astres et nous une si grande union, pour que les astres n'y brillent que pour notre avantage ». Sen. *de Ira*, L. II, c. 27. — Plin. *Hist. Nat.* L. II, c. 8.

si du tout elles n'appartenoient au mesme maistre ouvrier; et n'estoient de mesme mere, et de mesme famille avec luy, comme si elles ne le touchoient et n'avoient aucune part ou relation à luy. Et de là il vient à en abuser et exercer cruaulté, chose qui rejalist contre le maistre commun et universel qui les a faictes, qui en a soin, et a dressé des loix pour leur bien et conservation, les a advantagées en certaines choses, renvoye l'homme souvent vers elles, comme à une escholle. Mais cecy est le subject du chapitre XXXV ci-dessus [11].

Or, tout cecy ne deroge aucunement à la doctrine commune, que le monde est faict pour l'homme, et l'homme pour Dieu; car outre l'instruction que l'homme tire en general de toute chose haute et basse pour cognoistre Dieu, soy, son devoir; encores en particulier de chacune, il en tire profit ou plaisir ou service. De ce qui est pardessus soy qu'il a moins en intelligence et nullement en sa puissance, ce ciel azuré, tant richement contrepointé d'estoilles, et ces flambeaux roulants sans cesse sur nos testes, il n'en a ce

---

[11] Dans l'excellente édition de 1604, (celle que Charron lui-même avait préparée), on lit : « cecy est le subject du chapitre suyvant ». Je ne sais pourquoi l'édition de 1635 et celle de Dijon renvoyent, au contraire, à un chapitre précédent. Serait-ce parce que, dans le chapitre qu'elles citent, Charron parle, en effet, beaucoup plus que dans celui qui va suivre, de *tous les avantages des bêtes ?*

bien que par contemplation, il monte et est porté en admiration, crainte, honneur, reverence de leur auteur et maistre souverain de tout, et en ce sens a esté bien dit par Anaxagoras [12], que l'homme estoit creé pour contempler le ciel et le soleil, et par les autres philosophes appelans l'homme οὐρανόσκοπον [13]; des choses basses il en tire secours, service, commodité. Mais se persuader qu'en faisant toutes ces choses, l'on n'aye pensé qu'à l'homme, et qu'il soit la fin et le but de tous ces corps lumineux et incorruptibles, c'est une trop folle et hardie presomption.

Finalement, mais principalement cette presomption doibt estre considerée en l'homme mesme, c'est-à-dire pour le regard de soy et de l'homme son compagnon, au dedans, au progrez de son jugement et de ses opinions; et au dehors en communication et conversation avec autruy. Sur quoy nous considerons trois choses, comme trois chefs qui s'entresuivent, où l'humanité monstre bien en sa sotte foiblesse sa folle presomption. La premiere au croire ou mescroire (icy n'est question de religion, ni de la foy et creance divine, et se faut souvenir de l'advertissement mis en la preface), où sont à noter deux vices contraires, qui sont ordinaires en la condition humaine. L'un et plus commun est une legereté, *qui citò credit, levis*

---

[12] *V.* Diogène-Laerce, *Vie d'Anaxagoras*, L. II, n. 10.
[13] « Contemplateur du ciel ».

est corde[14], et trop grande facilité à croire et recevoir tout ce que l'on propose avec quelque apparence ou authorité. Cecy appartient à la niaise simplicité, mollesse, et foiblesse du petit peuplé, des esprits efféminés, malades, superstitieux, estonnés *[15], indiscretement zelés, qui comme la cire reçoivent facilement toute impression, se laissent prendre et mener par les oreilles. C'est plustost erreur et foiblesse, que malice, et loge volontiers aux ames debonnaires : *credulitas error est magis quàm culpa, et quidem in optimi cujusque mentem facilè irrepit*[16]. Suyvant cecy nous voyons presque tout le monde mené et emporté aux opinions et aux creances, non par chois et jugement, voire souvent avant l'aage et discretion, mais par là coustume du pays, ou instruction reçeuë en jeunesse, ou par rencontre, comme par une tempeste; et la se trouve tellement collé, hypotecqué et asservy, qu'il ne s'en peust plus desprendre. *Veluti tempestate delati ad quamcunque disciplinam, tamquam ad saxum adhaerescunt*[17]. Le monde est

---

[14] « Qui croit trop vîte, a l'esprit bien léger ». Ecclésiast. — Il y a une pensée semblable dans Pétrone : *nunquam rectè faciet, qui citò credit.* Petron. *Satyr.* pag. 164. edit. *Gall. Lat.* 1713. tom. I.

*[15] Qui s'étonnent de toût.

[16] « La crédulité est plutôt une erreur qu'une faute, et elle se glisse facilement dans l'esprit même des meilleurs hommes ». Cicéron. *Epist. ad famil.* L. X. ep. XXIII.

[17] « Emportés comme par la tempête vers chaque doctrine

ainsi mené, nous nous en fions et remettons à autruy: *unusquisque mavult credere quàm judicare; versat nos et praecipitat traditus per manus error, ipsa consuetudo assentiendi periculosa et lubrica*[18]. Or cette telle facilité populaire, bien que ce soit en verité foiblesse, toutesfois n'est pas sans quelque presomption. Car c'est trop entreprendre que croire, adherer et tenir pour vray et certain si legerement, sans sçavoir que c'est; ou bien s'enquerir des causes, raisons, consequences, et non de la verité. On dict, d'où vient cela? comment se faict cela? presupposant que cela est bien vray; il n'en est rien : on traicte, agite les fondements et effects de mille choses, qui ne furent jamais, dont tout le *pro* et *contra*[19] est faux. Combien de bourdes, fauls et supposés miracles, visions et revelations receuës au monde, qui ne furent jamais ! (les vrays miracles auctorisés par l'eglise, sont à part, l'on ne touche point à cela). Et pourquoy croira-t-on une merveille, une chose non humaine ny naturelle, quand l'on peust destourner et elider la verification par voye naturelle et humaine?

---

ils y restent attachés comme à un roc ». Cicer. *Acad. Quæst.* L. II, c. 3. — Ce qui, dans le texte, précède la citation, est tiré des Questions académiques, même chapitre, n°. 8.

[18] « Chacun aime mieux croire que juger. L'erreur passant de mains en mains, nous entraîne avec elle, et nous fait tomber dans le précipice; l'habitude même de donner son assentiment n'est pas sans danger ». Sen. *de Vita beata*, cap. 1.

[19] « Le pour et le contre ».

« La verité et le mensonge ont leurs visages conformes; le port, le goust et les alleures pareilles; nous les regardons de mesme œil [20] » : *ita sunt finitima falsa veris, ut in praecipitem locum non debeat se sapiens committere* [21]. L'on ne doibt croire d'un homme que ce qui est humain, s'il n'est authorisé par approbation surnaturelle et surhumaine, qui est Dieu seul, qui seul est à croire en ce qu'il dict, pource qu'il le dict.

L'autre vice contraire est une forte et audacieuse temerité de condamner et rejetter, comme faulses, toutes choses que l'on n'entend pas, et qui ne plaisent et ne reviennent au goust. C'est le propre de ceux qui ont bonne opinion d'eux-mesmes, qui font les habiles et les entendus, specialement heretiques, sophistes, pedans : car se sentant avoir quelque poincte d'esprit, et de voir un peu plus clair que le commun, ils se donnent loy et authorité de decider et resouldre de toutes choses. Ce vice est beaucoup plus grand et vilain que le premier; car c'est folie enragée de penser sçavoir jusques où va la possibilité, les ressorts et bornes de nature, la portée de la puissance et volonté de Dieu, et vouloir ranger à soy et à sa

---

[20] Tout ce qui est entre deux guillemets, est mot pour mot dans Montaigne, L. III, c. 2.

[21] « Le faux est si près-voisin du vrai, que le sage doit toujours craindre de s'engager dans l'abîme ». Cic. *Acad. Quæst.* L. IV, c. 21.

suffisance le vray et le fauls des choses ; ce qui est requis pour ainsi et avec telle fierté et asseurance resouldre et definir d'icelles. Car voicy leur jargon : cela est fauls, impossible, absurde. Et combien y a-t-il de choses, lesquelles pour un temps nous avons rejettées avec risée comme impossibles, que nous avons esté contraincts d'advouer après, et encore passer outre à d'autres plus estranges ! et au rebours combien d'autres nous ont esté comme articles de foy, et puis vains mensonges !

La seconde, qui suit et vient ordinairement de cette premiere, est d'affirmer ou reprouver certainement et opiniastrement ce que l'on a legerement creu ou mescreu. Ce second degré adjouste au premier opiniastreté, et ainsi accroist la presomption. Cette facilité de croire avec le temps s'endurcist et degenere en opiniastreté invincible et incapable d'amendement; voire l'on va jusques là, que souvent l'on soustient plus les choses que l'on sçait et que l'on entend moins : *majorem fidem homines adhibent iis quae non intelligunt... cupiditate humani ingenii lubentiùs obscura creduntur*[22] :

---

[22] « Les hommes ont une plus grande foi dans les choses qu'ils ne comprennent pas... L'envie de savoir, propre à l'esprit humain, lui fait croire plus volontiers les choses obscures ». Tacit. *Hist.* L. I, c. 22.

Lucrèce a dit la même chose en beaux vers :
Omnia enim stolidi magis admirantur, amantque
Inversis quae sub verbis latitantia cernunt, etc.
De Rer. Natur. L. I, v. 641.

l'on parle de toutes choses par resolution *²³. Or l'affirmation et opiniastreté sont signes ordinaires de bestise et ignorance, accompagnée de folie et arrogance.

La troisiesme, qui suit ces deux, et qui est le faiste de presomption, est de persuader, faire valoir et recevoir à autruy ce que l'on croit, et les induire voire imperieusement avec obligation de croire, et inhibition d'en doubter. Quelle tyrannie ! Quiconque croit quelque chose, estime que c'est œuvre de charité de le persuader à un autre; et pour ce faire ne craint point d'adjouster de son invention autant qu'il voit estre necessaire à son compte, pour supplir *²⁴ au defaut et à la resistance qu'il pense estre en la conception d'autruy. Il n'est rien à quoy communement les hommes soient plus tendus qu'à donner voye à leurs opinions : *nemo sibi tantùm errat, sed aliis erroris causa et author est* ²⁵. Où le moyen ordinaire fault, l'on y adjouste le commandement, la force, le fer, le feu²⁶. Ce

---

*²³ D'une manière tranchante.

*²⁴ Suppléer.

²⁵ « L'homme n'erre pas seulement pour lui seul; mais il est encore la cause et l'auteur de l'erreur des autres ». Sen. *de Vita beata.* cap. 1.

²⁶ C'étaient-là les moyens employés par la *sainte* inquisition, moyens que réprouve l'évangile. — Nous observerons ici que tout ce chapitre de Charron dut paraître hardi, dans le tems où il écrivait; et l'on ne doit pas être surpris des per-

vice est propre aux dogmatistes et à ceux qui veulent gouverner et donner loy au monde. Or pour venir à bout de cecy et captiver les creances à soy, ils usent de deux moyens. Par le premier ils introduisent des propositions generales et fondamentales, qu'ils appellent principes et presuppositions, desquelles ils enseignent n'estre permis de doubter ou disputer : sur lesquelles ils bastissent après tout ce qui leur plaist, et meinent le monde à leur poste : qui est une piperie, par laquelle le monde se remplist d'erreurs et mensonges. Et de faict, si l'on vient à examiner ces principes, l'on y trouvera de la faulseté et de la foiblesse autant ou plus qu'en tout ce qu'ils en veulent tirer et despendre : et se trouvera tousjours autant d'apparence aux propositions contraires.

Il y en a de nostre temps qui ont changé et renversé les principes et reigles des anciens en l'astrologie, en la medecine, en la geometrie, en la nature et mouvement des vents[27]. Toute proposition humaine a autant d'authorité que l'autre, si la raison n'en faict la difference. La verité ne depend point de l'authorité ou tesmoignage d'homme : il n'y a point de principes aux hommes si la Divinité ne les leur a re-

---

sécutions auxquelles il ne cessa d'être en butte, dès qu'il eût publié son livre.

[27] On lit en marge de cette phrase, dans l'édition de 1604, *Copernicus, Paracelsus;* ce qui prouve que c'est de Copernic et de Paracelse que Charron veut parler ici.

velés : tout le reste n'est que songe et fumée. Or ces messieurs icy veulent que l'on croye et reçoive ce qu'ils disent, et que l'on s'en fie à eux, sans juger ou examiner ce qu'ils baillent, qui est une injustice tyrannique. Dieu seul, comme a esté dict [28], est à croire en tout ce qu'il dict, pource qu'il le dict : *qui à semetipso loquitur, mendax est* [29]. L'autre moyen est par supposition de quelque faict miraculeux, revelation et apparition nouvelle et celeste, qui a esté dextrement practiqué par des legislateurs, generaux d'armées, ou chefs de part *[30]. La persuasion premiere, prinse du subject mesme, saisist les simples; mais elle est si tendre et si fresle, que le moindre heurt, mescompte, ou mesgarde, qui y surviendroit, escarbouilleroit *[31] tout : car c'est grand merveille, comment de si vains commencemens et frivoles causes sont sorties les plus fameuses impressions. Or cette premiere impression franchie devient après à s'enfler et grossir merveilleusement, tellement qu'elle vient à s'estendre mesme aux habiles, par la multitude des croyans, des tesmoings, et des ans, à quoy l'on se laisse emporter, si l'on n'est bien fort preparé : car

---

[28] Dans les dernières lignes de la précédente page, et au commencement de la page 312.

[29] « Celui qui parle d'après lui-même, est menteur ».

*[30] Chefs de parti.

*[31] Écraserait tout en bouillie.

lors il n'est plus besoing de regimber et s'en enquerir, mais simplement croire : le plus grand et puissant moyen de persuader, et la meilleure touche de verité, c'est la multitude des ans et des croyans : or, les fols surpassent de tant les sages : *sanitatis patrocinium est insanientium turba*[32]. C'est chose difficile de resouldre son jugement contre les opinions communes. Tout ce dessus se peust cognoistre par tant d'impostures, badinages, que nous avons veu naistre comme miracles, et ravir tout le monde en admiration, mais incontinent estouffés par quelque accident, ou par l'exacte recherche des clair-voyans, qui ont esclairé de près et descouvert la fourbe, que s'ils eussent eu encores du temps pour se meurir et fortifier en nature, c'estoit faict pour jamais. Ils eussent esté receus et adorés generalement. Ainsi en est-il de tant d'autres qui ont (faveur de fortune) passé et gagné la creance publicque, à laquelle puis on s'accommode sans aller recognoistre la chose au gitte et en son origine : *nusquam ad liquidum fama perducitur*[33]. Tant de sortes de religions au monde, tant de façons superstitieuses, qui sont encores mesmes dedans la chres-

---

[32] « La multitude des fous est si grande, que la sagesse est obligée de se mettre sous leur protection ». St.-Augustin, *de Civ. Dei.* L. VI, cap 10.

[33] « Nulle part les bruits qui courent ne sont bien éclaircis ». Quinti-Curt. L. IV, cap. 2.

tienté, demourées du paganisme, et dont on n'a peù du tout sevrer les peuples³⁴. Par tout ce discours nous voyons à quoy nous en sommes, puisque nous sommes menés par tels guides.

---

³⁴ C'est ce qu'on peut voir démontré dans le livre des *Conformités des Cérémonies des Payens avec celles de l'Église romaine.*

~~~~~~

CINQUIESME ET DERNIERE CONSIDERATION
DE L'HOMME

Par les varietés et differences grandes qui sont en luy, et leurs comparaisons.

CHAPITRE XLIII*.

De la difference et inegalité des hommes en general.

SOMMAIRE. — Des différentes sortes d'hommes et de peuples fabuleux mentionnés par les anciens. De la diversité des visages et des ames; d'où elle résulte.

IL n'y a rien en ce bas monde, où il se trouve tant de difference qu'entre les hommes, et differences si eslongnées en mesme subject et espece. Si l'on en

---

* C'est le trente-septième chapitre de la première édition.

veust croire Pline, Herodote, Plutarque, il y a des formes d'hommes, en certains endroits, qui ont fort peu de ressemblance à la nostre : et y en a de metisses et ambiguës entre l'humaine et la brutale *¹. Il y a des contrées ² où les hommes sont sans teste, portant les yeux et la bouche en la poitrine, où ils sont androgynes, où ils marchent de quatre pattes, où ils n'ont qu'un œil au front, et la teste plus semblable à celle d'un chien qu'à la nostre, où ils sont moytié poisson par embas, et vivent en l'eau ; où les femmes accouchent à cinq ans et n'en vivent que huit ; où ils ont la teste si dure et le front, que le fer n'y peust mordre, et rebouche contre ; où ils se changent naturellement en loups, en jumens, et puis encores en hommes ; où ils sont sans bouche, se nourrissant de

---

*¹ Celle des brutes.

² On sent que tous ces peuples sont fabuleux et imaginaires. Charron n'aurait pas même dû en parler, malgré les témoignages des trois anciens auteurs qu'il cite. On nommait les peuples sans tête, *acéphales*, ceux sans bouche, *astomoi*, etc. Mais ces noms comme ces fables sont imaginés à plaisir. Au reste, tout ce paragraphe est pris, presque mot pour mot, de Montaigne (L. II, chap. 12). Mais Montaigne et Charron auraient dû dire au moins, lorsqu'ils citent Pline à l'appui de plusieurs de ces faits, qu'il les regarde comme indignes de toute croyance. « *Homines in lupos verti, rursumque restituí sibi falsum esse confidenter existimare debemus, aut credere omnia quæ fabulosa tot sæculis comperimus* ». Nat. Hist. L. VIII, cap. 22.

la senteur de certaines odeurs; où ils rendent la semence de couleur noire, où ils sont fort petits et nains, ou tous fort grands et geans, où ils vont tous nuds, où ils sont tous pelus et velus, où ils sont sans parole, vivans par les bois comme bestes, cachés dedans les cavernes et dedans les arbres. Et de nostre temps nous avons descouvert et touché à l'œil et au doigt où les hommes sont sans barbe, sans usage de feu, de bled, de vin; où est tenue pour la grande beauté ce que nous estimons la plus grande laideur, comme a esté dict devant[3]. Quant à la diversité des mœurs se dira ailleurs[4]. Et sans parler de toutes ces estrangetés, nous sçavons que quant au visage, il n'est possible trouver deux visages en tout et par-tout semblables : il peust advenir de se mesconter et prendre l'un pour l'autre, à cause de la ressemblance grande, mais c'est en l'absence de l'un; car en presence de tous deux, il est aisé de remarquer la difference, quand bien on ne la pourroit exprimer. Aux ames y a bien plus grande difference, car non-seulement elle est plus grande sans comparaison d'homme à homme, que de beste à beste[5]; mais (qui est bien encherir) il y a plus grande difference

---

[3] Au chap. VI.

[4] L. II, chap. 8.

[5] C'est ce que dit Plutarque, à la fin de son traité : *que les bêtes brutes usent de la raison.*

LIVRE I, CHAPITRE XLIII.

d'homme à homme que d'homme à beste[6] : car un excellent animal est plus approchant de l'homme de la plus basse marche, que n'est cet homme d'un autre grand et excellent. Cette grande difference des hommes vient des qualités internes, et de la part de l'esprit, où y a tant de pieces, tant de ressorts que c'est chose infinie, et des degrés sans nombre. Il nous faut icy pour le dernier apprendre à cognoistre l'homme, par les distinctions et differences qui sont en luy : or elles sont diverses, selon qu'il y a plusieurs pieces en l'homme, plusieurs raisons et moyens de les considerer et comparer. Nous en donnerons icy cinq principales, auxquelles toutes les autres se pourront rapporter, et generalement tout ce qui est en l'homme, esprit, corps, naturel, acquit, public, privé, apparent, secret : et ainsi cette cinquiesme et derniere consideration de l'homme aura cinq parties, qui seront cinq grandes et capitales distinctions des hommes ; savoir :

La premiere naturelle, et essentielle, et universelle de tout l'homme, esprit et corps.

La seconde naturelle et essentielle principalement ; et aucunement acquise, de la force et suffisance de l'esprit.

La tierce accidentale de l'estat, condition et devoir, tirée de la superiorité et inferiorité.

---

[6] *Voyez* Montaigne. L. 1, chap. 42, *initio*.

La quatriesme accidentale de la condition et profession de vie.

La cinquiesme et derniere des faveurs et desfaveurs de la nature, et de la fortune.

CHAPITRE XLIV*.

Premiere distinction et différence des hommes, naturelle et essentielle, tirée de la diverse assiette du monde.

SOMMAIRE. — La diversité des hommes vient de la diversité des climats et températures. — Partage des habitans de la terre en trois parties, d'après cette opinion ; en septentrionaux, en moyens et en méridionaux. Suivant ce partage, les naturels des hommes sont différens en toutes choses, corps, esprit, religion, mœurs ; preuves de chacune de ces différences ; leurs causes. Naturel de chacune des trois grandes divisions des hommes, par climats ou zones.

Exemples : Les Athéniens, les Thébains, Platon. — Cyrus. — La Citadelle et le Pyrée d'Athènes. — Les Égyptiens. — Moïse. — Annibal. — Les Germains, les Romains, les Grecs.

LA premiere, plus notable et universelle distinction des hommes, qui regarde l'esprit et le corps, et tout l'estre de l'homme, se prend et tire de l'assiette di-

---

* C'est le trente-huitième chapitre de la première édition.

verse du monde, selon laquelle le regard et l'influence du ciel et du soleil, l'air, le climat, le terroir, sont divers. Aussi sont divers non-seulement le teinct, la taille, la complexion, la contenance, les mœurs, mais encores les facultés de l'ame. *Plaga cœli non solùm ad robur corporum, sed et animorum facit. — Athenis tenue cœlum, ex quo etiam acutiores Attici; crassum Thebis, ideò pingues Thebani et valentes* [1]. Dont Platon remercioit Dieu qu'il estoit né Athenien et non Thebain [2].

Ainsi que les fruicts et les animaux naissent divers selon les diverses contrées, aussi les hommes naissent plus ou moins belliqueux, justes, temperans, dociles, religieux, chastes, ingenieux, bons, obeissans, beaux, sains, forts [3]. C'est pourquoy Cyrus ne voulut

---

[1] « Le climat a de l'influence, non-seulement sur la force du corps, mais sur celle de l'esprit. — L'air d'Athènes est vif, et c'est pour cela que les Athéniens sont vifs et spirituels; celui de Thèbes est épais, de là les Thébains sont lourds, gras et forts ». *Vegetius.* L. I, cap. 2. — *Cicero, de Fato*, cap. 4.

[2] Plutarque dit que Platon remerciait son bon démon et sa fortune, premièrement de ce qu'il était né homme et non pas bête; en second lieu de ce qu'il était né grec et non pas barbare, et enfin de ce qu'il était né du tems de Socrate. — *Voyez* Plutarque, Vie de Marius, vers la fin.

[3] On trouve ce système dans Aristote (Politique, L. III, c. 14); il attribue les mêmes idées à Platon, qu'il cite L. II du même ouvrage, chap. 6.

Tout le monde sait que le système de l'influence des climats a été développé par Montesquieu dans l'Esprit des Lois.

accorder aux Perses d'abandonner leur pays aspre et bossu pour aller en un autre doux et plain, disant que les terres grasses et molles font les hommes mols, et les fertiles les esprits infertiles[4].

Suyvant ce fondement nous pouvons en gros partager le monde en trois parties, et tous les hommes en trois sortes de naturel : nous ferons donc trois assiettes generales du monde, qui sont les deux extremités de midy et nord, et la moyenne. Chaque partie et assiette sera de soixante degrés ; l'une de midy est sous l'æquateur, trente degrés deçà et trente delà, c'est-à-dire tout ce qui est entre les deux tropiques, un peu plus, où sont les regions ardentes et les meridionaux, l'Afrique et l'Ethiopie au milieu d'orient et d'occident; l'Arabie, Calicut, les Moluques, les Laves[5], la Taprobane vers orient; le Peru et grands mers vers occident. L'autre moyenne est de trente degrés outre[*6] les tropiques, tant deçà que delà vers les poles, où sont les regions moyennes et temperées; toute l'Europe avec sa mer mediterranée au milieu d'orient et occident; toute l'Asie, tant petite que

---

[4] *Voy.* Hérodote, L. IX, *in fine.*—Montaigne cite le même exemple, L. II, c. 12.

[5] Ce serait sans doute les habitans du royaume de *Lao*, s'il fallait lire *Laves*; mais comme ce nom est écrit *Iaues* dans les première et seconde éditions, il est évident qu'il s'agit ici des habitans de l'île de *Java*.

[*6] Au-delà des tropiques.

grande, qui est vers orient, avec la Chine et le Jappon, et l'Amerique occidentale. La tierce qui est de trente degrés, qui sont les plus près des deux pôles de chaque costé, où sont les regions froides et glaciales, peuples septentrionaux, la Tartarie, Moscovie, Estotilam [7] et la Magellane, qui n'est pas encores bien descouverte.

Suyvant ce partage general du monde, aussi sont differents les naturels des hommes en toutes choses, corps, esprit, religion, mœurs, comme se peust voir en cette petite table. Car les

SEPTENTRIONAUX

Sont hauts et grands, pituiteux, sanguins, blancs et blonds, sociables, la voix forte, le cuir mol et velu, grands mangeurs et beuveurs, et puissans.

Grossiers, lourds, stupides, sots, faciles, legers, inconstans.

Peu religieux et dévotieux.

---

[7] Devine qui pourra quel est ce pays, dont le nom est sans doute corrompu : on le trouve écrit ailleurs, tantôt *Estotiland*, tantôt *Estotilande*. Robbe croit que c'est le pays de *Labrador*; un autre géographe, la Nouvelle-Angleterre; De Lisle a banni ce nom de ses cartes, et l'*Estotiland*, dit La Martinière, est présentement regardé comme une chimère. Au reste, c'est un mot des langues septentrionales, et il me paraît composé des mots germaniques *west stadt land*, pays de la ville de l'ouest, ou plutôt de *west staat land*, pays de l'état de l'ouest.

Guerriers, vaillans, penibles, chastes, exempts de jalousie, cruels et inhumains.

MOYENS

Sont médiocres et tempérés en toutes ces choses, comme neutres, ou bien participans un peu de toutes ces deux extrémités, et tenans plus de la region de laquelle ils sont plus voysins.

MERIDIONAUX

Sont petits, mélancholiques, froids et secs, noirs, solitaires, la voix gresle, le cuir dur avec peu de poil et crespu, abstinens, foibles.

Ingenieux, sages, prudens, fins, opiniastres.

Superstitieux, contemplatifs.

Non guerriers, et lasches, paillards, jaloux, cruels et inhumains [8].

Toutes ces differences se prouvent aisement. Quant à celles du corps elles se cognoissent à l'œil; et s'il y a quelques exceptions, elles sont rares et viennent du meslange des peuples, ou bien des vents, des eaux, et de la situation particuliere des lieux, dont une montagne sera une notable difference en mesme degré, voire mesme pays et ville : ceux de la ville haute d'Athenes estoient tout d'autre humeur, dict Plutarque [9], que ceux du port de Pirée : une mon-

---

[8] *Voyez* sur tout cela Bodin, *de la République*, L. v, c. 1. Charron en a tiré presque tout ce qu'il dit dans les chapitres 42, 43 et 44.

[9] Plut. *in Solone.*

tagne du costé de septentrion rendra la vallée qui sera vers le midy toute meridionale, et au contraire aussi.

Quant à celles de l'esprit, nous sçavons que les arts mecaniques et ouvrages de main sont de septentrion, où ils sont penibles : les sciences speculatives sont venues du midy. Cesar[10] et les anciens appellent les Egyptiens très ingenieux et subtils. Moyse est dict instruit en leur sagesse[11]; la philosophie est venue de là en Grece; la majorité commence plustost chez eux à cause de l'esprit et finesse : les gardes des princes, mesme meridionaux, sont de septentrion, comme ayant plus de force et moins de finesse et de malice : ainsi les meridionaux sont subjects à grandes vertus et grands vices, comme il est dict d'Annibal[12]: les septentrionaux ont la bonté et simplicité. Les sciences moyennes et mixtes, politiques, loix et eloquence, sont aux nations mitoyennes, ausquelles ont fleury les grands empires et polices.

Pour le troisiesme poinct, les religions sont venues du midy, Egypte, Arabie, Chaldée : plus de superstition en Afrique qu'au reste du monde; tesmoin les vœux tant frequens, les temples tant magnifiques. Les septentrionaux, dict Cesar[13], peu soucieux de religion, sont attentifs à la guerre et à la chasse.

---

[10] César, *de Bello civili*, L. III.
[11] *Voyez*, Actes des Apôtres, ch. VII, v. 22.
[12] *Voyez* dans Tite-Live, l'éloge d'Annibal.
[13] César, *de Bello Gallico*, L. VI, c. 20.

Quant aux mœurs, premierement touchant la guerre, il est certain que les grandes armées, arts, instrumens et inventions militaires, sont venues de septentrion. Les peuples de là, Scythes, Gots, Vandales, Huns, Tartares, Turcs, Germains, ont battu et vaincu toutes les autres nations, et ravagé tout le monde, dont est tant souvent dict, que tout mal vient d'Aquilon. Les duels et combats sont venus de là. Les septentrionaux adorent le glaive fiché en terre [14], dict Solinus, invincibles aux autres nations, voire aux Romains qui ont vaincu le reste, et ont esté detruits par eux : aussi s'affoiblissent et s'alangourissent au vent de sud, et allant vers midy; comme les meridionaux venans au nord, redoublent leurs forces. A cause de leur fierté guerriere, ils ne peuvent souffrir qu'on leur commande par braverie; ils veulent la liberté, au moins les commandemens eslectifs. Touchant la chasteté et la jalousie, en septentrion, une seule femme à un homme, dict Tacitus [15]; encore suffit-elle pour plusieurs, dict Cesar : nulle jalousie, dict Munster [16], où

---

[14] Lucien dit que les Scythes adorent un cimeterre. *Voyez* le dialogue intitulé *Jupiter le tragique*, et le dialogue intitulé *Toxaris*. — Ammien Marcellin rapporte aussi que les Alains n'avaient aucun temple, et ne rendaient de culte qu'à une épée fichée en terre. Am. Marcel. L. XXXI, c. 2.

[15] *De Morib. German.* cap. 18.

[16] Sébastien de Munster, auteur d'une Cosmographie, d'une *Description de Bade*, et de plusieurs autres ouvrages.

les hommes et femmes se baignent ensemble avec les estrangers. En midy la polygamie est par-tout receue. Toute l'Afrique adore Venus [17], dict Solinus. Les meridionaux meurent de jalousie, à cause de quoy ils ont les eunuques gardiens de leurs femmes, que les grands seigneurs ont en grand nombre comme des haras [18].

Quant à la cruauté, les extremités sont semblables, mais pour diverses causes, comme se verra tantost aux causes : les punitions de la roue, et les empalemens des vifs, venus de septentrion [19]: les inhumanités des Moscovites et Tartares sont toutes notoires. Les Allemans, dict Tacite [20], ne punissent les coupables juridiquement, mais les tuent cruellement comme ennemis. Ceux de midy aussi escorchent tout vifs les criminels, et leur appetit de vengeance est si grand, qu'ils en deviennent furieux s'ils ne l'assouvissent. Au milieu sont benins et humains. Les Romains punissoient les plus grands crimes du bannissement simple; les Grecs usoient de breuvage doux de ciguë pour faire mourir les condamnés. Et Ciceron dict [21]

---

[17] *Ante omnes barbaros*, dit Tite-Live, *Numidæ in Venerem effusi*.

[18] *Voyez* Hérodote, L. III, Diodore de Sicile, L. II, et Joseph, Antiq. Judaïq. L. IV.

[19] Bodin, L. V, c. 1.

[20] *De Mor. Germ.* cap. 25.

[21] *Epistola prima ad Q. fratrem*.

que l'humanité et la courtoisie est partie de d'Asie mineure, et derivée au reste du monde.

La cause de toutes ces differences corporelles et spirituelles est l'inequalité et difference de la chaleur naturelle interne, qui est en ces pays et peuples : sçavoir, forte et vehemente aux septentrionaux, à cause du grand froid externe, qui la resserre et renferme au dedans, comme les caves et lieux profonds sont chauds en hyver, et les estomachs, *ventres hieme calidiores* [22] : foible aux meridionaux, estant dissipée et attirée au dehors par la vehemence de l'externe, comme en esté les ventres et lieux de dessoubs terre sont froids : moyenne et temperée en ceux du milieu. De cette diversité, dis-je, et inequalité de chaleur naturelle, viennent ces differences, non-seulement corporelles, ce qu'il est aisé de remarquer, mais encores spirituelles ; car les meridionaux, à cause de leur temperament froid, sont melancholiques, et par ainsi arrestés, constans, contemplatifs, ingenieux, religieux, sages. Car la sagesse est aux animaux froids comme aux elephans, qui, comme le plus melancholique de tous les animaux, est le plus sage, docile, religieux, à cause du sang froid. De ce temperament melancholique advient aussi que les meridionaux sont paillards à cause de la melancholie spumeuse, abradente *[23], et

---

[22] « Les estomacs sont plus chauds en hiver ».

*[23] Ce doit être le mot latin *abradens* francisé, participe

salace, comme il se voyt aux lievres; et cruels, parce que cette melancholie abradente presse violemment les passions et la vengeance. Les septentrionaux, pituiteux et sanguins, de temperament tout contraire aux meridionaux, ont les qualités toutes contraires, sauf qu'ils conviennent en une chose, c'est qu'ils sont aussi cruels et inhumains; mais c'est par une autre raison, sçavoir : par defaut de jugement, dont comme bestes ne se sçavent commander et se contenir. Ceux du milieu, sanguins et choleres, sont temperés, d'une belle humeur, joyeux, disposts, actifs.

Nous pourrons encores plus exquisement et subtilement representer le divers naturel de ces trois sortes de peuples, par application et comparaison de toutes choses, comme se pourra voir en cette petite table, où se voyt que proprement appartient, et se peust rapporter aux

SEPTENTRIONAUX[24].

Le sens commun.
Force comme des ours et bestes.
Mars, Lune : guerre, chasse.
Art et manufacture.
Ouvriers, artisans, soldats. Executer et obeir.
Jeunes mal-habiles.

---

d'*abradere*, raser, racler, ratisser. — Bodin, d'où tout ceci est tiré, se sert de la même expression. De la Rép. L. v, ch. 1.

[24] Charron a pris toute la distribution de cette table dans la République de Bodin, L. v, ch. 1.

MOYENS.

Discours et ratiocination *25.
Raison et justice d'hommes.
Jupiter, Mercure : empereurs, orateurs.
Prudence, cognoissance du bien et du mal.
Magistrats pourvoyans : juger, commander.
Hommes faits, manieurs d'affaires.

MERIDIONAUX.

Intellect.
Finesse de renards, et religion de gens divins.
Saturne, Venus : contemplation, amour.
Science du vray et du faux.
Pontifes, philosophes : contempler.
Vieillards graves, sages, pensifs.

Les autres distinctions plus particulieres se peuvent rapporter à cette-cy generale de midy et nord : car l'on peust rapporter aux conditions des septentrionaux, ceux d'occident, et ceux qui vivent aux montagnes, guerriers, fiers, amoureux de liberté, à cause du froid qui est aux montagnes. Aussi ceux qui sont eslongnés de la mer, plus simples et entiers. Et au contraire aux conditions des meridionaux, l'on peust rapporter les orientaux, ceux qui vivent aux vallées, effeminés, delicats, à cause de la fertilité d'où vient la volupté 26. Aussi les maritimes trompeurs et

---

*25 Raisonnement.

26 « Les Asiatiques, dit Aristote, sont ingénieux et adroits ; mais ils n'ont point de cœur. De là vient qu'ils obéissent et servent toujours ». Polit. L. VII, c. 7.

fins à cause du commerce et du trafic avec diverses sortes de gens et nations.

Par tout ce discours il se voyt qu'en general ceux de septentrion sont plus advantagés au corps, et ont la force pour leur part ; et ceux du midy en l'esprit, et ont pour eux la finesse : ceux du milieu ont de tout, et sont temperés en tout. Aussi s'apprend par là que leurs mœurs ne sont, à vray dire, ny vices ny vertus, mais œuvres de nature : laquelle du tout corriger et du tout renoncer, il est plus que difficile, mais adoucir, temperer, ramener à peu près les extremités à la mediocrité, c'est l'œuvre de vertu.

CHAPITRE XLV*.

Seconde distinction et différence plus subtile des esprits, et suffisances des hommes.

Sommaire. — Trois sortes d'esprits : les esprits foibles, les esprits médiocres et les esprits supérieurs. — Autre distinction des esprits : les uns agissent, avancent d'eux-mêmes, les autres ont besoin d'être excités et poussés.

Exemples : Aristote. — Socrate et Platon.

Cette seconde distinction, qui regarde l'esprit et la suffisance, n'est si apparente et perceptible comme

* C'est le trente-neuvième chapitre de la première édition.

les autres, et vient tant du naturel que de l'acquit; selon laquelle y a trois sortes de gens au monde, comme trois classes et degrés d'esprits. En l'un et le plus bas sont les esprits foibles et plats, de basse et petite capacité, nais *1 pour obeir, servir et estre menés, qui en effect sont simplement hommes [2]. Au second et moyen estage sont ceux qui sont de mediocre jugement, font profession de suffisance, science, habileté : mais qui ne se sentent et ne se jugent pas assez, s'arrestent à ce que l'on tient communement et l'on leur baille du premier coup, sans davantage s'enquerir de la verité et source des choses, voire pensent qu'il ne l'est pas permis : et ne regardent point plus loin que là où ils se trouvent ; pensent que partout est ainsi, ou doibt estre; que si c'est autrement, ils faillent et sont barbares. Ils s'asservissent aux opinions et loix municipales du lieu où ils se trouvent deslors qu'ils sont esclos, non-seulement par observance et usage, ce que tous doibvent faire, mais encore de cueur et d'ame, et pensent que ce que l'on croit en leur village est la vraye touche de verité (cecy ne s'entend de la verité divine revelée, ny de religion),

---

*1 Nés.

[2] Aristote, dans le premier chapitre du livre premier de sa Politique, cherche aussi à prouver que les hommes ne sont point naturellement égaux; que les uns naissent pour l'esclavage et les autres pour la domination. Locke et J.-J. Rousseau ont réfuté son système.

c'est la seule, ou bien la meilleure reigle de bien vivre. Ces gens sont de l'eschole et du ressort d'Aristote, affirmatifs, positifs, dogmatistes, qui regardent plus l'utilité que la vérité, ce qui est propre à l'usage et trafic du monde, qu'à ce qui est bon et vray en soy. En cette classe y a très grand nombre et diversité de degrés; les principaux et plus habiles d'entr'eux gouvernent le monde, et ont les commandemens en main. Au troisiesme et plus haut estage sont les hommes doués d'un esprit vif et clair, jugement fort, ferme et solide, qui ne se contentent d'un ouy dire, ne s'arrestent aux opinions communes et receuës, ne se laissent gagner et preoccuper à la creance publique, de laquelle ils ne s'estonnent point, sçachant qu'il y a plusieurs bourdes, faulsetés et impostures receues au monde avec approbation et applaudissement, voire adoration et reverence publique : mais examinent toutes choses qui se proposent, sondent meurement, et cherchent sans passion les causes, motifs et ressorts, jusques à la racine, aimant mieux doubter et tenir en suspens leur creance, que par une trop molle et lasche facilité, ou legereté, ou precipitation de jugement, se paistre de faulseté, et affirmer ou se tenir asseurés de chose de laquelle ils ne peuvent avoir raison certaine[3]. Ceux-cy sont en petit nombre, de l'eschole et

---

[3] « On ne doit juger de rien, lorsque rien n'est évident ». Bayle, *République des Lettres*, mois d'Août 1684.

ressort de Socrates et Platon, modestes, sobres, retenus, considerant plus la verité et realité des choses que l'utilité ; et s'ils sont bien nais, ayant avec ce dessus la probité et le reiglement des mœurs, ils sont vrayement sages et tels que nous cherchons icy. Mais pource qu'ils ne s'accordent pas avec le commun quant aux opinions, voyent plus clair, penetrent plus avant, ne sont si faciles, ils sont soupçonnés et mal estimés des autres qui sont en beaucoup plus grand nombre, et tenus pour fantasques et philosophes; c'est par injure qu'ils usent de ce mot.[4] En la premiere de ces trois classes y a bien plus grand nombre qu'en la seconde, et en la seconde, qu'en la troisiesme. Ceux de la premiere et derniere, plus basse et plus haute, ne troublent point le monde, ne remuent rien, les uns par insuffisance et foiblesse, les autres par grande suffisance, fermeté et sagesse. Ceux du milieu font tout le bruict et les disputes qui sont au monde, presomptueux, tousjours agités et agitans. Ceux de la plus basse marche, comme le fond, la lie, la sentine, ressemblent à la terre, qui ne faict que recevoir et souffrir ce qui vient d'en haut. Ceux de la moyenne ressemblent à la region de l'air en laquelle se forment tous les meteores et se font tous les bruicts et alterations qui puis *[5] tombent en terre. Ceux du plus haut

---

[4] On voit que ce n'est pas d'aujourd'hui que le mot de *philosophe* a été pris en mauvaise part.

*[5] Qui ensuite tombent.

estage ressemblent à l'ether et plus haute region voisine du ciel, sereine, claire, nette et paisible. Cette difference d'hommes vient en partie du naturel, de la premiere composition et temperament du cerveau, qui est different, humide, chaud, sec, et par plusieurs degrés; dont les esprits et jugemens sont ou forts, solides, courageux, ou foibles, craintifs, plats : en partie de l'instruction et discipline; aussi de l'experience et hantise *6 du monde, qui sert fort à se desniaiser et mettre son esprit hors de page. Au reste, il se trouve de toutes ces trois sortes de gens, soubs toute robe, forme et condition, et des bons et des mauvais, mais bien diversement.

L'on faict encores une autre distinction d'esprits et suffisances, car les uns se font voye eux-mesmes et ouverture, se conduisent seuls. Ceux-cy sont heureux de la plus hauté taille, et bien rares; les autres ont besoing d'aide, mais ils sont encore doubles; car les uns n'ont besoing que d'estre esclairés; c'est assez qu'il y aye un guide et un flambeau qui marche devant, ils suyvront volontiers et bien aisement. Les autres veulent estre tirés, ont besoing de compulsoire, et que l'on les prenne par la main. Je laisse ceux qui par grande foiblesse, comme ceux de la plus basse marche, ou par malignité de nature, comme il y en a en la moyenne, qui ne sont bons à suyvre, ny ne se laissent tirer et conduire, gens desesperés.

---

*6 Et fréquentation.

CHAPITRE XLVI*.

Troisiesme distinction et différence des hommes accidentale, de leurs degrés, estats, et charges.

SOMMAIRE. — Le commandement et l'obéissance sont les deux fondemens de la société. Toute puissance est, ou privée, ou publique; la puissance publique est ou royale, ou seigneuriale, ou tyrannique. Quels sont les agens de la puissance publique.

Exemples : Assyrie, Perse, Égypte, Moscovie, Tartarie, Turquie, Lacédémone, Venise. — Rome, Athènes, Carthage.

CETTE distinction accidentale, qui regarde les estats et charges, est fondée sur deux principes et fondemens de la societé humaine, qui sont commander et obeir, puissance et subjection, superiorité et inferiorité : *imperio et obsequio omnia constant* *[1]. Cette distinction se verra premierement mieux en gros en cette table.

---

* C'est le quarantième chapitre de la première édition.

[1] « Tout consiste dans le commandement et l'obéissance ».

Division premiere et generale.

Toute puissance et subjection est ou

1. Privée, laquelle est aux

Familles et mesnages, et est de quatre façons.

Mariage, du mary à la femme : cette-cy est la source de la societé humaine.

Paternelle, des parens sur les enfans : cette-cy est vrayement naturelle.

Herile *², double, sçavoir des

Seigneurs sur leurs esclaves :
Maistres sur leurs serviteurs.

Patronelle, des patrons sur leurs affranchis, de laquelle l'usage est peu frequent.

Corps et colleges, communautés civiles, sur les particuliers membres de la communauté.

2. Publique, laquelle est ou

Souveraine, qui est de trois façons, et sont trois sortes d'estats, *cunctas nationes et urbes, populus, aut primores, aut singuli regunt* ³, sçavoir :

Monarchie d'un
Aristocratie de peu,
Démocratie de tous.

---

*² Magistrale, seigneuriale. — Hérile, du latin *herilis*, adjectif dérivé de *herus*, maître, seigneur.

³ « Toutes les nations et toutes les villes sont gouvernées ou par le peuple, ou par les grands, ou par des Monarques ». Tacit. *Annal.* L. IV, c. 33, *initio*.

Subalterne, qui est en ceux qui sont superieurs et inferieurs pour diverses raisons, lieux, personnes, comme sont les

> Seigneurs particuliers en plusieurs degrés :
> Officiers de la souveraineté ; qui sont en grande diversité.

Cette puissance publique, soit souveraine, soit subalterne, reçoit des subdivisions qu'il faut sçavoir. La souveraine, qui est triple, comme dict est, pour le regard de la maniere du gouvernement, est encores triple, c'est-à-dire chascune de ces trois est conduicte en trois façons, dont est dicte royale, ou seigneuriale, ou tyrannique. Royale, en laquelle le souverain (soit-il un, ou plusieurs, ou tous) obeissant aux loix de nature, garde la liberté naturelle et la proprieté des biens aux subjects. *Ad reges potestas omnis pertinet, ad singulos proprietas.... Omnia rex imperio possidet, singuli dominio*[4]. Seigneuriale, où le souverain est seigneur des personnes et des biens, par le droict des armes, gouvernant ses subjects comme esclaves. Tyrannique, où le souverain, mesprisant toutes loix de

---

[4] « Aux rois appartient toute la puissance, à chacun des sujets la propriété. — Le roi possède tout, mais à titre de maître ; les sujets possèdent à titre de propriétaires ». Ce passage est tiré de Sénèque, *de Beneficiis*, L. VII ; la première partie, du chap. 4 ; la seconde, du chap. 5, *initio*. Mais il y a une petite altération dans la première phrase citée par Charron. Senèque dit : *ad reges potestas omnium pertinet*, et non pas, *potestas omnis*.

nature, abuse des personnes et des biens de ses subjects, différant du seigneur, comme le voleur de l'ennemi de guerre. Des trois estats souverains le monarchique, et des trois gouvernemens le seigneurial, sont les plus anciens, grands, durables, augustes, comme anciennement Assyrie, Perse, Ægypte, et maintenant Æthiopie; la plus ancienne qui soit, Moscovie, Tartarie, Turquie, le Peru. Mais le meilleur et plus naturel estat et gouvernement est la monarchie royale : les aristocraties fameuses sont jadis Lacedemone et maintenant Venise; les democraties, Rome, Athenes, Carthage, royales en leur gouvernement.

La puissance publique subalterne, qui est aux seigneurs particuliers, est de plusieurs sortes et degrés, principalement cinq : sçavoir, seigneurs

Tributaires, qui doibvent tribut seulement. Feudataires, vassaux simples, qui doibvent foy et hommage pour le fief : ces trois peuvent estre souverains.

Vassaux liges, qui outre la foy et hommage, doibvent encore service personnel, dont ils ne peuvent estre vrayement souverains.

Subjects naturels, soit vassaux ou censiers, ou autrement, lesquels doibvent subjection et obeissance, et ne se peuvent exempter de la puissance de leur souverain, et sont seigneurs.

La puissance publique subalterne, qui est aux officiers de la souveraineté, est de plusieurs sortes, et pour le regard de l'honneur et de la puissance, reviennent à cinq degrés.

Premier et plus bas des infames, qui doibvent demourer hors la ville, executeurs derniers de la justice.

2. De ceux qui n'ont ny honneur ny infamie, sergeants, trompettes.

3. Qui ont honneur sans cognoissance et puissance, notaires, receveurs, secretaires.

4. Qui ont avec honneur, puissance et cognoissance, mais sans jurisdiction, les gens du Roy.

5. Qui ont jurisdiction, et par ainsi tout le reste; et ceux-cy s'appellent proprement magistrats, desquels y a plusieurs distinctions, et principalement ces cinq, qui sont toutes doubles.

1. En majeurs, senateurs; mineurs, juges.

2. En politiques, militaires.

3. En civils, criminels.

4. En titulaires en office formé, commissaires.

5. En perpetuels, comme doibvent estre les moindres, et en nombre; temporels et muables, comme doibvent estre les grands.

Des estats et degrés des hommes en particulier, suyvant cette precedente table.

ADVERTISSEMENT.

Icy est parlé en particulier des pieces de cette table et distinction de puissances et subjections (commençant par les privées et domestiques), c'est-à-dire de chasque estat et profession des hommes, pour les cognoistre : c'est icy le livre de la cognoissance de l'homme ; car les debvoirs d'un chascun seront au troisiesme livre en la vertu de justice, où de mesme ordre tous ces estats et chapitres se reprendront. Or avant y entrer faut sommairement parler du commander et obeir, deux fondemens et causes principales de ces diversités d'estats et charges.

CHAPITRE XLVII*.

Du commander et obeir.

SOMMAIRE. — De l'état populaire et de l'état monarchique. — Du droit divin.

Exemples : Platon. — Sparte.

Ce sont, comme a esté dict, deux fondemens de toute société humaine, et de la diversité des estats et professions. Ces deux sont relatifs, se regardent, requierent, engendrent, et conservent mutuellement l'un l'autre, et sont pareillement requis en toute assemblée et communauté, mais qui sont obligés à une naturelle envie, contestation et mesdisance ou plaincte perpetuelle. La populaire rend le souverain de pire

---

* C'est le quarante-unième chapitre de la première édition.

condition qu'un charretier; la monarchique le met au-dessus de Dieu[1]. Au commander est la dignité, la difficulté (ces deux vont ordinairement ensemble), la bonté, la suffisance, toutes qualités de grandeur. Le commander, c'est-à-dire la suffisance, le courage, l'authorité est du ciel et de Dieu : *imperium non nisi divino fato datur : omnis potestas à Deo est*[2] : dont dict Platon que Dieu n'establit point des hommes, c'est-à-dire de la commune sorte et suffisance, et purement..

---

[1] Toute cette phrase est prise mot-à-mot dans Montaigne, L. III, ch. 5. Mais Charron me semble en avoir détourné ou obscurci le sens. « Je feuilletais il n'y a pas un mois, dit Montaigne, deux livres écossais, se combattans sur ce subject (sur la préférence que mérite, soit le gouvernement démocratique, soit le gouvernement monarchique). Le populaire (c'est-à-dire, l'auteur qui défend le gouvernement du peuple) rend le roi de pire condition qu'un charretier; le monarchique (c'est-à-dire, celui qui préfère le gouvernement d'un seul), le loge quelques brasses au-dessus de Dieu, en puissance et souveraineté ». Ceci peut servir à expliquer l'idée de Charron. Par ces mots *la populaire*, il n'entend pas la puissance même du peuple, mais les opinions (*la contestation*, comme il dit), des partisans du système de la démocratie.

[2] « L'empire n'est donné que par la providence divine : toute puissance vient de Dieu ». C'est de cette maxime du droit divin, dont l'origine remonte au gouvernement théocratique, que vient la formule de *Roi par la grâce de Dieu*, avec toutes ses conséquences. Noodt a complètement démontré la fausseté de cette maxime, dans son traité sur le pouvoir des souverains, traduit et commenté par Barbeyrac.

humaine, par dessus les autres; mais ceux qui, d'une touche divine, et par quelque singuliere vertu et don du ciel, surpassent les autres, dont ils sont appelés *heroes*[3]. En l'obeir est l'utilité, l'aisance, la necessité, tellement que pour la conservation du public, il est encores plus requis que le bien commander; et est beaucoup plus dangereux le desny d'obeir, ou le mal obeir, que le mal commander. Tout ainsi qu'au mariage bien que le mary et la femme soient egalement obligés à la loyauté et fidelité, et l'ayent tous deux promis par mesmes mots, mesmes ceremonies et solemnités, si est-ce que les inconveniens sortent sans comparaison plus grands de la faute et adultere de la femme que du mary; aussi bien que le commander et obeir soient pareillement requis en tout estat et compagnie, si est-ce que les inconveniens sont bien plus dangereux de la desobeissance des subjects que de la faute des commandans. Plusieurs estats ont longuement roulé et assez heureusement duré soubs de très meschans princes et magistrats, les subjects s'y accommodans et obeissans; dont un sage interrogé pourquoy la republique de Sparte estoit si florissante, si c'estoit pource que les roys commandoient bien :

---

[3] Platon, dans son dialogue intitulé *Cratylus*, donne une autre raison de cette dénomination. Les *héros*, dit-il, s'appellent ainsi, parce qu'ils sont nés du commerce de quelques dieux avec des mortelles; etc.

mais plustost, dict-il, pource que les citoyens obeissent bien[4]. Mais si les subjects refusent d'obeir et secouent le joug, il faut que l'estat donne du nez à terre.

---

[4] Ce fut Théopompe, roi de Lacédémone, qui fit cette réponse. — *Voyez* Plutarque, *Instruction pour ceux qui manient les affaires d'état.*

CHAPITRE XLVIII[*].
Du Mariage.

SOMMAIRE. — Objections contre le mariage : ses inconvéniens. — Réponse à ces objections, ou les avantages du mariage. C'est un grand bien ou un grand mal. Un bon mariage est très-rare. Description des suites et des avantages du mariage, selon qu'il est contracté entre égaux ou entre supérieurs et inférieurs. — De l'inégalité des deux conjoints. — De la puissance maritale. — Des règles et lois diverses du mariage. — De la polygamie et de la répudiation.

Exemples : Samson, Salomon, Marc-Antoine et Cléopâtre. — Saint Augustin. — Platon. — Les Romains, les Grecs, les Gaulois. — Sulpitia. — Érythrée. — Ipsicrates — Juifs, Mahométans. — David. — Sparte, Rome. — Juifs, Grecs, Arméniens.

COMBIEN que l'estat du mariage soit le premier et plus ancien, le plus important, et comme le fonde-

---

[*] C'est le quarante-deuxième chapitre de la première édition.

ment et la fontaine de la societé humaine, d'où sourdent les familles, et d'elles les republiques ; *prima societas in conjugio est, quod principium urbis, seminarium reipublicæ*[1] *:* si est-ce qu'il a esté desestimé et descrié par plusieurs grands personnages, qui l'ont jugé indigne de gens de cueur et d'esprit, et ont dressé ces objects contre luy[2].

Premierement ils ont estimé son lien et son obligation injuste, une dure et trop rude captivité, d'autant que par mariage l'on s'attache et s'assubjectit par trop au soin et aux humeurs d'autruy ; que s'il advient d'avoir mal rencontré, s'estre mescompté au choix et au marché, et que l'on aye prins plus d'os que de chair, l'on demoure miserable toute sa vie. Quelle iniquité et injustice pourroit estre plus grande que pour une heure de fol marché, pour une faute faite sans malice et par mesgarde, et bien souvent pour obeir et suyvre l'advis d'autruy, l'on soit obligé à une peine perpetuelle ? Il vaudroit mieux se mettre la corde au col, et se jetter en la mer la teste la premiere, pour finir ses jours bientost, que d'estre tous-

---

[1] « La première société, dans l'ordre naturel, est le mariage... c'est là le principe de la cité, et comme la pépinière de la république ». Cicer. *de Offic.* L. I, cap. 17.

[2] Parmi les antagonistes du mariage, il faut compter non-seulement plusieurs apôtres, mais St.-Ambroise, St.-Jérôme, Tertullien, etc., etc. On trouve dans leurs œuvres la plupart des objections que répète ici notre auteur.

jours aux peines d'enfer, et souffrir sans cesse à son costé la tempeste d'une jalousie, d'une malice, d'une rage et manie, d'une bestise opiniastre, et autres miserables conditions : dont l'un a dict que qui avoit inventé ce nœud et lien de mariage, avoit trouvé un bel et specieux expedient pour se venger des humains, une chaussetrappe ou un filet pour attraper les bestes, et puis les faire languir à petit feu. L'autre a dict que marier un sage avec une folle, ou au rebours, c'estoit attacher le vif avec le mort; qui estoit la plus cruelle mort inventée par les tyrans pour faire languir et mourir le vif par la compagnie du mort.

Par la seconde accusation ils disent que le mariage est une corruption et abastardissement des bons et rares esprits, d'autant que les flatteries et mignardises de la partie que l'on aime, l'affection des enfans, le soin de sa maison et advancement de sa famille, relaschent, destrempent et ramolissent la vigueur et la force du plus vif et genereux esprit qui puisse estre, tesmoins Samson, Salomon, Marc-Antoine, dont au pis aller il ne faudroit marier que ceux qui ont plus de chair que d'esprit, vigoureux au corps et foibles d'ame, les attacher à la chair, et leur bailler la charge des choses petites et basses, selon leur portée[3]. Mais

---

[3] C'est l'opinion d'Héloïse dans la lettre où elle allègue à Abélard mille raisons pour le dégoûter du mariage. *Voyez Opera Abœlardi*, page 14.

ceux qui, foibles de corps, ont l'esprit grand, fort et puissant, est-ce pas grand dommage de les enferger *4 et garotter à la chair et au mariage, comme l'on faict les bestes à l'estable? Nous voyons mesme cela aux bestes; car les nobles qui sont de valeur et de service, chevaux, chiens, l'on les esloigne de l'accointance de l'autre sexe; l'on ne met aux haras que les bestes de moindre estime. Aussi ceux qui sont destinés, tant hommes que femmes, à la plus venerable et saincte vacation, et qui doibvent estre comme la cresme et la moüelle de la chrestienté, les gens d'eglise et de religion sont exclus du mariage. Et c'est pource que le mariage empesche et destourne les belles et grandes elevations d'ame, la contemplation des choses hautes, celestes et divines, qui est incompatible avec le tabut *5 des affaires domestiques; à cause de quoy l'apostre⁶ prefere la solitude de la continence au mariage. L'utile peust bien estre du costé du mariage, mais l'honnesteté est de l'autre costé.

Puis il trouble les belles et sainctes entreprinses, comme sainct Augustin recite, qu'ayant deseigné avec quelques autres siens amis, dont il y en avoit de mariés, de se retirer de la ville et des compagnies pour

---

*4 De les *enferrer*, c'est-à-dire, de les mettre dans les *fers*, de les entraver.

*5 Le tourment, le bruit, le tracas.

⁶ *Voyez* l'épitre 1ʳᵉ. aux Corinthiens, chap. VII, v. 8, 26, 32, etc.

vaquer à l'estude de sagesse et de vertu, leur dessein fut bientost rompu et interverty par les femmes de ceux qui en avoient; et a dict aussi un sage, que si les hommes se pouvoient passer de femmes, qu'ils seroient visités et accompagnés des anges [7].

Plus, le mariage empesche de voyager parmy le le monde et les estrangers, soit pour apprendre à se faire sage, ou pour enseigner les autres à l'estre, et publier ce que l'on sçait : bref le mariage non-seulement apoltronit ou accroupit les bons et grands esprits, mais prive le public de plusieurs belles et grandes choses qui ne peuvent s'exploicter demeurant au sein et au gyron d'une femme et autour des petits enfans [8]. Mais ne faict-il pas beau voir, et n'est-ce pas grand dommage que celuy qui est capable de gouverner et policer tout un monde, s'amuse à conduire une femme et des enfans ? Dont respondit un grand personnage quand l'on luy parla de se marier, qu'il estoit nay pour commander aux hommes, et non à une femmelette, pour conseiller et gouverner les roys et princes, et non pas de petits enfans.

---

[7] Ce mot rappelle celui du Pythagoricien Clinias, qui disait qu'il ne fallait habiter avec les femmes que lorsqu'on voulait devenir père. *Voyez* Plutarque, *Symposiaq.* L. III, Quæst. 6.

[8] C'est à-peu-près la maxime de cet ancien qui disait : *astrictus nuptiis, non amplius liber est.* Hippothous, *apud Stobæum*, serm. LXVI.

A tout cela l'on peust dire que la nature humaine n'est pas capable de perfection et de chose où n'y ait rien à redire, comme a esté dict ailleurs; ses meilleurs remedes et expediens sont tousjours un peu malades, meslés d'incommodités : ce sont tous maux necessaires : c'a esté le meilleur que l'on a peu adviser pour sa conservation et multiplication. Aucuns, comme Platon et autres, ont voulu subtiliser et inventer des moyens pour eviter ces espines [9] : mais outre qu'ils ont faict et forgé des choses en l'air, qui ne se pouvoient bien tenir longuement en usage, encores leurs inventions, quand elles seront mises en practique, ne seroient pas sans plusieurs incommodités et difficultés. L'homme les cause et les produict luy-mesme par son vice et intemperance, et par ses passions contraires; et n'en faut pas accuser l'estat, ny autre que l'homme qui ne sçait bien user d'aucune chose. Et peust-on dire encores qu'à cause de ces espines et difficultés, c'est une eschole de vertu, un apprentissage, et un exercice familier et domestique : et disoit Socrates, le docteur de sagesse, à ceux qui luy objectoient la teste de sa femme, qu'il apprenoit par là en sa maison à estre constant et patient par-tout ailleurs,

---

[9] Charron fait sans doute allusion ici à la communauté des femmes que Platon voulait introduire dans sa république, ainsi que celle des biens. Aristote a réfuté ces chimères platoniciennes. *Voyez* sa Politique, L. II, c. 1, 2 et 3.

et à trouver douces les poinctures de la fortune[10]. Et puis enfin on ne contredict pas que celuy qui s'en passe ne fasse encores mieux. Mais à l'honneur du mariage, le chrestien dict que Dieu l'a institué au paradis terrestre avant toute autre chose, en l'estat d'innocence et de perfection ; voylà quatre recómmandations, la quatriesme passe tout et sans replique. Depuis, le fils de Dieu l'a approuvé et honoré de sa presence, son premier miracle, et miracle faict en faveur dudict estat et des gens mariés, et l'a honoré de ce privilege, qu'il sert de figure de cette grande union de luy avec son eglise, et pour ce il a esté appellé mystere et grand.

A la verité le mariage n'est point chose indifferente ou mediocre ; c'est du tout un grand bien ou grand mal, un grand repos ou un grand trouble, un paradis ou un enfer ; c'est une très douce et plaisante vie, s'il est bien faict ; un rude et dangereux marché, et une bien espineuse et poisante liaison, s'il est mal rencontré ; c'est une convention où se verifie bien à poinct ce que l'on dict : *homo homini deus, aut lupus*[11].

Mariage est un ouvrage basti de plusieurs pieces ;

---

[10] *Voy.* Plutarque, *comment on pourra recevoir utilité de ses ennemis.*

[11] « L'homme est pour l'homme un dieu ou un loup ». Plaute, *Asinaire*, act. II, sc. IV, v. 88. dit seulement : *Lupus est homo homini.* — *Voyez* aussi Montaigne, L. III, chap. 5.

il y faut un rencontre de beaucoup de qualités ; tant de considerations, outre et hors les personnes mariées. Car quoy qu'on die, l'on ne se marie seulement pour soy ; la posterité, la famille, l'alliance, les moyens y poisent beaucoup [12] : voylà pourquoy il s'en trouve si peu de bons ; et ce qui s'en trouve si peu, c'est signe de son prix et de sa valeur, c'est la condition des plus grandes charges. La royauté est aussi pleine de difficultés [13], et peu l'exercent bien et heureusement. Mais ce que nous voyons souvent qu'il ne se porte pas bien, cela vient de la licence et desbauche des personnes, et non de l'estat et institution du mariage, dont il se trouve plus commode aux ames bonnes, simples et populaires, où les delices, la curiosité, l'oysiveté, le troublent moins : les humeurs desbauchées, les ames turbulentes et detraquées ne sont pas propres à ce marché.

Mariage est un sage marché, un lien et une cousture saincte et inviolable, une convention honorable : s'il est bien façonné et bien prins, il n'y a rien plus beau au monde ; c'est une douce societé de vie, pleine de constance, de fiance, et d'un nombre infini d'utiles et solides offices et obligations mutuelles : c'est une compagnie non point d'amour, mais d'amitié. Ce

---

[12] Tout cela est pris dans Montaigne, *loc. cit.*

[13] *Multa cura summo imperio inest, multique ingentes labores.* — Sallust. *in Fragm.* L. II, *hist.*

sont choses fort distinctes que l'amour et l'amitié, comme la chaleur de fievre et maladifve, et la chaleur naturelle et saine. Le mariage a pour sa part l'amitié, l'utilité, la justice, l'honneur, la constance; un plaisir plat voirement, mais sain, ferme et plus universel. L'amour se fonde au seul plaisir, et l'a plus vif, aigu et cuisant : peu de mariages succedent bien, qui sont commencés et acheminés par les beautés et desirs amoureux; il y faut des fondemens plus solides et constants; et y faut aller d'aguet : cette bouillante affection n'y vaut rien, voire est mieux conduict le mariage par main tierce.

Cecy est bien dict sommairement et simplement. Pour une plus exacte description, nous sçaurons qu'au mariage y a deux choses, qui luy sont essentielles, et semblent contraires, mais ne le sont pas; sçavoir une equalité, comme sociale et entre pareils; et une inequalité, c'est-à-dire superiorité et inferiorité. L'equalité consiste en une entiere et parfaicte communication et communauté de toutes choses, ames, volontés, corps, biens; loy fondamentale du mariage, laquelle en aucuns lieux s'estend jusques à la vie et la mort, tellement que le mari mort, faut que la femme suive incontinent. Cela se practique en aucuns lieux par loix publiques du pays, et souvent de si grand'ardeur, qu'estant plusieurs femmes à un mary, elles contestent et plaident publiquement à qui aura l'honneur d'aller dormir (c'est leur mot) avec leur espoux [14], alleguant pour l'obtenir et y estre preferées, leur bon service, qu'elles estoient les mieux aimées, et ont eu de luy le dernier baiser, ont eu enfans de luy.

> Et certamen habent lethi, quæ viva sequatur
> Conjugium ; pudor est non licuisse mori.
> Ardent victrices, et flammæ pectora præbent,
> Imponuntque suis ora perusta viris [15].

En autres lieux s'observoit, non par les loix publiques, mais par les pactes et conventions du mariage, comme fust entre Marc Antoine et Cleopatra. Cette equalité aussi consiste en la puissance qu'ils ont sur la famille en commun, dont la femme est dicte compagnonne du mary, dame de la maison et famille, comme le mary, le maistre et seigneur ; et leur authorité conjoincte sur toute la famille est comparée à l'aristocratie.

La distinction de superiorité et inferiorité consiste en ce que le mary a puissance sur la femme, et la femme est subjecte au mary : cecy est selon toutes loix et polices, mais plus ou moins selon la diversité d'icelles. Par-tout la femme bien qu'elle soit beaucoup

---

[14] *Voy*. Cicéron, *Tusculan. Quæst.* L. v, n°. 78.

[15] « Elles se disputent à qui mourra, à qui suivra vivante son époux sur le bûcher ; c'est une honte pour celle à qui il n'est pas permis de mourir. Celles qui l'emportent, se livrent elles-mêmes aux flammes, et collent leurs lèvres sur les restes brûlans de leurs maris ». Propert. L. III, élég. XLII, v. 19.

plus noble et plus riche, est subjecte au mary : cette superiorité et inferiorité est naturelle, fondée sur la force et suffisance de l'un, foiblesse et insuffisance de l'autre. Les theologiens la fondent bien sur d'autres raisons tirées de la bible ; l'homme a esté faict le premier, de Dieu seul et immediatement, par exprès, pour Dieu son chef, et à son image, et parfaict, car nature commence toujours par chose parfaicte : la femme faicte en second lieu, après l'homme, de la substance de l'homme, par occasion et pour autre chose, *mulier est vir occasionatus* [16], pour servir d'aide et de second à l'homme qui est son chef, et par ainsi imparfaicte. Voylà par l'ordre de la generation. Celuy de la corruption et de peché preuve le mesme : la femme a esté la premiere en prevarication, et de son chef a peché, l'homme second, et à l'occasion de la femme ; la femme donc derniere au bien, et en la generation, et occasionnée, premiere au mal, et occasion d'iceluy, et est justement assubjectie à l'homme premier au bien et dernier au mal.

Cette superiorité et puissance maritale a esté en aucuns lieux telle que la paternelle, sur la vie et la

---

[16] « La femme est homme par hasard ». — Cette petite citation paraît avoir été prise d'Aristote, L. II, *de Generat. animal.* c. 3, *non procul a fine*. « La femme, y lit-on, est comme un homme imparfait ». Voici la traduction latine du grec : *fœmina enim quasi mas læsus est.*

mort, comme aux Romains par la loy de Romulus [17] ; et le mary pouvoit tuer sa femme en quatre cas, adultere, supposition d'enfans, fausses clefs, et avoir beu du vin [18]. Aussi chez les Grecs, dict Polybe, et les anciens Gaulois, dict Cesar [19], la puissance maritale estoit sur la vie et la mort de la femme. Ailleurs, et là mesme depuis, cette puissance a esté moderée : mais presque par-tout la puissance du mary et la subjection de la femme porte que le mary est maistre des actions et vœus de sa femme, la peust corriger de paroles et tenir aux ceps (la battre de coups [20] est indigne de femme d'honneur, dict la loy), et la femme est tenue de tenir la condition, suyvre la qualité, le pays, la famille, le domicile et le rang du mary, doibt accompagner et suyvre le mary par-tout, en voyage, en exil, en prison, errant, vagabond, fugitif [21]. Les exemples sont beaux de Sulpitia suyvant son mary Lentulus, proscrit et relegué en Sicile ; AErithrée, son mary Pha-

---

[17] Plutarque, *in vita Romuli*, attribue cette loi à Romulus. *Voy.* aussi Denys d'Halic. L. II.

[18] Voici le texte de la loi rapportée par les jurisconsultes : *temulentem. uxorem. maritus. necato.*

[19] *De Bello Gallico.* L. VI, cap. 18, et Polyb. L. II.

[20] Plutarque dit que Caton ne frappa jamais sa femme, *tenant cela pour sacrilège.* Plut. Vie de Caton le Censeur.

[21] Bodin cite toutes les lois des jurisconsultes sur cette matière. Presque tout ce que dit ici Charron est tiré de cet auteur. *Voyez* sa République, L. I, c. 3.

laris banni; Ipsicrates, femme du roy Mythridates, vaincu par Pompée, s'en allant et errant par le monde. Aucuns adjoustent à la guerre et aux provinces où le mary est envoyé avec charge publique. Et la femme ne peust estre en jugement, soit en demandant ou deffendant, sans l'authorité de son mary, ou du juge à son refus; et ne peust appeller son mary en jugement sans permission du magistrat [22].

Le mariage ne se porte pas de mesme façon, et n'a pas mesmes loix et reigles par-tout : selon les diverses religions et nations il a ses reigles ou plus lasches et larges, ou plus estroictes : selon la chrestienté la plus estroicte de toutes, le mariage est fort subject et tenu de court. Il n'a que l'entrée libre; sa durée est toute contraincte, dependant d'ailleurs que de nostre vouloir. Les autres nations et religions, pour rendre le mariage plus aysé, libre et fertile, reçoivent et practiquent la polygamie et la repudiation, liberté de prendre et laisser femme, accusent la chrestienté d'avoir tollu *[23] ces deux; et par ce moyen prejudicié à l'amitié et multiplication, fins principales du mariage; d'autant que l'amitié est ennemie de toute contraincte, et se maintient mieux en une honneste liberté. Et la multiplication se faict par les femmes, comme nature nous monstre richement aux

---

[22] Tout ceci est, mot pour mot, dans Bodin, *loc. citat.*
*[23] Enlevé, ôté, du latin *tollere.*

loups, desquels la race est si fertile en la production de leurs petits, jusques au nombre de douze ou treize, et surpassant de beaucoup les autres animaux utiles, desquels on tue si grand nombre tous les jours, et si peu de loups; et toutesfois c'est la plus sterile de toutes. Ce qui vient de ce que de si grand nombre il y a une seule femelle qui le plus souvent profite peu, et ne porte point, estouffée par la multitude des masles concurrens et affamés, la plus grande partie desquels meurt sans produire à faute de femelles. Aussi voit-on combien la polygamie profite à la multiplication parmi les nations qui la reçoivent, Juifs, Mahumetans, et autres Barbares, qui font des amas de trois à quatre cents mille combattans. Au contraire le christianisme tient plusieurs personnes attachées ensemble, l'une des parties estant sterile, quelquesfois toutes les deux; lesquels colloqués avec d'autres, l'un et l'autre laisseroit grande posterité : mais au mieux toute sa fertilité consiste en la production d'une seule femme. Finalement réprochent que cette restriction chrestienne produiet des desbauches et adulteres. Mais à tout cela on respond que le christianisme ne considere pas le mariage par des raisons purement humaines, naturelles, temporelles; mais le regarde d'un autre visage, et a ses raisons plus hautes et nobles, comme il a esté dict : joinct que l'experience monstre en la pluspart des mariages que la contraincte sert à l'amitié, principalement aux ames simples et debonnaires, qui s'accommodent facilement où ils se trouvent attachés. Et quant aux desbauches, elles viennent du desreiglement des mœurs qu'aucune liberté n'arreste. Et de faict les adulteres se trouvent en la polygamie et repudiation, tesmoin chez les Juifs, et David, qui ne s'en garda, pour tant de femmes qu'il eust; et au contraire ont esté long-temps incognus en des polices bien reiglées, où n'y avoit polygamie ny repudiation; tesmoin, Sparte et Rome long-temps après sa fondation. Il ne s'en faut donc pas prendre à la religion qui n'enseigne que toute netteté et continence.

La liberté de la polygamie, qui semble aucunement*24 naturelle 25, se porte diversement selon les diverses nations et polices. Aux unes toutes les femmes à un mary vivent en commun, et sont en pareil degré et rang, et leurs enfans de mesme : ailleurs il y en a une qui est la principale et comme maistresse, et les enfans heritent aux biens, honneurs et titre du mary; les autres femmes sont tenues à part, et portent en aucuns lieux titre de femmes legitimes, et ailleurs sont concubines, et leurs enfans pensionnaires seulement.

L'usage de la repudiation de mesme est different; car chez aucuns, comme Hebreux, Grecs, Armeniens, l'on n'exprime point la cause de la separation, et n'est

---

*24 En quelque sorte.
25 *Voyez* Grotius, Droit de la Guerre. L. I, c. 2.

permis de reprendre la femme une fois repudiée ; bien est permis de se remarier à d'autres : mais en la loy mahumetane, la separation se faict par le juge, avec cognoissance de cause (sauf que ce fust par consentement mutuel [26]), laquelle doibt estre adultere, sterilité, incompatibilité d'humeurs, entreprinse sur la vie de sa partie, choses directement et capitalement contraires à l'estat et institution du mariage ; et est loisible de se reprendre toutes et quantes fois qu'ils voudront. Le premier semble meilleur, pour tenir en bride les femmes superbes et les fascheux marys ; le second, qui est d'exprimer la cause, deshonore les parties, empesche de trouver party, descouvre plusieurs choses qui debvroient demeurer cachées. Et advenant que la cause ne soit pas bien verifiée, et qu'il leur faille demeurer ensemble, s'ensuyvent empoisonnemens et meurtres souvent incognus aux hommes, comme il fust descouvert à Rome auparavant l'usage de la repudiation, où une femme surprinse d'avoir empoisonné son mary en accuse d'autres, et celle-cy d'autres, jusques à soixante-dix de mesme crime, qui furent toutes executées[27]. Mais le pire a esté que l'adultere demeure presque par-tout sans peine de mort, et seulement y a divorce et separation de compagnie,

---

[26] *Voyez* l'Alcoran. Surat. 3.

[27] Tout ceci est pris dans Bodin, *loco citato.* Il cite ses autorités.

introduict par Justinien, homme du tout*²⁸ possedé de sa femme, qui fist passer tout ce qu'elle pust à l'advantage des femmes²⁹ ; d'où il sort un danger de perpetuel adultere, desir de la mort de sa partie, le delinquant n'est point puny, l'innocent injurié demeure sans reparation.

Du debvoir des mariés, voyez liv. III, chap. XII.

---

*²⁸ Entièrement.

²⁹ Théodora, femme de Justinien, fit changer en une peine infamante la peine de mort, infligée contre les femmes adultères, par une loi de Constantin. Grâces à la nouvelle loi, les femmes coupables d'adultère, devaient être seulement battues de verges, et ensuite enfermées dans un monastère. *Voyez* la Novelle 134.

CHAPITRE XLIX*.

Des parens et enfans.

SOMMAIRE — De la puissance paternelle. Elle était autrefois absolue sur la vie, la liberté, les biens et les actions des enfans. — Approbation que donne l'auteur à une législation si despotique ; avantages qu'il y trouve. — Décadence et ruine de cette puissance despotique des pères sur les enfans. — Regrets de l'auteur à ce sujet.

Exemples : Loi de Romulus et des Douze Tables. — Les Perses, les Gaulois, les Moscovites et les Tartares. —

---

* C'est le quarante-troisième chapitre de la première édition.

Abraham. — Les Grecs. — Auguste. — Néron. — Fulvius. — Capius Tratius. — Manlius Torquatus. — Loi de Moïse. — Constantin le Grand, Théodose, Justinien. — Les Juifs.

Il y a plusieurs sortes et degrés d'authorité et puissance humaine, publique et privée : mais il n'y en a point de plus naturelle ny plus grande que celle du pere sur les enfans (je dis pere, car la mere qui est subjecte à son mary, ne peust proprement avoir les enfans en sa puissance et subjection); mais elle n'a pas toujours ny en tous lieux esté pareille. Anciennement presque par-tout elle estoit absolue et universelle sur la vie, la mort, la liberté, les biens, l'honneur, les actions et deportemens des enfans, comme sont de plaider, se marier, acquerir biens ; sçavoir est chez les Romains* par la loy expresse de Romulus :

---

*¹ Denys d'Halicarnasse dit que Romulus donna aux pères une puissance absolue sur leurs enfans, sans en limiter le tems ; qu'en vertu de ce pouvoir il leur était permis de les mettre en prison, de les faire battre de verges, de les charger de fers, de les envoyer travailler à la campagne, et même de les faire mourir. Voici la loi : *in liberos suprema patrum auctoritas esto ; venundaré, occidere liceto.* Il donna droit à un père de vendre son fils jusqu'à trois fois ; droit que les maîtres même n'avaient pas sur leurs esclaves. Un esclave qui avait été vendu une seule fois, s'il recouvrait sa liberté, n'était plus sujet à la servitude. Un fils, au contraire, ne devenait son maître qu'après avoir été vendu jusqu'à trois fois. Voici la

*parentum in liberos omne jus esto relegandi, vendendi, occidendi*², exceptés seulement les enfans au-dessoubs trois ans, qui ne peuvent encores avoir mesdict ny mesfaict. Laquelle loy fust renouvellée depuis par la loy des douze tables, par laquelle estoit permis au pere de vendre ses enfans jusques à trois fois; chez les Perses, selon Aristote³; chez les anciens Gaulois, comme dict Cesar et Prosper⁴; chez les Moscovites et Tartares, qui peuvent les vendre jusques à la quatriesme fois. Et semble qu'en la loy de nature cette puissance aye esté par le faict d'Abraham voulant tuer son fils. Car si cela eust esté contre le debvoir, et hors la puissance du pere, il n'y eust jamais consenti;

---

loi : *si pater filium ter venumduit, filius a patre liber esto.* Tant que Rome fut gouvernée par les rois, cette loi fut soigneusement observée comme un des plus beaux règlemens qui eussent été faits. Après qu'on eût aboli la monarchie, les décemvirs qui furent chargés alors de ramasser et d'écrire les lois, mirent celles-ci au rang des autres; et elle se trouva la quatrième de celles qu'on appelle des douze tables. *V.* Denys d'Halic. L. II, c. 26.—L'auteur de l'Histoire de la Jurisprudence romaine fait, au sujet de ce droit de vente attribué aux pères, des observations qu'il faut lire. *Voy.* Histoire de la Jurisprudence romaine. Part. I, §. 7.

² « Que les pères aient tout droit sur leurs enfans, de les bannir, de les vendre, de les tuer ». L. *in suis,* Digest. *de lib. et posth.*

³ Ethic. Nicom. L. VIII, c. 12.

⁴ César, *de Bello Gallico,* c. 18. Prosper. Aquitan. *in epist. Sigism.*

et n'eust jamais pensé que ce fust esté Dieu celuy qui le luy mandoit, s'il eust esté contre la nature : et puis nous voyons qu'Isaac [5] n'y a point resisté, ny allegué son innocence, sçachant que cela estoit en la puissance du pere. Ce qui ne desroge aucunement à la grandeur de la foy d'Abraham ; car il ne voulut sacrifier son fils en vertu de son droict ou puissance, ny pour aucun demerite d'Isaac, mais purement pour obeir au commandement de Dieu. En la loy de Moyse de mesme, sauf quelque modification. Voylà quelle a esté cette puissance anciennement en la pluspart du monde, et qui a duré jusques aux empereurs romains. Chez les Grecs elle n'a pas esté si grande et absolue, ny aux AEgyptiens : toutesfois s'il advenoit que le pere eust tué son fils à tort et sans cause, il n'estoit point puny, sinon d'estre enfermé trois jours près du corps mort [6].

Or les raisons et fruicts d'une si grande et absolue puissance des peres sur leurs enfans, très bonne [7] pour la culture des bonnes mœurs, chasser les vices, et pour le bien public, estoient premierement de contenir les enfans en crainte et en debvoir : puis à cause

---

[5] Gen. ch. XXII, v. 9 et 10.

[6] *Voyez* Diodore de Sicile, L. I, sect. II, c. 27.

[7] Je ne sais pas, dit l'auteur de l'Analyse de *la Sagesse*, comment on pourrait regretter l'abolition d'une semblable loi. Elle pourrait bien être une ressource pour les pères qui y suppléent par le cloître ; mais cette idée fait frémir.

qu'il y a plusieurs fautes grandes des enfans qui demeureroient impunies, au grand prejudice du public, si la cognoissance et punition n'estoit qu'en la main de l'authorité publique, soit pource qu'elles sont domestiques et secrettes, outre qu'il n'y a point de partie et poursuivant. Car les parens qui le sçavent et y sont plus interessés, ne les descrieront pas, outre qu'il y a plusieurs vices, desbauches, insolences, qui ne se punissent jamais par justice. Joinct qu'il survienne plusieurs choses à desmesler, et plusieurs differends entre les parens et enfans, les freres et sœurs, pour les biens ou autres choses, qu'il n'est pas beau de publier, qui sont assoupies et esteinctes par cette authorité paternelle. Et la loy n'a point pensé que le pere abusast de cette puissance, à cause de l'amour tant grande qu'il porte naturellement à ses enfans [8], incompatible avec la cruauté ; qui est cause qu'au lieu de les punir à la rigueur, ils intercedent plustost pour eux quand ils sont en justice, et n'ont plus grand tourment que voir leurs enfans en peine ; et bien peu ou point s'en est-il trouvé qui se soit servi de cette puissance sans très grande occasion, tellement que c'estoit plustost un espouvantail aux enfans, et très utile, qu'une rigueur de faict.

Or cette puissance paternelle, comme trop aspre

---

[8] Ce sont les expressions même de Bodin, L. I. — *Voyez*, au reste, dans le code, la loi *Cum furiosus*.

et dangereuse, s'est quasi de soy-mesme perdue et abolie (car ç'a esté plus par desaccoustumance que par loy expresse), et a commencé de decliner à la venue des empereurs romains. Car dès le temps d'Auguste, ou bientost après, n'estoit plus en vigueur : dont les enfans devindrent si fiers et insolens contre leurs peres, que Seneque, parlant à Neron, disoit qu'on avoit veu punir plus de parricides depuis cinq ans derniers qu'en sept cents ans auparavant [9], c'est-à-dire depuis la fondation de Rome. Auparavant s'il advenoit que le pere tuast ses enfans, il n'estoit point puni, comme nous apprenons par exemples de Fulvius [10], senateur, qui tua son fils pource qu'il estoit participant à la conjuration Catilinaire, et de plusieurs autres senateurs qui ont faict les procez criminels à leurs enfans en leurs maisons, et les ont condamnés à mort, comme Cassius Tratius; ou à exil perpetuel, comme Manlius Torquatus son fils Syllanus. Il y a bien eu des loix après qui enjoignent que le pere doibt presenter à la justice ses enfans delinquans [11], pour les faire chastier, et que le juge prononcera la sentence telle que le pere voudra; qui est encore un vestige de l'antiquité; et voulant oster la puissance au pere, ils ne l'osent faire qu'à demy, et

---

[9] Sen. *de Clementia.* L. II, cap. 3.

[10] Salust. *in Bello Catil.*

[11] Voy. L. *in-auditus; ad leg. Cornell. de Sicariis.* — L. *in suis, de L. et posth.* L. III. Cod. *de patr. potest.*

non tout ouvertement. Ces loix posterieures n'approchent de la loi de Moyse, qui veust qu'à la seule plaincte du pere faicte devant le juge, sans autre cognoissance de cause, le fils rebelle et contumax soit lapidé[12], requerant la presence du juge, affin que la punition ne se fasse secretement et en cholere, mais exemplairement. Et ainsi, selon Moyse, la puissance paternelle est plus libre et plus grande qu'elle n'a esté depuis les empereurs : mais depuis, soubs Constantin le grand, et puis Theodose, finalement soubs Justinien, elle a esté presque du tout esteincte. De là est advenu que les enfans ont apprins à refuser à leurs parens obeissance, leurs biens et leurs secours, et à plaider contre eux : chose honteuse de voir nos palais pleins de tels procez. Et les en a-t-on dispensés, soubs pretexte de devotion et d'offrande, comme chez les Juifs, dez auparavant Jesus-Christ, comme il leur reproche ; et depuis en la chrestienté, selon l'opinion d'aucuns, voire les tuer ou en se deffendant, ou s'ils se rendent ennemis de la republique : combien que jamais il n'y sçauroit avoir assez juste cause de tuer ses parens[13] : *nullum tantum scelus admitti*

---

[12] Deuter. ch. XXI, v. 18, 19, 20, 21.

[13] Platon dit qu'il n'y a point de loi qui doive permettre de tuer, même à son corps défendant, un père ou une mère ; et qu'il vaut mieux tout souffrir que d'en venir à de pareilles extrémités contre les personnes dont on a reçu le jour. — *De Legib.* L. IX.

potest à patre, quod sit parricidio vindicandum, et nullum scelus rationem habet [14].

Or l'on ne sent pas quel mal et prejudice il est advenu au monde du ravallement et extinction de la puissance paternelle. Les republiques ausquelles elle a esté en vigueur, ont fleuri. Si l'on y cognoissoit du danger et du mal, l'on la pouvoit aucunement moderer et reigler; mais de l'abolir, comme elle est, il n'est ny beau, ny honneste, ny expedient, mais bien dommageable, comme nous venons de dire.

Du debvoir reciproque des parens et enfans, voyez liv. III, chap. XIV.

---

[14] « Il n'est point de crime, commis par un père, quelque grand que soit ce crime, qui doive être puni par un parricide.— Rien de ce qui est crime ne saurait être justifié ». Quintil. *Declamat.* 28. — Tit. Liv. L. VIII, cap. 28, *ex Oratione Scipion. Afric.*

CHAPITRE L*.

Seigneurs et esclaves, maistres et serviteurs.

SOMMAIRE. — L'esclavage est une institution très-ancienne dans le monde, quoiqu'elle soit contre nature. — Il y a des esclaves de plusieurs sortes : ceux qui le sont devenus par le droit de la guerre, ou pour des délits, etc. ; enfin

---

* C'est le quarante-quatrième chapitre de la première édition.

ceux qui le sont volontairement, qui, par exemple, ont vendu leur liberté. — Cruauté des seigneurs contre leurs esclaves, et des esclaves contre leurs maîtres. — La diminution des esclaves, cause de l'accroissement du nombre des pauvres et des vagabonds.

Exemples : La loi de Moïse, les Hébreux. — Les Germains. — Crassus. — La Barbarie. — Pedanius. — Tyr. — Les Chrétiens et les Mahométans.

---

*L'usage des esclaves et la puissance des seigneurs ou maistres sur eux, pleine et absolue, bien que ce soit chose usitée par tout le monde, et de tout temps[1] (sauf depuis quatre cents ans qu'elle s'est relaschée,

---

*Variantes. L'usage des esclaves et la puissance des seigneurs ou maistres sur eux, bien que ce soit chose usitée par tout le monde et de tout temps (sauf depuis quatre cents ans qu'elle s'est relaschée, mais qui se retourne mettre sus); la generalité ou universalité n'est pas certaine preuve ny marque infaillible de nature, tesmoin les sacrifices des bestes, specialement des hommes, observés et tenus pour actes de pieté par tout le monde, qui toutesfois sont contre nature. La malice humaine passe tout, force nature, faict passer en force de loy tout ce qu'elle veust : n'y a cruauté ni meschanceté si grande, qu'elle ne fasse tenir pour vertu et pieté.

[1] Charron se trompe. *Voyez* Hérodote, L. VI, *in fine*. Il dit que, lorsque les Pélagiens s'emparèrent de l'île de Lemnos, il n'y avait point encore eu d'esclaves parmi eux, ni chez aucun autre peuple grec. — *Voyez* aussi Busbeq. epist. III.

mais qui se retourne mettre sus), si est elle comme monstrueuse et honteuse en la nature humaine, et qui ne se trouve point aux bestes, lesquelles ne courent ny ne consentent à la captivité de leurs semblables, ny activement ny passivement. La loy de Moyse l'a permis comme d'autres choses, *ad duritiem cordis eorum*[2], mais non telle qu'ailleurs; car ny si grande et absolue, ny perpetuelle, ains moderée et bornée court à sept ans au plus[3] : la chrestienne l'a laissée, la trouvant universelle par tout, comme aussi d'obeir aux princes et maistres idolastres, et telles autres choses, qui ne se pouvoient du premier coup et tout hautement esteindre; mais facilement et tout doucement avec le temps les a abolis.

Il y en a de quatre sortes[4]; naturels, nés d'esclaves; forcés et faicts par droict de guerre; justes, dicts de peine, à cause de crime ou de debte, dont ils sont esclaves de leurs creanciers, au plus sept ans, selon la loy des Juifs, mais tousjours jusques au payement ailleurs; volontaires, qui sont de plusieurs sortes, comme ceux qui jouent à trois dés, ou vendent à prix d'argent leur liberté, comme jadis en Allemagne[5], et encores maintenant en la chrestienté mesme, ou

---

[2] « A cause de la dureté de leurs cœurs ». Exod. c. III, v. 7.

[3] *Voyez* le Deutéronome, ch. XV, v. 12.

[4] Cette division des esclaves est prise ou plutôt copiée de Bodin, de la Républ. L. I.

[5] Tacit. *de Morib. Germ.* cap. 24.

qui se donnent et vouent esclaves d'autruy à perpetuité, ainsi que practiquoient anciennement les Juifs⁶, qui leur perçoient l'oreille à la porte, en signe de perpetuelle servitude : et cette sorte de captivité volontaire est la plus estrange de toutes, et la plus contre nature.

C'est l'avarice qui est cause des esclaves forcés⁷, et la poltronnerie cause des volontaires : les seigneurs ont esperé plus de gain et de profict à garder qu'à tuer : et de faict la plus belle possession et le plus riche bien estoit anciennement des esclaves. Par là Crassus⁸ devint le plus riche des Romains, qui avoit, outre ceux qui le servoient, cinq cents esclaves qui rapportoient tous les jours gain et profict de leurs metiers et arts questuaires *⁹. Après en avoir tiré long service et profict, encores en faisoient-ils argent en les vendant¹⁰.

---

⁶ Deuteron. ch. xv, v. 17.

⁷ En effet, on ne laissait la vie aux prisonniers de guerre, que parce qu'on espérait tirer parti de leur esclavage, ou profiter de leur rançon. Tels étaient autrefois les principes sur cette matière; tels sont encore ceux des nations barbaresques.

⁸ *Voyez* Plutarque, Vie de Crassus.

*⁹ Lucratifs.

¹⁰ C'est ce que faisait Caton le Censeur, au rapport de Plutarque, Vie de Caton le Censeur. Mais Plutarque fait ensuite cette réflexion : « pour moi, je trouve que de se servir de ses esclaves comme de bêtes de somme, et après qu'on s'en est servi, de les chasser ou de les vendre dans leur

C'est chose estrange de lire les cruautés exercées par les seigneurs contre les esclaves, par l'approbation mesme ou permission des loix : ils leur faisoient labourer la terre [11], enchesnés comme encores en Barbarie; coucher dedans les creux et fosses ; estans devenus vieils ou impotens et inutiles, estoient vendus ou bien noyés et jettés dedans les estangs pour la nourriture des poissons : non seulement pour une petite et legere faute, comme casser un verre [12], on les tuoit; mais pour le moindre soupçon, voire tout simplement pour en avoir le passe-temps [13], comme fit Flaminius, l'un des hommes de bien de son temps : et pour donner plaisir au peuple, ils estoient contraincts de s'entretuer publiquement aux arenes : si le maistre estoit tué en sa maison, par qui que ce fust, les esclaves innocens estoient tous mis à mort; tellement que Pedanius [14], Romain, estant tué, bien que l'on

---

vieillesse, c'est la marque d'un méchant naturel, et d'une ame basse et sordide, qui croit que l'homme n'a de liaison avec l'homme que pour ses besoins et pour sa seule utilité, etc. ». Il faut lire tout ce morceau, plein de la morale la plus pure.

[11] *Voyez* Columelle, L. I.

[12] Sen. *de Ira*, L. III, cap. 2.

[13] *Voyez* Plutarque, Vie de Flaminius. — Mais Charron se trompe ici. Ce Flaminius n'était pas un *homme de bien*. Plutarque dit qu'il était si adonné à ses plaisirs, et si plongé dans les plus infâmes débauches, qu'il foulait aux pieds toutes sortes de bienséance et d'honnêteté.

[14] *Voyez* Tacite. *Annal*. L. XIV, c. 42 et seq.

sçeut le meurtrier, si est-ce que, par ordonnance du senat, quatre cens esclaves siens furent tués.

C'est aussi d'autre part chose estrange d'entendre les rebellions, eslevations et cruautés des esclaves contre les seigneurs en leur rang, quand ils ont peu, non seulement en particulier par surprinse, trahison, comme une nuit en la ville de Tyr, mais en bataille rangée, par mer et par terre : dont est venu le proverbe, « autant d'ennemis que d'esclaves [15] ».

Or, comme la religion chrestienne et la mahumetane a creu, le nombre des esclaves a descreu, et la servitude a relasché, d'autant que les chrestiens et puis, comme à l'envi et comme singes, les mahumetans ont affranchy tous ceux qui se sont mis de leur religion : et estoit un moyen pour les y appeller, tellement qu'environ l'an douze cens, il n'y avoit presque plus d'esclaves au monde, sinon où ces deux religions n'avoient point encores d'authorité.

Mais comme le nombre des esclaves a diminué, le nombre des pauvres mendians et vagabonds a creu; car tant d'esclaves affranchis, sortis de la maison et subjection des seigneurs, n'ayant de quoy vivre et faisant force enfans, le monde a esté rempli de pouvres.

La pauvreté[16] puis après les a faict retourner en ser-

---

[15] *Totidem esse hostes quot servos.* Sen. epist. XLVII.
[16] C'est ainsi que la première édition écrit ici ce mot.

vitude et estre esclaves volontaires, jouans, trocquans, vendans leur liberté, affin d'avoir leur nourriture et vie assurée, ou mettre leurs enfans à leur aise. Outre cette cause et cette servitude volontaire, le monde est retourné à l'usage des esclaves, parce que les Chrestiens et Mahumetans, se faisant la guerre sans cesse, et aux payens et gentils orientaux et occidentaux, bien qu'à l'exemple des Juifs, n'ayent point d'esclaves de leur nation, ils en ont des autres nations, lesquelles, encores qu'ils se mettent de leur religion, les retiennent toutesfois esclaves par force.

La puissance et authorité des maistres sur leurs serviteurs, n'est gueres grande ny imperieuse, et ne peust aucunement prejudicier à la liberté des serviteurs; mais seulement peuvent-ils les chastier et corriger avec discretion et moderation. Elle est encores moindre sur les mercenaires, sur lesquels ils n'ont aucun pouvoir ny correction.

Le debvoir des maistres et serviteurs est L. III, chap. XV.

CHAPITRE LI.
De l'estat, souveraineté, souverains.

SOMMAIRE. — Définition et nécessité du gouvernement. — Définition de la souveraineté; ses propriétés distinctives. — Des mœurs des souverains. — De leurs misères et contrariétés dans l'exercice de la souveraineté. Combien leur condition est désavantageuse, par rapport aux plaisirs et aux actions de la vie, à leurs mariages, aux exercices de l'esprit et du corps, à la liberté d'aller et voyager, à la privation de toute amitié et société mutuelle, à leur ignorance des choses, et aux choix des personnes qui les entourent, à l'usage de leur volonté. Leur fin souvent déplorable.

Exemples : Auguste, Marc-Aurèle, Pertinax, Dioclétien et les douze premiers Césars. — Cyrus. — Vespasien. — Pompée, César. — Marie, reine d'Écosse, Henri III. *

APRÈS la puissance privée, faut venir à la publique de l'estat. L'estat, c'est à dire la domination, ou bien l'ordre certain en commandant et obeissant, est l'appuy, le ciment, et l'ame des choses humaines : c'est le lien de la société, qui ne pourroit autrement subsister; c'est l'esprit vital qui faict respirer tant de milliers d'hommes, et toute la nature des choses[1].

Or, nonobstant que ce soit le soustien de tout, si est-ce chose mal asseurée, très difficile, subjecte à changemens : *arduum et subjectum fortunae cuncta regendi onus*[2], qui decline et quelquesfois tresbuche par des causes occultes et incognues, et tout en un coup

---

* Ce chapitre est le quarante-cinquième de la 1re. édition.

[1] Charron dit ici de l'état ce que Sénèque dit du prince : *ille est enim vinculum per quod resp. cohæret; ille spiritus vitalis quem hæc tot millia trahunt, nihil ipsa per se futura, nisi onus et præda, si mens illa imperii subtrahatur.* Senec. de Clement. L. I, c. 4.

[2] « C'est un lourd fardeau que le gouvernement; celui

du plus haut au plus bas, et non par degrés, comme il avoit demeuré long-temps à s'eslever. Il est aussi exposé à la haine des grands et petits, dont il est aguetté *³, subject aux embusches et dangers : ce qui advient aussi souvent des mœurs mauvaises des souverains et du naturel de la souveraineté, que nous allons despeindre.

⁴ Souveraineté est une puissance perpetuelle et absolue, sans restriction de temps ou de condition : elle consiste à pouvoir donner loy à tous en general, et à chascun en particulier, sans le consentement d'autruy, et n'en recevoir de personne; et, comme dict un autre ⁵, à pouvoir desroger au droict ordinaire. La souveraineté est dicte telle et absolue, pource qu'elle n'est subjecte à aucunes loix humaines, ny siennes propres : car il est contre nature à tous de se donner loy, et commander à soy-mesme en chose qui despend de sa volonté, *nulla obligatio consistere potest quae à voluntate promittentis statum capit* ⁶; ny d'autruy, soit vivant ou de ses predecesseurs, ou du pays. La puis-

---

qui s'en charge, s'expose à tous les caprices de la fortune ». Tacit. *Annal.* L. 1, cap. 2.

*³ Épié, observé.

⁴ Tout ce qui va suivre dans ce paragraphe et même dans ce chapitre, est pris dans Bodin, dont souvent ce sont les propres termes. *Voyez* de la Répub. L. 1, c. 8.

⁵ D'après Bodin, L. 1, c. 8, cet *autre* est Innocent IV.

⁶ « Toute obligation qui ne repose que sur la volonté de

sance souveraine est comparée au feu, à la mer, à la beste sauvage ; elle est très mal aisée à dompter et traicter, ne veust point estre desdite ny heurtée, et l'estant est très dangereuse. *Potestas res est quae moneri docerique non vult, et castigationem aegrè fert* [7].

Ses marques et proprietés sont, juger en dernier ressort, ordonner de la paix et de la guerre, creer et destituer magistrats et officiers, donner graces et dispenses contre les loix, imposer tributs, ordonner des monnoyes, recevoir les hommages, ambassades, sermens ; mais tout revient et est compris soubs la puissance absolue de donner et faire la loy à son plaisir [8] : l'on en nomme encores d'autres legeres, comme

---

celui qui promet ne peut avoir de consistance. Digest. L. XLV, tit. 1. *de Verbor. obligationibus*. Leg. 108. — Charron a tout-à-fait détourné le sens de cette maxime, comme on peut le voir à l'endroit cité du Digeste. Il en a même altéré le texte, que voici : *nulla promissio* (et non pas *obligatio*) *potest consistere, quæ ex voluntate promittentis statum capit.*

[7] « La puissance ne veut pas d'avertissemens, ni de leçons, et souffre difficilement le reproche et le blâme ». — J'ignore d'où cette réflexion est tirée.

[8] Périclès avait sur les droits des princes, une opinion bien différente : « je ne veux point, disait-il, que les ordonnances d'un prince portent le nom de lois, lorsqu'elles seront faites sans le consentement du peuple... ; et, généralement, toute ordonnance faite sans le consentement de ceux qui doivent y obéir, est une violence plutôt qu'une loi ». *Pericles, apud Xenophont.* Lib. 1, des Entretiens de Socrate.

le droict de la mer et du bris [9], confiscation pour crime de leze majesté, puissance de changer la langue, tiltre de majesté.

La grandeur et souveraineté est tant desirée de tous, c'est pource que tout le bien qui y est paroist au dehors, et tout son mal est au dedans : aussi que commander aux autres est chose tant belle et divine, tant grande et difficile. Pour ces mesmes raisons sont estimés et reverés pour plus qu'hommes. Cette creance est utile pour extorquer des peuples le respect et obeissance, nourrice de paix et de repos. Mais enfin ce sont hommes jettés et faicts au moule des autres, et assez souvent plus mal nés et mal partagés de nature que plusieurs du commun : il semble que leurs actions, pource qu'elles sont de grand poids et importance, soient aussi produictes par causes poisantes et importantes; mais il n'en est rien, c'est par mesmes ressorts que celles du commun. La mesme raison qui nous faict tanser *[10] avec un voisin, dresse entre les princes une guerre; celle qui faict fouetter un laquais, tombant en un roy, faict ruiner une province. Ils veulent aussi legerement que nous, mais ils peuvent plus que nous, pareils appetits agitent une mou-

---

[9] Le droit de bris est celui que s'arrogent encore les paysans de la Bretagne, de se partager les débris d'un navire naufragé sur leurs côtes. C'est un usage barbare qui remonte aux tems les plus reculés.

*[10] Quereller.

che et un éléphant. Au reste, outre les passions, défauts et conditions naturelles qu'ils ont communes avec le moindre de ceux qui les adorent, ils ont encores des vices et des incommodités que la grandeur et souveraineté leur apporte, dont ils leur sont peculiers [11].

Les mœurs ordinaires des grands sont orgueil indomptable :

> .... Durus et veri insolens,
> Ad recta flecti regius non vult tumor [12].

Violence trop licentieuse :

> Id esse regni maximum pignus putant,
> Si quicquid aliis non licet, solis licet....
> Quod non potest vult posse qui nimium potest [13].

Leur mot favorit est : *quod libet, licet* [14]. Soupçon, ja-

---

[11] Montaigne décrit aussi, avec son énergie ordinaire, L. I, c. 42, toutes les incommodités auxquelles les rois sont soumis plus que les autres hommes.

[12] « L'orgueil des rois repousse durement la vérité, et dédaigne de suivre même les conseils les plus salutaires ». Sen. *Hippolytus*. Act. I, sc. II, v. 135.

[13] « Ils pensent que le plus grand avantage de la royauté, est qu'il leur soit permis ce qui n'est pas permis aux autres... — Celui qui peut trop, veut pouvoir ce qu'il ne peut pas ». Sen. *Agamemnon*, act. II, sc. II, v. 271. — Idem, *Hippolytus*, Act. I, sc. II, v. 214.

[14] « Ce qui plaît est permis ». Spartian. *Caracalla*, vers la fin.

lousie : *suâpte naturâ, potentiae anxii* [15] : voire jusques à leurs enfans ; *suspectus semper invisusque dominantibus quisquis proximus destinatur.... adeò ut displiceant etiam civilia filiorum ingenia* [16] : d'où vient qu'ils sont souvent en allarme et en crainte ; *ingenia regum prona ad formidinem* [17].

Les advantages des roys et princes souverains par dessus le peuple, qui semblent si grands et esclatans, sont en verité bien legers et quasi imaginaires ; mais ils sont bien payés par des grands, vrays et solides desadvantages et incommodités. Le nom et tiltre de souverain, la monstre et le dehors est beau, plaisant et ambitieux ; mais la charge et le dedans est dur, difficile et bien espineux. Il y a de l'honneur, mais peu ou point de repos et de joye : c'est une publique et honorable servitude, une noble misere, une riche captivité, *aureae et fulgidae compedes, clara miseria* [18]. Tesmoin ce qu'en ont dict et faict Auguste, Marc

---

[15] « Par leur nature, ils sont soupçonneux et jaloux de leur puissance ». Tacit. *Annal.* L. IV, c. 12.

[16] « Tout proche parent d'un souverain, et qui est destiné à lui succéder, lui est par là même suspect et odieux... — Et c'est pour cela que les enfans d'un caractère agréable au peuple, sont ceux qui leur déplaisent le plus ». Tacit. *Hist.* L. I, c. 21. — *Annal.* L. II, c. 82.

[17] « Les esprits des rois sont très-portés à la crainte ». Tacit. *Histor.* L. IV, c. 83.

[18] « Chaînes dorées et brillantes, illustre misère ».

Aurele, Pertinax, Diocletian, et la fin qu'ont faict presque tous les douze premiers Cesars, et tant d'autres après eux. Mais pource que peu croient cecy, et se laissent decevoir à la belle mine, je veux plus particulierement cotter les incommodités et miseres qui accompagnent les souverains [19].

Premierement la difficulté grande de bien jouer leur roolle, et s'acquitter de leur charge, car que doibt-ce estre que de reigler tant de gens, puis qu'à reigler soy-mesme il y a tant de difficultés? Il est bien plus aisé et plus plaisant de suyvre que de guider, n'avoir à tenir qu'une voye toute tracée que la tracer, à obeir qu'à commander, et respondre de soy seul que des autres encores :

> Ut satiùs multò jam sit parere quietum,
> Quàm regere imperio res velle [20]....

Joinct qu'il semble requis que celuy qui commande soit meilleur que ceux à qui il commande, ce disoit un grand commandeur, Cyrus [21]. Cette difficulté se monstre par la rareté, tant peu sont tels qu'ils doib-

---

[19] Il y a, dans les Mémoires de Philippe de Commines, L. VI, c. 13, un beau passage sur la misère des rois, et qui ajouterait une grande force à ce qu'en dit ici Charron, comme à ce qu'en a dit Montaigne, *loc. cit.*

[20] « De manière qu'il vaut bien mieux obéir tranquillement que de vouloir gouverner ». Lucret. L. V, v. 1126.

[21] Dans Xénophon, *Pædagog.* XIX. Charron cite une seconde fois ce mot de Cyrus, dans le Chapitre III du Liv. II.

vent estre. Vespasien a esté seul, dict Tacite, de ses predecesseurs qui s'est rendu meilleur [22] ; et selon le dire d'un ancien, tous les bons princes se pourroient bien graver en un anneau [23].

Secondement aux voluptés et plaisirs dont on pense qu'ils ont bien meilleure part que les autres. Ils y sont certes de pire condition que les privés [24] ; car, outre que ce lustre de grandeur les incommode à la jouyssance de leurs plaisirs, à cause qu'ils sont trop esclairés, et trop en butte et en eschec, ils sont contreroollés et espiés jusques à leurs pensées que l'on veust deviner et juger. Encores la grande aisance et facilité de faire ce qu'il leur plaist, tellement que tout ploye soubs eux, oste le goust et l'aigre douce poincte qui doibt estre aux plaisirs ; lesquels ne resjouyssent que ceux qui les goustent et rarement et avec quelque difficulté : qui ne donne loisir d'avoir soif ne sçauroit avoir plaisir à boire : la satieté est ennuyeuse et faict mal au cœur :

> Pinguis amor nimiùmque potens in tædia nobis
> Vertitur : et stomacho dulcis ut esca nocet [25].

---

[22] *Solus omnium ante se principum, in melius mutatus est.* Tacit. *Histor.* L. 1, c. 50, *in fine.*

[23] *In uno annulo bonos principes posse prescribi atque depingi.* Vopiscus, *in Aureliano*, cap. 42.

[24] Pris dans Montaigne, L. 1, c. 42.

[25] « Un amour qui peut se satisfaire trop facilement, se change en dégoût, semblable à ces alimens trop doux qui donnent des nausées ». Ovid. *Amor.* eleg. XIV, v. 25.

Il n'est rien si empeschant, si degousté que l'abondance : voire ils sont privés de toute vraye et vive action, qui ne peust estre sans quelque difficulté et resistance ; ce n'est pas aller, vivre, agir à eux, c'est sommeiller et comme insensiblement glisser.

Le troisiesme chef de leurs incommodités est au mariage : les mariages populaires sont plus libres et volontaires, faicts avec plus d'affection, de franchise et de contentement. Une raison de cecy peust estre que les populaires trouvent plus de partis de leur sorte à choisir ; les roys et princes qui ne sont pas en foule, comme l'on sait, n'ont pas beaucoup à choisir. Mais l'autre raison est meilleure, qui est que les peuples en leurs mariages ne regardent qu'à faire leurs affaires et s'accommoder ; les mariages des princes sont souvent forcés par la necessité publique, sont pieces grandes de l'estat et outils servans au bien et repos general du monde. Les grands et souverains ne se marient pas pour eux-mesmes, mais pour le bien de l'estat, duquel ils doibvent estre plus amoureux et jaloux que de leurs femmes et de leurs enfans. A cause de quoy il faut souvent qu'ils entendent à des mariages où n'y a amour ny plaisir, et se font entre personnes qui ne se cognoissent et ne se virent jamais, et ne se portent aucune affection : voire tel grand prend une grande, que s'il estoit moindre, il ne la voudroit pas ; mais c'est pour servir au public, pour asseurer leurs estats et mettre en repos les peuples.

Le quatriesme est qu'ils n'ont aucune vraye part aux essais que les hommes font les uns contre les autres par jalousie d'honneur et de valeur, aux exercices de l'esprit ou du corps [26], qui est une des plus plaisantes choses qui soit au commerce des hommes. Cela vient que tout le monde leur cede, tous les espargnent et ayment mieux celer leur valeur et trahir leur gloire, que de heurter et offenser celle de leur souverain, s'ils cognoissent qu'il aye affection à la victoire. C'est à la verité par force de respect les traiter desdaigneusement et injurieusement, dont disoit quelqu'un [27] que les enfans des princes n'apprenoient rien à droict qu'à manier chevaux, pource qu'en tout autre exercice chascun fleschist soubs eux et leur donne gagné : mais le cheval, qui n'est ny flatteur ny courtisan, met aussi bien par terre le prince que son escuyer. Plusieurs grands [28] ont refusé des louanges et approbations offertes, disans : Je les estimerois, accepterois et m'en ressentirois, si elles partoient de gens libres qui osassent dire le contraire, et me taxer advenant subject de le faire.

Le cinquiesme est qu'ils sont privés de la liberté

---

[26] Pris dans Montaigne, L. III, c. 7.

[27] C'était Carneades. *Voyez* Plutarque : Comment on pourra distinguer le flatteur d'avec l'ami.

[28] Charron veut probablement parler de Julien l'Apostat, dont il va citer une réponse.

d'aller et voyager par le monde [29], estant comme prisonniers en leurs pays, voire dans leurs palais mesmes, comme enveloppés de gens, de parleurs et regardans, et ce par-tout où ils sont en toutes leurs actions, voire jusques à leur chaire percée, dont le roy Alphonse disoit qu'en cela les asnes estoient de meilleure condition que les roys.

Le sixiesme chef de leurs miseres est qu'ils sont privés de toute amitié et societé mutuelle [30], qui est le plus doux et le plus parfaict fruict de la vie humaine, et ne peust estre qu'entre pareils ou presque pareils. La disparité si grande les met hors du commerce des hommes; tous ces services, humilités et bas offices, leur sont rendus par ceux qui ne les peuvent refuser, et ne viennent d'amitié mais de subjection, ou pour s'agrandir, ou par coustume et contenance; tesmoin que les meschants roys sont aussi bien servis, reverés, que les bons; les hays que les aymés : l'on n'y cognoist rien, mesme appareil, mesme ceremonie : dont respondit l'empereur Julien à ses courtisans qui le louoyent de sa bonne justice : Je m'enorgueillirois par adventure de ces louanges si elles estoient dictes

---

[29] *Voyez* le Dialogue de Xénophon, intitulé *Hiéron*. Au reste, Charron copie ici Montaigne qui a cité Xénophon. *Voyez* les Essais, L. I, c. 42.

[30] C'est encore une réflexion de Hiéron dans Xénophon, *Loc. cit.*

de gens qui osassent m'accuser, et vituperer mes actions contraires, quand elles y seroient [31].

Le septiesme poinct de leurs miseres, pire peust-estre que tous et plus pernicieux au public, est qu'ils ne sont pas libres aux choix des personnes, ny en la science vraye des choses. Il ne leur est permis de sçavoir au vray l'estat des affaires, ny de cognoistre, et par ainsi ny employer et appeler tels qu'ils voudroient bien, et seroit bien requis. Ils sont enfermés et assiegés de certaines gens qui sont ou de leur sang propre, ou qui, pour la grandeur de leurs maisons et offices, ou par prescription, sont si avant en authorité, force et maniement des affaires, qu'il n'est loysible, sans mettre tout au hasard, les mescontenter, reculer, ou mettre en jalousie. Or ces gens là qui couvrent et tiennent comme caché le prince, empeschent que toute la verité des choses ne luy apparoisse, et qu'autres meilleurs et plus utiles ne s'en approchent et ne soient cognus ce qu'ils sont : c'est pitié de ne voir que par les yeux et n'entendre que par les oreilles d'autruy, comme font les princes [32]. Et ce qui acheve de tous poincts cette misere, c'est qu'ordinairement et comme par un destin les princes et grands sont possedés par trois sortes de gens,

---

[31] Ammien Marcellin. L. XXII, c. 10.

[32] *Voyez* dans Sénèque, un passage admirable à ce sujet : *de Beneficiis*, L. VI, c. 30.

pestes du genre humain, flatteurs, inventeurs d'imposts, delateurs, lesquels, sous beau et fauls pretexte de zele et amitié envers le prince, comme les deux premiers, ou de preud'hommie et reformation comme les derniers, gastent et ruinent et le prince et l'estat.

La huictiesme misere est qu'il sont moins libres et maistres de leurs volontés que tous autres ; car ils sont forcés en leurs procedures par mille considerations et respects, dont il faut souvent qu'ils captivent leurs desseins, desirs et volontés : *in maximâ fortunâ minima licentia*[33]. Et cependant au lieu d'estre plaincts, ils sont plus rudement traités et jugés que tous autres : car l'on veust deviner leurs desseins, penetrer dedans leurs cœurs et intentions, ce que ne pouvant, *abditos principis sensus et si quid occultiùs parat, exquirere, illicitum, anceps; nec ideò assequare*[34], et regardant les choses par autre visage, ou n'entendant assez aux affaires d'estat, requierent de leurs princes ce qui leur semble qu'ils doivent, blasment leurs actions, ne veulent souffrir d'eux ce qui est necessaire, et leur font le procez bien rudement.

---

[33] « C'est dans la fortune la plus élevée qu'il y a le moins de liberté ». Sallust. *Bellum Catilin.* cap. 34.

[34] « Scruter les sentimens secrets du prince, et ce qu'il se propose de plus caché, c'est une chose illicite et incertaine ; ne cherchez donc point à deviner sa pensée ». Tacit. *Annal.* L. VI, c. 8.

Finalement il advient souvent qu'ils font une fin totalement miserable, non seulement les tyrans et usurpateurs, cela leur appartient, mais encores les vrais titulaires ³⁵; tesmoins tant d'empereurs romains après Pompée le grand et Cesar, et de nos jours Marie, Royne d'Escosse, passée par main de boureau, et Henry troisiesme assassiné ³⁶, au milieu de quarante mille hommes armés, par un petit moyne, et mille tels exemples. Il semble que comme les orages et tempestes se piquent contre l'orgueil et hauteur de nos bastimens, il y aye aussi des esprits envieux des grandeurs de ça bas :

> Usque adeò res humanas vis abdita quædam
> Obterit, et pulchros fasces sævasque secures
> Proculcare, ac ludibrio sibi habere videtur ³⁷.

Bref, la condition des souverains est dure et dangereuse : leur vie pour estre innocente est infiniment laborieuse; si elle est meschante ils sont à la hayne et mesdisance du monde; et en tous les deux cas ils

---

[35] C'est l'idée que Juvénal a exprimée dans ces vers de la dixième satyre, v. 112 :

> Ad generum Cereris sine cæde et vulnere pauci
> Descendunt reges, et siccâ morte tyranni.

[36] Le 1ᵉʳ. août 1589, par le jacobin Jacques Clément.

[37] « Tant il est vrai qu'il y a une puissance secrète qui semble se jouer des choses humaines, et qui foule aux pieds les superbes faisceaux et les haches cruelles des licteurs ! Lucret. L. v, v. 1232.

sont exposés à mille dangers; car plus grand est le seigneur, et moins se peust-il fier, et plus luy faut-il se fier : voilà pourquoy c'est chose comme annexée à la souveraineté d'estre trahye.

De leur debvoir au liv. III, chap. XVI.

CHAPITRE LII*.

Magistrats.

SOMMAIRE. — Des quatre sortes et degrés de magistratures, tant en honneur qu'en puissance.

Il y a grande distinction et divers degrés de magistrats tant en honneur qu'en puissance, qui sont les deux choses considerables pour les distinguer, et qui n'ont rien de commun ensemble : et souvent ceux qui sont les plus honorés ont moins de puissance, comme conseillers du privé conseil, secretaires d'estat. Aucuns n'ont que l'un des deux : autres tous les deux; et de tous divers degrés; mais sont proprement dicts magistrats qui ont tous les deux.

Les magistrats qui sont mitoyens entre le souverain et les particuliers, en la presence de leur souve-

---

* C'est le quarante-sixième chapitre de la première édition.

rain n'ont point puissance de commander[1]. Comme les fleuves perdent leur nom et puissance à l'emboucheure de la mer, et les astres en la presence du soleil, ainsi toute la puissance des magistrats est tenue en souffrance en la presence du souverain[2] : comme aussi la puissance des magistrats inferieurs et subalternes en la presence des superieurs. Entre egaux il n'y a point de puissance ou de superiorité, mais les uns peuvent empescher les autres par opposition et prevention.

Tous magistrats jugent, condamnent et commandent ou selon la loy, et lors leur sentence n'est qu'execution de la loy, ou selon l'equité, et tel jugement s'appelle le debvoir du magistrat.

Les magistrats ne peuvent changer ny corriger leurs jugements, si le souverain ne le permet, sur peine de fauls ; ils peuvent bien revoquer leurs mandemens ou les soutenir, mais ils ne peuvent revoquer ce qu'ils ont jugé et prononcé avec cognoissance de cause.

Du debvoir des magistrats, voyez liv. III.

---

[1] Ceci, ainsi qu'une grande partie de ce petit chapitre, est copié mot pour mot dans Bodin, de la République, L. III.

[2] Plutarque nous apprend, dans la vie de Phocion, qu'à Athènes, dans les assemblées générales, les magistrats parlaient debout, tandis que le peuple restait assis ; et, à Rome, les faisceaux s'abaissaient devant le peuple assemblé.

CHAPITRE LIII*.

Législateurs, docteurs[1]*, instructeurs.*

Sommaire. — La plupart des législateurs font des plans de gouvernement, qui sont inexécutables, dont l'essai serait quelquefois dangereux. — Il en est à peu-près de même des précepteurs de morale; ils ne font rien de ce qu'ils recommandent de faire aux autres. Ils sont aussi plus rigoureux sur l'observation de petites règles accessoires, que sur l'observation des règles essentielles.

Exemples : les républiques de Platon et de Morus; l'orateur de Cicéron et le poète d'Horace. — Le souverain législateur des hommes : les théologiens et les médecins.

** C'est une des vanités et folies de l'homme de prescrire des loix et des reigles qui excedent l'usage et la forme humaine, comme aucuns philosophes et docteurs font. Ils proposent des images de vie rele-

---

* C'est le quarante-septième chapitre de la première édition.

[1] Il y a dans la première édition *prescheurs,* au lieu de *docteurs.*

** *Variantes.* C'est une des vanités de l'homme de prescrire des loix et des reigles qui excedent l'usage et la forme humaine ; c'est la coustume des prescheurs et legislateurs de proposer des images de vie, que ny le proposant, ny les au-

vées, ou bien si difficiles et austeres, que la praticque en est impossible, au moins pour long temps, voire l'essay en est dangereux à plusieurs : ce sont des

---

diteurs, n'ont esperance aucune, ny bien souvent, qui plus est, la volonté de suivre. L'homme s'oblige à estre necessairement en faute, et se taille à son escient de la besongne plus qu'il ne sçauroit faire; il n'y a si homme de bien, que s'il est examiné selon les loix et debvoirs en ses actions et pensées, qui ne soit coupable de mort cent fois. La sagesse humaine n'arrive jamais au debvoir qu'elle-mesme se prescript : outre l'injustice qui est en cecy, c'est exposer en moquerie et risée toutes choses : il faudroit qu'il y eust plus de proportion entre le commandement et l'obeissance, le debvoir et le pouvoir. Et ces faiseurs de reigles sont les premiers moqueurs; car ils ne font rien, et souvent encore tout au rebours de ce qu'ils conseillent, les prescheurs, legislateurs, juges, medecins : le monde vit ainsi; l'on instruict et l'on enjoinct de suivre les reigles et preceptes, et les hommes en tiennent un autre, non par desreiglement de vie et mœurs seulement, mais souvent par opinion et par jugement contraire. Autre chose est de parler en chaire et en chambre, donner leçon au peuple et la donner à soy-mesme; ce qui est bon et de mise (*a*) à soy, seroit scandaleux et abominable au commun. Mais Seneque respond à cela : *quoties parum fiduciæ est in his in quibus imperas, amplius exigendum est quam satis est, ut præstetur quantum satis est : in hoc omnis hyperbole excedit, ut ad verum mendacio veniat.* L. 1, chap. 47 de l'édition de 1601.

(*a*) Ces deux mots sont écrits *demise* en un seul mot dans l'édition de Dijon, ici et page 249. Ce qui est évidemment une faute. L'édition de 1601 écrit toujours *de mise* en deux mots, comme cela doit être.

peinctures en l'air, comme les republiques de Platon[a] et de Morus, l'orateur de Ciceron, le poëte d'Horace, belles et excellentes imaginations, mais cherchez qui les mettra en usage. Le souverain et parfaict legislateur et docteur s'est bien gardé de cela, lequel et en soy-mesme, sa vie et sa doctrine, n'a point cherché ces extravagances et formes esloignées de la commune portée et capacité humaine, dont il appelle son joug et sa tasche douce et aisée, *jugum meum suave, et onus meum leve*[3]. Et ceux qui ont dressé leur compagnie soubs son nom, ont très-prudemment advisé, que bien qu'ils fassent profession singuliere de vertu, devotion, et de servir au public sur tous autres, neantmoins ils ont très peu de differences de la vie commune et civile. Or premierement y a en cecy de l'injustice, car il faut garder proportion entre le commandement et l'obeissance, le debvoir et le pouvoir, la reigle et l'ouvrier : et ceux-cy s'obligent, et les autres à estre necessairement en faute, taillans à escient de la besongne plus qu'ils n'en sçauroient faire : et souvent ces beaux faiseurs de reigle sont les premiers mocqueurs, car ils ne font rien, et souvent tout au rebours de ce qu'ils enjoignent aux autres,

---

[a] Il faut rappeler ici que Platon ne croyait pas lui-même qu'une république telle que la sienne, pût s'établir sur la terre. Voy. *de Rep.*, L. IX, *in fine*.

[3] « Mon joug est doux, et mon fardeau léger ». Evangile de Saint Mathieu, chap. XI, v. 30.

à la pharisaïque, *imponunt onera gravia, et nolunt ea digito movere*[4]. Ainsi font quelques medecins et theologiens : le monde vit ainsi, l'on instruit, l'on enjoinct de suivre certaines reigles et preceptes, et les hommes en tiennent d'autres, non-seulement par desreiglement de vie et de mœurs, mais souvent par opinion et jugement contraire.

Encores une autre faulte pleine d'injustice, ils sont beaucoup plus scrupuleux, exacts et rigoureux aux choses libres et accidentales, qu'aux necessaires et substantielles, aux positives et humaines, qu'aux naturelles et divines, ressemblans à ceux qui veulent bien prester, mais non payer leur debtes, le tout à la pharisaïque, comme leur crie et reproche le grand docteur celeste : tout cela est hypocrisie et mocquerie.

---

[4] « Ils imposent de lourds fardeaux, et ne veulent pas seulement les remuer du doigt ». Saint Mathieu, chap. XXIII, v. 4.

CHAPITRE LIV[*].

Peuple ou vulgaire.

SOMMAIRE. — Portrait effrayant du peuple, ou plutôt, comme l'auteur lui-même l'explique, de *la tourbe et lie populaire.*— Il le taxe d'être inconstant, crédule, sans jugement, envieux

---

[*] C'est le quarante-huitième chap. de la première édition.

et malicieux, déloyal, mutin, séditieux, insouciant pour l'intérêt public, ennemi de tout gouvernement; lâche dès qu'il craint, oppresseur s'il domine; ingrat et enfin féroce.

Exemples : Moïse et les Prophètes. — Socrates, Aristides, Phocion, Lycurgue, Démosthènes, Themistocles.

Le peuple (nous entendons icy le vulgaire, la tourbe et lie populaire, gens, soubs quelque couvert que ce soit, de basse, servile et mechanique condition) est une beste estrange à plusieurs testes, et qui ne se peust bien descrire en peu de mots, inconstant et variable, sans arrest, non plus que les vagues de la mer; il s'esmeut, il s'accoyse, il approuve et reprouve en un instant mesme chose; il n'y a rien plus aisé que le pousser en telle passion que l'on veust; il n'ayme la guerre pour sa fin, ny la paix pour le repos, sinon en tant que de l'un à l'autre il y a tousjours du changement : la confusion luy faict desirer l'ordre, et quand il y est, luy desplaist. Il court tousjours d'un contraire à l'autre, de tous les temps le seul futur le repaist : *hi vulgi mores, odisse praesentia, ventura cupere, praeterita celebrare* [1].

---

[1] « Haïr le présent, desirer l'avenir, vanter le passé, tel est le caractère habituel du peuple ». — Tout ce paragraphe paraît avoir été tiré de Cicéron. Dans l'oraison pour Plancius, il dit : *Non est enim consilium in vulgo, non ratio, non discrimen, non diligentia,* etc. *Vid.* Orat. *pro Plancio,* §. 4.

Leger à croire, recueillir et ramasser toutes nouvelles, sur-tout les fascheuses, tenant tous rapports pour veritables et asseurés : avec un sifflet ou sonnette de nouveauté, l'on l'assemble comme les mouches au son du bassin.

Sans jugement, raison, discretion : son jugement et sa sagesse, trois dez et l'adventure; il juge brusquement et à l'estourdie de toutes choses, et tout par opinion, ou par coustume, ou par plus grand nombre, allant à la file comme les moutons qui courent après ceux qui vont devant, et non par raison et verité. *Plebi non judicium, non veritas : — ex opinione multa, ex veritate pauca judicat* ².

Envieux et malicieux, ennemy des gens de bien, contempteur de vertu, regardant de mauvais œil le bonheur d'autruy, favorisant au plus foible et au plus meschant, et voulant mal aux gens d'honneur, sans sçavoir pourquoy, sinon pource que sont gens d'honneur, et que l'on en parle fort et en bien³.

Dans l'oraison pour Murena : *Nihil est incertius vulgo, nihil obscurius voluntate hominum, nihil fallacius ratione tota consiliorum*, etc. Orat. pro *Murena*, §. 35.

² « Ni la raison, ni la vérité ne sont rien sur le peuple (*plebs*) : — Il prononce le plus souvent d'après ses préjugés, rarement d'après une véritable conviction ». *Voy*. Tacit. Hist. L. 1, chap. 32. — Cicer. pro *Roscio*, n°. 39.

³ *Voyez* dans Cornelius Nepos, et dans Plutarque, la vie d'Aristide.

Peu loyal et veritable, amplifiant le bruict, encherissant sur la verité, et faisant tousjours les choses plus grandes qu'elles ne sont, sans foy ny tenue. La foy d'un peuple, et la pensée d'un enfant, sont de mesme durée, qui change non-seulement selon que les interests changent, mais aussi selon la difference des bruicts que chasque heure du jour peust apporter [4].

Mutin, ne demandant que nouveauté et remuement; seditieux, ennemy de paix et de repos : *ingenio mobili, seditiosum, discordiosum, cupidum rerum novarum, quieti et otio adversum* [5], sur-tout quand il rencontre un chef : car lors ne plus ne moins que la mer, bonace de nature, ronfle, escume et faict rage agitée de la fureur des vents; ainsi le peuple s'enfle, se hausse et se rend indomptable : ostez-luy les chefs, le voilà abattu, effarouché, et demeure tout planté

---

[4] Rien ne peint mieux le caractère du peuple, que ces vers de Juvenal :

> .... *Sed quid*
> *Turba Remi? — Sequitur fortunam, ut semper, et odit*
> *Damnatos. Idem populus, si Nurtia Tusco*
> *Favisset, si oppressa foret secura senectus*
> *Principis, hac ipsâ Sejanum diceret horâ*
> *Augustum.........*
>
> JUVEN., Sat. x, v. 73.

[5] « D'un esprit mobile, séditieux, querelleur, partisan de toutes nouveautés, ennemi du repos et de la paix ». Sallust. *Bell. Jugurthi.* cap. 45.

d'effroy, *sine rectore praeceps, pavidus, socors : nil ausura plebs principibus amotis* [6].

Soustient et favorise les brouillons et remueurs de mesnage, il estime modestie poltronnerie, prudence lourdise : au contraire, il donne à l'impetuosité bouillante le nom de valeur et de force : prefere ceux qui ont la teste chaude et les mains fretillantes, à ceux qui ont le sens rassis, qui poisent les affaires, les vanteurs et babillards aux simples et retenus.

Ne se soucie du public ny de l'honneste, mais seulement du particulier, et se picque sordidement pour le profit : *privata cuique stimulatio, vile decus publicum* [7].

Tousjours gronde et murmure contre l'estat, tout bouffi de mesdisance et propos insolens contre ceux qui gouvernent et commandent. Les petits et pouvres n'ont autre plaisir que de mesdire des grands et des riches, non avec raison, mais par envie, ne sont jamais contens de leurs gouverneurs et de l'estat present [8].

---

[6] « Lorsqu'il n'a personne qui le dirige, il reste irrésolu, timide, inactif : — Otez les chefs au peuple, il n'osera rien ». Tacit. *Hist.*, L. IV, chap. 37. — *Annal.* L. I, chap. 55.

[7] « L'intérêt particulier est tout ce qui l'excite; l'intérêt public est nul ». Tacit. *Hist.* L. I, *in fine*. — Dans le texte, le passage cité n'a pas tout-à-fait le sens que nous lui donnons ici, pour qu'il s'accorde avec la pensée de Charron.

[8] *Rerum novarum cupidine, et odio præsentium.* Tacit. *Hist.* L. II, chap. 8, *in fine*.

Mais il n'a que le bec, langues qui ne cessent, esprits qui ne bougent, monstre duquel toutes les parties ne sont que langues, qui de tout parle et rien ne sçait, qui tout regarde et rien ne voit, qui rit de tout et de tout pleure, prest à se mutiner et rebeller et non à combattre ; son propre est d'essayer plustost à secouer le joug qu'à bien garder sa liberté : *procacia plebis ingenia, — impigrae linguae, ignavi animi* [9].

Ne sçachant jamais tenir mesure ny garder une mediocrité honneste ; ou très bassement et vilement il sert d'esclave, ou sans mesure est insolent et tyranniquement il domine ; il ne peust souffrir le mors doux et temperé, ny jouir d'une liberté reiglée, court tousjours aux extremités, trop se fiant ou mesfiant, trop d'espoir ou de crainte. Ils vous feront peur si vous ne leur en faictes : quand ils sont effrayés, vous les baffouez et leur sautez à deux pieds sur le ventre ; audacieux et superbes si on ne leur monstre le baston, dont est le proverbe : oings-le il te poindra ; poinds-le il t'oindra : *nil in vulgo modicum ; terrere ni paveant ; ubi pertimuerint, impunè contemni : — audaciâ turbidum, nisi vim metuat : — aut servit humiliter, aut superbè dominatur ; libertatem, quae media, nec spernere nec habere* [10].

---

[9] « Le peuple est impétueux, insolent : — sa langue est agissante, mais il est sans vrai courage ». Tacit. *Hist.* L. III, chap. 32. — Sallust. *Orat. Marcii.*

[10] « Rien de modéré dans le peuple : s'il ne tremble pas,

Très ingrat envers ses bienfacteurs. La recompense de tous ceux qui ont bien merité du public, a tousjours esté un bannissement, une calomnie, une conspiration, la mort. Les histoires sont celebres de Moyse et tous les prophetes, de Socrates, Aristides, Phocion, Lycurgus, Demosthene, Themistocles : et la verité a dict qu'il n'en eschappoit pas un de ceux qui procuroient le bien et le salut du peuple [11] : et au contraire il cherit ceux qui l'oppriment, il craint tout, admire tout.

Bref, le vulgaire est une beste sauvage; tout ce qu'il pense n'est que vanité, tout ce qu'il dit est fauls et erroné; ce qu'il reprouve est bon, ce qu'il approuve est mauvais [12], ce qu'il loue est infâme, ce qu'il faict et entreprend n'est que folie. *Non tam benè cum rebus humanis geritur ut meliora pluribus placeant : argumentum pessimi turba est* [13]. La tourbe populaire est

---

il veut effrayer ; s'il a peur, il souffre même le mépris. — Turbulent avec audace, s'il n'est retenu par la force. — Ou il sert avec bassesse, ou il domine avec orgueil; il ne sait ni jouir d'une liberté sage, ni se consoler de l'avoir perdue ». Tacit. Annal. L. I, chap. 29. — *Ibid*, L. VI, c. II. — Tit. Liv. L. XXIV, c. 25.

[11] Matth. chap. V, vers 11 et 12.

[12] Voy. Cicer. Tuscul. L. II, *in fine*.

[13] « Dans ce monde tout n'est pas réglé de manière à ce que le mieux emporte toujours la majorité des suffrages : l'indice qu'une chose ne vaut rien, c'est qu'elle a été agréée de la multitude ». Senec. *de Vita Beata*, cap. 2, *fere initio*.

mere d'ignorance, injustice, inconstance, idolatre de vanité, à laquelle vouloir plaire ce n'est jamais faict : c'est son mot : *vox populi vox Dei*[14], mais il faut dire, *vox populi vox stultorum*[15]. Or, le commencement de sagesse est se garder net, et ne se laisser emporter aux opinions populaires[16]. Cecy est pour le second livre[17], que nous approchons.

---

[14] « La voix du peuple est la voix de Dieu ».

[15] « La voix du peuple est la voix des fous ». — C'est à-peu-près dans le même sens que Plutarque a dit : « Plaire à une populace est ordinairement déplaire aux sages ». Plut. *Comment il faut nourrir les enfans.*

[16] Un symbole de Pythagore portait : ne marchez point par le chemin public; *per viam publicam ne vadas*, c'est-à-dire, suivant M. Dacier, qu'il ne faut pas suivre les opinions du peuple, mais les sentimens des sages. Ce symbole, ajoute-t-il, s'accorde avec le précepte de l'Évangile, d'éviter la voie spacieuse et large. — Voy. le Symbole VII, de Pythag. Traduct. de Dacier.

[17] Voy. L. II, chapitre I.

Quatriesme distinction et différence des hommes, tirée de leurs diverses professions et conditions de vie.

PREFACE.

VOICY une autre différence des hommes tirée de la diversité de leurs professions, conditions et genres de vie : les uns suyvent la vie civile et sociale; les autres la fuyent pour se sauver en la solitude; les uns ayment les armes, les autres les hayssent; les uns vivent en commun, les autres en la proprieté; les uns se plaisent d'estre en charge et meiner vie publicque, les autres se cachent et demeurent privés; les uns sont courtisans et du tout à autruy, les autres ne courtisent qu'eux-mesmes; les uns se tiennent ès villes, les autres aux champs, aymans la vie rustique. Qui faict mieux, et quelle vie est à preferer? Il est difficile à dire simplement, et peust-estre impertinent; toutes ont leurs advantages et desadvantages, leurs biens et leurs maux; ce qui est plus à voir et considerer en cecy, comme sera dict, c'est que chascun sçache bien choisir selon son naturel, pour et plus facilement et plus heureusement s'y comporter. Mais nous dirons un petit mot de chascune, en les comparant ensemble : mais ce sera après avoir parlé de la vie commune à tous, qui a trois degrés.

CHAPITRE LV*.

Distinction et comparaison des trois sortes de degrés de vie.

SOMMAIRE. — Il y a trois sortes de vies, l'une intérieure ou privée, l'autre domestique, et la troisième publique. — De

---

* C'est le quarante-neuvième chap. de la première édition.

ces trois manières de vivre, la dernière est celle qui offre le plus de difficultés, soumet à plus de contrainte et de contrariétés.

Il y a trois sortes de vie, comme trois degrés : l'une privée d'un chascun au dedans et en sa poictrine, où tout est caché, tout est loisible : la seconde en la maison et famille, en ses actions privées et ordinaires, où n'y a point d'estude ny d'artifice, desquelles nous n'avons à rendre compte : la tierce est publicque aux yeux du monde. Or, tenir l'ordre et reigle en ce premier estage bas et obscur, est bien plus difficile et plus rare qu'aux deux autres, et au second qu'au tiers : la raison est qu'où il n'y a point de juge, de contreroolleur, de regardant, et où nous n'imaginons poinct de peine ou recompense, nous nous portons bien plus laschement et nonchalamment, comme aux vies privées, où la conscience et la raison seule nous guide, qu'aux publicques, où nous sommes en eschec et en butte aux yeux et jugemens de tous, où la gloire, la crainte du reproche, de mauvaise reputation, ou quelqu'autre passion nous meine (or la passion nous commande bien plus vivement que la raison), dont nous nous tenons prests et sur nos gardes; d'où il advient que plusieurs sont estimés et tenus saints, grands et admirables en public, qu'en leur privé il n'y a rien de louable. Ce qui se faict en public est une farce, une feincte; en privé et en secret, c'est la verité : et qui voudroit bien juger de quelqu'un, il le faudroit voir à son à tous les jours, en son ordinaire et naturel ; le reste est tout contrefaict : *universus mundus exercet histrioniam*[1], dont disoit un sage, que celuy est excellent, qui est tel au dedans et par soy-mesme, qu'il est au dehors par la crainte des loix, et du dire du monde. Les actions publicques sont esclatantes, ausquelles l'on est attentif quand l'on les faict, comme les exploits de guerre, opiner en un conseil, regir un peuple, conduire une ambassade : les privées et domestiques sont sombres, mornes; tanser, rire, vendre, payer, converser avec les siens, l'on ne les considere pas, l'on les faict sans y penser : les secretes et internes encores plus, aymer, hayr, desirer.

Et puis il y a icy encores une autre consideration, c'est qu'il se faict par l'hypocrisie naturelle des hommes, que l'on faict plus de cas, et est-on plus scrupuleux aux actions externes, qui sont en monstre, mais qui sont libres, peu importantes et quasi toutes en contenances et ceremonies, dont elles sont de peu de coust, et aussi de peu d'effect; qu'aux internes, secretes et de nulle monstre, mais bien requises et necessaires, dont elles sont fort difficiles. D'icelles

---

[1] « Tout le monde joue la comédie ». C'est un passage tiré d'un fragment de Pétrone, *apud Sariberiens.* L. III, c. 8.

despend la reformation de l'ame, la moderation des passions, le reiglement de la vie : voire par l'acquit de ces externes l'on vient à une nonchalance des internes.

Or de ces trois vies, interne, domestique, publicque, qui n'en a qu'une à meiner, comme les hermites, a bien meilleur marché de conduire et ordonner sa vie, que celuy qui en a deux ; et celuy qui n'en a que deux est de plus aisée condition que celuy qui a toutes les trois.

CHAPITRE LVI*.

Comparaison de la vie civile ou sociale avec la solitaire.

SOMMAIRE. — Les dévots ont tort de croire que la vie solitaire est meilleure et plus parfaite que la vie sociale ; que la solitude soit un asile et un port assuré contre tous les vices.
Exemples : Jonas. — Bias. — Albuquerque. — Cratès.

CEUX qui estiment et recommandent tant la vie solitaire et retirée, comme un grand sejour et seure retraicte du tabut *¹ et brouillis du monde, et moyen propre pour se garder et maintenir net et quitte de

---

* C'est le cinquantième chapitre de la première édition.
*¹ Du tracas.

plusieurs vices, d'autant que la pire part est la plus grande, de mille n'en est pas un bon, le nombre des fols est infiny, la contagion est très dangereuse en la presse ², semblent avoir raison jusques-là; car la compagnie mauvaise est chose très dangereuse; à quoy pensent bien ceux qui vont sur mer, qu'aucun n'entre en leur vaisseau qui soit blasphemateur, dissolu, meschant : un seul Jonas à qui Dieu estoit courroucé, pensa tout perdre : Bias plaisamment à ceux du vaisseau, qui au grand danger crioyent, appellant le secours des Dieux : taisez-vous, qu'ils ne sentent *³ que vous estes icy avec moy; Albuquerque, viceroy des Indes pour Emanuel roy de Portugal, en un extreme peril sur mer, print sur ses espaules quelque jeune garçon, affin que son innocence luy servist de garand et de faveur envers Dieu⁴. Mais de la penser meilleure, plus excellente et parfaicte, plus propre à l'exercice de vertu, plus difficile, aspre, laborieuse et penible, comme ils veulent faire croire, se trompent bien lourdement; car au contraire, c'est une grande descharge et aisance de vie, et n'est qu'une bien mediocre profession, voire un simple apprentissage et disposition à

---

² Ceci se trouve mot pour mot dans Montaigne, Liv. I, chap. 38, *de la Solitude*. (Tom. II, page 9 de notre édit.)

*³ Qu'ils n'entendent pas. — Les Italiens emploient encore le verbe *sentire* dans le même sens.

⁴ Montaigne, *loco citato*, rapporte également ces deux exemples.

la vertu. Ce n'est pas entrer en affaires, aux peines et difficultés, mais c'est les fuir, s'en cacher, practiquer le conseil d'Epicure (cache ta vie) : c'est se tapir et recourir à la mort pour fuir à bien vivre. Il est certain que l'estat de roy, prêtre, pasteur, est plus noble beaucoup, plus parfaict, plus difficile, que celuy de moyne et d'hermite; et de faict jadis les compagnies des moynes estoient des seminaires et apprentissages d'où l'on tiroit gens pour elever aux charges ecclesiastiques, et des preparatifs à plus grande perfection. Et celuy qui vit civilement avec femme, enfans, serviteurs, voisins, amis, biens, affaires, et tant de parties diverses, ausquelles faut qu'il satisfasse et responde reiglement et loyalement, a bien sans comparaison plus de besongne que celuy qui n'a rien de tout cela, et qui n'a affaire qu'à soy : la multitude, l'abondance est bien plus affaireuse que la solitude, la disette. En l'abstinence il n'y a qu'une chose ; en la conduite et en l'usage de plusieurs choses diverses, y a plusieurs considerations et divers debvoirs : il est bien plus facile de se passer des biens, honneurs, dignités, charges, que s'y bien gouverner et bien s'en acquitter. Il est bien plus aisé du tout se passer de femme, que bien deuement et de tout poinct vivre et se maintenir avec sa femme, enfans, et tout le reste qui en despend; ainsi le celibat est plus facile que le mariage [5].

---

[5] En professant ces opinions aussi justes que philosophi-

De penser aussi que la solitude soit un asyle et port asseuré contre tous vices, tentations et destourbiers, c'est se tromper, il n'est pas vray en tous sens. Contre les vices du monde, le bruict de la presse, les occasions qui viennent de dehors, cela est bon ; mais la solitude a ses affaires et ses difficultés internes et spirituelles, *ivit in desertum ut tentaretur a diabolo*[6]. Aux jeunes hommes imprudens et mal advisés, la solitude est un dangereux baston, et est à craindre que s'entretenans tous seuls ils entretiennent de meschantes gens, comme disoit Cratès à un jeune homme qui se promenoit tout seul à l'escart. C'est là que les fols machinent de mauvais desseins, ourdissent des malencontres, aiguisent et affilent leurs passions et meschans desirs. Souvent pour eviter Charybdis, on tombe en Scylla. Fuir n'est pas echaper, c'est quelquefois empirer son marché et se perdre. *Non vitat sed fugit : magis autem periculis patemus aversi*[7]. Il faut estre sage, bien fort et asseuré pour estre laissé entre plus dangereuses mains que les siennes : *guarda me,*

---

ques, Charron oubliait qu'il était prêtre, et, par conséquent, célibataire. C'est sans doute là un de ces passages qui attirèrent des persécutions sur lui et sur son ouvrage.

[6] « Il (Jésus) alla dans le désert, pour y être tenté par le diable ». — Saint Math., chap. IV, v. 1.

[7] « Ce n'est pas toujours éviter les dangers que de les fuir : si nous leur tournons le dos, ils nous assaillent avec plus d'avantage ». Sénèque, épit. 104.

Dios, de mi [8], dit excellemment le proverbe espagnol : *nemo est ex imprudentibus qui sibi relinqui debeat : solitudo omnia mala persuadet* [9]. Mais pour quelque consideration privée ou particuliere encores que bonne en soy (car souvent c'est lascheté, foiblesse d'esprit, despit ou autre passion) s'enfuyr et se cacher ayant moyen de profiter à autruy, et secourir au public, c'est estre deserteur, ensevelir le talent, cacher la lumiere, faute subjecte à la rigueur du jugement.

---

[8] « Que Dieu me garde de moi » !

[9] « Il ne faut livrer aucun imprudent à lui-même : la solitude donne toujours de pernicieux conseils ». Sén. ép. 25.

CHAPITRE LVII[*].

Comparaison de la vie menée en commun, et menée en propriété.

SOMMAIRE.—La vie commune, c'est-à-dire celle dans laquelle on ne connaît aucun droit de propriété, ne peut convenir dans aucun état. Ses inconvéniens.—Tout ce qu'on pourrait admettre, ce serait de prendre ses repas en commun.

Exemples : Platon. — Les premiers Chrétiens. — Les républiques de Lacédémone et de Crète.

AUCUNS ont pensé que la vie menée en commun, en laquelle il n'y a point de mien et tien, mais où

---

[*] C'est le cinquante-unième chapitre de la première édition.

toutes choses sont en communauté, tend plus à perfection, et tient plus de charité et concorde. Cecy peust avoir lieu en compagnie de certain nombre de gens, conduite par certaine reigle, mais en un estat et republicque non : dont Platon l'ayant une fois ainsi voulu[1], pour chasser toute avarice et dissention, se r'advisa : car comme la pratique monstre, non-seulement il n'y a poinct d'affection cordiale à ce qui est commun à tous, et comme dict le proverbe : l'asne du commun est tousjours mal basté; mais encores la communauté tire à soy tousjours des querelles, des murmures et des haynes, comme il s'est veu toujours, voire dedans l'eglise primitive. *Crescente numero discipulorum, factum est murmur Graecorum adversùs Hebraeos*[2]. La nature d'amour est telle que des gros fleuves, qui portent les grandes charges, s'ils sont divisés n'en portent poinct; aussi estant divisés à toutes personnes et toutes choses, pert sa force et vigueur. Mais il y a degrés de communauté : vivre, c'est à dire manger et boire ensemble est très bon, comme il estoit aux meilleures et plus anciennes re-

---

[1] *Voyez* le cinquième livre de sa République : il y développe son système, ainsi que dans le huitième, au commencement. Mais il n'est guères vraisemblable que Platon ait parlé sérieusement.

[2] « Le nombre des disciples s'étant accru, il s'éleva un murmure de la part des Grecs contre les Hébreux ». — Actes des Apôtres, chap. VI, v. I.

publicques de Lacedemone et de Crete³ ; car outre que la modestie et discipline est mieux retenue, il y a une très utile communication : mais penser avoir tout commun, comme vouloit Platon un coup, car après il se r'advisa, c'est pervertir tout.

---

³ *Voyez* Plutarque : *dits notables des Lacedemoniens*, et la vie de Lycurgue, du même auteur.

CHAPITRE LVIII*.

Comparaison de la vie rustique, et des villes.

SOMMAIRE. — La vie des champs est préférable à celle des villes. Description des avantages de la vie des champs. — Le séjour des villes n'est bon que pour les marchands, les artisans, et pour le petit nombre de ceux qui dirigent les affaires publiques.

*Exemples*¹ : Columelle.

CETTE comparaison n'est fort mal aysée à faire à l'amateur de sagesse, car tous les biens et advantages sont presque d'un costé, spirituels et corporels, liberté, sagesse, innocence, santé, plaisir². Aux champs,

---

* C'est le cinquante-deuxième chap. de la première édition.

¹ *Nota.* Par *exemples*, il faut souvent entendre aussi les témoignages allégués par l'auteur.

² Il y a, sur ce sujet, un beau passage de Ciceron, où

l'esprit est bien plus libre et à soy : ès villes, les personnes, les affaires siennes et d'autruy, les querelles, visites, devis, entretiens, combien desrobent-ils de temps! *Amici fures temporis*[3]. Combien de troubles apportent-ils, de destournemens, de desbauches ! Les villes sont prisons mesmes aux esprits, comme les cages aux oyseaux et aux bestes. Ce feu celeste qui est en nous ne veust point estre enfermé, il ayme l'air, les champs; dont Columelle dict que la vie champestre est parente de la sagesse, *consanguinea*[4], laquelle ne peust estre sans les belles et libres pensées et meditations. Or est-il difficile de les avoir et nourrir parmy le tracas et tabut des villes. Puis la vie rustique est bien plus nette, innocente et simple; ès villes les vices sont en foule et ne se sentent poinct; ils passent et se fourrent par-tout pesle mesle; l'usage, le regard, le renconstre si frequent et contagieux en est cause. Pour le plaisir et santé, tout le ciel estendu apparoist; le soleil, l'air, les eaux, et tous les elemens sont libres, exposés et ouverts de toutes parts, nous soubsrient : la terre se monstre tout à descouvert, ses fruicts sont devant nos yeux : tout cela n'est poinct ès villes, en la

---

l'on retrouve les idées de Charron. *Voy.* le discours *pro Sex. Rosc. Amerino*, n°. 75.

[3] « Les amis sont des voleurs de tems ».

[4] Voici le passage de Columelle : *sola res rustica, quæ sine dubitatione proxima et quasi consanguinea sapientiæ est.* Columel. *de re rustica*, L. 1, chap. 1, *in præfatione*.

presse des maisons, tellement que vivre aux villes, c'est estre au monde banny et forclos *⁵ du monde. Dadvantage la vie champestre est toute en exercice, en action qui ayguise l'appetit, entretient la santé, endurcit et fortifie le corps. Ce qui est à la recommandation des villes, est l'utilité, ou privée, c'est la part des marchands et artisans : ou publicque, au maniement de laquelle sont appellés peu de gens; et anciennement on les tiroit de la vie rustique⁶, et y retournoient ayans achevé leur charge.

---

*⁵ Séparé.

⁶ *Voyez* Tite-Live, au sujet de Quintus Cincinnatus, L. III, chap. 6.

CHAPITRE LIX*.
De la profession militaire.

SOMMAIRE. — La profession militaire est sans doute honorable. — Et pourtant on ne saurait disconvenir que l'art de s'entre-tuer ne soit une insigne folie. On se bat pour des intérêts qui ne sont pas les siens, pour une cause souvent injuste.

L'OCCUPATION et profession militaire est noble en sa cause ¹; car il n'y a utilité plus juste ny plus uni-

---

* C'est le cinquante-troisième chap. de la première édition.
¹ Pris dans Montaigne, L. III, chap. 13.

verselle que la protection du repos et grandeur de son pays². Noble en son execution, car la vaillance est la plus forte, plus genereuse, et plus heroïque de toutes les vertus; honorable, car des actions humaines, la plus grande et pompeuse est la guerriere, et à qui tous honneurs sont decernés; plaisante, la compagnie de tant d'hommes nobles, jeunes, actifs, la veue ordinaire de tant d'accidens et spectacles, liberté et conversation sans art, une façon de vie masle, sans ceremonie, la varieté de tant d'actions diverses, cette courageuse harmonie de la musique guerriere, qui nous entretient et nous eschauffe et les oreilles et l'ame; ces mouvemens guerriers qui nous ravissent de leur horreur et espouventement[3]; cette tempeste de sons et de cris; cette effroyable ordonnance de tant de milliers d'hommes, avec tant de fureur, d'ardeur et de courage.

Mais au contraire l'on peust dire que l'art et l'experience de nous entredesfaire, entretuer, de ruiner et perdre nostre propre espece, semble desnaturé, venir d'alienation de sens; c'est un grand tesmoignage de nostre foiblesse et imperfection, et ne se trouve point aux bestes, où demeure beaucoup plus entiere

---

[2] Charron, dit l'auteur de l'Analyse, aurait pu ajouter qu'il n'est point d'état où l'on rencontre plus de probité, plus de droiture et plus d'humanité. Ce qui n'est vrai que dans les pays où les armées sont composées de citoyens.

[3] Montaigne, *loc. cit.*

l'image de nature. Quelle folie, quelle rage, faire tant d'agitations, mettre en peine tant de gens, courir tant dangers et hasards par mer et par terre, pour chose si incertaine et doubteuse, comme est l'issue de la guerre; courir avec telle faim et telle aspreté après la mort, qui se trouve par-tout, et sans esperance de sepulture; aller tuer ceux que l'on ne hayt pas, que l'on ne vit jamais !

Mais d'où vient cette grande fureur et ardeur, car l'on ne t'a faict aucune offense? Quelle frenesie et manie d'abandonner son corps, son temps, son repos, sa vie, sa liberté, à la mercy d'autruy? S'exposer à perdre ses membres et à chose pire mille foys que la mort, au fer et au feu, estre trespané, tenaillé, descoupé, deschiré, rompu, captif et forçat à jamais? et ce pour servir à la passion d'autruy, pour cause que l'on ne sçait si elle est juste, et est ordinairement injuste; car les guerres sont le plus souvent injustes; et pour tel que tu ne cognois, qui ne se soucie ny ne pensa jamais à toy, mais veust monter sur ton corps mort ou estropié, pour estre plus haut, et voir de plus loing? Je ne touche icy le debvoir des subjects à leur prince et à leur patrie, mais les volontaires, libres et mercenaires.

Cinquiesme et derniere distinction et difference des hommes, tirée des faveurs et defaveurs de la nature et de la fortune.

PREFACE.

CETTE derniere distinction et difference est toute apparente et notoire, et qui a plusieurs membres et considerations, mais qui reviennent à deux chefs, que l'on peust appeller, avec le vulgaire, bonheur et malheur, grandeur et petitesse. Au bonheur et grandeur appartiennent santé, beauté, et les autres biens du corps, liberté, noblesse, honneur, dignité, science, richesses, credit, amis : au malheur et petitesse appartiennent tous les contraires, qui sont privations de tous ces biens-là. De ces choses vient une très grande diversité, car l'on est heureux en l'une de ces choses, ou en deux, ou en trois, et non ès autres; et ce plus ou moins, par une infinité de degrés : peu ou point y en a d'heureux ou malheureux en tous. Qui a la pluspart de ces biens, et specialement trois, noblesse, dignité ou authorité et richesses, est estimé grand; qui n'a aucun de ces trois, est estimé des petits. Mais plusieurs n'ont qu'un ou deux, et sont moyens entre les grands et petits. Nous faut parler de chascun un peu.

De la santé, beauté et autres biens naturels du corps,

a esté dict cy-dessus[1] : aussi de leurs contraires maladie, douleur.

---

[1] Chap. XII, et chap. VII.

~~~~~~

CHAPITRE LX*.

De la liberté et du servage.

SOMMAIRE. — Il y a deux sortes de liberté : celle de l'esprit qui ne peut être ravie, ni par autrui, ni par la fortune ; celle du corps que le hasard donne ou enlève, et dont la perte était regardée, chez les anciens, comme le plus grand des maux.

Exemples : Régulus, Valérien, Platon, Diogène.

LA liberté est estimée d'aucuns un souverain bien, et le servage un mal extresme, tellement que plusieurs ont plus aymé mourir et cruellement, que debvenir esclaves, voire que tomber en danger de voir la liberté publique ou la leur interessée. Il y peust avoir en cecy du trop comme en toutes autres choses. Il y a double liberté, la vraye de l'esprit est en la main d'un chascun, et ne peust estre ravie ny endommagée par au-

---

* C'est le cinquante-quatrième chap. de la première édition.

truy, ny par la fortune mesme : au rebours le servage de l'esprit est le plus miserable de tous : servir à ses cupidités, se laisser gourmander à ses passions, mener aux opinions, ô la piteuse captivité ! La liberté corporelle est un bien fort à estimer, mais subject à la fortune : et n'est juste ny raisonnable (s'il n'y est joincte quelqu'autre circonstance), de la preferer à la vie, comme les anciens, qui choisissoient et se donnoient plustost la mort que de la perdre ; et estoit reputé à grande vertu, estimant la servitude un très grand mal : *servitus obedientia est fracti animi et abjecti, arbitrio carentis suo*[1]. De très grands et très sages ont servi, Regulus, Valerianus, Platon, Diogenes, et à de très meschans et iniques : et n'ont pour cela empiré leur propre condition, demourans en effect et au vray plus libres que leurs maistres.

---

[1] « La servitude est la sujétion d'une ame sans force, sans courage, et privée de son libre arbitre ». Cicer. Paradoxe. v, chap. 1.

CHAPITRE LXI*.

Noblesse.

SOMMAIRE. — Il y a deux sortes de noblesse : l'une de race ou naturelle, l'autre personnelle et acquise. Celle-là est

---

* C'est le cinquante-cinquième chap. de la première édition.

fortuite et ne devrait attirer aucune considération; l'autre est la récompense des talens et des vertus. — La noblesse octroyée par le prince, si elle n'a été méritée par des services, est plus honteuse qu'honorable.

Exemples : Aristote. — Plutarque. — Les Turcs.

NOBLESSE est une qualité par tout non commune, mais honorable, introduicte avec grande raison et utilité publique [1].

Elle est diverse, diversement prinse et entendue selon les nations et les jugemens; l'on en donne plusieurs especes; selon la plus generale et commune opinion et usage, c'est une qualité de race. Aristote dict que c'est antiquité de race et de richesses [2]. Plutarque l'appelle vertu de race, ἀρετὴ γένους [3], entendant une certaine qualité et habitude continuée en la race. Quelle est cette qualité ou vertu, tous n'en sont du tout d'accord, sauf en ce qu'elle soit utile au public : car à aucuns et la pluspart c'est la militaire, aux

---

[1] C'est ce que dit Montaigne, L. III, chap. 5.

[2] Aristote ne dit pas précisément que la noblesse est une antiquité *de race*, mais bien qu'elle est une antiquité *de vertus* et de richesses; *voyez* Politique, L. IV, chap. 8 : il répète à peu près la même chose, L. V, chap. 1.

[3] Ces deux mots grecs que Charron a traduits avant de les citer, et qu'il attribue à Plutarque, se trouvent dans Aristote, *Politic.* L. III, chap. 13.

autres c'est encore la politique, la literaire des sçavans, la palatine *4 des officiers du prince : mais la militaire a l'advantage ; car outre le service qu'elle rend au public comme les autres, elle est penible, laborieuse, dangereuse, dont elle en est plus digne et recommandable : aussi a-t-elle emporté chez nous, comme par preciput, le titre honorable de vaillance. Il faut donc, selon cette opinion, y avoir deux choses en la vraye et parfaicte noblesse : profession de cette vertu et qualité utile au public, qui est comme la forme ; et la race comme le subject et la matiere, c'est-à-dire continuation longue de cette qualité par plusieurs degrés et races, et par temps immemorial, dont ils sont appellés à nostre jargon, gentils, c'est-à-dire de race, maison, famille; portant de long-temps mesme nom et faisant mesme profession. Parquoy celuy est vraiement et entierement noble, lequel faict profession singuliere de vertu publique, servant bien son prince et sa patrie, estant sorty de parens et ancestres qui ont faict le mesme.

Il y en a qui separent ces deux, et pensent que l'un d'eux seul suffise à la noblesse, sçavoir la vertu et qualité seule, sans consideration aucune de race et des ancestres : c'est une noblesse personnelle et acquise, et si on la prend à la rigueur, elle est rude ; qu'un sorti de la maison d'un boucher et vigneron

---

*4 Celle des officiers du *palais* du prince.

soit tenu pour noble, quelque service qu'il puisse faire au public⁵. Toutesfois cette opinion a lieu en plusieurs nations, nommément chez les Turcs, mespriseurs de la noblesse de race et de maison, ne faisans compte que de la personnelle et actuelle vaillance militaire. Ou bien l'antiquité de race seule sans profession de la qualité, cette-cy est au sang et purement naturelle.

S'il faut comparer ces deux simples et imparfaictes noblesses, la pure naturelle à bien juger est la moindre; bien que plusieurs en parlent autrement, mais par grande vanité. La naturelle est une qualité d'autruy et non sienne :

... Genus et proavos et quae non fecimus ipsi,
Vix ea nostra puto......⁶

*Nemo vixit in gloriam nostram; nec quod antè nos fuit, nostrum est*⁷ : et qu'y a-t-il plus inepte que de se glorifier de ce qui n'est pas sien ? Elle peust tomber en un homme vitieux, vauneant *⁸, très mal nay, et en

---

⁵ C'est le sentiment d'une foule d'anciens philosophes, et entre autres de Plutarque qui veut qu'on n'ait égard qu'à la seule vertu d'un homme quand il s'agit de l'élever à quelque dignité; qu'on ne demande jamais de qui il est né. — *Voyez* Plut. : Comparaison de Lysandre et de Sylla.

⁶ « La race, les ancêtres, tout ce que nous ne tenons point de nous-mêmes, je l'appelle à peine une propriété ». Ovid. Metam., L. XIII, Fab. I, v. 140.

⁷ « Personne n'a pu vivre pour notre gloire : ce qui fut avant que nous ayons existé, n'est pas à nous ». Sen. ep. 44.

*⁸ Vaurien.

soy vraiement vilain. Elle est aussi inutile à autruy, car elle n'entre point en communication ny en commerce, comme faict la science, la justice, la bonté, la beauté, les richesses[9]. Ceux qui n'ont en soy rien de recommandable que cette noblesse de chair et de sang, la font fort valoir, l'ont tousjours en bouche, en enflent les joues et le cueur (ils veulent mesnager ce peu qu'ils ont de bon); à cela les cognoist-on, c'est signe qu'il n'y a rien plus, puisque tant et tousjours ils s'y arrestent. Mais c'est pure vanité, toute leur gloire vient par chetifs instrumens, *ab utero, conceptu, partu*[10], et est ensevelie soubs le tombeau des ancestres. Comme les criminels poursuivis ont recours aux autels et sepulchres des morts, et anciennement aux statues des empereurs, ainsi ceux-cy, destitués de tout merite et subject de vray honneur, ont recours à la memoire et armoiries de leurs majeurs*[11]. Que sert à un aveugle que ses parens ayent eu bonne veue, et à un begue l'eloquence de son ayeul? et neanmoins ce sont gens ordinairement glorieux, altiers, mesprisans les autres : *contemptor animus et superbia, commune nobilitatis malum*[12].

---

[9] Pris dans Montaigne, L. III, ch. 5.

[10] « Du ventre de leur mère, de la conception, de l'enfantement »: Osée, chap. IX, v. 11.

*[11] Ancêtres.

[12] « L'orgueil, un esprit dédaigneux, ce sont les défauts ordinaires des nobles ». Salust. *Bellum Jugurthin.* Ch. 44.

La personnelle et l'acquise a ses conditions toutes contraires et très bonnes ; elle est propre à son possesseur, elle est tousjours en subject digne, et est très utile à autruy. Encores peust-on dire qu'elle est plus ancienne et plus rare que la naturelle ; car c'est par elle que la naturelle a commencé, et en un mot c'est la vraye qui consiste en bons et utiles effects, non en songe et imagination vaine et inutile, et provient de l'esprit et non du sang, qui n'est point autre aux nobles qu'aux autres. *Quis generosus ? ad virtutem à naturâ benè compositus animus facit nobilem, cui ex quâcumque conditione supra fortunam licet surgere* [13].

Mais elles sont très volontiers et souvent ensemble, et c'est chose parfaicte : la naturelle est un acheminement et occasion à la personnelle : les choses retournent facilement à leur principe naturel. Comme la naturelle a prins son commencement et son estre de la personnelle, aussi elle ramene et conduict les siens à elle :

Fortes creantur fortibus [14].

Hoc unum in nobilitate bonum, ut nobilibus imposita

---

[13] « Quel est l'homme vraiment noble ? celui dont la nature a formé l'ame pour la vertu. Quelle que soit sa condition, il lui appartient de s'élever au-dessus de sa fortune ». Sen., *epist.* 44.

[14] « Les vaillans naissent des vaillans ». Hor. L. IV, od. IV, v. 29.

necessitudo videatur, ne à majorum virtute degenerent[15].
Se sentir sorti de gens de bien, et qui ont merité du public, est une obligation et puissant esguillon aux beaux exploits de vertu : il est laid de forligner et desmentir sa race.

La noblesse donnée et octroyée par le benefice et rescript du prince, si elle est seule, elle est honteuse et plus reprochable qu'honorable; c'est une noblesse en parchemin, acheptée par argent ou faveur, et non par le sang, comme elle doibt : si elle est octroyée pour le merite et les services notables, lors elle est censée personnelle et acquise, comme a esté dict.

---

[15] « S'il y a quelque chose de bon dans la noblesse, c'est qu'elle semble imposer à ceux qui naissent nobles, l'obligation de ne pas dégénérer de la vertu de leurs ancêtres ».

CHAPITRE LXII*.

De l'honneur.

SOMMAIRE. — Définition de l'honneur. — Il est estimé et recherché par tout le monde ; mais pour quelles actions est-il dû ? — Le désir de l'honneur et de la gloire est une passion vicieuse, mais utile au public. — Les plus belles marques d'honneur sont celles qui sont sans profit.

Exemples : César. — Les couronnes de laurier et de chêne etc. — Caton.

L'HONNEUR, disent aucuns et mal*¹, est le prix et la recompense de la vertu, ou moins mal, la recognoissance de la vertu, ou bien une prerogative de bonne opinion, et puis du debvoir externe envers la vertu ; c'est un privilege qui tire sa principale essence de la vertu. Autres² l'ont appellé son ombre qui la suit et quelquefois la precede, comme elle faict le

---

* C'est le cinquante-sixième chapitre de la première édition.

*¹ Et c'est à tort qu'ils le disent. — Charron semble attaquer ici Bodin, qui définit ainsi l'honneur. *Voyez* de la Rép. L. IV, chap. 4.

² C'est Sénèque, dont voici les paroles : *Gloria ummbra virtutis est ;...... quemadmodum aliquando umbra antecedit, aliquando sequitur, ità aliquandò gloria antè nos est..... aliquandò in averso.* Epist. 79.

corps.³ Mais à bien parler, c'est l'esclat d'une belle et vertueuse action, qui rejalit de nostre ame à la veue du monde, et par reflexion en nous-mesmes, nous apporte un tesmoignage de ce que les autres croyent de nous, qui se tourne en un grand contentement d'esprit*.

L'honneur est tant estimé et recherché de tous, que pour y parvenir l'on entreprend, l'on endure, l'on mesprise toute autre chose, voire la vie; toutes fois c'est une chose bien exile, mince, mal asseurée, estrangere et comme en l'air, fort eslongnée de la

---

³ Ce qui suit, jusqu'à la fin de l'alinéa, est pris de *la Philosophie morale des Stoïques*, par Duvair, p. 879.

* *Variante*. Il semble bien à aucuns que l'honneur n'est seulement ny proprement à bien administrer et s'acquitter des grandes charges (il n'est pas en la puissance de tous s'y employer) mais à bien faire, ce qui est de sa profession : car toute louange est à bien faire ce que nous avons à faire. Celuy qui sur l'eschafaut joue bien le personnage d'un varlet, n'est pas moins loué, que celuy qui represente le roy; et à celuy qui ne peust travailler en statues d'or, celles de cuivre ou de terre ne luy peuvent faillir, où il peust aussi bien monstrer la perfection de son art. Toutesfois il semble mieux que l'honneur n'est bien deu, que pour les actions, où y a de la difficulté ou du danger. Toutes justes et legitimes, et d'obligation ne sont de tel merite, ny dignes de tel loyer : qui n'est commun ny ordinaire, ny pour toutes personnes et toutes actions. Ainsi toute femme chaste, toute preude personne n'est d'honneur. Il faut outre la probité, encores la difficulté, la peine, le danger. Encores y adjouste-t-on l'utilité publique.

chose honorée; car non-seulement il n'entre point en elle, ne lui est point interne, ou essentiel, mais encores il ne la touche pas (estant le plus souvent ycelle morte ou absente et qui n'en sent rien); il s'arreste et demeure seulement au dehors, à la porte, à son nom qui reçoit et porte tous les honneurs et deshonneurs, louanges et vituperes, d'où l'on est dict avoir bon nom ou mauvais nom. Tout le bien ou le mal que l'on peust dire de Cesar est porté par ce sien nom. Or le nom n'est rien de la nature et substance de la chose, c'est seulement son image qui la represente, sa marque qui la confronte et separe des autres, un sommaire qui la comprend en petit volume, l'enleve et l'emporte toute entiere, le moyen d'en

---

Qu'elles soyent tant que l'on veust privement bonnes et utiles, elles auront l'approbation et bonne renommée parmy les cognoissants, la seureté et protection des loix; mais non l'honneur qui est public et a plus de dignité, de splendeur et d'esclat (a).

(a) Dans l'édition de 1601, on trouve à la fin du premier livre, tout le texte de cette variante, précédé de cet avis : « Cet article suivant avoit esté obmis au chapitre de l'honneur, qui est le cinquante-sixiesme, après le premier article ». D'après cela, j'aurais inséré dans le texte même et après le premier article, comme l'indiquait Charron, tout ce que je mets ici comme *variante*. Mais je me suis aperçu que l'auteur avait rédigé autrement cet article pour l'édition qui parut en 1604, et l'avait placé au troisième alinéa, et non au second. C'est peut-être à ce troisième alinéa que j'aurais dû transporter cette variante : mais, en la laissant ici, je rappelle mieux quelle avait été la première intention de l'auteur.

jouir et user (car sans les noms n'y auroit que confusion, se perdroit l'usage des choses, periroit le monde, comme richement enseigne l'histoire de la tour de Babel); bref l'entredeux et le mitoyen de l'essence de la chose et de son honneur ou deshonneur, car il touche la chose et reçoit tout le bien ou le mal que l'on en dict. Or l'honneur, avant arriver au nom de la chose, faict un tour quasi circulaire, comme le soleil, complet en trois poses principales, l'œuvre, le cueur, la langue : car il commence et se conçoit, comme en la matrice et racine, en ce qui sort et est produict de beau, bon, utile de la chose honorée, c'est (dict a esté) l'éclat d'une belle action. *Caeli enarrant gloriam Dei : pleni sunt caeli et terra gloriâ tuâ*[4], (car quelque valeur, merite et perfection que la chose aye en soy et au dedans, si elle ne produit rien d'excellent, est du tout incapable d'honneur, et est comme si elle n'estoit point); de là il [*5] entre en l'esprit et intelligence, où il prend vie et se forme en bonne, haute et grande opinion : finalement sortant hors de là, et porté par la parole verbale ou escrite, s'en retourne par reflexion, et va fondre et finir au nom de l'autheur de ce bel ouvrage, où il avoit commencé, comme le soleil au lieu d'où

---

[4] « Les cieux proclament la gloire de Dieu : — Le ciel et la terre sont pleins de ta gloire. » Psalm. XVIII, v. 1.

[*5] L'honneur, ou plutôt le *germe* de l'honneur.

il est party, et porte lors le nom d'honneur, de loüange, de gloire et renom.

*Mais pour quelles actions est deu l'honneur? c'est la question. Aucuns pensent que c'est generalement pour bien faire son debvoir, et ce qui est de sa profession, encores qu'il ne soit point esclatant ni fort utile, comme celuy qui, sur l'eschafaut *6, joue bien le personnage d'un varlet, n'est pas moins loüé que celuy qui represente le roy; et à celuy qui ne peust travailler en statues d'or, celles de cuivre ou de terre ne luy peuvent faillir, où il peust aussi bien monstrer la perfection de son art : tous ne peuvent s'employer ny ne sont appelés au maniement des grands affaires : mais la loüange est à bien faire ce que l'on a affaire. Cecy est trop ravaler et avilir l'honneur, qui n'est pas un commun ny ordinaire loger pour toutes personnes et toutes actions justes et legitimes; toute chaste femme, tout homme de bien n'est pas d'honneur. Les sages y requierent encores deux choses, ou trois; l'une est la difficulté, peine ou danger: l'autre est l'utilité publicque; c'est pourquoy il est proprement deu à ceux qui administrent et s'acquittent bien des grandes charges; que les actions soyent tant que l'on voudra privement et communement bonnes et

---

* C'est ici que commence le texte qui a été substitué par Charron à l'article que nous avons placé en note, dans la précédente page, comme *Variante*.

*6 Le théâtre.

utiles, elles auront l'approbation et bonne renommée parmi les cognoissans, la seureté et protection des loix, mais non l'honneur qui est public, et a plus de dignité, de splendeur et d'esclat[7]. Aucuns y adjoustent la troisiesme, c'est que l'action ne soit point d'obligation, mais de supererogation.

Le desir d'honneur et de gloire, et la queste de l'approbation d'autruy, est une passion vicieuse, violente, puissante, de laquelle a esté parlé en la passion d'ambition; mais très utile au public, à contenir les hommes en leur debvoir, à les esveiller et eschauffer aux belles actions[8], tesmoignage de la foiblesse et insuffisance humaine, qui à faute de bonne monnoye employe la courte et la faulse. Or en quoy et jusques où elle est excusable, et quand vituperable, et que l'honneur n'est la recompense de la vertu, se dira après[9].

Les marques d'honneur sont fort diverses, mais les

---

[7] Il paraît que Charron ne distingue point assez, dans tout ce paragraphe, *l'honneur* de *la gloire*. L'honneur est, ou doit être le prix d'une conduite sage, réglée, *honnête* ; la gloire suit ordinairement les actions extraordinaires, brillantes, et devrait être, mais n'est pas toujours, le prix de celles qui sont éminemment utiles à la société.

[8] Socrates avait dit : « C'est l'amour de la gloire qui pousse les hommes aux actions excellentes. » Xénophon, *Rerum memorabilium*, L. III.

[9] L. III, chap. de la vertu de la *Tempérance*.

meilleures et plus belles sont celles qui sont sans profit et sans gain, et qui sont telles que l'on n'en puisse estrener et faire part aux vitieux, et ceux qui par quelque bas office auroient fait service au public. Elles sont meilleures et plus estimées, plus elles sont de soy vaines, et n'ayant autre pris que simplement marquer les gens d'honneur et de vertu, comme elles sont presque par toutes les polices, les couronnes de laurier, de chesne [10], certaine façon d'accoustrement, prerogative de quelque surnom, presseance aux assemblées, les ordres de chevalerie [11]. C'est aussi par occasion quelques fois plus d'honneur de n'avoir pas ces marques d'honneur, les ayant meritées, que de les avoir. Il m'est bien plus honorable, disoit Caton, que chascun demande pourquoy l'on ne m'a point dressé de statue en la place, que si l'on demandoit pourquoy l'on m'en a dressé [12].

---

[10] Plutarque nous apprend que c'était la coutume des Romains d'honorer de cette couronne, celui qui avait sauvé à la guerre un citoyen. C'est ce qu'ils appelaient la *Couronne civique.* Voy. Plutarque, *Vie de Coriolan.* — Cela se voit encore par un passage de Tacite, *Annal.* L. XII, chap. 31, *in fine.*

[11] Montaigne a employé les mêmes pensées, et souvent les mêmes expressions, dans le chapitre VII, du L. II, des Essais; tome II, page 352 de notre édition.

[12] Plutarque, *Vie de M. Caton.* — Ammien Marcellin rapporte aussi cette belle réponse, L. XI, chap. 6.

CHAPITRE LXIII*.

De la science.

SOMMAIRE. — Les uns estiment trop la science, les autres trop peu ; elle ne doit pas être préférée sans doute à la probité, à la vertu etc., mais elle doit marcher de pair avec la noblesse naturelle, la valeur, etc. Les sciences préférables aux autres, sont celles qui ont le bien public pour but. Vanité de toutes celles qui ne tendent pas à rendre la vie ou meilleure ou plus douce.

LA science est à la verité un bel ornement, un outil très utile à qui en sçait bien user ; mais en quel rang il la faut tenir, tous n'en sont d'accord : sur quoy se commettent deux fautes contraires, l'estimer trop, et trop peu. Les uns l'estiment tant, qu'ils la preferent à toute autre chose, et pensent que c'est un souverain bien, quelque espece et rayon de divinité ; la cherchent avec faim, despence, et peine grande ; les autres la mesprisent, et desestiment ceux qui en font profession : la mediocrité*[1] est plus juste et asseurée. Je la mets beaucoup au dessoubs de la preud'hommie[2],

---

* C'est le cinquante-septième chap. de la première édition.
*[1] Ce mot signifie ici le *milieu*, l'opinion mitoyenne.
[2] « Le bon sens, sans le savoir, vaut mieux que le savoir sans le bon sens », dit Quintil. *Instit. orator.* L. VI, ch. 6.

santé, sagesse, vertu, et encores au dessoubs de l'habileté aux affaires[3] : mais après cela je la mettrois aux mains et en concurrence avec la dignité, noblesse naturelle, vaillance militaire ; et les laisserois volontiers disputer ensemble de la presseance : si j'estois pressé d'en dire mon advis, je la ferois marcher tout à costé d'elles, ou bien incontinent après.

Comme les sciences sont differentes en subjects et matieres, en l'apprentissage et acquisition ; aussi sont-elles en l'utilité, honnesteté, necessité, et encores en la gloire et au gain : les unes sont theoriques et en pure speculation ; les autres, practiques et en action. Item, les unes sont reales, occupées en la cognoissance des choses qui sont hors de nous, soyent-elles naturelles, ou surnaturelles ; les autres sont particulieres, qui enseignent les langues, le parler, et le raisonner. Or desja, sans aucun doubte, celles qui ont plus d'honnesteté, utilité, necessité, et moins de gloire, vanité, gain mercenaire, sont de beaucoup à preferer aux autres. Parquoy tout absolument les practiques sont les meilleures qui regardent le bien de l'homme[4], apprennent à bien vivre et bien mourir, bien commander, bien obeir, dont elles

---

[3] Charron traite plus en détail ce sujet, dans le chap. 14 du L. III.

[4] Selon Platon, ce qui est le plus avantageux à un être quelconque, est aussi ce qui a le plus de conformité avec sa nature. — Voy. *de la Rép.* L. IX.

doibvent estre serieusement estudiées par celuy qui pretend à la sagesse, et desquelles cet œuvre est un abregé et sommaire, sçavoir morales, œconomiques, politiques. Après elles, sont les naturelles, qui servent à cognoistre tout ce qui est au monde à nostre usage, et ensemble admirer la grandeur, bonté, sagesse, puissance du maistre architecte. Toutes les autres ou sont vaines, ou bien elles doibvent estre estudiées sommairement et en passant, puisqu'elles ne servent de rien à la vie, et à nous faire gens de bien. Donc c'est dommage et folie d'y employer tant de temps, despence et de peine, comme l'on faict. Il est vray qu'elles servent à amasser des escus, et de la reputation parmy le peuple, mais c'est aux polices, qui ne sont pas du tout bien saines.

CHAPITRE LXIV*.

Des richesses et povreté.

SOMMAIRE. — Les richesses et la pauvreté excessives sont deux sources de trouble. — Plusieurs législateurs ont voulu détruire cette inégalité dangereuse, et établir *l'égalité* qu'ils ont appelée *mère nourrice de paix et d'amitié;* d'autres même ont voulu la communauté de biens; mais ni l'une ni l'autre ne peut exister de fait. L'inégalité des fortunes est donc nécessaire; mais il faut qu'elle soit modérée. —

---

* C'est le cinquante-huitième chap. de la première édition.

L'inégalité excessive des biens, vient de plusieurs causes, telles que les prêts usuraires, les donations entre vifs, toutes les dispositions enfin qui enrichissent les uns aux dépens des autres; c'est à cela qu'il faut remédier.

Exemples : Platon et Aristote.

CE sont les deux elemens, et sources de tous desordres, troubles et remuemens qui sont au monde[1]; car l'excessive richesse des uns les hausse et pousse à l'orgueil, aux delices, plaisirs, desdain des povres, à entreprendre et attenter; l'extresme povreté des autres les meine en envie, jalousie extresme, despit, desespoir, et à tenter fortune. Platon les appelle pestes des republiques[2]. Mais qui des deux est la plus dangereuse, il n'est pas tout resolu entre tous. Selon Aristote, c'est l'abondance; car l'estat ne doibt point redoubter ceux qui ne demandent qu'à vivre, mais

---

[1] « De toutes les causes de séditions et changemens, dit Bodin, il n'y en a point de plus grandes que les richesses excessives de peu de sujets, et la pauvreté extrême de la plupart ». De la Rép. L. v. chap. 2, *initio.*

[2] Plutarque appelle la pauvreté et l'avarice, les deux plus grandes et plus anciennes pestes des villes et des États. Plutarq. Vie de Lycurgue. — Il dit ailleurs : « le point le plus important et le plus capable de rendre une ville heureuse, et d'y faire régner la concorde et l'union, est que, parmi les citoyens, il n'y ait ni pauvres ni riches ». *Id.* Vie de Solon.

bien les ambitieux et opulens. Selon Platon, c'est la povreté[3]; car les povres desesperés sont terribles et furieux animaux, n'ayans plus de pain, ne pouvans exercer leurs arts et mestiers; ou bien excessivement chargés d'imposts, apprennent de la maistresse d'eschole, necessité, ce qu'ils n'eussent jamais osé d'eux-mesmes, et oseront, car ils sont en nombre. Mais il y a bien meilleur remede à ceux-cy qu'aux riches, et est facile d'empescher ce mal; car tandis qu'ils auront du pain, qu'ils pourront exercer leur mestier et en vivre, ils ne se remueront point. Parquoy les riches sont à craindre à cause d'eux-mesmes, et de leur vice et condition : les povres à cause de l'imprudence des gouverneurs.

Or plusieurs legislateurs et policeurs d'estats ont voulu chasser ces deux extremités, et cette grande inequalité de biens et de fortunes, et y apporter une mediocrité et equalité, qu'ils ont appellée mere nourrice de paix et d'amitié; et encores d'autres[4] y ont voulu mettre la communauté, ce qui ne peust estre que par imagination. Mais outre qu'il est du tout impossible d'y apporter equalité, à cause du nombre des enfans qui croistra en une famille et non en l'autre, et qu'à peine a-t-elle pu estre mise en practique,

---

[3] Plat. *de Rep.* L. VIII.
[4] Platon, dans sa *République* (L. V), et Thomas Morus dans son Utopie.

bien que l'on s'y soit efforcé, et qu'il aye beaucoup cousté pour y parvenir; encores ne seroit-il à propos ny expedient; ce seroit par autre voie retomber en mesme mal. Car il n'y a haine plus capitale qu'entre egaux⁵; l'envie et jalousie des egaux est le seminaire des troubles, seditions, et guerres civiles⁶. Il faut de l'inequalité, mais moderée; l'harmonie n'est pas ès sons tous pareils, mais differens, et bien accordans.
Nihil est æqualitate inæqualius ⁷.

Cette grande et difforme inequalité de biens vient de plusieurs causes, specialement de deux : l'une est aux prestations iniques, comme sont les usures et interets par lesquelles les uns mangent, rongent et s'engraissent de la substance des autres, *qui devorant*

---

⁵ Tout ceci est pris dans Bodin. L. v, de la Rép. chap. 2.

⁶ Solon pensait tout différemment; car il disait que l'égalité n'engendrait jamais de guerres. Plutarque, dans *Solon*. — Bodin n'était pas ici un bon guide pour Charron. Il est difficile de concevoir comment *l'égalité*, si elle pouvait exister, occasionnerait des haines capitales, des guerres civiles, etc. Tous ces maux ont le plus souvent pour cause la trop grande inégalité des fortunes. Au reste, peu après, notre auteur demande une *inégalité modérée* : c'est en effet là ce qu'il faut.

⁷ « Rien de plus inégal que l'égalité ». Pline, *Epist.* 5, L. ix, *in fine*. Il répète la même pensée, Liv. ii, Ep. 12; mais ce n'est pas tout-à-fait dans le sens où Charron l'emploie. Il parle des conseils publics, où les voix, au lieu d'être pesées, sont comptées. Chacun, ajoute-t-il, y a la même autorité, tous n'ont pas les mêmes lumières.

plebem meam sicut escam panis [8] ; l'autre est aux dispositions, soit entre vifs, aliénations, donations, dotations à cause de mariage, ou testamentaires et à cause de mort. Par tous lesquels moyens, les uns sont excessivement advantagés sur les autres, qui restent povres ; les filles riches et heritieres sont mariées avec les riches, d'où sont desmembrées et aneanties aucunes maisons, et les autres relevées et enrichies. Toutes lesquelles choses doibvent estre reiglées et moderées, pour sortir des bouts et extremités excessives, et approcher aucunement de quelque mediocrité et equalité raisonnable : car entiere il n'est possible ny bon et expedient, comme dict est [9]. Et cecy se traictera en la vertu de justice.

---

[8] « Qui dévorent mon peuple comme du pain ». *Psalm.* XIII, v. 4.

[9] On voit que du tems de Charron, on sentait les inconvéniens des substitutions, majorats, enfin de tous les actes qui rendent, dans les familles, les partages inégaux, et qui tendent à circonscrire la propriété dans un petit nombre de mains.

FIN DU LIVRE PREMIER.

NOTES AJOUTÉES[*].

Liv. Ier. chap. Ier, page 8. — *Aussi l'homme est-il très-difficile à cognoistre.* — Bayle l'a remarqué avec beaucoup de justesse: « Je ne sais, dit-il, si la nature peut présenter un objet plus étrange et plus difficile à démêler à la raison toute seule, que ce que nous appelons un animal raisonnable; il y a là un chaos plus embrouillé que celui des poètes. » — Continuation aux pensées diverses, sect. 112.

Chap. II, page 27. — *Son corps fut basty le premier de terre vierge.* — Si l'évêque Archelaus, qui, à ce qu'on prétend, a eu une dispute avec Manichée; si, dis-je, cet évêque supposé a dit vrai, Charron, en voulant expliquer la formation de l'homme, mériterait le même reproche; car, selon cet évêque, *omnis enim qui de aliquo exponit, quomodo factus sit, majorem se et antiquiorem ostendit esse quam est ille de quo dicit.* act. disput. Archel. p. 66. De Beausobre qui cite ce passage, a raison d'y ajouter une réflexion qui se présente aussitôt à l'esprit: A ce compte, dit-il, Moyse voulait montrer qu'il était plus grand et plus ancien

---

[*] Ces notes sont de NAIGEON. Elles n'ont pas été placées au bas des pages où elles devraient se trouver, parce qu'une partie de ce premier tome de Charron était imprimée, lorsque j'ai pu disposer du travail de Naigeon sur ce philosophe.

que le monde, puisqu'il en raconte la création. — Hist. des dogmes de Manichée, Liv. I, chap. II.

Même chapitre, page 17. — *Sol et homo generant hominem.* — Césalpin veut que cette maxime : *l'homme et le soleil engendrent l'homme*, signifie, non pas que l'adjonction du soleil est nécessaire à la production de l'homme ; mais que le soleil, sans l'aide de l'homme, est une cause suffisante de la production de l'homme. Il prétend que la matière de tous les êtres sublunaires n'est qu'une puissance passive, qui acquiert, par le mouvement des cieux, toute son actualité. Il donne à l'intelligence motrice des cieux, la première formation des êtres, comme à la cause principale, et aux cieux comme à la cause instrumentale. — Cesalpin. *Quæst. peripateticæ*, Liv. V, chap. I. — Césalpin fut premier médecin du pape Clément VIII, et mourut à Rome, le 23 février 1603.

Chap. III, page 21. — *L'ame.., parcelle, scintille, image et defluxion de la divinité.* — Charron voulait-il dire par là que l'ame était une émanation, une prolation de Dieu ? Cela ne serait pas trop orthodoxe : ou bien a-t-il voulu dire simplement que l'ame venait *de Deo*, et non pas *ex Deo* ? Je laisse au lecteur à décider la question. Pour moi, si j'en juge d'après l'explication des trois parties dont il compose l'homme, je ne doute nullement qu'il n'ait cru que Dieu avait produit l'esprit par voie d'émanation. C'est à la vérité une impiété horrible, et qui entraîne les plus affreuses conséquences ; mais, que les catholiques romains fassent réflexion que les pères de l'église, ces hommes qu'ils s'imaginent être conduits par l'action immédiate de la divinité, ont tous, ou du moins la plus grande partie, donné dans la même erreur, et alors ils seront moins prompts à prononcer anathême contre Charron, supposé qu'il se soit laissé infecter du même venin.

Chap. v., page 29. — *Des propriétés singulières du corps humain.* — Le titre de ce chapitre me rappelle une très-belle pensée de Galien : il disait qu'en composant son traité de l'Usage des parties du corps humain, il avait fait un hymne incomparable à la louange du Créateur. Hobbes dit quelque chose d'approchant dans son petit traité, *De Homine* : ceux-là, dit-il, qui, étant capables de considérer les vaisseaux qui servent à la génération et à la nutrition, ne remarquent pas qu'ils ont été faits par un être plein d'intelligence, pour différentes fins, doivent passer, eux-mêmes, pour des gens destitués d'intelligence. *Qui, si machinas omnes tum generationis, tum nutritionis satis perspexerint, nec tamen eas a mente aliqua conditas ordinatasque ad sua quasque officia viderint, ipsi profecto sine mente esse censendi sunt.* — Hobbes, *De Homine*, chap. I.

Chap. vi, page 34. — *La beauté.... est une pièce de grande recommandation.* — Cela est pris dans Montaigne, Liv. II, chap. xvii. *Formosa facies muta commendatio est*, dit Publius Syrus. Quel que soit l'avantage de la beauté, Cicéron n'en a pas moins raison de dire que celle de l'ame est préférable à celle du corps ; *animi enim lineamenta sunt pulchriora quam corporis.* De finib. Liv. III, n°. 75 ; et

Platon ne craint point de dire que celui qui préfère la beauté du corps à la vertu, déshonore véritablement et entièrement son ame. *De Legib.* Liv. V.

Même chapitre, page 35. — *Aristote dit qu'il appartient aux beaux de commander.* — Voyez la politique d'Aristote, liv. III, chap. III. Voici un passage de Themistius qui vient à l'appui de la pensée d'Aristote. *Nascitur rex et inter homines, sed tamen raro, et post longa annorum intervalla; tum scilicet quum animi pulchritudo cum corporis excellentia conjungitur ac commiscetur, atque is certe magnus est rex, cujus forma ac species integra est, omnique ex parte absoluta et perfecta.* — Themistius, *in clementia Theodosii.*

Même chapitre, page 37. — *Cette diversité (des visages) est très-utile.* — Si Cumberland eût existé avant Charron, on croirait que ce dernier a copié ce qu'il dit ici. Comme j'ignore si Cumberland entendait la langue française, je ne puis dire s'il a profité, en cet endroit, des idées de Charron. Quoi qu'il en soit, voici comme il s'exprime : « Cette diversité prodigieuse des traits du visage qui font qu'entre plusieurs milliers de personnes, à peine en voit-on deux qui se ressemblent, est très-utile pour l'entretien des sociétés ; car tous les hommes peuvent être aisément distingués par là : chacun peut sans se méprendre, reconnaître ceux avec qui il a fait quelque convention ou entrepris quelque affaire que ce soit, et quelqu'un peut rendre aussi un témoignage certain de ce que l'on a dit, fait, ou entrepris : toutes choses dont il n'y aurait pas moyen de s'assurer, s'il ne se trouvait sur le visage de chaque personne, quelque caractère particulier qui empêchât de la confondre avec d'autres ». — Traité des lois naturelles, chap. II, p. 176 de la version française.

Même chapitre, page 40. — *Socrates confessoit que la laideur de son corps accusoit justement la laideur naturelle de son ame; etc.* — Ceci est pris de Cicéron, *Tuscul. Quæst.* Liv. VI, chap. XXVII, n°. 30. Le même Cicéron nous apprend que Stilpon avait corrigé par l'étude de la philosophie, les mauvaises inclinations du tempérament. Voy. *De fato*, liv. V.

Chap. VIII, page 61. — *Elle* (l'ame) *meut le corps et non soy-mesme.* Charron a raison; il a senti l'erreur d'Aristote qui fait consister les principales propriétés de l'ame dans la force de se mouvoir. Voy. Aristot. *de Anima*, liv. I; chap. II, et Plutarque *de placitis philosophorum*, liv. IV, chap. II. Platon était aussi dans cette erreur. Voy. Platon *in Phædro*.

Chap. VIII, page 66. — *La seconde* (absurdité) *fait aussi les bestes immortelles.* — Rapportons ici l'opinion de Daniel Sennert, qui veut que de sa nature, l'ame des bêtes soit aussi immortelle que l'ame de l'homme; de sorte que, si celle-ci ne périt pas avec le corps, comme l'autre, c'est par une grâce particulière du Créateur. — Sennert *de generat. viventium*, cap. XIV. — Ajoutons ce passage de La Mothe-Le-Vayer: « On ne peut ajouter de raisons humaines si fortes pour l'immortalité de notre ame, qui n'aient leurs revers, faisant autant pour l'immortalité de l'ame des brutes, ou qui ne soient balancées par d'autres raisons aussi puissantes». (Dialogue de *l'ignorance loüable*, page 113 de l'édit. de Francfort)... « Il en restera toujours assez pour embarrasser tout esprit qui ne consultera que la philosophie pour se résoudre sur ce point » (*Id. ibid.*). Joseph François Borri prétend que l'ame des bêtes est une production, ou plutôt une émanation de la substance des mauvais anges, et que c'est pour cela qu'elle est mortelle ; voilà le système du père Bougeant. — *Vita del cavagliere Borri*, page 354 et seqq

Chap. VIII, page 67. — *Voyons d'où elle* (l'ame) *vient et comment elle entre au corps.* —L'Astronome Hipparque attribuait aux ames une origine céleste ; écoutons Pline : *Hipparchus, nunquam satis laudatus, ut quo nemo magis approbaverit cognationem cum homine siderum, animasque nostras partem esse cœli.* Hist. Nat. Liv. II, chap. XXVI.

Même chapitre, page 68. — *C'est une chose secrette et incognue aux hommes, de laquelle* (opinion) *ont été sainct Augustin, Grégoire, etc.* — Saint Augustin dit (*de Gen. ad liter.* Liv. VII, chap. XXIV), qu'il est vraisemblable que Dieu créa, au commencement, toutes les ames. Ruffin attribue ce sentiment à Saint Jérôme. Philastre, cap. 99, condamne comme des hérétiques, ceux qui nient que les ames ont été créées avant les corps. Il est vrai que Saint Augustin a varié là dessus (Voy. *Retract.* Lib. I, cap. 10). Au reste, voyez le livre de Sandius *de origine animæ :* il prouve par une infinité d'autorités que les pères latins ont cru la préexistence des ames.

Même chapitre, page 71. — *L'ame donc est toute*

en tout le corps, je n'adjoute point qu'elle est toute en chasque partie du corps, car cela implique contradiction.

— *Toto in toto, et toto in singulis partibus.* C'est ce que disent les scholastiques de la présence de l'ame dans le corps humain. Au reste, Charron a très-bien senti l'absurdité de cette assertion ; car on n'a aucune idée d'une substance incorporelle qui soit toute dans son espace, et toute dans chaque partie de son espace.

Même chapitre, page 73. — *Toutes fois, les Saduceens... n'en faisaient point la petite bouche à la nier* (l'immortalité de l'ame). — Joseph l'assure. Voyez *de Bello judaico*, L. II, cap. XII. Voyez aussi *Antiq. judaic.* L. XVIII, cap. II. — Il y en a eu bien d'autres qui ont nié l'immortalité de l'ame; citons d'abord Arnobe. Ce docteur enseigne que l'ame humaine est mortelle de sa nature ; qu'elle périra totalement dans les enfers par l'activité des tourmens, et qu'elle ne durera toujours dans le paradis que par une pure grâce de Dieu. Il soutient qu'une nature immortelle et non composée est incapable de sentir de la douleur. (*Arnobius adversus gentes*, L. II). Clément d'Alexandrie dit en propres termes : *corruptibilis igitur est anima, quæ cum corpore simul profunditur, ut quidam putant;* (Adumbrat. in I epist. Petr.) Ces derniers mots, *ut quidam putant,* sont certainement une addition, dit Beausobre, note XI in lib. VI, cap. IX, Hist. dogm. Manich. — etc.

Même chapitre, page 75. — *Au dessous... est ce qui n'en a point* (d'ame) *comme les pierres.* — Les Manichéens soutiennent que tout est animé dans la nature, même les pierres (Voyez Tite de Bostros, col. 923). Ajoutons, que si nous en croyons Saint Augustin, *de morib. Manichœ.* L. XII, cap. xvII, les Manichéens prenaient les plantes pour des animaux raisonnables ; de sorte que ceuillir une fleur ou un fruit, c'était selon eux, commettre presque un homicide.

Même chapitre, page 78. — *La Métempsychose.... a esté aucunement embrassée par les Academiciens, etc.* — Origène a cru que les ames animent divers corps successivement, et que ces transmigrations sont réglées à raison de leurs mérites ou de leurs démérites. Voyez les *Origeniana* de M^r. Huet, L. II, Quæst. vi, n°. 17. Les cabalistes gardent encore cette ancienne erreur. Voyez Sandius *de origin. animar.* add. ad pag. 108. Il cite le rabbin Elias, *in lib. Thisbi. In voce Gilgale.*

Même chapitre, même page. — *Aucuns ont dit que les ames des mechants estoient au bout de quelque long temps reduites en rien.* — Jean de Damas, dans un dialogue contre les Manichéens, soutient que le feu de l'enfer n'est pas feu corporel, et que Dieu ne punit les démons et les méchans qu'en leur laissant leurs passions, et en leur ôtant les objets qui pourraient les satisfaire. Voyez ce dialogue dans l'édition du père Lequien, Tom. I, pag. 428.

Chapitre x, page 82. — *La couleur qui est une qualité inherente au corps.* — Charron qui, en beaucoup de choses, a certainement secoué le joug d'une infinité de préjugés scholastiques, en a néanmoins conservé quelques-uns qui paraissent être plutôt ceux de son siècle que les sien. Tel est, par exemple, ce qu'il dit ici de la couleur : l'opinion qu'il suit est celle d'Aristote, qui regardait la couleur comme une qualité résidente dans les corps colorés ; ce qui est une erreur : la couleur n'est qu'une sensation de l'ame, une modification, elle n'existe que dans nous et non dans les corps.... Charron se trompe encore sur le nombre et la qualité des couleurs primitives. Il y en a sept, selon Newton, etc.

Même chapitre, page 84. — *Il y a au dedans le sens commun.* — C'est ce qu'on appelle le *sensorium commune*, ou le siège de la sensation.

Chapitre XI, page 84. — *Toute cognoissance s'achemine à nous par les sens :... mais n'est pas du tout* (c'est-à-dire entièrement) *vrai.* — Dans l'édition de Bordeaux, on ne trouve point cette restriction : j'ignore pourquoi Charron l'a mise ; puisqu'il pensait comme Montaigne sur l'origine de nos connaisances, il aurait dû le dire aussi librement. C'est avoir encore des préjugés que de craindre de choquer ceux des autres. Ceux qui ont lu Locke, savent avec quelle force il a combattu la chimère des idées innées ; son sentiment serait généralement reçu, si, comme l'a dit M. de Montesquieu, on ne renonçait pas à ses erreurs le plus tard que l'on pouvait.

Chapitre XII, page 95. — *La foy est la creance des choses qui ne se voyent.* — L'hérésiarque Basilide définissait la foi un consentement de l'ame à des vérités qui ne sont pas sensibles, parce qu'elles sont obscures ;

apud Clement. Alexand. Strom. L. II, page 371 : ce qui revient fort bien à la définition de Charron.

Chap. XIV, page 102. — *Le cerveau qui est beaucoup plus grand en l'homme, etc.* — Cumberland le reconnaît aussi. Voyez son traité des lois naturelles, chap. II, page 160 de la version française. Bartholin a observé que d'ordinaire un homme a le double de cervelle de plus qu'un bœuf; (Bartholin, Anatom. L. III, chap. III). M. Littre dit que plus le cerveau d'un homme est grand, plus les fonctions de son ame sont parfaites, et plus il est capable d'en faire. Voyez les Mémoires de l'Académie royale des sciences, année 1701.

Charron dit, en ce même endroit, que le siège de l'ame est le cerveau et non pas le cœur, *comme, avant Platon et Hippocrate, l'on avait communément pensé.* Quoiqu'en dise Charron, Lucrèce, bien postérieur à Platon et à Hippocrate, était encore dans cette opinion si commune parmi les anciens, que le cœur était le siège de l'ame ; voici comme il s'exprime à ce sujet :

... *Quod nos animum, mentemque vocamus,*
Idque situm media regione in pectoris hæret; etc.
DE RER. NAT. L. III, v. 141.

Selon Arétée, le cœur est le siège de l'ame ; selon Descartes, c'est la glande pinéale ; M. Vieussens le met dans le centre oval; et MM. Lancisi et de la Peyronie, le mettent dans le corps caleux.

Même chapitre, page 104. — *Aussi l'esprit selon la diversité des dispositions organiques....raisonne mieux ou moins.* — « Vous n'ignorez pas, dit Platon, que ceux qui ont de la facilité à apprendre et à retenir, qui sont d'un esprit vif et pénétrant, n'ont pas communément cette noblesse de sentimens, cette grandeur d'ame qui les engage à vivre d'une manière sage, paisible et solide ; mais que, se laissant aller où la vivacité les emporte, ils n'ont en eux rien de stable, ni d'assuré ; qu'au contraire, les hommes d'un caractère solide, incapables de changement, sur la foi desquels on peut compter, et qui à la guerre méprisent les plus grands dangers, n'ont pas d'ordinaire beaucoup de dispositions pour les sciences ; qu'ils ont l'esprit pesant, peu souple, engourdi, pour ainsi dire ; qu'ils bâillent et s'endorment dès qu'ils veulent s'appliquer à quelques études sérieuses ». Plat. *de Republ.* L. VI.

Chapitre XV, page 118. — *Je consens que l'on l'appelle* (l'esprit humain),... *une fluxion de la Divinité.* — N'entendez pas ceci dans le sens que Dieu ait produit l'ame de l'homme par voie d'émanation ; car alors ce serait une modalité de Dieu, ce qui est une impiété manifeste, et le Spinosisme pur. Voyez, à ce sujet, une de mes notes sur le chapitre III. Montaigne aime trop ces expressions, *fluxion de la divinité*, etc.

Même chapitre, page 123. — *C'est le soulier de Theramenes, bon à tous pieds.* — Voyez Érasme sur le proverbe, *Theramenis Cothurnus*, auquel Charron fait allusion ; au reste, Plutarque en explique l'origine. Ce Théramène était fils d'Agnon ; et, parce qu'il n'était pas ferme dans un parti, et que, dans le gouvernement, il penchait tantôt d'un côté, tantôt de l'autre, il fut appelé *Cothurne*, espèce de brodequin dont se servent les acteurs dans les tragédies, et qui convient à l'un comme à l'autre pied. Voyez Plutarque *in vita Niciæ.*

Chapitre XXI, page 156. — *Nature... se rue à la grandeur et à la gloire.*—« Le désir de la gloire, dit admirablement Montesquieu, n'est pas différent de cet instinct que toutes les créatures ont pour leur conservation. Il semble que nous augmentons notre être, lorsque nous pouvons le porter dans la mémoire des autres : c'est une nouvelle vie que nous acquérons, et qui nous devient aussi précieuse que celle que nous avons reçue du ciel ». Lettres Persanes, page 179, édit. in-4°.

Même chapitre, page 157. — *Quelqu'un l'appelle* (l'ambition) *la chemise de l'ame.* — Ce quelqu'un est Simplicius, dans son Commentaire sur Épictète; voy. article XVI, page 99, de la traduction de Dacier; voyez encore page 267. — Il n'y a dit Thucydide, que l'ambition seule qui ne vieillisse point en l'homme. Plutarque, dans son traité, *Si l'homme d'âge doit se mêler d'affaires d'état,* n'approuve point cette pensée; et pourtant il dit la même chose que Thucydide, dans *la Vie de Sylla.*

Même chapitre, page 161. — *Nous ne sommes pas nais pour nous, mais pour le public.* — C'est le sentiment que Lucain donne à Caton.

... Patriæ impendere vitam,
Nec sibi, sed toti genitum se credere mundo.
LUCAN. Pharsal. L. II, v. 382.

Chapitre XXIII, page 168.—*Elle* (la passion de l'amour) *abestit et abrutit toute la sagesse.* — « Beaucoup ont estimé, dit la Mothe le Vayer, que le premier soupir d'amour était souvent le dernier de la sagesse ». (Dial. *du mariage*). Cette pensée est aussi spirituelle que juste. — Voyez aussi sur les dangers de l'amour, un beau discours de Socrate, dans Xénophon, *Choses mémorables*, L. I.

Chapitre xxx, page 186. — *Elle* (la passion de la vengeance) *est bien plus injuste encore...., laquelle souvent se faict par trahisons et vilains artifices.*— Aussi Métastase a-t-il dit en quatre beaux vers :

> Chi tradisce un traditore
> Non punisce i falli sui,
> Ma giustifica altrui
> Con la propria infedeltà.
>
> In *Adriano*, atto I, sc. 10.

Chapitre xxxi, page 188. — *La cruauté est fille de couardise*. — Cela revient à ce que dit Philippe de Commines, que « jamais homme cruel ne fut hardi ; et ainsi, ajoute-t-il, se voit par toutes histoires ». Phil. de Comm. Mémoires, L. VI, chap. xi.

Chapitre xxxii, page 191. — *Quant aux tristesses ceremonieuses et deuils publics, quelle plus grande imposture !* — Je ne crois pas qu'aucun philosophe ait jamais mieux décomposé le cœur de l'homme, que Sénèque l'a fait en parlant de la vanité que les hommes mettent jusque dans leurs pleurs. « Veux-tu savoir dit-il à Lucilius, d'où procédent ces pleurs et ces plaintes démesurées ? Nous voulons prouver par ces larmes, combien nous regrettons ceux qui en sont l'objet : nous ne sommes pas véritablement affectés d'une sensation de douleur ; mais nous voulons le paraître. Personne n'est triste par soi-même ; ô malheureuse folie ! on a trouvé l'art de mettre de la vanité jusque dans la douleur même ». *Quæris unde sint lamentationes,* etc. Senec. *epist.* 63.

Même chapitre, page 195. — *Les lois romaines... defendoient ces effeminées lamentations.* — Voici une loi des XII Tables : *Mulieres genas ne radunto, neve lessum funeris ergo habento.* « Que les femmes ne s'égratignent point les joues, et qu'elles ne se lamentent point aux enterremens ».-Les Romains avaient pris cette loi de Solon : il défendit aux femmes, dit Plutarque, de s'égratigner et de se meurtrir le visage aux funérailles; Plut. *in Solone.* Il ajoute : la plupart de ces choses sont encore aujourd'hui défendues par nos lois, lesquelles portent de plus que les hommes mêmes qui y contreviendront, seront condamnés à l'amende par les officiers établis pour réformer les mœurs des femmes, comme des lâches et des efféminés qui se sont abandonnés à un deuil immodéré, et ont montré toutes les faiblesses qu'il inspire aux femmes les plus débiles. Id. *ibid.*

Chapitre XXXV, page 205. — *Parlons d'abord des choses qui leur sont communes* (aux bêtes et à l'homme). — Presque tout ce chapitre est pris de Montaigne, Liv. II, chap. XII; et le long passage qui commence par ces mots : *Et ce sera contre ceux qui se plaignent,* etc. avait été puisé par Montaigne dans Pline, *Nat. Hist.* Chap. VII, *in Proœm.* Je m'étonne que Coste n'en ait pas déterré la source.

AJOUTÉES.

Même chapitre page 207. — *Qu'est-ce autre chose que parler, cette faculté que nous leur voyons* (aux bêtes) *de se plaindre, se rejouir, etc.* — N'oublions pas que Montaigne a remarqué que Lactance attribue aux bêtes non seulement le parler, mais encore le rire. Voici le passage de cet auteur : *Quum enim suas voces propriis inter se discernunt atque dignoscunt, colloqui videntur : ridendique ratio adparet in his aliqua, etc.* Instit. Div. L. III, cap. x.

Chapitre XXXVI, page 227. *A vray dire ; la plus grande partie d'icelle* (de la vie)*, estant divertie et employée aillleurs, il ne reste quasi rien pour elle.* — Il y a là dessus un beau passage de Platon : « Peut-on appeler grand, dit-il, ce qui s'écoule en un petit espace de tems ? En effet, l'intervalle qui sépare notre enfance de la vieillesse, est bien peu de chose en comparaison de l'éternité. *Glauc.* Ce n'est même rien. *Socr.* Mais quoi, pensez-vous qu'une substance immortelle doive borner ses soins et ses vues à un tems si court, et non pas plutôt envisager l'éternité entière » ? Plat. *de Republic.* L. X.

Chapitre XXXVIII, page 240. — *Desirer comme bien une chose qui ne nous touchera point, et dont nous ne sentirons rien, c'est pure vanité.* — Voyez là dessus un passage admirable de Boëce ; on ne peut rien dire, à mon avis, de plus philosophique ; en voici un morceau : *Quid est quod ad præcipuos etiam viros, qui virtute gloriam petunt de fama, post resolutum morte suprema corpus, attineat? Nam si, quod nostræ rationes credi vetant, toti moriuntur, nulla est omnino gloria, quum is cujus ea esse dicitur, non extet omnino. Sin vero sibi mens bene conscia, terreno carcere resoluta, cœlum libera petit, nonne omne terrenum negotium spernet, quæ se, cœlo fruens, terrenis gaudet exemptam?* Boethius, *de consolat. philosoph.* L. II, cap. VII.

FIN DES NOTES AJOUTÉES.

ADDITIONS

AUX NOTES QUI INDIQUENT LES SOURCES DES PASSAGES CITÉS PAR CHARRON.

Page 2, note 2. *Vivere est cogitare.* — Cette maxime est prise dans Cic. Tusculan. Quest. L. V, n°. III.

Page 6, note 6. — Au lieu de Juvénal, lisez *Perse*, sat. IV, v. 23.

Page 7. — La première partie du passage cité, est de Sénèque, epist. XXVIII.

Page 8. — *Homo enim quum sis*, etc. Ce passage est de Philémon, cité par Stobée; serm. 21 : *de cognoscendo se ipsum.*

Page 8, après ces mots : *autant es tu Dieu comme tu te recognois homme*, ajoutez en note : Plutarque, Vie de Pompée, chap. VII.

Page 9. *Plus alii de te.* — Cette maxime est tirée du XIVe. dist. de Caton.

Page 14. — Ce vers, *exemplumque Dei*, etc., est de Manilius, Astronomicon. L. IV, v. 895.

Page 15. *Propter nos homines* etc. — Ces paroles se trouvent dans le *Credo.*

Page 16. *Sanctius his animal* etc. — Ce vers est pris d'Ovide, Métamorph. L. I, fab. II, v. 76.

Page 17. *Mixtam fluvialibus undis*, etc. — Ce sont aussi des vers d'Ovide, Métamorph. L. I, fab. II, v. 82.

Page 17. *Sol et homo generant hominem.* — Aristote, Natur. Auscult. L. II, chap. II, *in fine.*

Page 20. *Nec tecum, nec sine te.* — Martial, L. XII, epigr. 47.

Page 61. *Sicut equus et mulus.* — Psaum. XXXI, v. 11.

Page 72. *Insita sunt nobis*, etc. — Sénèque, *de Benef.* L. IV, chap. VI, *in fine.*

Page 78. *Non nubent*, etc. — Saint Mathieu, chap. XXII, v. 30.

Page 94. *Qui moventur ad id*, etc. — Cicer. *de Offic.* L. I, cap. IV, *initio fere*.

Page 97. *Ut externus alieno*, etc. — Plin. *Natur. Hist.* L. VII, chap. 1.

Page 98. *Qui profert de thesauro*, etc. — St. Math. chap. XIII, v. 52.

Page 102. *Ubi sedet pro tribunali*. — St. Mathieu, chap. XXVII, v. 19.

Page 105. *Splendor siccus*, etc. — C'est ce que disait Héraclite, *apud Plutarchum, de oracul. defect.*

Même page. *Vexatio dat intellectum*. — Isaïe, cap. XXVIII, v. 19.

Page 119. *Qui vigilans stertit* etc. — Lucrèce, L. III, v. 1062, et *ibid*, v. 1059.

Page 121. *Nobilis et inquieta mens*, etc. — Sénèque, *Consolatio ad Helviam*, chap. VI.

Page 122. *Flexibilis omni humore*, etc. — Sénèque, epist. L ; mais Charron a dérangé le passage pour l'adapter à son sens.

Page 124. *In æquo enim est dolor*, etc. — Sénèque, ep. 98.

Page 125 et page 272. *Tales sunt hominum mentes*, etc. — J'ai cité à tort Lucrèce dans les notes du texte ; ces vers latins, qui sont une traduction de deux vers de l'Odyssée, se trouvent dans les *Fragmenta poemat. Cicer.*

Page 134. *Sedit populus*, etc. — *Ad Corinthios*, cap. X, v. 7 ; et *Exode*, cap. XXXII, v. 6.

Page 137. *Mendacem oportet*, etc. — Apulée, Apolog. pro se ipso.

Page 140. *Opinione sæpius quam* etc. — Sénèque, epist. XIII.

Page 141. *Omnia munda, mundis*, etc. — Ep. ad Titum, c. 1, v. 15.

Page 144. *Permissum fit vile nefas.* — Cornel. Gallus, eleg. III, v. 77.

Même page. *Quod licet ingratum est*, etc. — Ovid. Amor, L. I, eleg. XIX, v. 3.

Même page. *Omnium rerum voluptas*, etc. — Sénèque, *de Benef.* L. VII, chap. IX.

Page 146, chap. XIXe. — Tout ce chapitre est copié presque littéralement dans la *Philosophie morale des Stoïques*, par Du Vair. Dans le chapitre suivant, où il traite des Passions, Charron met encore à contribution les œuvres de Du Vair, mais avec plus de modération.

ADDITIONS.

Page 156. *Natura nostra imperii est avida*, etc. — Sallust. Bellum Jugurth., cap. IV, *initio*.

Même page. *Habet hoc vitium*, etc. — Sénèque, epist. LXXIII.

Page 157. *Etiam sapientibus*, etc. — Tacit. *Histor.* L. IV, cap. VI.

Page 159. *Si violandum est jus*, etc. — Cette traduction d'un vers d'Euripide (*in Phœnissœis*), est de Cicéron, et se trouve dans les *Offices*, L. III, chap. XXI.

Page 165. *Apud sapientem divitiæ*, etc. — Sén. *de Vita Beata*, cap. XXVI.

Page 166. *Desunt inopiæ multa*, etc. — Ce sont des vers de Publius Syrus.

Page 173. *Naturalia desideria finita sunt*, etc. — Sén. ep. XVI, *sub finem*.

Même page. *Ad supervacua*, etc. — Sén. epist. IV.

Page 176. *Nusquam sine querela*, etc. — Sen. *de Ira*, L. III, chap. X.

Page 177. *Ut sit difficile utrum*, etc. — Id. ibid. L. I, chap. I.

Page 180. « *Cette passion se paist en soy*, etc. » — Le reste de ce chapitre est presque entièrement pris dans Montaigne, L. II, c. XXXI.

Pag. 188. *Omnis ex infirmitate*, etc. — Sén., *de Vita Beata*, c. III, *n fine*.

Page 189. *Cuncta ferit* etc. Claudian., *in Eutropium*, L. I, v. 182.

Page 195. *Tristitia exsiccat ossa*. — Prov. cap. XVII, v. 22.

Page 201. *Adeo pavor*, etc. — Quint. Curt. L. III, cap. XI.

Page 202. *Audacem fecerat*, etc. — Tit. Liv. L. XXI, cap. LVI.

Page 216, 4me. ligne, on lit : « Ce sont des *illusions malicieuses*. » La plupart des éditions écrivent ainsi ; mais c'est une faute, lisez : ce sont des illations (c'est-à-dire, *conséquences*), malitieuses. » C'est ce que porte l'excellente édition de 1604, et ce qu'indique le sens.

Page 230. *Quidam vivere incipiunt*, etc. — Sénèq. epist. XXIII, et epist. XIII.

Page 248. *Ipsa felicitas*, etc. — Sénèq. epist. LXXIV.

Page 253. *Ex senatusconsultis*, etc. — J'ai eu tort de croire cette citation de Tacite ; elle est de Sénèque, épist. XCV.

ADDITIONS.

Page 254. *Summum jus* etc. — Cicer. de *Offic.* L. I, cap. x. La seconde partie de la citation, *omne magnum exemplum*, etc., est de Tacite, Annal. L. XIV, cap. XLIV.

Page 257. *Qui scrutator est*, etc. — Proverb. cap. XXV, v. 27.

Même page. *Veritas odium parit.* — Terent. Andria, act. I, sc. 1, v. 41.

Page 261. *Sanguine non colendus Deus*, etc. — Sénèq. apud Lactantium, Divin. institut. L. VI, cap. XXV.

Page 262. *Pater non tales quærit*, etc. — Évang. de saint Jean, chap. IV, v. 23.

Page 263. *Quod amplius est*, etc. — Saint Mathieu, cap. V, v. 37.

Page 265. *Pacem in perpetuum* etc. — Tit. Liv. Liv. VIII, cap. XIII.

Page 267. *Perspicuitas*, etc. — Cicér. *de Natur. Deor.* L. III, c. IV.

Page 272. *Ipsi furto*, etc. — Sénèq. epist. CIV.

FIN DU TOME PREMIER.

TABLE
DU TOME PREMIER.

                                                   Pages

Vie de Charron.................................. ix
Avertissement de l'Éditeur..................... xxj
Epître dédicatoire à Mgr. le Duc d'Espernon........ xxvij
Préface de la seconde Édition, où est parlé du nom, subject, dessein et methode de cet œuvre, avec advertissement au lecteur........................ xxxi

LIVRE PREMIER,
QUI EST LA COGNOISSANCE DE SOY, ET DE L'HUMAINE CONDITION.

Chapitre Ier. Préface à tout ce livre. — Exhortation à s'estudier et cognoistre............ 1
Chap. II. De la formation de l'homme............ 13
Chap. III. Distinction premiere, et generalle de l'homme.................... 19
Chap. IV. Du corps, et premierement de toutes ses parties et assiette d'icelles............ 22
Chap. V. Des proprietés singulieres du corps humain. 26
Crap. VI. Des biens du corps, santé et beauté, et autres................... 33
Chap. VII. Des vestemens du corps............ 41
Chap. VIII. De l'ame en général............ 44
Chap. IX. De l'ame en particulier, et premierement de la faculté vegetative............ 79
Chap. X. De la faculté sensitive................. 81
Chap. XI. Des sens de nature................... 84
Chap. XII. Du voyr, ouyr et parler............. 93
Chap. XIII. Des autres facultés, imaginative, memorative, appetitive................. 100

TABLE.

Pages

CHAP. XIV. De la faculté intellective et vrayement humaine.................................. 101

CHAP. XV. De l'esprit humain, ses parties, fonctions, qualités, raison, invention, vérité..... 115

CHAP. XVI. De la memoire..................... 136

CHAP. XVII. De l'imagination et opinion.......... 137

CHAP. XVIII. Volonté......................... 142

    ADVERTISSEMENT. Passions et affections...... 145

CHAP. XIX. Des passions en général............. 146

    ADVERTISSEMENT. Des passions en particulier. 153

CHAP. XX. De l'amour en général............... idem.

CHAP. XXI. De l'ambition..................... 155

CHAP. XXII. De l'avarice et sa contraire passion.... 163

CHAP. XXIII. De l'amour charnel................ 167

CHAP. XXIV. Desirs, cupidités................. 172

CHAP. XXV. Espoir, désespoir................. 174

CHAP. XXVI. De la cholere.................... 175

CHAP. XXVII. Hayne......................... 181

CHAP. XXVIII. Envie......................... 182

CHAP. XXIX. Jalousie........................ 183

CHAP. XXX. Vengeance...................... 185

CHAP. XXXI. Cruauté........................ 188

CHAP. XXXII. Tristesse...................... 189

CHAP. XXXIII. Compassion.................... 197

CHAP. XXIV. Crainte......................... 198

CHAP. XXXV. Comparaison de l'homme avec les autres animaux....................... 203

CHAP. XXXVI. Estimation, brefveté, description de la vie humaine, et ses parties..... 224

CHAP. XXXVII. Preface contenant la generale peincture de l'homme............... 234

CHAP. XXXVIII. Vanité....................... 237

CHAP. XXXIX. Foiblesse...................... 246

	Pages
CHAP. XL. Inconstance...........................	271
CHAP. XLI. Misère...............................	274
CHAP. XLII. Presomption........................	301
CHAP. LXIII. De la difference et inegalité des hommes en general...........................	318
CHAP. XLIV. Premiere distinction et différence des hommes, naturelle et essentielle, tirée de la diverse assiette du monde......	322
CHAP. XLV. Seconde distinction et différence plus subtile des esprits, et suffisances des hommes.......................	333
CHAP. XLVI. Troisieme distinction et différence des hommes, accidentale, de leurs degrés, estats, et charges...............	338
CHAP. XLVII. Du commander et obéir............	343
CHAP. XLVIII. Du mariage......................	346
CHAP. XLIX. Des parens et enfans...............	362
CHAP. L. Seigneurs et esclaves, maistres et serviteurs.	360
CHAP. LI. De l'estat, souveraineté, souverains......	375
CHAP. LII. Magistrats...........................	390
CHAP. LIII. Legislateurs, docteurs, instructeurs....	392
CHAP. LIV. Peuple ou vulgaire..................	395
PREFACE. Quatrieme distinction et différence des hommes, tirée de leurs diverses professions et conditions de la vie...................	402
CHAP. LV. Distinction et comparaison des trois sortes de degrés de vie.....................	403
CHAP. LVI. Comparaison de la vie civile ou sociale avec la solitaire..................	406
CHAP. LVII. Comparaison de la vie menée en commun, et menée en propriété.............	410
CHAP. LVIII. Comparaison de la vie rustique, et des villes...........................	412

	Pages
Chap. LIX. De la profession militaire...............	414
Preface. Cinquieme et derniere distinction et difference des hommes, tirée des faveurs et defaveurs de la nature et de la fortune........	417
Chap. LX. De la liberté et du servage.............	418
Chap. LXI. Noblesse........................	419
Chap. LXII. De l'honneur....................	426
Chap. LXIII. De la science...................	433
Chap. LXIV. Des richesses et povreté............	438
Notes ajoutées (de Naigeon)....................	441
Additions aux Notes qui indiquent les sources des passages cités par Charron...................	457

FIN DE LA TABLE.

www.ingramcontent.com/pod-product-compliance
Lightning Source LLC
Chambersburg PA
CBHW051127230426
43670CB00007B/705